国家社会科学基金《马克思主义经济学中国化历程研究》（13BJL005）结项成果

陕西省一流学科——延安大学马克思主义理论学科资助出版

马克思主义经济学中国化历程研究

贾后明 著

人民出版社

目　　录

导　论

马克思主义经济学中国化的
演进方式与历史使命

马克思主义政治经济学是马克思主义的三个组成部分之一,是无产阶级革命的主要理论支撑和历史唯物主义的具体运用,也是科学社会主义的理论基础。马克思主义政治经济学与马克思主义哲学、科学社会主义共同构成了马克思主义这一整体,列宁把它比之为不可分割的一块整钢。

马克思主义经济学是马克思在研究资本主义经济制度过程中,批判与超越古典政治经济学而形成的,有其自身的特点和目的。其在中国的传播过程中,并没有自己完全独立的进程和形式,而是和整个马克思主义理论的中国化紧密相连的。中国共产党结合中国革命和社会主义建设的实际,提出并成功地解决了许多经济理论与实践问题,形成了两大创新成果——新民主主义经济思想和社会主义市场经济理论,极大地推进和发展了马克思主义经济学,创立了具有自身理论特色和发展路径的中国化马克思主义经济学,为丰富和发展马克思主义理论作出了重要贡献。

2015 年 11 月 23 日,习近平总书记在第十八届中央政治局第二十八次集体学习时指出:"要立足我国国情和我国发展实践,揭示我国经济发展的新特点新规律,提炼和总结其规律性成果,把实践经验上升为系统化的经济学说,不断开拓当代中国马克思主义政治经济学新境界。"[①]回顾

---

① 习近平:《立足我国国情和我国发展实践　发展当代中国马克思主义政治经济学》,《光明日报》2015 年 11 月 25 日。

马克思主义经济学中国化历程,全面梳理中国化马克思主义经济学的理论内容,总结马克思主义经济学中国化创新成果的特色和形成途径,对在当代新的历史条件下不断推进马克思主义中国化,更好地坚持、发展和创新马克思主义,具有十分重要的意义。

一、马克思主义经济学历史地位的形成

马克思主义经济学在马克思主义理论体系中,被公认为马克思主义的一个重要组成部分。它以劳动价值论和剩余价值论为核心内容,完成了对资本主义经济制度的彻底批判和对社会主义经济制度必然性的论证。由于历史上经济学起始的全称是"政治经济学",而我们现在对政治的理解与当初又有很大不同,因此,我们有意无意地将马克思主义经济学的内容与政治斗争、与革命目标紧密相连。事实上,马克思主义经济学也确实不是纯粹的经济问题研究,而是把经济、社会与政治问题糅合在一起的。马克思主义经济学并不过多关注具体经济问题和现象的研究,而是着重于揭示经济问题中人与物关系背后的人与人的本质关系。在对古典政治经济学的批判和超越中,马克思主义经济学研究了人类社会早就存在的商品经济,批判了作为当时商品经济最高发展阶段的资本主义经济制度,对社会主义经济制度提出了设想。这一切研究都是为了无产阶级革命的需要,为了阐明无产阶级的历史使命和革命追求。这种研究,如果没有哲学的辩证唯物主义与历史唯物主义为工具,没有对世界整体的科学认识,也就没有对社会发展历史规律的清楚认识,对社会制度更替的必然性也不会充满信心,也就不会义无反顾地投身于革命去变革旧有社会制度。同样,如果没有建立在劳动价值论基础上的剩余价值论,揭示出资本家剥削工人的秘密,不弄清资本主义基本矛盾带来的经济危机,也就无法认识资本主义制度灭亡的必然性和内在根源,无法形成科学社会主义的革命结论,找不到替代资本主义的新的社会制度和实现这种变革的阶级力量。由此可见,马克思主义理论确确实实是一个整体,单纯地强调某一个方面,都不足以反映马克思主义的整体面貌和基本内容;马克思主义经济学是其重要组成部分和主要内容,离开它也就不成其为完整科学的马克思主义。

　　不过,马克思主义经济学也有自己的独立体系和特点,从而不同于马克思主义的其他组成部分。在当今流派林立的经济学理论大厦中,马克思主义经济学无疑是其中最重要的思想之一。其研究的问题,涉及经济学的一些基本观点和原理。马克思主义经济学确立的基本观点和原理,如果无法得到严格的逻辑论证和实践验证,也就难以在整个经济学领域得到认可,其对经济实践的指导作用也就无从实现。因此,马克思主义经济学在很大程度上还不能不遵循经济学研究的一般方法和主要范式,包括运用其通行的基本范畴和概念。马克思没有抛弃古典政治经济学的基本研究命题和主要方法,而是在批判和超越的基础上提出并论证了自己的观点。这既反映了马克思对前人研究成果的尊重,也反映了他从事经济学研究的严谨态度和科学方法。如《资本论》对资本主义制度的研究和批判,就基本上沿用了古典政治经济学的一般术语和范畴,虽然有所拓展和创新,但并没有脱离古典政治经济学的语境。如对"资本"这一范畴,马克思虽然强调了它不是物,而是反映人与人关系的社会生产关系,是获取剩余价值的价值。这比之古典政治经济学,突破了以生产资料为主要指代的资本拜物教的藩篱。但在一般论述中,作为资本概念的外延和功能,与古典政治经济学还是相同的,也是当作投资的本钱或获利的手段来看待的。

　　由此可见,马克思是力求在古典政治经济学基础之上,用与经济生活相符合的经济学术语,来研究和解决大家共同关心的经济问题,让一般人也可以理解和认识经济生活的内在矛盾和发展规律,而不是为了创造自己的理论体系而刻意生造一套概念和名词。在《反杜林论》中,恩格斯就对杜林为了"创造体系"而脱离学术语境生造术语和观点,"把一切淹没在它的高超的胡说的喧嚷声中"①,表示了极大反感而痛加批判。《资本论》中即使有名词和概念创新,也是在原有基础上的深化和发展,而不是彻底推翻另起炉灶。

　　再如从商品生产中区分出抽象劳动和具体劳动,也是一个前所未有的理论创新,是唯物辩证法在经济学领域的具体运用。对人们再熟悉不

---

　　① 《马克思恩格斯全集》第26卷,人民出版社2014年版,第497页。

过的劳动,引入了思维的抽象和现实的具体二者的对立统一。通过严密的逻辑,论证了商品使用价值由具体劳动创造,价值则由抽象劳动形成。从而雄辩地证明,劳动者,尤其是现代工人阶级,才是社会发展的主力和主体,是先进生产力的代表;而资本家,不过是利用生产资料所有权,无偿占有工人创造的剩余价值的剥削者,由此形成了生产力和生产关系之间的尖锐矛盾;资本主义经济危机,是这一基本矛盾的表现,是资本主义制度的必然产物;只有社会主义经济制度,才可以克服资本主义经济的周期性波动,解决资本主义贫富分化的严重对立,实现比资本主义制度更高的生产力、更快的经济发展、更加幸福和谐的社会模式。

今天,马克思主义经济学的理论,已经通过实践得到充分验证,社会主义经济制度已经在一部分国家成为现实,并显示出巨大的优越性。尤其是中国的社会主义经济建设,取得了举世瞩目的巨大成就,正在不断接近全面小康和现代化的宏伟目标。但从国际范围来看,社会主义与资本主义谁战胜谁的问题还没有最终解决,因为社会主义还没有创造出比资本主义更高的劳动生产率。因此,如邓小平同志所说,经济工作是当前最大的政治,经济问题是压倒一切的政治问题,①社会主义始终应该把经济发展作为一切工作的中心。马克思主义与非马克思主义的斗争,必然要在经济学领域表现出来。因为经济建设领域的不同政策取向,都是受一定理论指导的。马克思主义经济学如果不能对社会主义经济建设发挥指导作用并取得良好效果,人们的怀疑就会自然滋生。虽然马克思主义经济学只是马克思主义理论的一个组成部分,但是,部分所遇到的问题,总是会给整体带来影响。人们相信马克思主义,可能是从某一个局部问题开始的,最终疑问也可能是从某个部分开始产生。坚持和发展马克思主义经济学,必须要对现实经济问题提出有效的理论分析和政策建议。只有在对现实经济问题作出较之西方经济学更加科学和合理的解释之后,才能维护和巩固马克思主义经济学已有的指导地位,也才能对总体上坚持和发展马克思主义发挥出基础和核心作用。

---

① 《邓小平文选》第二卷,人民出版社1994年版,第194页。

二、马克思主义经济学中国化及其演进方式和途径

所谓的马克思主义经济学中国化,就是马克思主义经济学适应中国革命和建设的需要,根据中国的实际作出新的论断,形成中国风格、中国气派和中国特色的马克思主义经济学。在新中国成立前后,我们在坚持和传播马克思主义经济学方面,曾经犯过教条主义的错误。这些错误的产生,就有些人而言,是由于害怕革命和建设的措施和方向,背离经典作家的教导而走向歧路,最终无法实现经典作家指明的革命目标。在他们看来,只有完全遵照经典作家的教导和论述去做,才是革命成功最根本的保证。他们习惯于从经典作家的论述中寻求革命和建设的依据,忽视中国革命所处现实环境的特殊性,从而产生了把经典作家的论述凌驾于客观实际之上的错误做法。

而坚持从中国革命和建设的实际出发,不拘泥于经典作家的现成论述,才能真正把马克思主义经济学的基本原理作为革命和建设的指导思想,作为理解中国社会和经济的一把钥匙而不是一间房子。在这里,照搬经典作家的论述不可能成功解决现实问题,实践是第一位的,应该在实践中探索解决现实问题的办法。不是从经典著作中寻求解决问题的现成路径,而是从解决现实问题的经验与教训中,寻求事物发展背后的规律,找到解决问题的办法和途径。理论给我们更多提供的是目标和方法,并没有规定现实发展的路线图。以实践为中心的探索,可能会得出与经典论述不同的结论和结果,而判断这一结论和结果是否符合马克思主义,也不是看其与经典作家的结论是否相一致,而是看其是否与马克思主义包括我们自己所追求的目标相一致。这个目标,就是寻求国家的富强、人民的幸福和社会的发展。只有坚持这样的衡量标准,马克思主义才能更多的作为指导中国革命和建设的方法而不是教条。而在中国革命和建设的实践中得出的符合实际的新的理论成果,自然就会成为马克思主义中国化的产物。也只有从中国实际出发,才会形成中国风格、中国气派和中国特色的马克思主义经济学。

以此观照,如果只是从理论和逻辑研究的角度,对马克思主义经济学的理论问题提出自己的理解和思考,尽管其中也有一些在马克思主义方

法指导下形成的有创新意义的见解,但并没有融入中国实践和中国文化,也没有形成完整系统的理论体系,这就很难说是马克思主义经济学的中国化。而依据中国实践,对马克思主义经济学提出新的观点和理论,才体现为马克思主义经济学在中国土壤中形成的中国成果。这种中国化的成果,并不一定完全符合传统的马克思主义经典观点,也必然会带来是否符合马克思主义的疑问。因此,在马克思主义的传播和发展过程中,始终面临着如何对待经典论述与实践创新的关系问题。承认马克思主义需要并力图实现其中国化,就必须承认中国实践的优先地位,马克思主义更多的是作为一种方法与行动指南,而不是具体的操作指令。只有立足中国实际,根据中国实践中存在的问题,深挖中国社会的文化和社会资源,运用马克思主义的立场、观点与方法寻求解决问题的答案,才能为中国社会的发展提供科学的有效的理论指导。也只有这种中国化的马克思主义理论,才有旺盛的生命力,才能在现实中为更多的人所接受和相信。

马克思主义经济学中国化演进的方式与途径之一,就是坚持从中国的国情出发,把对中国革命和建设特殊道路的探索和经验总结上升为系统化的理论。马克思主义经济学中国化的根本出发点,是为了解决中国问题而运用马克思主义理论得出的新的结论。其成果体现在对中国问题的解决,而不是照搬马克思主义经济学的经典表述。中国在世界上是一个特殊的国家和社会,有着众多的人口和资源,有着丰富的历史和文化传统,有着复杂的社会结构。在这样的国家从事革命和建设,自然只能从中国的实际出发,寻找自己独特的发展模式和道路。实践是理论的出发点,理论创新和发展又是实践的要求。坚持从本国实际出发,不断推动理论创新,走马克思主义经济学中国化之路,我们的革命和建设事业才能取得成功,也才能推动马克思主义经济学的坚持和发展。

在新民主主义革命时期,我们就没有照搬经典作家关于发达资本主义国家无产阶级革命的路线和策略,没有用经典作家的论述去决定中国经济领域革命的道路和方式,而是从中国半殖民地半封建的实际出发,提出了新民主主义的经济纲领。在农村,实行"耕者有其田";在城市,除没收官僚资本外,对民族工商业实行"劳资两利、节制资本",推行符合中国经济发展水平和革命进程需要的经济政策,为新民主主义革命胜利提供了坚实的经济基础。在社会主义建设中,从中国处于社会主义初级阶段的实际出发,纠正了以往"一大二公"、高度集中的计划经济体制,提出以发展生产力、追求共同富裕为目标的社会主义市场经济理论,形成了中国特色社会主义经济理论,成为新时期马克思主义经济学中国化的主要成果。

不管是新民主主义经济纲领,还是社会主义市场经济理论,都是在实践中不断探索和总结而形成,而不是从马克思主义经济学的现成论著中所找到。新民主主义经济纲领,解决的是中国半殖民地半封建特殊条件下城乡经济领域的革命和发展问题。其形成根源于中国社会经济的落后状况,适应了中国革命统一战线和解决工人农民基本经济问题的要求。社会主义市场经济理论,解决了在社会主义制度下能不能发展商品经济的问题,要求通过对外开放吸收世界经济发展成果,对内搞活多种所有制经济共同发展,实现了马克思主义经济学在中国的第二次飞跃。这些经济理论和政策,都不是传统马克思主义经典所主张的,但是却在中国革命和建设中取得了巨大成功,被实践证明为马克思主义经济学的创新和发展。

马克思主义经济学中国化演进的第二个方式与途径,是结合中国文化和社会特点,形成经济领域具有中国特色的革命和建设理论。中国是一个大国,国内经济社会发展不平衡,封建经济和文化又持续了两千多年。这种文化和社会特点,使得中国发展必然具有自己独特的个性和特色。中华民族对社会经济目标和发展道路有着自己的理解,传统文化重视国家和社会稳定,认同政府在社会发展中的主导作用,"天下为公"、"大同社会"成为世世代代的共同追求。这些都为中国的革命和建设提供了独特的思想文化资源。中国传统文化中重视经世致用,主张辩证、平衡、统筹、协调、和谐、均富,这些思想也为我们在革命和建设中避免苏联模式的影响提供了巨大思想帮助。在实践中,我们既注意用现代观念引领中国经济领域的革命和建设,又注意继承和发扬中国传统社会文化的历史价值。在运用马克思主义经济理论分析和指引中国革命和建设时,结合中国的社会经济实际,既借鉴历史文化经验,也注意克服历史包袱,形成有中国特色的社会主义道路和模式。而这种道路和模式,是别国没有也不能模仿的。

马克思主义经济学中国化演进的第三个方式与途径,就是在新的历史条件下不断推进改革,在改革实践中实现理论创新。在社会主义发展史上,苏联等国家虽然也进行了社会主义革命和建设,形成了以公有制和计划经济为主要特征的经济体制,但是由于没有认识到任何体制在其发展过程中都会产生弊端,忽视了改革的必要性,最终没有能实现社会主义的巨大发展,反而走向了倒退和失败,马克思主义经济学在他们那里也没有得到坚持和发展。而中国共产党从中国实际出发,总结历史经验教训,提出了改革是第二次革命的口号,不断推动经济体制改革和对外开放,形成了逐渐完善的社会主义市场经济体制和中国特色社会主义经济理论体系,为坚持和发展马克思主义经济学作出了巨大贡献。

中国之所以能在社会主义道路上取得这样的成就,是因为中国共产党始终坚持马克思主义政治经济学以人民为中心的根本立场,坚持把改革作为社会主义的发展动力,把人民共同富裕作为发展的主要目标,把对人民负责和对中华民族伟大复兴负责作为自己执政的追求,把理论创新作为改革的先行,由此不断推动马克思主义经济学向前发展。

三、马克思主义经济学在中国的传播与创新

马克思主义经济学之所以能在中国得到广泛传播,一方面来自人们认识世界、改造世界的需要。人们通过马克思主义经济学,可以更充分地认识资本主义的制度缺陷和必然灭亡的历史命运,认识工人、农民的阶级地位和历史使命,从而组织起来推翻资本主义,建立社会主义制度。另一方面则来自其理论的科学性。没有马克思主义经济学对劳动价值论和剩余价值论的科学论证,就无法说明工人阶级的存在价值和资本主义制度的不合理,无产阶级革命的理由和向社会主义制度迈进的历史逻辑就难以成立。正是有了马克思主义经济学层层递进的透彻分析和严密论证,其历史唯物主义的立场,逻辑与历史统一的经济分析方法,才使马克思主义经济学在群众中得到广泛认可。

革命斗争的需要,是马克思主义经济学得到广泛传播的社会基础。人民革命,需要不断从经典著作中寻求理论依据,因此而推动了马克思主

义经济学经典著作在中国的翻译、介绍和研究。随着革命的深入和工人农民运动的兴起,马克思主义经济学得到了进一步的传播,也扩大了它的影响力。人们不仅要掌握其结论性的观点,还更多地希望对其基本理论加深理解并准确把握。但是从总体上看,在革命时期人们主要关注劳动价值论和剩余价值论所揭示的剥削现象和阶级对立,对社会主义也只是憧憬其美好远景,对其具体经济体制和经济运行则很少涉及。随着马克思主义经济学在社会的传播从部分到整体、从基本观点到系统思想、从少数主要著作到大部分著作,内容越来越全面,人们对其了解越来越深入。同时,从受众面来看,也从少数人的兴趣和关注,转入群体的接受和主动传播,从社会思潮的非主流向主流方向发展。这种历程说明,马克思主义经济学的传播,是社会革命需要的产物。它是实践向理论的呼唤,必然会导向理论与实践的结合,革命性、科学性与创新性的统一。

更加广泛而深入的传播,使学习和运用马克思主义经济学,成为人们经常的自觉行为,进而使马克思主义经济学成为社会的主流意识形态。中国革命和经济建设实践的艰巨性复杂性,也使马克思主义经济学面临着许多前所未有的新问题和新挑战。理论要想掌握群众就必须彻底,就要能够解决实践中的问题,并归纳和总结出新的更加适合实践需要的理论。只有这样,才能得到群众广泛的响应和支持。因此,理论创新成为坚持和发展马克思主义经济学的必由之路。如果不考虑现实中存在的问题,墨守成规一成不变,就既不能解决革命和建设的现实经济问题,也可能窒息理论的生命力,而不被广大群众所接受,也就无从转化为改造世界的巨大物质力量。

马克思主义经济学的传播过程也是一个中国化的创新和发展过程。中国人学习马克思主义经济理论,信仰与传播这一理论,其根本目的是解决中国的发展道路问题,是从中国的实际需要来理解和运用这一理论的。因此,在接触、了解、学习、介绍、翻译和传播的过程中,会不断为适应中国的需要而进行取舍,会根据这一理论是否很好地解释了中国社会的实际,能否解决中国发展中存在的问题,来判断这一理论的科学性和价值所在。当然,也会在传播过程中越来越了解这一理论的系统性,并在学习、传播和运用时努力保持理论观点的严整性和统一性。现实矛盾的普遍性和特殊性,需要我们在实践中灵活运用理论,来解释复杂的现实。这种理解和运用,有的可以从经典著作中找到线索和依据,有的却不能直接找到。因此,从革命和建设的实际出发,从人民群众的根本利益和实际需要出发,创新和发展马克思主义经济学就成为必然。

四、马克思主义经济学在中国的历史使命

马克思主义在中国的传播,经济学发挥了先导与基础作用。社会大众和先进知识分子,正是通过马克思主义经济学的基本理论,了解了马克思主义的基本内容,并对马克思主义产生了信仰。马克思主义经济学对资本主义制度的批判,对无产阶级地位和作用的论述,坚定了人们推翻资本主义制度的信心,成为无产阶级革命的指导思想。而在社会主义革命和建设时期,马克思主义经济学又承担起对革命和建设的指导作用。这种指导作用,不仅体现在对资本主义的社会主义改造中,体现在按照经典作家的设想来构建社会主义经济制度中,还体现在社会主义的具体经济运行中。马克思主义经济学既是对一般经济规律的总结,也是对资本主义和社会主义特殊经济规律的揭示。我们必须始终坚持用马克思主义,尤其是用马克思主义经济学的原理和方法,来指导社会主义经济建设。

作为资本主义经济制度的批判,马克思主义经济学至今仍在发挥巨大的理论价值和历史作用。连西方经济学家也承认,对资本主义制度结构性问题的批判,是马克思主义经济学超越西方经济学的主要价值。这种批判,不断提示和警醒资本主义国家,要重视解决资本主义发展过程中存在的巨大经济矛盾和错综复杂的结构性问题。西方经济学甚至西方资本主义的经济和社会发展,某种程度上也得益于马克思主义经济学对资本主义的批判。马克思主义经济学对资本主义基本矛盾和历史命运的分析,促使资本主义制度也在不断变革。虽然这种变革并不能从根本上挽救资本主义,但却对整个世界经济和政治的发展产生了重大影响,也为资本主义制度下广大无产阶级处境的改善提供了条件。

马克思主义经济学对社会主义经济制度的建立,以及对社会主义经济建设所发挥的指导作用,是显而易见的。苏联东欧以及中国等一系列社会主义国家的建立,各国社会主义经济制度的形成,都受到马克思主义

经济学的影响和指导。经典作家在对资本主义进行批判时,提出了关于社会主义经济制度的一些设想。经典作家的这种设想,只是一些原则性或特征性的描述,有的是未来经济的一种基本形态或长期趋势。对社会主义经济制度建立过程中存在的各种情况和复杂问题,他们并没有也不可能深入细致地进行探讨。因此,马克思主义经济学在指导社会主义经济实践时,人们往往把经典作家批判过的东西就看作为社会主义所不容许,如经济市场化;把对未来经济基本形态和特征的一般描述,作为基本原则来强化,如经济计划化。而且过于强调社会主义与资本主义的区别,忽视经典作家对一般经济规律,尤其是对社会主义与资本主义共有经济规律的分析和总结。马克思主义经济学既然要在社会主义国家发挥经济建设指导作用,那就需要对其作出更加深入的理解和发展,而不能只是简单地重复经典著作中的少量论述。只有结合各国国情,发展创新马克思主义经济学,才能真正承担起指导社会主义经济建设的历史使命。

马克思主义经济学在不同历史时期有着不同的历史使命,因此,它在不同的历史阶段有不同的侧重点。在革命时期,当然是侧重于对资本主义经济制度的批判,而在社会主义时期,则要侧重于对经济建设的指导。作为马克思主义经济学核心内容的劳动价值论和剩余价值论,在资本主义时期意在揭露剥削和阶级对立,引导人们通过革命的方式"剥夺剥夺者"[①]。到了社会主义时期,国家已经用制度保证了工人农民生产资料的主人翁地位,社会生产、交换、分配等经济活动,都在他们的共同领导下,通过民主协商和法律制度,去寻求合理安排,以达到社会的共同富裕。劳动价值论和剩余价值论就应当在新的历史条件下发挥新的作用,引导人们尊重劳动,千方百计节约劳动,通过商品经济条件下的价值增殖增加积累,提高劳动生产率。近年来,中国经济面临着资源枯竭、生态平衡遭到破坏、外部经济环境恶化等一系列问题,经济增长受到制约。这些问题与发达资本主义国家面临的问题相似,属于经济发展中共同的规律性问题。这就需要我们在马克思主义经济学指导下,总结各国经验教训,不断研究新情况,探索新问题,寻求经济发展的新规律。要用更加开放的态度来学

---

① 《列宁选集》第 1 卷,人民出版社 2012 年版,第 79 页。

习借鉴各种经济思想,而不是教条地固守经典作家的已有结论。马克思主义经济学也只有吸收各种经济理论的有益成果和方法,才能面对当今日益严峻复杂的现实经济问题,寻求解决问题的科学途径,承担起指导社会主义经济建设的任务,彰显马克思主义经济学作为科学理论的历史价值。

也正是为了完成这一使命,马克思主义经济学必须中国化。要把它的基本原理与中国革命和建设的实际相结合,用辩证唯物主义和历史唯物主义的方法,分析和了解中国的经济问题和社会发展状况,而不是把别国的情况拿来硬套中国的现实。要从对现实问题的分析研究中得出新的结论,用以指导实践。尤其是社会主义经济建设,更不可能从马克思主义经典著作中得到直接具体的指导。只有正视中国经济的落后状态,从社会主义初级阶段的现实出发,研究探索中国经济自己的发展道路,把中国经验上升为一般理论,才能实现马克思主义经济学的中国化,完成指导中国社会主义经济建设的历史使命。

新中国成立后,在探索社会主义发展道路的过程中,以毛泽东同志为核心的党的第一代中央领导集体,创造性地提出并分析了我国社会主义社会的基本矛盾,要求不断完善社会主义生产关系,促进生产力快速发展;对社会主义建设提出了统筹兼顾、综合平衡,以农业为基础、工业为主导、农轻重协调发展等重大指导方针,并在很短时间内就建成了独立的相对完整的国民经济体系。虽然由于经常不断的政治运动,对经济工作造成了很大干扰,使这些正确思想没有很好坚持和贯彻,生产力没有长足发展,但这些宝贵思想和实践,仍然不失为对我国社会主义建设的重要探索,为我们党后来对马克思主义政治经济学的创造性发展提供了良好基础。改革开放以来,我们对社会主义发展道路作出了更加深入的理论探讨和实践创新,形成了关于社会主义本质的理论,关于社会主义初级阶段基本经济制度的理论,关于树立和落实创新、协调、绿色、开放、共享的发展理念的理论,关于发展社会主义市场经济、使市场在资源配置中起决定性作用和更好发挥政府作用的理论,关于我国经济发展进入新常态的理论,关于推动新型工业化、信息化、城镇化、农业现代化相互协调的理论,关于用好国际国内两个市场、两种资源的理论,关于促进社会公平正义、逐步实现全体人民共同富裕的理论,等等。① 这些理论成果的形成,都是马克思主义经济学中国化发展的使命所致。中国的实践证明,只要坚持从本国现实的经济和社会问题出发,而不是用经典作家的个别论述教条地来裁剪现实,马克思主义经济学就可以发挥出对革命和建设的巨大指导作用,并从中实现自身的创新和发展。

五、创新和发展马克思主义经济学的主要动力

马克思主义经济学的创新和发展主要有两个动力:一是来自理论内部不同观点、外部不同学派理论斗争的推动;二是来自社会实践的需要。恩格斯曾经说过,需要会比十所大学更能把科学推向前进,马克思主义经济学的创新和发展同样如此。

马克思主义经济学自诞生以来,就一直面对着西方经济学的敌视和挑战。马克思对此早有预见:“政治经济学所研究的材料的特殊性质,把人们心中最激烈、最卑鄙、最恶劣的感情,把代表私人利益的复仇女神召唤到战场上来反对自由的科学研究。”②代表资产阶级利益的学者,不断地从研究内容、研究方法、研究结论等方面,试图否定马克思主义经济学的基本理论。但是,这一切都是徒劳的。在同反马克思主义的各种经济学派的斗争中,马克思主义经济学形成了自己完整的理论体系,其核心内容劳动价值论和剩余价值论经受住了时间和实践的检验,其揭示的人类历史发展规律,引导人们实现了社会历史的变革。

马克思主义经济学的创新和发展,同样是在理论斗争的推动下实现的。列宁就是在同孟什维克的斗争中,坚持和发展了资本主义基本矛盾理论,认为在垄断资本主义阶段,由于基本矛盾的成熟,无产阶级有可能在资本主义世界链条的薄弱环节上首先打开缺口,而取得革命胜利。在其逝世之前,又是在同党内不同意见的斗争中,提出了发展自由贸易和国家资本主义经济的新经济政策。斯大林同样是在同党内不同意见的斗争中肯定了社会主义性质的商品经济,承认了价值规律在一定范围内的积

---

① 习近平:《立足我国国情和我国发展实践　发展当代中国马克思主义政治经济学》,《光明日报》2015 年 11 月 25 日。

② 《马克思恩格斯选集》第 2 卷,人民出版社 2012 年版,第 84 页。

极作用。通过本书,我们将会看到,马克思主义经济学中国化的历程,更是充满了不同思想和意见的激烈冲突。马克思主义经济学的创新和发展,正是在这种不同观点、不同学派的激烈碰撞中,获得了与时俱进的强大动力。

至于社会实践的需要,马克思主义经济学本身就是适应着无产阶级革命斗争的需要而产生的。其创新和发展,当然也是适应着无产阶级不同时期的不同需要而实现的。从理论与实践的关系来说,永远是实践的需要优先于理论,而不可能是理论完全超前于实践。一旦社会有了需要,相应的理论就必然会产生。对于社会主义建设来说,我们根本不可能事先设定或设想好一个完善的经济运行体制或模式,而只能是在实践中不断摸索。如果把经典作家关于新社会的设想,当作一成不变的固定模式强加于现实,那是十个有十个要失败的。中国特色社会主义政治经济学之所以能产生,完全出自中国经济改革和发展的需要。在中国这样一个人口多、底子薄、生产力落后的国家,要成功地解决经济问题,就必须既坚持马克思主义经济学的理论指导,又坚持从中国的实际出发,找到一条既不同于经典作家一般设想,也不同于西方发达国家的中国特色社会主义的发展道路。而这样做的过程,必将有力地推动马克思主义经济学的中国化。

第 一 章

中共成立前马克思主义经济学的
传播与著作译介

马克思主义经济学,是伴随着社会主义思潮和马克思主义理论的传播而进入中国的。它在中国的传播,有着广泛的社会背景、深厚的文化传统和强烈的政治需求。中国当时面临着国家存亡的前途命运危机,随着近代以来社会变动的不断加剧和革命形势的日益深入,马克思主义经济学著作的译介不断丰富,为先进知识分子寻找中国出路、思考中国未来提供了参考。在马克思主义经济学的传播过程中,西方经济学也一同进入中国,相互映照、相互斗争,为一切关心国家前途命运的同胞提供了不同视角,也为中国先进知识分子最终选择马克思主义作了必要的铺垫。

第一节 马克思主义经济学的传入

马克思主义经济学之传入中国,当时不是因为它是作为一种经济理论或流派,需要被人们知道;而是伴随着社会主义思潮的传入,人们需要认识西方社会,同时需要思考和关心中国未来前途命运,因此必须借助于马克思主义经济学。在相当长的时期里,它作为马克思主义的重要组成部分,主要是用来分析和批判资本主义,使中国人对资本主义制度的内在矛盾和局限性有所了解,为中国超越资本主义充分发展阶段,建立更加美好的社会制度提供了新的蓝图和设想。马克思主义经济学的传入,使立志救亡图强的中国先进知识分子,有了更多的理论武器和道路选择,拓展了视野,坚定了信心,为马克思主义在中国的广泛传播打下了基础。

一、中国前途命运的探索和社会主义思潮的传入

19世纪末20世纪初,中国社会处在一个急剧动荡、前途难卜的紧要关头。以晚清皇帝为代表的封建制度,已经在其自身的腐败和僵化中被整个社会所抛弃,而以西方列强为代表的帝国主义入侵又给中国人民留下了惨痛的记忆。中国既不能走封建主义的老路,也走不成西方资本主义的路。因为,西方列强不想看到中国走他们的路而强大起来。在面临生死存亡的关键时刻,中国人尤其是中国的先进知识分子,以"五四"新文化运动为标志,开始了"中国向何处去"的思考和探索。他们反思中国的历史和传统文化,在对中国封建制度狠加批判挞伐的同时放眼海外,希望借助世界的思想理论资源,寻求中国未来的发展前途和复兴之路。

在这一探索过程中,社会主义思想从众多的西方思想中,得到了中国先进知识分子的青睐。晚清以来,在中国传播的社会主义思潮中,除了马克思的科学社会主义思想外,还有其他多种流派和观点。它们虽然不相一致,但是坚持的社会目标,都既不同于传统封建专制体制,也不同于资本主义制度。这些观点得到了国人广泛的关注和讨论,反映了社会主义思潮在中国的传播,具有相当的社会和文化基础。[①] 从辛亥革命时期开始,中国知识界就围绕中国前途命运和复兴之路,开展了多次思想论战:从"改良与革命",到"问题与主义";从马克思主义与无政府主义,到三民主义与社会主义;等等。多次论战,都涉及中国应该用何种思想和理论救

[①] 社会主义思潮在中国的传播,除了马克思主义,还有无政府主义、工读互助主义、新村主义和基尔特社会主义等。空想的社会主义从马克思主义角度来说当然是不科学的,但是这种不科学也只有当人们对马克思主义的社会主义有了充分了解后才能作出区分和判断。这些社会主义思潮在中国得到流行,就在于人们从封建专制向现代化转型时对理想社会的一种追求。空想社会主义自然会在实践中被放弃,因为其不能从根本上解决社会问题,而且在与马克思主义的科学社会主义进行比较后更显示出其理论和实践上的差距。但是,空想社会主义的这些思潮的流行也为马克思主义的传播提供了基础,使人们更方便容易地接受马克思主义的科学社会主义。"克鲁泡特金的《告青年》这本书对我起到了很大的影响。在当时,我根本分辨不出无政府主义和马克思主义的区别,有了这本书,只觉得社会太不合理,太黑暗,非彻底革命不可。这样,就很自然地参加到新派队伍中去了。"(夏衍:《青年运动回忆录——五四运动专集》第2册,中国青年出版社1979年版,第22页。)

亡图存走向复兴的问题。这些论战不仅没有削弱社会主义思想的影响，而且由于科学社会主义思想和方法的不断引入，使越来越多的先进知识分子认识到，中国只能走社会主义道路，只有社会主义能够救中国。

因为，社会主义提倡的社会集体发展，使国人看到了一种可以消除中国长期以来社会贫富严重分化的社会制度模式。传统的观念认为，是富人，是贫富不均才引起社会动荡和国家贫弱的。因此，社会想要解决这一问题的关键，就是解决好贫富对立这一问题。中国传统的统治者，是富人阶级的帮凶，或者本身就是最大的地主阶级和富人。① 因此，只有推翻他们的统治，才有可能消除贫富对立。无政府主义等社会主张之所以会流行一时，是因为它主张废除一切人的统治。② 而社会主义既满足了人们对美好社会的需要，又强调以社会共同发展为目标，避免财富在少数人手里集中。这一目标，是中国儒家大同社会理想在新时代的一种再现。当然，我们这样说不是要强调社会主义思想中国本来就有，也不是说马克思科学社会主义与中国儒家大同思想一样，不过是一种乌托邦式的空想。而是说，晚清以后社会主义思潮在中国流行，一个重要原因就在于，它与国人长期的美好理想有着很好的契合。一种新思想的广泛传播并被接受，不可能没有社会的文化背景，人们不可能去传播一项与自己的文化传统格格不入的思想。它总是在某些方面与自身的文化有着相似之处，才更容易引起共鸣，社会主义思潮就是这样。

社会主义思潮还针对资本主义社会弊端，提出了一个新的解决方案，依靠科技进步发展经济强国富民。晚清以来，中国受到西方殖民主义列强的入侵，国人对资本主义的这种强势和扩张并没有好感。资本主义国家虽然科技和经济发达，但是内部贫富分化严重，外部掠夺成性树敌甚

---

① "所谓社会的'得莫可拉西'，就是扫除社会上贵族阶级，用一般民众，组成一个完全平等的社会团体。所谓经济的'得莫可拉西'，就是废止资本主义的生产，用一般民众，造出大家是劳动者，大家做了大家用的一个平等的经济组织。所谓文化的'得莫可拉西'，就是教育的恩惠，不叫他成了一部分贵族的专有物，人人都要平等享受。"（一湖：《新时代之根本思想》，《每周评论》第 8 号，1919年 2 月 9 日；转引自王桧林：《五四时期民主思想的演变》，《历史研究》1989 年第 3 期。）

② 恽代英受过无政府主义影响，认为："社会上一切纠纷的事，其实虽似乎无从解决，亦似乎无法遏制，究竟亦没几大不了的事，只要破除私有财产，各尽所能，各取所需，自由工作，废除金钱，便一齐解决了。"（《恽代英日记》，中共中央党校出版社 1981 年版，第 674 页。）

多。列强对中国这样贫弱国家的欺凌，证明资本主义奉行的就是弱肉强食的丛林法则。这种个人利益至上道德沦丧的社会，当然不值得学习。我们需要的是在科技进步的基础上加快经济发展强国富民，而不能走资本主义道路。一切可以取代资本主义、超越资本主义的救国方案都可以尝试，社会主义方案尤其值得一试，从中找到一条从根本上解决中国社会问题而又不是资本主义的路径。

在社会主义思潮包括马克思主义的传播过程中，以孙中山为代表的资产阶级民主派发挥了重要作用。他们之所以对社会主义思想感兴趣，因为他们一方面看到了中国封建专制制度的腐朽和没落，主张向世界发达资本主义国家学习，建立一个新的社会制度。但是，他们也看到了西方列强侵略瓜分中国的丑陋，以及社会主义者对资本主义的批判。因此，希望能够找到一种既保留资本主义的优点，又能克服其缺点的制度。孙中山的三民主义，就是按此要求设计的。其民生主义吸收了社会主义的一些主张和目标，但在路径和方法上又不同于社会主义。孙中山不主张触动资本家的根本利益，要让民族资本家参与经济发展，但其更主张由国家来节制资本，对资本剥削带来的社会贫富差距进行调节；认为地权应该归属国家，实行平均地权，或者由国家来控制地租，达到对社会财富的再分配功能。他试图在维护现有财富格局的基础上，用国家力量来替代私人资本的作用，力图控制资本而达到社会目标，实现社会财富的相对均等化。这实际是一种小资产阶级的社会主义，表达了不同于西方资本主义的新的主张和政策。但对于落后的中国来说，这样的政策，不可能从根本上解决中国的问题，单靠资产阶级的力量也不可能在中国加以实现。尽管如此，三民主义在当时还是得到了相当一部分民众的拥护和支持，特别是在 1924 年作了"联俄、联共、扶助农工"的重新解释以后，连共产党人也承认，它和中国共产党在民主革命阶段中的政纲，即其最低纲领基本上相同，所以，"三民主义为中国今日之必需，本党愿为其彻底实现而奋斗"[1]。

当时流传于社会的各种思潮，都在思考着中国前途命运和社会未来

---

[1]　《毛泽东选集》第二卷，人民出版社 1991 年版，第 689 页。

的发展方向。保皇改良派的君主立宪制、资产阶级民主派的共和制、极端无政府主义派的否定一切，各种派别都企图在社会变革中寻求自己存在的理由，并力图去说服社会大众接受自己的主张。马克思主义在中国传播以后，各派也都了解并介绍过马克思的科学社会主义思想，有的是出于比较和批判，如无政府主义派；有的是出于借鉴和学习，如资产阶级民主共和派；有的则是从马克思主义中寻找与自己主张的共同之处以争取民众，如君主立宪派。梁启超在他所著的《大同书》中，就是这样介绍社会主义的："社会主义者，近百年来世界之特产物也，概括其最要之义，不过曰土地归公，资本归公，专以劳力为百物价值之源泉。……中国古代井田制度，正与近世之社会主义有同一立脚点。"①

连政治保守的君主立宪派都能从马克思主义中找到与中国文化和自己政治主张的契合点，这一方面说明，马克思主义与中国传统文化确有一些共同特点和联系；另一方面也说明，马克思主义作为巨大的思想宝库，的确能为各种社会政治派别提供可资利用的理论资源。由此也展现了马克思主义的巨大影响力，成为各学派不可回避和忽视的一种思想。②

对中国前途和道路的探索，使人们最终选择了科学社会主义，有其思想逻辑的必然性。科学社会主义思想之所以始终富有吸引力，是因为它对私有制的深刻批判和否定，对未来社会不仅描绘了光明前景，而且指出了一条符合人类社会发展历史规律的实现途径和方法。这让所有正在寻求中国社会发展道路的人，不能不关注和深入思考。而其他社会主义思潮，都只是对未来社会提出了一些不切实际的猜想。特别是形形色色的空想社会主义，虽然也对资本主义批判得入木三分，对社会主义设想得无比美好，但是他们的批判和设想，都是基于他们头脑中抽象的理性和正义概念。他们把未来看作是一个事先设计好的社会，而不是社会自身发展

---

① 梁启超：《饮冰室合集》（专集第 2 册），中华书局 1936 年版，第 101 页。

② 朱执信在《德意志社会革命家小传》中介绍马克思主义的科学社会主义就说"前乎马尔克（即马克思），言社会主义而攻击资本者亦大有其人。然能言毒害之所由来，与谋所以去之之道何自者，盖未有闻也。故空言无所裨。其即也，资本家因讪笑之，以为乌托邦故空想，未可得薪至也。……父马尔克之为《共产主义宣言》也，异于是。……马尔克又以为当时学者畏葸退缩，且前且却，遂架空论而远实行，宜其目的之无从达也。苟悉力以从事焉，则共产之事易易尔。"（《朱执信集》（上），中华书局 1979 年版，第 11—12 页。）

的必然结果,因而成为无法真正实现的"乌托邦"。只有马克思主义通过其政治经济学,在对资本主义的批判中,为科学社会主义奠定了理论基础,为其必然胜利提供了充分全面的论证。这就使人们在对各种思潮的分析和比较中,逐渐接受了马克思的科学社会主义理论。

马克思主义经济学,是从三个方面论证了社会主义取代资本主义的必然性,为科学社会主义奠定理论基础的。

第一,找到了实现这一社会变革的阶级力量。马克思主义哲学指明,与劳动结合在一起的物质资料生产,是人类社会存在和发展的前提条件和必要基础,生产方式内部生产力与生产关系的基本矛盾,决定和推动着社会的前进发展。马克思主义政治经济学,则论证了劳动对商品价值和社会财富的创造,从而进一步揭示了劳动者在人类社会发展中的地位和作用,劳动者才是历史发展的真正动力。而中国晚清以来,社会动荡使劳动群众的生存日益艰难,工人农民更是处于社会被剥削阶级的最底层。受传统民本思想熏陶的中国先进知识分子,本来就对基层劳动者的处境非常同情,通过马克思主义经济学,他们进一步认清了底层劳动群众的存在价值。1918 年 11 月,为庆祝协约国在第一次世界大战中的胜利,北京大学校长蔡元培于天安门广场发表演讲,就喊出了"劳工神圣"的口号,并慷慨激昂地指出:我们要自己认识劳工的价值,以后的世界,全是劳工的世界![1]

第二,揭示了社会变革的经济根源。其他社会主义者虽然对资本剥削和其他剥削作过许多批判,但是并不能揭示剥削的秘密,只是诉诸抽象的公平正义,抨击其道德上的不合理性。马克思主义经济学则揭示了资本家剥削的秘密,对资本主义社会的内在矛盾进行了鞭辟入里的分析,揭示了社会主义必然取代资本主义的经济根源。

中国长期处在封建社会,社会主要矛盾是以封建帝王统治者为代表的地主阶级与广大农民之间的对立。而近代以来由于西方殖民主义的入侵,资本主义有了一定程度的发展。中外资本家不仅利用其经济垄断地

---

① 蔡元培:《劳工神圣》,《新青年》5 卷 5 号,1918 年 11 月 15 日;《蔡元培全集》第 3 卷,中华书局 1981 年版,第 219 页。

位,还利用其社会政治地位,与封建把头、地痞流氓等社会黑恶势力相互勾结,对雇佣工人进行了更加残酷的剥削,工人工资收入十分低下,工作时间被随意延长,劳动强度不断增加。包身工、养成工、包工制乃至"死工制"等超经济剥削普遍存在。刘少奇在《中国职工运动简史》中指出:"全世界工资最低要算中国,就是技术很高的工人,每月也不过三四十元。工作时间很长,普通总在九小时以上,甚或有二十小时以上者,工人的生命与生活根本没有保障。中国工人生活这样苦的原因,也在于中国的社会性质是半封建半殖民地,中国工人受着三重压迫。中国工人已受了近百年的压迫,工人组织很少,工人的社会地位很低,政治上更没有自由,完全是一种所谓'下层人'。"①人们在与世界其他国家比较以后,看到中国不仅在整体上与发达国家经济差距很大,而且在工人被剥削程度上也远超其他国家。20 世纪 20 年代,日本工人工资比中国高出 4.1 倍,美国比中国高出 14.8 倍。在纺织行业中,外国工人的工资甚至比中国工人高出 25 倍,而煤矿业差距更大。周恩来在 1921 年《旅欧通信》中比较了中英两国矿工工资收入:"相差之巨直达四十倍以上。"②

马克思主义经济学通过其剩余价值理论,充分地分析了雇佣劳动的形成及其内部构成,揭示了剩余劳动和剩余价值的客观存在,指出了包括中国在内的整个世界无产阶级生存地位低下的根源和解决的办法。资本主义生产方式内在矛盾的充分发展,使作为先进生产力代表的无产阶级,必然要起来革命,不仅要从根本上改变自己的经济地位,而且要解放全人类。

第三,提出了切实可行的社会主义方案。马克思主义经济学在否定资本主义生产方式的基础上,提出了公有制、计划经济和按劳分配的社会主义经济构想。公有制,反映了社会民众要求生产资料为社会共有。一切剥削,都是根源于生产资料被少数人所垄断。谁生产、创造财富,谁就应该拥有生产资料,这才是现实所要求的公平正义。计划经济则可以解

---

① 中共中央文献研究室、中华全国总工会编:《刘少奇论工人运动》,中央文献出版社 1988 年版,第 280—281 页。

② 刘明逵、唐玉良主编:《中国近代工人阶级和工人运动》第一册,中共中央党校出版社 2002 年版,第 378 页。

决资本主义经济周期性波动的痼疾,消除市场经济内部需求与供给的矛盾。在生产条件社会占有的前提下,消费资料的按劳分配把收入与劳动贡献相挂钩,等量劳动领取等量产品,体现了劳动面前人人平等的分配正义。这些构想,在无产阶级夺取政权,掌握了全部生产资料以后,是完全有可能实现的。

这些基本观点,在日本人福井准造的《近世社会主义》一书中有着系统、全面的介绍。而这本书,又是近代中国传播马克思主义的第一本译著,对中国知识分子认识和了解马克思主义发挥了重要作用。该书评价《资本论》"为一代之大著述,为新社会主义者发明无二之真理,为研究服膺之经典。彼从来之社会主义者,大都架空之妄说,不过耸动社会之耳目,以博取其虚名。其立论之前提,稽其资本之变迁与历史,述其起源与来历,以明经济界之现组织,全然为资本之支配。生产社会之原则上,随资本旺盛之现时代而一转,则社会之趋势,与社会主义,终不能达其目的。故欲反抗资本力,能主义之潮流,以保劳动者之味方(即自己这一方面),则虽主张反对资本的生产制度而不辞"①。得益于该书的介绍,中国知识分子第一次知道了《资本论》这本马克思主义经济学的巨著。

二、唯物史观、马克思主义经济学与科学社会主义传播的相互促进

唯物史观在中国的传播,是与进化论的传播相联系的。马克思主义经济学通过对资本主义的批判和对社会主义必然性的论证,在中国得到越来越多的支持者。与众多社会主义思潮在中国同时传播的,还有其他西方思想,其中影响最大的当属进化论。不过,进化论不是单纯地作为一种自然科学理论进入中国,而是被直接地运用到社会历史领域,成为人们

---

① [日]福井准造:《近世社会主义》,赵必振译,广智书局1903年版;转引自姜义华:《社会主义学说在中国的初期传播》,复旦大学出版社1984年版,第155页。福井准造对马克思《资本论》著作的评价十分精到,指出了马克思主义的社会主义思想与其他社会主义思想的区别,在于马克思通过《资本论》这样的著作不仅是提出了社会主义观点,而且充分论证了资本主义制度的矛盾所在和被推翻的根源,这些对资本主义生产制度和经济矛盾的分析是其他社会主义思潮所无法比拟的。这说明,社会主义思想最终要被接受,不仅仅是提出一个对资本主义的反对意见,还需要深入地剖析资本主义存在的基本矛盾,揭示包括资本主义在内的人类社会发展规律。

观察和认识社会发展的思想武器。严复在翻译介绍西方进化论思想时，就不是从达尔文的《物种起源》开始，而是最先翻译了赫胥黎的《进化论与伦理学》，并且加入了自己的理解。他反复推介"物竞天择，适者生存"的道理，目的就是要增强国人对国家存亡的危机感，认识所处弱肉强食的世界环境，从而激发国人寻找摆脱贫穷、避免亡国灭种命运的救国道路。严复把书名改译为《天演论》也有其用意，这里的"天"已不仅仅是自然的"天"，还包括着人类社会的"天"，"天演论"讲的就是天变之道、人类社会发展之道。这也反映了当时国人关注的重点，并不是自然科学领域的生物进化论，而是从当时中国的社会危机出发的国与国之间的"物竞天择"论，即社会达尔文主义。然而，自然界的生物进化论，只是从动植物演化角度说明了适者生存的道理，社会达尔文主义把它照搬照套到人类社会历史领域，是无法揭示其发展规律的。与之相对立的马克思主义唯物史观，理所当然地成为人们的另一种选择。

马克思创立的唯物史观，反对把自然界的生物进化规律，机械地套用到人类社会历史领域。他虽然也认为人类社会的发展是一个自然的历史过程，存在着不以人的意志为转移的客观规律。但是，这并不是说可以把自然界的规律照搬到人类社会。社会达尔文主义把人的行为降低到动物行为，恩格斯说："想把历史的发展和纷繁变化的全部丰富多样的内容一律概括在'生存斗争'这一干瘪而片面的说法中，是极其幼稚的。这等于什么也没有说。"并明确指出："把动物界的生活规律直接搬到人类社会中来是不行的"，而"把历史看做一系列的阶级斗争，比起把历史单纯归结为生存斗争的一些没有多大差异的阶段，内容丰富得多，而且深刻得多"①。

不过，进化论毕竟把人类对自然和社会发展的认识，从神创说转向了自然发生说，从静止说转向了演变发展说。这种思想不局限在对具体事物的分析，而是实现了一个世界观和方法论的变革。它与能量守恒定律和细胞学说一道，共同为马克思主义提供了科学基础。其中进化论所发挥的作用最大，马克思在给恩格斯的一封信中明确指出，达尔文的《物种起源》，包含着他们的理论的自然科学基础。它使人们认识到人类社会

---

① 《马克思恩格斯全集》第20卷，人民出版社2014年版，第755、756页。

与自然界一样都遵循着客观规律,都是物质世界不断变化发展的产物。当然,他们不是简单地套用自然界的进化规律,因为他们认识到,自然界不同生物之间的进化是无意识的自然力量作用的结果,而"在社会历史领域内进行活动的,是具有意识的、经过思虑或凭激情行动的、追求某种目的的人"①。当然,这不等于人们可以主观随意地创造历史。马克思恩格斯从人类物质生活的客观性和生产力的决定性,进而研究生产关系和社会制度演变的动力和机制,从而揭示人类社会发展的客观规律,为社会变革提供了理论依据。同时指明,人们在社会规律面前,既不是完全被动的,也不是完全自主的,而应当认识社会规律,顺应时代变化,自觉引导和促进规律的实现。

当时中国的先进知识分子,面对中国社会制度的巨大危机,急需对人类历史规律和中国未来前途命运作出正确的探索。进化论为马克思主义唯物史观的传播,提供了较好的思想准备。唯物史观以其崭新的视角切入人类社会,从生产力与生产关系的现实矛盾出发,说明其发展是一个自然的历史过程,与自然界一样也存在客观规律。以李大钊、陈独秀等为代表的马克思主义者,一下就都从进化论转向了唯物史观。

唯物史观还从阶级矛盾的角度,揭示了劳动者阶级是社会变革的主要力量。由此,人们看到了唯物史观与马克思主义经济学的内在联系。李大钊说得很清楚:"马克思所以主张以经济为中心考察社会的变革的原故,因为经济关系能如自然科学发见因果律。"②这里的经济关系或是经济基础,使他们看到了推动人类社会前进的物质力量的来源。陈独秀也说:"历史上一切制度底变化是随着经济制度底变化而变化的。"③

唯物史观在中国的传播,与马克思主义经济学和科学社会主义的传播是相互促进的。唯物史观强调生产力对生产关系、经济基础对上层建筑的决定作用,同时肯定生产关系对生产力、上层建筑对经济基础的反作用。马克思主义经济学通过对资本主义生产方式的分析和批判,使唯物史观得到了验证。"自从《资本论》问世以来,唯物主义历史观已经不是

---

① 《马克思恩格斯选集》第 4 卷,人民出版社 2012 年版,第 253 页。
② 李大钊:《史学要论》,参见蒋椿主编:《史学探渊》,吉林教育出版社 1991 年版,第 348 页。
③ 《蔡和森文集》,人民出版社 1980 年版,第 80 页。

假设,而是科学地证明了的原理。"①反过来,人们又在唯物史观的指导下,进一步加深了对马克思主义经济学基本原理和社会经济规律的理解,并由此激起了对社会主义思潮的兴趣。因为当时人们最关心的还是中国的未来和前途,究竟是走社会主义道路还是走资本主义道路。

事实上,马克思主义是作为一个整体传入中国的。马克思的最主要著作是《资本论》,在它开始传入时,人们并没有把它当作纯粹的经济学著作来看待和研究,而是将其更多地看作揭露资本主义剥削秘密和制度内在矛盾,从而为无产阶级革命提供理论指导的一部著作。这就决定了马克思主义经济学,是作为马克思主义理论中不能分割的一个部分,而不是以独立形态进入中国的。其存在的意义,是作为对马克思主义唯物史观的一个运用和验证,揭示社会发展规律和社会制度变革动力,同时成为科学社会主义的理论基础,三者有机结合紧密相连。唯物史观作为马克思主义哲学的组成部分提供了世界观和方法论,马克思主义经济学通过对资本主义制度的否定和批判,为社会主义革命提供论证,科学社会主义作为结论为人们指明方向道路。

马克思主义经济学作为对唯物史观的运用和检验,作为对科学社会主义理论的论证而传入中国,有其特别的意义。马克思主义进入中国,人们开始关注的主要不是经济学理论,而是唯物史观和社会主义理论,尤其是它们揭示的资本主义必然灭亡社会主义必然胜利的结论。人们需要的不单单是结论,还需要看到令人信服的论证。《资本论》就提供了这样的论证:劳动创造价值,资本占有剩余价值,生产力与生产关系之间出现矛盾,资本主义的经济危机必然发生,建立在公有制、计划经济和按劳分配基础上的社会主义必然取而代之。这构成了一个完整的经济理论体系,既有对资本主义生产方式的分析批判,又有对社会主义经济制度的初步设想。作为其核心的剩余价值理论,无论是在经济学还是在社会主义思想发展史上,都是一座丰碑。恩格斯说:"这个问题的解决是马克思著作的划时代的功绩。这个问题的解决使明亮的阳光照进了经济学的各个领域,而在这些领域中,从前社会主义者也曾像资产阶级经济学家一样在深

---

① 《列宁选集》第1卷,人民出版社2012年版,第10页。

沉的黑暗中摸索。科学社会主义就是以这个问题的解决为起点,并以此为中心的。"①列宁更直接地指出,《资本论》是"叙述科学社会主义的主要的和基本的著作"②。也就是说,中国先进知识分子最初,就是通过马克思主义经济学的巨著《资本论》,而接触和传播社会主义理论的。

三、资产阶级民主派对马克思主义早期传播发挥的作用

在中国,资产阶级民主派对马克思主义的早期传播发挥了巨大作用。应该说,在中国共产党没有成立前,除了少数坚定的马克思主义者如李大钊、陈独秀等人外,资产阶级民主派,包括改良派和革命派,都积极介绍过马克思主义的思想和观点。瞿秋白就曾指出:"五四运动之际,《新青年》及《星期评论》等杂志,风起云涌的介绍马克思的理论。我们的前辈:陈独秀同志,甚至于李汉俊先生,戴季陶先生,胡汉民先生及朱执信先生,都是中国第一批的马克思主义者。"③这些人中的大部分后来都与共产党分道扬镳了,但至少他们在当时对传播马克思主义是积极的。

之所以会有这种现象,因为不管是资产阶级民主派,还是马克思主义派,也不管他们信奉的是进化论还是唯物史观,都认为社会变革是世界大势,是符合历史发展规律的,而不是人的主观意志所能决定的。进化论给出了中国社会变革的必然性和紧迫性,但是并不能充分说明中国走社会主义道路的必然性。资产阶级民主派中许多人,认同马克思主义对社会发展规律的揭示,但他们联系中国实际以后发现,中国经济上还不发达,还不具备实现社会主义的条件,连资本主义阶段都还没有达到,就更不可能达到社会主义阶段了。因此,一些人在对马克思主义理论有了一定了解后,对在中国进行社会主义革命产生了怀疑和恐惧,从而选择了以资产阶级民主共和制为目标的社会变革道路。如由江南制造局在 19 世纪 70年代编印,在中国最早介绍巴黎公社的《西国近事汇编》一书,就称法国革命中的工人是"乱民"和"匪类",而由上海广学会 1989 年翻译英国人克卡朴著的《社会主义史》而在国内第一部系统介绍社会主义思想的《泰

---

① 《马克思恩格斯选集》第 3 卷,人民出版社 2012 年版,第 584 页。
② 《列宁选集》第 1 卷,人民出版社 2012 年版,第 51 页。
③ 《瞿秋白选集》,人民出版社 1985 年版,第 310 页。

西民法志》中较为详细地介绍马克思和恩格斯时,说他们是"被大家认为'科学的和革命的'社会主义派的首领。这一派在文明各国中都有代表,而大家对于这一派认为是社会主义中最可怕的新派"①。这典型地反映了资产阶级民主派,害怕暴力革命的恐惧心理。

　　资产阶级改良派虽然也介绍马克思主义,但是他们往往是持批判的态度。因为他们同样反对社会制度的变革,反对消灭私有制。梁启超就曾说过:"极端之社会主义,微特今日之中国不可行,即欧美亦不可行,行之其流弊将不可胜言。"②他们把马克思的科学社会主义,理解为一种均贫富运动,认为无产阶级与资产阶级的矛盾与斗争,就是均贫富的斗争。在他们看来,财富平均分配的社会制度是不可能实现的,没有贫富差距的社会也不可能存在。

　　以上说明,在马克思主义传入中国的初期,人们对马克思主义的认识和理解是非常片面和肤浅的。人们还没有对唯物史观和马克思主义经济学有充分的了解和掌握,对劳动价值论、剩余价值论知之不多,只抽象地谈论财富均等和个人平等,这完全不是马克思真正的科学社会主义的内涵,而是无政府主义者鼓吹的社会主义。不仅会被人们怀疑,而且会败坏社会主义的名声。③ 他们有这样的观点,只能反映马克思主义在传入中国的初期只是作为社会主义思潮的一种,社会对马克思主义的认识和理解是非常片面和肤浅的。④ 只有在对唯物史观和剩余价值论有了全面了

————————————

① 转引自李百玲:《马克思主义在中国的早期翻译及传播》,《江苏行政学院学报》2008 年第5 期。

② 梁启超:《新大陆游记》,湖南人民出版社 1981 年版,第 48 页。

③ 无政府主义的思潮的广泛影响确实是一个值得深入探讨的问题。无政府主义者也对马克思主义在中国传播发挥了一定的作用,他们翻译和介绍了马克思主义经典作家的一些思想,他们也认为马克思主义的思想较之资产阶级是前进的。但是,他们更多的是把马克思主义看作他们批判现实社会的一个工具和武器。也就是,不管是封建统治和资产阶级统治都是不好的,从而说明无政府主义的主张是有依据的。当然,他们认为马克思主义的社会主义思想也不彻底,虽然提倡平等和财富的均等化,但是还会有政府,还有人控制人的局面,因此还需要进一步地发展。无政府主义在中国当时的广泛传播和影响说明了中国民众中存在着一种试图完全彻底解决社会矛盾和社会束缚的倾向,他们对社会的认识处于一种感性的情绪对抗之中,用抽象的逻辑试图达到完全自由的境界。这种无政府主义只能是社会变革动荡时期的一种主观反响,并不能成为真正的社会革命和建设的理论。

④ "马克思主义在中国,主要是以其唯物史观(历史唯物论)中的阶级斗争学说而被理解,接受、选择和运用的。"(李泽厚:《马克思主义在中国》,生活·读书·新知三联书店 1988 年版,第 15 页。)

解之后,人们对马克思主义的信仰才有坚实的基础,才会出现真正意义上的马克思主义信徒。"自从《资本论》问世以来,唯物主义历史观已经不是假设,而是科学地证明了的原理。"①

应该说,在俄国十月革命和中国五四运动爆发之前,中国先进知识分子的大多数都是民主共和派。这个时期的民主共和思想就是最革命的思想,他们关注并大量介绍马克思主义,是为了给资产阶级革命提供理论依据和思想武器。他们积极引入和宣传马克思主义,客观上对马克思主义在中国的传播发挥了重要作用。他们当时并没有认为马克思主义和他们坚持的革命思想完全不同,认为二者有共通之处。资产阶级民主共和派从来不说自己是资产阶级的代言人,也不说自己坚持要走资本主义道路,而把自己的革命说成是社会革命,是为大多数人谋求更好发展的一种革命。他们主观上也不是要完全模仿和照搬西方的资产阶级统治模式,而是希望在中国找出一条可以化解西方模式弊端的新路。马克思对资本主义的批判,当然会引起他们的关注。因为当时的世界环境,已是无产阶级革命到来的新时代。资产阶级民主革命派,通过对马克思主义理论的引入和介绍,以此为理论武器向资产阶级改良派发起了挑战。他们认识到,如果按照资产阶级改良派的主张,不触动封建专制统治体制的根本,就势必引发无产阶级更加猛烈的革命要求。资产阶级民主共和派代表胡汉民,在他一本译著的序言中曾借孙中山的话批评马克思:"中山先生说,'马克斯(思)研究社会问题,没有见到社会进化的原理,所以只可说是一个社会病理家'"。也就是说,马克思只是揭示和批判了资本主义存在的毛病,却没有开出有效的医治良方,没有看到资本主义可以通过自我进化来解决存在的问题。但胡汉民也不全盘否定马克思,说:"我们要批评马克斯(思)一派人的著作,却不妨用马克斯(思)研究的方法。"②胡汉民等人认同的马克思的方法,也就是运用唯物史观揭示历史发展规律,分析中国社会变革的力量和方向。

不过,资产阶级民主共和派一方面认为中国不具备实现社会主义的

---

① 《列宁选集》第 1 卷,人民出版社 2012 年版,第 10 页。
② [德]俺·伯亚(N.Bear):《社会主义史》,胡汉民译,上海民智书局 1927 年版,"译者序"第 3 页。

历史条件,社会主义从根本上不可能实现;另一方面又希望不采用革命办法就从社会主义那里找到缓解资本主义矛盾的办法。他们试图把社会主义思想与中国传统文化中儒家的"君轻民贵"、"天下大同"的社会理想相融合,以冲淡社会主义作为外来思想给国人带来的负面影响。胡汉民就曾经说:"一班老先生们最崇拜的是孔孟两位夫子,照两位夫子生平的说话看来,恐怕他生在今日的中国,断不会看见大多数人那生活不安的情状,还不去打主意想方法救济他的。"①他们这样做,当然是服从其一定的需要,但在客观上混淆了不同历史时期、代表不同阶级的各种思想之间的本质区别,对马克思主义采取了各取所需的实用主义态度,把其系统的科学理论变成片断的、碎片化的个别主张。孙中山就有这样的说法:"社会主义者,人道主义也,人道主义,主张博爱、平等、自由,社会主义之真髓,亦不外此三者。"②

虽然资产阶级民主共和派不同意,或暂时不同意在中国实行完全的公有制和社会主义制度,但是他们总体上接受了马克思主义关于经济基础决定上层建筑的思想观点,受马克思主义理论的影响也是十分明显的,尤其是在对中国现实问题的分析上。他们看到中国积贫积弱,认为中国的问题不仅是政治上不民主的问题,更重要的是经济和民生问题,这是一个长期而关键的问题。孙中山的三民主义,囊括了经济基础和上层建筑:民族独立是国家主权问题,民权是社会民主政治问题,而民生就是经济问题。不过孙中山把它与社会主义相混同,说:"民生主义就是社会主义,又名共产主义,即是大同主义。"③朱执信认为"平均地权,是社会主义实行之第一步","是真正的社会革命"④,希望借助马克思的社会主义,来分析和解决中国的贫困落后问题。胡汉民认为:"只有到了马克思和因(恩)格斯,才努力说明人类历史的进动的原因","以此立经济一元论的历史观"⑤。在他看来,马克思对资本主义的批判,说明不同社会制度的

---

① 胡汉民:《唯物史观与伦珏之研究》,上海民智书局 1930 年版,第 156 页。
② 《孙中山全集》第五卷,中华书局 1985 年版,第 126 页。
③ 《孙中山全集》第五卷,中华书局 1985 年版,第 126 页。
④ 《朱执信集》(下),中华书局 1979 年版,第 871 页。
⑤ 胡汉民:《唯物史观与伦理之研究》,上海民智书局 1930 年版,第 1 页。

优劣,都取决于现实经济问题的解决;马克思对经济与思想、经济与社会制度关系的论述,说明了经济基础对上层建筑的决定作用,有强大的说服力。

因此,资产阶级民主派,包括后来国民党的一些主要成员,都曾经接受或部分接受过马克思主义的观点,在中国封建社会末期的社会变革和转型中,发挥过进步作用。他们适应了社会变革的需要,运用马克思主义的分析方法和观点来分析和认识中国社会问题,顺应历史发展规律,推动了当时的革命运动。他们中有些人看到了马克思主义的理论优势,如胡汉民,认为马克思"物质第一,精神第二"的哲学观点,对社会运动中经济物质力量的强调是科学的,他说:"有人问我:你的主张未免太重视物质,轻视精神。我就要答道:不是,不是,我固然是表同情于马克思的唯物史观,但要晓得唯物史观,并不是叫我们专去崇拜物质,不过实际上不能不承认物质的势力。"①他还以此探寻中国社会腐败道德堕落的根源,并对如何改造指出了符合唯物史观的方向:"像中国现在社会这样腐败,人民道德这样堕落,无论何人都晓得非快快出法子去谈改造不可。然而改造的方法,多半摸不着头脑,依我的研究,中国社会腐败,道德堕落的病根,探本究源,就要归到经济组织不良的一个原因……所以要从物质的经济的为根本解决的改革。"②

当然,由于根本立场的原因,资产阶级民主派不可能成为真正的马克思主义者。他们的总体世界观还是进化论,与改良派不同的是主张社会革命,包括通过暴力革命来推翻封建统治者。但是,他们不可能相信和依靠工农群众来实现革命,更不可能接受无产阶级的领导并最后让他们执政。同时,由于拘泥于书本而带来的认识局限性,认为中国没有经过资本主义阶段,就不具备社会主义革命的可能性和必要性。他们试图用资产阶级革命的方式,来解决中国的经济落后和贫富差距问题。所以在一定时期和一定程度上,他们与马克思主义者之间有了共同语言和合作。蔡和森对此有过这样的评价:"我们与戴季陶合作这一短时期是有利益的,

---

① 《闽星》2卷4号,1920年1月。
② 《闽星》2卷4号,1920年1月。

马克思主义在中国宣传很快的,因为他们都有社会地位",“他们以马克思主义来反对旧礼教、旧制度、旧思想,作为攻击旧文化和提倡新文化的工具,是有相当意义的"①。

　　但是,资产阶级民主派在革命的方式,和对社会未来发展前途的认识上,与马克思主义者是根本不同的。他们看到了无产阶级的历史价值和社会影响,但是又不相信无产阶级可以也应该成为革命的主导力量,而只是把希望寄托在少数所谓先知先觉的革命人士身上。他们“对无产阶级专政和阶级争斗的观点是怀疑的",对资本主义的认识也只是停留在感性阶段,对市场的理解和体验都并没有真正开始,对资本主义经济的运行机制也了解不多。同时,整个社会的人对于马克思主义的理解和认识都不够深入,虽然对马克思主义的传播表现出很大的热情,但是并没有深入地学习、理解并有效地运用,所以才会在对中国前途与命运的认识上,包括在对马克思主义的态度上出现分歧,最终导致马克思主义者与资产阶级民主派的分道扬镳。

第二节　马克思主义经济学著作的译介

　　马克思主义经济学在中国的传播及其中国化,都与其著作的翻译直接相关。著作翻译过程,是一个对作者思想重新理解和认识的过程。因为语言的不同,学科术语的不同,翻译者理论基础的不同,都会影响到对作者思想的理解。尤其是在早期,整个社会对经济学理论的认识都不够系统充分的情况下,译者对原著的理解,就可能影响其所要表达的思想原意,并进而影响后来阅读者的认知。所以,随着著作翻译数量的增加,翻译人员队伍的扩大和翻译水平的不断提高,马克思主义经济学的传播及其中国化,也日益广泛和深入。

一、翻译过程中对“经济学”及其基本概念的阐释与理解

　　在马克思主义经济学的传入过程中,有一个从二手的简单介绍,到一

---

　　①　中央档案馆编:《中国共产党第一次代表大会档案资料》(增订本),人民出版社1984年版,第66页。

手相对较充分的介绍；从西方经济学著作，到马克思主义经济学著作；从原著少量作品，到相对较多作品再到全面系统翻译的过程。早期的翻译，由于本国语言中难以找到充分体现原意的相应术语，来表达原作者的学术思想，译者往往还会附加上基于自己文化、理论水平的理解，因此，翻译的语言生硬、词不达意甚至误解原意等现象比较常见。只有在译者对原著较为全面系统地进行学习和研究，并对原著思想进行较为深入的剖析和理解后，才能用本国语言准确地表达原著的思想。因此，不管译者的主观愿望和实际水平如何，由于文化语言差异和阅读选择不同的客观存在，要在翻译中准确地表达原著者的思想，对马克思主义经济学的系统学习和深入理解都是必不可少的。

在马克思主义经济学传播之前，国人对经济学的概念还较为模糊，经济学的基本原理和理论体系在中国没有得到充分的介绍、学习和运用。这就决定了马克思主义经济学传入中国之前，一些经济学基本概念、理论范畴也面临着如何翻译、理解和运用的问题。

中国传统文化中，也早就有对经济活动的研究，存在着比较丰富的经济思想，但没有形成系统的经济学概念和理论体系。这首先体现在"经济"和"经济学"的语词上。虽然中国很早就有"经济"一词，但与西方"经济"或"经济学"的概念是不对应的。从春秋战国时的儒家开始，国人对"经济"一词的理解是"经国济世"，也就是治理国家贡献社会的一种抱负、才能和作为，包括所需要的各种具体手段和方法。这是一个比西方或我们现在理解的"经济"，要广泛得多的概念。

经济学最初传入中国，是作为如何实现民富国强的一种思想，而得到重视的，所以被翻译为"富国策"、"国富学"等等。亚当·斯密的经济学巨著《国民财富的性质和原因的研究》，在初期介绍给中国的时候，严复翻译成《原富》，也有人翻译成《富国探源》或《国富策》，后来大多数人倾向于《国富论》。

经济学本身包含的内容很多，既有一般性的经济学原理的论述，主要集中在财富源泉、价值形成和提高劳动生产率等方面，属于宏观经济领域；也有许多生产流通中更加具体的经济活动及其实践操作的论述，如会计、商业经营、企业管理和融资投资等。这些虽然都与财富生产有关，也可以给社会和个人带来收益,但总体上属于微观经济领域,与宏观的经济政策和经济运行有所区别。中国在引入时,不可能区分经济学中不同领域和分支的特点,认为都是关于财富生产和价值的实现,所以总想用一个名词来概括。用原来的"经济"即经国济世的简称,就不太贴切。所以,严复把"economy"一词翻译为"计学",他说:"计学,西名'叶科诺密',本希腊语。'叶科',此言'家'。'诺密',为'聂摩'之转,此言'治'。言'计',则其义始于治家。引而申之,为凡料量经纪撙节出纳之事,扩而充之,为邦国天下生食为用之经。盖其训之所苞至众,故日本译之以'经济',中国译之以'理财'。顾必求吻合,则'经济'既嫌太廓,而'理财'又为过狭。自我作故,乃以'计学'当之。虽'计'之为义,不止于《地官》之所掌,《平准》之所书,然考注籍,会计、计相、计谐诸语,与常俗国计、家计之称,似与希腊之'聂摩'较为有合。"①

严复之所以在"经济"和"理财"这两个词上反复斟酌,最后弃之不用,而代之以"计学",一方面是因为西方的"经济"一词与中国传统的"经济"、"理财"之间都有交集,但中国的"经济"有"太廓"之嫌,包含着治国理政、军事外交等;"理财"又"过狭",经济活动不光是理财,还有生产流通、分配消费等。另一方面,西方经济思想刚传入中国,人们只关注了其中宏观的经济政策内容,而不知最初的经济学,如严复所说,是为家庭生财理财服务的,后来到17世纪初,法国重商主义者安·德·孟克列钦发表了《献给国王和王后的政治经济学》一书,首次使用了"政治经济学"这一名词,才把经济学超越家庭管理的范围,扩大到所谓"政治"即对整个社会或国家的经济管理方面。因为中国当时没有合适的词语来与西方的"economy"相对应,所以,取名为"计学"。计学者,国计民生之学也,这与西方"政治经济学"的本意倒颇相合。

1912年10月,孙中山在上海的一次演讲中,肯定了"经济"和"经济学"的提法:"按经济学,本滥觞于我国。管子者,经济家也,兴鱼盐之利,治齐而致富强。特当时无经济学之名词,且无条理,故未能成为科学。厥后经济之原理,成为有统系之学说,或以'富国学'名,或以'理财学'名。

① 《原富》,商务印书馆1931年版,第420页。

皆不足以赅其义,惟'经济'二字,似稍近之。"①这代表了当时学界的普遍观点,"经济学"译名经过日本人的中介环节,终于为中国人所接受。一个名词,虽然并不能代表这个学科,但人们通过它可以对学科的总的研究对象和研究范围有所了解,以便区别于不同学科。应该说,"经济学"这个语词,至此已从经国济世的宽广含义,缩减为宏观上的国计民生、发展生产,微观上的将本求利、精打细算等含义。

虽然"经济学"一词在中国的确定颇费周折,但是,经济学的内容和理念,对中国人却没有隔阂,如物质生产、流通交换、分配消费,这些在人们实际生活中都可以感触到。中国人用自己的思维来理解,经济总是与物质财富和利益相联系。所以,一提到经济学概念或原理,就很容易得到理解和回应。在众多西方思想传入中国的过程中,唯物史观之所以得到广泛认可,就因为它对于历史的理解,更多的是从经济生活角度切入分析的。而这种分析角度和方法,可以把历史从茫无头绪和杂乱无章中解放出来,跳出传统历史循环论。唯物史观也被李大钊称为"经济史观",他说:"比较起来,还是'经济史观'妥当些。Seligman 曾有此主张,我亦认为合理,只以'唯物史观'一语,年来在论坛上流用较熟,故仍之不易。"②有些研究者和宣传者更直接地称唯物史观为"经济一元论",如胡汉民:

---

① 《孙中山全集》第二卷,中华书局 1982 年版,第 510 页;叶世昌:《经济学译名源流考》,《复旦学报(社会科学版)》1990 年第 5 期;方维规:《"经济"译名溯源考——是"政治"还是"经济"》,《中国社会科学》2003 年第 3 期。

② 《李大钊文集》第三卷,人民出版社 1999 年版,第 316 页。"马克思的历史观,普通称为唯物史观,又称为经济的历史观。唯物史观的名称,乃是马克思的朋友恩格斯(Engles)在一八七七年开始用的。在一八四八年的《共产党宣言》里,和在一八六七年出版的《资本论》第一卷里,都含着唯物史观的根本原理;而公式的发表出来,乃在一八五九年的《〈经济学批评〉的序文》。在此《序文》里,马克思似把历史和社会对照着想。他固然未用历史这个名词,但他所用社会一语,似欲以表示二种概念:按他的意思,社会的变革便是历史。换言之,把人类横着看就是社会,纵着看就是历史。譬之建筑,社会亦有基址与上层:社会的基址,便是经济的构造(即是经济关系),马克思称之为物质的,或人类的社会的存在;社会的上层,便是法制,政治,宗教,伦理,哲学,艺术等,马克思称之为观念的形态,或人类的意识。基址有了变动,上层亦跟着变动,去适应他们的基址。从来的史学家,欲单从社会的上层说明社会的变革(历史),而不顾社会的基址;那样的方法,不能真正理解历史。社会上层,全随经济的基址的变动而变动,故历史非从经济关系上说明不可。这是马克思的历史观的大体。他认横着去看人类,便是社会;纵着去看人类,便是历史。历史就是社会的变动。以经济为中心纵着考察社会变革的,为历史学;对于历史学,横着考察社会的,推马克思的意思,那便是经济学,同时亦是社会学。"(《李大钊文集》第四卷,人民出版社 1999 年版,第 379 页。)

"故此我以为马克思资本论第三卷的话和因（恩）格斯书简的话,不过补足经济学批评序文的意思。而唯物史观经济一元论的论据、并不因此动摇。"①

把唯物史观概括理解为经济史观或经济一元论,当然不够准确和全面。唯物史观对历史的唯物主义解释,并不仅仅是经济方面,它同时还承认政治法律、意识形态等上层建筑对经济基础的反作用。但是,经济史观或经济一元论,从经济角度看待历史和分析社会变革的动力,并没有违背唯物史观的原意。而且在中国人的观念中,似乎只有经济才是实在的物质因素。生产力、生产工具和生产条件等因素,都与经济活动直接相关。生产力与生产关系的对立统一构成了生产方式,而生产方式则是社会的经济基础,社会经济基础决定社会上层建筑。其间的逻辑关系,都是说明经济对社会发展的决定作用的。

即使批评过唯物史观的胡适,他也承认:"马克斯（思）主义的两个重要部分:一是唯物的历史观,一是阶级竞争说……唯物的历史观,指出物质文明与经济组织在人类进化社会史上的重要,在史学上开一个新纪元,替社会学开无数门径,替政治学说开许多生路。"②

如前所述,对唯物史观的认可,促进了马克思主义经济学的传播,并被人们所重视。以李大钊为代表的马克思主义者,正是通过唯物史观和剩余价值论,深刻地认识到劳动群众是历史的创造者,未来社会必定是劳动者的天下。唯物史观的基本观点是社会存在决定社会意识,而社会存在正是人类的生产劳动所创造的生存环境和生存方式的一种概括,由社会存在决定社会意识到经济生活决定政治生活,劳动者的价值得到了确认,是人民群众而不是英雄豪杰创造历史。李大钊因此而指出:"自马克思经济的历史观把古时崇拜英雄圣贤的观念打破了不少,他给了我们一种新的历史观,使我们知道社会的进步不是靠少数的圣贤豪杰的,乃是靠一般人的;而英雄也不过是时代的产物;我们的新时代,全靠我们自己努力去创造。"因此,'从前的经济学,是以资本为本位,以资本家为本位。

---

① 胡汉民:《唯物史观批评之批评》,转引自钟离蒙、杨凤麟主编:《中国现代哲学史资料汇编》（第1集第8册）,辽宁大学哲学系中国哲学史研究室1981年,第166—180页。
② 《胡适文存》（二）,上海亚东图书馆1924年版,第29页。

以后的经济学,要以劳动为本位,以劳动者为本位了。"①

很显然,是马克思主义经济学,论证了劳动对价值的创造,资本家对工人创造的剩余价值的无偿占有,从而与唯物史观一道,确立了无产阶级和广大劳动者历史创造者的崇高地位。其逻辑的严密性无可怀疑,西方经济学也难以在理论上加以动摇,由此坚定了中国最早一批马克思主义者的信念和信仰。

但就多数人来说,他们关注马克思主义经济学,焦点还是集中在无产阶级革命和社会未来的前途命运上。对经济学本身,尤其是经济学相关知识却没有更多的关注。加上中国资本主义经济没有充分发展,国人对劳动创造价值、剩余价值的形成和分配,以及工人和资本家的对立,都没有多少实感。这必然影响到人们对马克思主义经济思想的整体理解,而且受诸多历史条件的制约,因此在翻译、介绍和传播中,对经济学一些重要名词概念,不可避免地产生了一些误译和误解。

在严复翻译的《国富论》(即严译《原富》)中,就有这样的情况。有研究者指出,他把"劳动"译为"功力"或"力役",这是把西方经济学中的劳动,混同于中国传统的劳力的概念。对"工人"的翻译也是如此,严复用"工佣"、"佣工"等来表达。虽然想突出在工业生产领域的雇佣关系,但是由于中国传统的雇佣劳动者,大多为农业、家政、服务业和小手工业者工场的从业人员。这些人有的是短工,也有的是长期工,还有的是没有人身自由的卖身工、包身工和学徒制店员等。这些人的工作性质和雇佣关系,比起西方资本主义国家的情况要复杂得多,其报酬也不是市场化的显性可以表达的。严复还把劳动者翻译为"劳力者",而劳力者是与劳心者相对立的,在中国传统社会被定义为两种不同的社会阶层。这就把传统的体力劳动与脑力劳动的对立,或者说社会底层一般劳动者与统治阶级之间的矛盾,混同于马克思所说的无产阶级与资产阶级之间的矛盾。甚至更有甚者,把无产阶级与资产阶级之间的矛盾,看作是一般贫富之间的矛盾。他们不懂得无产阶级是现代化工业生产中的产业工人,是资本主义雇佣劳动制度下一无所有的无产者;而资产阶级,则是以提供资本而

---

① 《李大钊文集》第三卷,人民出版社 1999 年版,第 18 页。

占有工人剩余劳动的剥削者。而中国劳力者，则是社会底层从事各种以体力劳动为主的人群，既包括受雇佣者，也包括在自有耕地上劳作的农民，以及从事各种手工业生产的小生产者。从利益对立和矛盾来看，不同社会历史阶段的阶级矛盾，性质是不一样的。这样的划分，是把传统社会的阶级矛盾与现代社会的阶级矛盾相等同。这都是中国传统社会结构及其文化，对理解和翻译西方文字造成的影响。这样的翻译与中国国情和文化相联系，虽然有助于西方文化的传播，但是，也往往使国人的理解局限于中国现实环境和传统，很容易引起曲解或误解。①

　　1906 年，朱执信在上海《民报》上发表了《德意志社会革命家列传》，较为系统地介绍了马克思《资本论》的思想，但是他把资本家称之为"盗贼者"，是"剥削劳动者以自肥"的"掠夺者"。这就把劳资在市场中的交换关系，看作是一种依靠权势肆意侵占的不平等关系。这反映了那个时代人们对于劳资矛盾的共同看法，但并不符合马克思的原意。马克思明确指出，资本家用工资换取工人的劳动力，然后占有工人创造的剩余价值，并没有违反等价交换规律。他把资本家看成资本主义生产的必要的职能执行者，帮助创造了剩余价值。所以，"资本家只要付给工人以劳动力的实际价值，就完全有权利，也就是符合于这种生产方式的权利，获得剩余价值"②。

　　周佛海在介绍马克思主义经济学时，承认中国存在阶级斗争，但认为与马克思论述的劳资阶级斗争情况不一样："中国现在还没有资产阶级和劳动阶级呀！就有也是不发达的。"在他看来，"工业没有发达的国家，资产和劳动两阶级，是没有多冲突的。因而阶级斗争，也不能在他们的两阶级行的，已是明明白白了。中国的工业，是发达吗？恐怕没有一个人，说是发达的。那么，资产和劳动两阶级，也就没有发达，他们的利害也就没有多冲突。因而中国的阶级斗争，也不能在这两阶级间起的"③。

---

① 黄立波、朱志瑜：《严复译〈原富〉中经济术语译名的平行语料库考察》，《外语教学》2016 年第 4 期。

② 《马克思恩格斯全集》第 19 卷，人民出版社 1963 年版，第 401 页。

③ 周佛海：《中国的阶级斗争》，转引自钟离蒙、杨凤麟主编：《中国现代哲学史资料汇编》（第 2 集第 9 册），辽宁大学哲学系中国哲学史研究室 1981 年版，第 176 页。

　　周佛海的最后结论是:社会矛盾是以统治者为代表的寄生阶级与靠自己劳动和职业生存的自给阶级之间的斗争。他把这样的矛盾看作是中国的一个根本性矛盾,这当然是偏离了马克思对阶级斗争和社会矛盾的认识。李大钊对此作了纠正,指出:"马氏所说的阶级,就是经济上利害相反的阶级,就是有土地或资本等生产手段的有产阶级,与没有土地或资本等生产手段的无产阶级的区别:一方是压服他人,掠夺他人的,一方是受人压服,被人掠夺的。"①这样的理解应当说没有错。但是总的来说,早期革命者对马克思主义经济学的理解,还带有一定的片面性,未能深入到资本主义生产方式内部,寻找社会矛盾的根源。

　　"价格"与"价值"的翻译,也是一个重要的经济学问题。严复在翻译《国富论》时,就把 Value 翻译成"值"、"贵"、"物值"、"物价"和"直"等;而把 Price 译成"价"、"值"、"本值"和"贵贱"等。② 这些不同的译名,还有混同使用的现象,说明严复对于这两个概念的差别没有清晰的认识。这一问题的存在,并不全怪严复,因为《国富论》中对于价值与价格也没有明确的区分,有时两者也是混用的。在亚当·斯密时代,问题只是刚显现出来,商品的价格究竟如何决定? 亚当·斯密试图探讨定价的依据。劳动价值论说商品的价值是劳动创造的,而商品的价格却是用货币的数量来表现的,与劳动似乎没有联系。价值实际就是价格背后的依据,因为它是一种抽象的存在,是通过我们的思维来把握的。对于缺乏经济学思维的人来说,要弄清两者之间的联系和区别,当然是不容易的事情。

　　公有制的问题也是这样。"共有"与"公有"在德文中都是"gesell-schaftlich"一个词。但在汉语中这两个词却有所不同,"公共"一词中"公"与"共"连用,表面看是一个意思,实际上正是表明"公"与"共"并不相同,二者连用是为了泛指超越个人的社会关系。"共有"强调的是共同拥有,可以是在个人私有的基础上共同拥有,如股份制企业就是一种共同所有企业。而"公有"则是与"私有"对立的一个概念,否认个人私有。在《资本论》翻译中,该词基本都译为"公有",这反映了中国文化对公私关

---

①　《李大钊文集》第三卷,人民出版社 1999 年版,第 29—30 页。
②　黄立波、朱志瑜:《严复译〈原富〉中经济术语译名的平行语料库考察》,《外语教学》2016 年第 4 期。

系的理解,强调了对私有制的否定,但却忽视了"共有"中可能存在的个人私有成分。①

中国的封建制度不同于西欧,资本主义私有制的发展也没有达到欧洲的水平,甚至连私有制所要求的法律制度也没有完善。马克思所说的公有制是对私有制的一种扬弃,是有着严格的产权规范和法律约束的一种国家或社会所有的财产制度。至少在从资本主义向社会主义过渡的时期,公有制有着严格的产权法律约束。而不是像一般人所理解的,只要是属于国家或政府或某个公共组织,就是公有制,而且不用考虑其财富的具体价值和权利边界。公有制不是"天下为公"的"公",也不是抽象意义上超越个人的"公",而是一种财富的所有权制度。也就是说,它不是原始社会、封建社会和资本主义社会的"公",而是在资本主义基础上对资本主义私有制"否定之否定"的"公"。而我们对"公"的理解往往还停留在原始或最多是封建意义上的"公"。康有为就把共产主义译为"均产"之说。他把马克思的共产主义理想与他对儒家的"大同社会"的理想糅合在一起,他的"同"与"公",都是传统的而不是现代的理解。

二、《共产党宣言》和马克思主义经济学通俗读物的翻译及其影响

马克思主义经济学的一些重要思想,首先是通过《共产党宣言》来传达的。《共产党宣言》是一部政治宣言和政党纲领,而不是经济学专著。它表达了马克思主义包括经济学的基本思想和主张,如废除私有制、与传统所有制决裂;对资本剥削的揭露,对资本主义制度的批判;对无产阶级阶级地位和历史使命的说明等。《共产党宣言》并没有对这些问题进行深入的论证,只是强调了共产主义的基本主张和追求,是共产主义者的一个基本纲领。但它的影响非常大,中国绝大多数先进知识分子,都是从《共产党宣言》开始,接触马克思主义并确立共产主义信仰的。如毛泽东后来在延安时就对斯诺说过,他第二次到北京时读到三本书:《共产党宣

---

① 王成稼:《关于生产资料公有制理论与公有制概念翻译问题》,《当代经济研究》2006 年第 1 期。

言》、《社会主义史》和《阶级争斗》(《阶级争斗》就是考茨基写的《爱尔福特纲领解说》,是一本阐述马克思经济学说的通俗著作,由恽代英翻译,1920年1月新青年社出版)。还看了不少文章,由此树立了马克思主义信仰。应该说,毛泽东所看到的三本书,特别是《共产党宣言》,其理论既有对现实的批判,又有对未来的理想;其主张既符合历史发展规律,又有切实可行的道路和途径,比较完整准确地论述了马克思主义的观点,从而帮助毛泽东这样的青年知识分子树立起共产主义信仰是完全可信的。

介绍马克思思想包括《资本论》思想的一些通俗著作,是从日本引进的,在中国知识分子中广受欢迎。如1919年6月2日至11月11日,北京《晨报》副刊通过"马克思研究专栏",连载了考茨基的《马克思的经济学说》(当时书名为《马氏资本论释义》,柯祖基翻译);同年的《建设》杂志,连载了考茨基的《马克思资本论解说》一书,由戴季陶和胡汉民翻译,1920年9月,商务印书馆出版了单行本,到1922年就再版了四次,可见当时社会的欢迎程度和社会影响之大。1919年9月,李汉俊[①]根据日文版,转译出版了《马格斯(克思)资本论入门》一书。他介绍说:"马格斯(克思)经济学说底骨子即商品、价值、价格、剩余价值,以及资本和劳动底关系,用很通俗的方法说明了出来,说得这样平易而又说得这样得要领。"

这些书与过去介绍马克思思想的文章不同,一方面较为全面系统深入,尤其是考茨基的著作,比较准确全面地表述了马克思《资本论》的基本观点和思想;另一方面相对通俗易懂,不同于李大钊等人主要面向知识分子的文章。这对于传播和扩大马克思主义经济学的影响,发挥了巨大作用。后来的许多革命者走上革命道路,都与接触这样的著作有关,并且通过这些著作来传播马克思主义思想。1920年11月,毛泽东就把考茨

---

① 李汉俊是中共创立过程中最早提出建党思想的人,他在马克思主义著作的翻译和传播上也发挥了重要作用,他的理论水平得到了党内的认可,号称当时的马克思主义理论家。他在日本留学时就受日本社会主义者的影响而相信马克思主义,积极翻译和传播马克思主义。《共产党宣言》的翻译受到了他的支持和帮助。他学习马克思主义不仅有自己的理解,而且注意运用来分析和研究中国革命的实际,对革命的策略和手段提出自己的看法,是早期试图把马克思主义与中国实际相结合的开拓者之一。这是他超越当时大多数马克思主义信仰者的地方。他不仅介绍和研究马克思主义的总体政治主张,而且特别重视马克思主义经济学的传播和研究。他摆脱了对马克思主义和苏联模式、共产国际的盲目相信,力求通过自己的研究和理解从科学的角度把握马克思主义经济学。他把翻译作为马克思主义传播的首要任务,并且身体力行,翻译了许多重要著作。

基的《马克思的经济学说》，列为"书之重要者"第三本，"通告好学诸君"；1921 年 4 月，毛泽东又把它作为文化书社经销的"内容比较重要些的"书刊向社会推介。

这些著作大部分是从日文转译，在此过程中，日本社会主义者的思想和著作的翻译，对中国革命者的影响也十分明显。毛泽东和周恩来等革命青年，早期都是从日本学者的著作中接触了马克思主义思想。周恩来在日本留学期间，较多地学到了马克思主义尤其是其经济思想。[①] 1920 年，周恩来在国内领导学生运动被捕入狱，在狱中组织讲演会。他凭着在日本的学习积累，分五次主讲了"历史上经济组织的变迁同马克思传记"、"唯物史观"、"唯物史观的总论同阶级竞争史"、"经济论中的余工余值说"、"经济论中的《资本论》同资产集中说"等讲座。[②] 如果不是较为全面地理解和把握了马克思主义的基本原理和主要观点，是很难做到的。

从日本传入中国的马克思主义经济学，并不是原著，而是相对系统但又较为通俗的叙述和介绍，这对初期的革命者确立马克思主义信仰具有重要意义。但是，如果从科学性来要求，必须要对马克思主义经典著作，尤其是经济学著作，有充分、深入的阅读和研究。但在当时的中国，以至于后来相当一段时期，我们的翻译并不全面系统，对马克思主义及其经济学的研究也不够深入。

三、以《资本论》为代表的马克思主义经典著作的翻译和传播

比起《共产党宣言》和其他马克思主义著作，《资本论》在中国的翻译

---

① 陈答才：《周恩来与马克思主义中国化》，《马克思主义研究》2012 年第 4 期。周恩来在日本通过阅读著名经济学家、京都帝国大学教授河上肇的《贫乏物语》和幸德秋水的《社会主义神髓》，初步接触到马克思主义。特别是在 1919 年 1 月，河上肇创办了《社会问题研究》月刊，从第一期起，连载河上肇的《马克思主义的理论体系》，文中介绍："唯物史观和资本论和社会民主主义是涉及理论与实际两方面的马克思主义的三六原理。这三大原理是根本贯穿着一条金线，就是所谓阶级斗争学说。"这个刊物一出版，周恩来立刻成为热心读者。据一个和他同寄住在东京神田区三崎町的留日学生回忆：周恩来"每次外出散步，他从来不在马路上溜达，而是走得很快，去书店里翻书阅读"。他归国的时候，箱子里还带着河上肇的书。这表明，周恩来在日本已经相对系统地了解了马克思主义基本原理。

② 中共中央文献研究室、南开大学：《周恩来早期文集》上卷，中央文献出版社、南开大学出版社 1998 年版，第 599 页。

和研究较晚。一方面,《资本论》是部大部头著作,留苏回来的革命者可能读过这样的大部头著作,知道它是马克思主义的百科全书,要翻译必须有各方面条件的积累。另一方面,还由于当时难以保证有稳定的环境进行这样的翻译。当然,相对而言,对《资本论》的翻译和研究,革命斗争需要的迫切性也不是太强。当时没有系统翻译和研究《资本论》,可能是出于以下两个方面的原因。

首先,《资本论》不是论述马克思主义全部理论和基本纲领的著作,而是对资本主义生产方式全面深入研究的经济理论著作,这就注定了其在革命中的作用,是作为马克思主义的理论基础,而不是用于指导解决革命中现实问题的,不涉及具体革命政策的制定和执行。如果现实问题的解决迫切需要某个理论的指导,那么,此时的学习和研究就十分重要,对阐述这一理论原著的翻译和研究,也就十分重要。如后来,我们党在延安时期适应整风运动需要,就翻译了大量马列关于思想作风建设的哲学著作和其他著作。①

其次,从当时反马克思主义的理论界一方来看,还没有对马克思主义经济学构成多大威胁,所以也没有从《资本论》入手对经济学作追根究底研究的迫切需要。应该说,当时不管是西方经济学界,还是接受了西方经济学的回国学者,他们对马克思主义经济学的批判,也只是说公有制和计划经济的不可行。他们既解决不了马克思指出的西方经济学理论的缺陷,也不能从根本上否定马克思主义经济学的基本理论。他们对经常发

①　在延安整风运动中,为了反对教条主义和主观主义,毛泽东在 1942 年亲自组织翻译和编辑了《马克思恩格斯列宁斯大林思想方法论》,这应该是进行经典著作专题编辑的开端,这样做的好处是对于专题内容可以全面了解经典作家的论述观点,缺点是将观点从整篇文章中抽离出来,也容易产生误解和片面的强调。后来的各种语录本就是一个典型。不过从这个编译选本来看,强调经典作家的思想方法,或者把经典作家对其研究和实践方法的论述单独强调出来,反映了中共在坚持马克思主义上更多的是从方法和精神来强调其继承和发扬,反对对某些具体途径和手段的论争。思想方法是超越具体手段和途径的,这反映出中共力求破除党内教条主义者对经典作家的一味推崇和照搬模仿,要确立中共自己的道路和思想的地位和价值。延安时期开始系统化地出版经典著作,如《马克思恩格斯丛书》10 种、《列宁选集》16 卷和《斯大林选集》5 卷等,这些就为全面深入地学习和理解马克思主义提供了依据。在这些系统著作之外,还根据思想工作需要出版了一些重要文章的单行本和专题文集。其中包括《马恩与马克思主义》《什么是马克思主义》《什么是列宁主义》《社会主义从空想到科学的发展》等明显是针对如何理解和坚持马克思主义的相关论述的专题文集和著作。

生的资本主义经济危机给不出有力的解释，对解决经济危机和社会贫富差距也没有有效的办法，难以面对现实。他们所指出的马克思剩余价值论转型问题，不过是相对具体的细节问题。这对经济学来说也许是一个重要问题，但对一般民众而言，他们不会进行深入的追究，当然也就不会去关心这一问题。① 至于说社会主义公有制和计划经济之不可行，当时已有苏联在施行，而且在相当一段时间内取得了较好的效果。西方学者虽然指出其不可持久的问题，但既没有得到验证，又往往认为存在的问题是实际操作问题而不是理论问题。况且对于中国这样的落后国家来说，这还是十分遥远的事情，当然就不存在对其理论是否正确的怀疑。因此，马克思主义经济学的主要著作包括《资本论》，没有急于系统翻译也就不奇怪了。

《资本论》毕竟是马克思主义经济学的一部巨著，对它的翻译还是被提上了议事日程。北京大学马克思学说研究会的德文翻译组，最早开始《资本论》第 1 卷的系统翻译。王慎明、侯外庐在 1932 年翻译出版的《资

---

① 倒是李大钊很早就注意到剩余价值理论中的转型问题，他称之为"平均利润率的谜"。一方面从劳动价值论来说，劳动创造价值，剩余价值与可变资本投入成正比；但另一方面，现实却是平均利润率，等量资本获得等量收益，不管可变资本与不变资本比例如何，资本收益只与资本投入量相关。"余值随可变资本而增减，全与不变资本的多少无关，但实际上无论可变资本与不变资本两种资本的比例如何变动，利润率常为一。"他也看到了这个"几乎根本推翻"劳动价值论的"谜"，说出了这个问题在西方经济学中的争论，也认识到马克思对不变资本与可变资本的论述是剩余价值学说的支柱，而剩余价值说又是马氏经济学说的根本观念。"这资本说被人攻破，马氏经济学说必受非常的打击"。他虽然论述了马克思在《资本论》第 3 卷中对这一问题的解决，但是他并不认为马克思的解决办法就完全有说服力。他说，马克思的生产价格"就是实际卖价——和他所说的价值全非同物。但对于价值以外，又有一种实际卖价，为供求竞争的关系所支配，与生产物品所使用的工量全不相干。结果又与一般经济学者所主张的竞争价格论有什么区别？物品的实际价格既为竞争所支配，那劳工价值论就有根本动摇的危险。——这究不能不算是马克思主义的一大遗憾。"（《李大钊文集》第三卷，人民出版社 1999 年版，第 42—49 页。）这说明李大钊并不认为马克思的方法能够充分贯彻劳动价值论，认为这是对劳动价值论的挑战，并影响了剩余价值论的严密性。李大钊用另一种方法来说明马克思剩余价值论虽然与劳动价值论不对应，但是剩余价值论并没有错，而且与亚当·斯密等人的思想没有根本区别，而是两者之间是共通的。李大钊在用亚当·斯密的方法和思想来说明马克思思想并不是独特的，不能从一般经济理论得到解释的。他试图用更加为一般人接受的经济理论来理解马克思经济思想，而不是简单地重复或强调马克思经济思想的独特性和革命性。李大钊在研究、接受和传播马克思主义的过程中，既能够较为准确地阐述马克思主义的思想，又不回避存在的问题和面临的责难，并试图用更加容易接受的方式来解决这一办法，没有完全把马克思主义看作是与西方经济思想对立的学说，应该说是很好地坚持了马克思主义的科学态度，值得后来的马克思主义者学习。

本论》第 1 卷上册,是国内最早的《资本论》中译本。署名为玉枢、右铭译的《资本论》第 1 卷中册和下册,在 1936 年 6 月由世界名著译社出版,由此形成完整的《资本论》第 1 卷中译本。更完整的三卷本《资本论》,则由郭大力、王亚南在 1938 年完成翻译并正式出版,第 4 卷也是由他们二人合力翻译,在 1949 年 5 月出版。

应该说,在当时历史条件下,这些翻译和出版,都不在中国共产党的计划和安排之内。因为中国共产党自成立以来,就长期处于白色恐怖之中,难以找到适合的人和适合的环境进行这样的工作。此外,中国共产党当时又是共产国际的一个支部,苏联共产党作为龙头老大,基本垄断了对马克思主义的解释权,对马列经典著作的翻译,也必须通过他们从俄文版翻译成中文。1938 年中国共产党在延安成立马列学院后,内设了编译部,有了对马列著作翻译的计划和安排。但马列学院的主要任务是干部教育,主要的教材也不是原著,而是来自苏联的转述性的原理汇编,强调的是马克思经典作家的部分或主要观点,经过这种有选择的汇编和转述,在完整准确地体现马克思主义全部思想方面就打了折扣。

当时,马克思主义经济学观点介绍性的海外文章,也得到了翻译与传播。这些翻译和介绍,有的是作为一种外来思潮进行客观介绍,有的是出于好奇,也有的是试图用来解决中国的某个问题,还有一些则是为了与其他社会思潮进行比较,这其中就有分析和批判。可以说这个时期的翻译和介绍,基本停留在知识分子层面,着重于翻译性介绍,而缺乏对马克思主义经济学深入系统的研究。

俄国"十月革命"与中国"五四运动",极大地激发了中国先进知识分子对马克思主义经济学的需求。"十月革命"不仅是推翻了资本主义制度,建立了一个新的革命政权,还在于把马克思主义经济学提出的新的社会经济制度付之于实践。所以,人们迫切希望了解当时的俄国社会。"列宁的著作,在一九二〇年也开始流行了,散见各报刊的计有:《民族自决》、《过渡时代的经济》、《俄罗斯的新问题》、《旧制更新》、《全俄经济委员会第三次大会蓝宁之演说》等。"①而当时中国的资产阶级民主共和派,

---

① 彭明:《五四运动史》(修订本),人民出版社 1998 年版,第 461 页。

批判马克思主义经济学,认为公有制社会不可能实现,也不可能有超越资本主义的新的社会经济制度。苏联成立和经济建设的成就事实是对他们的最好回答,马克思主义经济学对未来社会的设想,不仅仅是一种理想,而且可以在实践中得到实现,从而被证明为是科学的理论。同时,"五四运动"中民众尤其是工人的活跃和主力军作用,也让先进知识分子看到了马克思主义经济学所揭示的无产阶级的先进性和革命性,从而认识到中国革命的力量源泉。因此,马克思主义经济学著作的受欢迎程度越来越高,对其翻译的要求越来越迫切。当时上海的共产主义小组成立了专门的出版部,计划把《社会主义者袖珍丛书》译为中文,并先后组织编译了《共产党纲领》、《共产党宣言》、《政治经济学批判导言》、《共产党人是什么样的人》、《苏维埃俄国》等著作。① 翻译数量的增多,既是传播马克思主义的需要,也是马克思主义得到传播的一种表现。对马克思主义及其经济学理论的传播越广,学习和研究也就越深,由此产生了大批共产主义的信仰者,为中国共产党建党打下了坚实思想基础。中国共产党成立后,更是"以俄为师",列宁等苏联领袖的著作得到更全面系统的翻译,中国共产党的诞生,需要更广泛地翻译和介绍马列经典著作。领导群众开展革命斗争,制定党的战略方针和斗争策略,需要从经典著作中寻求相关的理论支持,并用于统一党内思想。所以,当时迫切需要引进大批通俗而又较为全面地介绍马克思主义基本思想和观点的著述。于是,一批关于社会主义制度及其运动史、唯物史观、资本主义批判、劳动价值论和剩余价值论的通俗读物,纷纷被翻译过来,在国内迅速传播。留苏回国人员对苏联的一些经济学著作,包括马列经典原著都进行了大量系统的翻译。

中国共产党成立后,适应着党内进一步深入学习了解马克思主义并解决发展中问题的需要,中国共产党常设领导机构中央局专门成立了人民出版社,力求系统地翻译经典著作。1921 年 9 月,在党的机关刊物《新青年》上刊登广告,计划出版包括马克思全书 15 种和列宁全书 14 种在内

---

① 中共中央党史研究室第一研究部译:《联共(布)、共产国际与中国国民革命运动(1920—1925)》(一),北京图书馆出版社 1997 年版,第 31—35 页。

的马列著作 59 种。这反映了党成立后,迫切希望通过加大经典著作的翻译,来提高马克思主义的影响力和指导作用。但由于革命斗争形势的严峻,人民出版社从 1921 年至 1922 年上半年,只出版了计划中的 17 种马列著作,便停止了继续翻译出版。①

在翻译过程中,深入学习和研究了马克思主义以后,必然涉及如何对待马克思主义的问题。当时不少留苏人员,特别是以王明为代表的所谓"二十八个半",以马克思主义者自居,"言必称希腊",认为他们最懂得什么是马克思主义的精髓,是最全面地掌握了马克思主义精髓的人。在如何坚持马克思主义,如何用马克思主义指导中国革命的问题上,党内出现了教条主义与马克思主义中国化两种思想路线。坚持马克思主义中国化,同教条主义作斗争,也需要回到经典著作。教条主义者一般是全面阅读过马克思主义原著的人,占有着理论的制高点。他们要保持这一地位,必然要不断地从经典著作中寻求理论支持。因此,要翻译和引进这些著作。而要反对教条主义,帮助他们回到正确路线上来,也需要阅读大量经典原著,把马克思主义基本原理掌握得更加充分全面,在学习和研究中与实践结合得更好。这样,马克思主义经典著作的翻译和学习都显得重要起来。这从根本上说,是由于革命斗争的需要。当时,列宁的著作对中国革命具有更直接的指导意义。从 1921 年到 1925 年,中国共产党理论刊物《新青年》介绍和节译了大量的列宁和斯大林著作。从 1922 年到 1927 年,列宁另外的 30 多部著作也被翻译过来。革命理论的传播催生了革命行动,革命行动促进了革命理论的传播和运用。为了更好地发挥马克思主义经济学的作用和影响,党还创办了党的机关刊物和相关理论刊物,在党内加强对经典著作包括马克思主义经济学的研究,将马克思主义理论运用于中国经济现实问题的分析,在中国革命中发挥了非常重要的作用。

当中国共产党有了相对稳定的革命根据地和一定的经济条件以后,马克思主义著作的翻译和出版有了相对较好的条件。在毛泽东同

---

① 上海革命历史博物馆(筹)编:《上海革命史研究资料——纪念建党 70 周年》,生活·读书·新知三联书店 1991 年版,第 137 页。

志提议下,党中央在 1943 年 5 月作出了关于翻译工作的决定,强调"翻译工作,尤其是马列主义经典著作的翻译工作,是党的重要任务之一","为提高高级干部理论学习,许多马恩列斯的著作必须重新校阅"①。为此,专门成立了以凯丰、博古、洛甫等党内理论与翻译家为主的翻译校阅委员会,对马列著作的有关译文进行审核,大大提升了经典著作翻译的质量。②

　　新中国成立后,马克思主义经济学著作的翻译更加全面和广泛。当时主要集中于对马列经典著作的翻译和整理,以及对苏联社会主义政治经济学的翻译。我们党成为执政党以后,面临着社会经济制度变革和开展国民经济建设的艰巨任务,迫切需要全面深入地学习和研究马克思主义经济学。同时,也需要借鉴苏联的经验,以顺利推进我国社会主义改造和经济建设。因此,中国共产党中央在新中国成立前夕的 1949 年 4 月,就决定成立中央俄文编译局,专门从事马克思主义经典著作的俄文翻译。中宣部同年成立了《斯大林全集》翻译室,1953 年二者合并为中央马恩列斯著作编译局。

　　根据社会主义建设的需要,经典著作的翻译先从《斯大林全集》着手。1953 年出版了第 1 卷,到 1958 年,全部 13 卷共 340 多万字全部完成出版。《列宁全集》的翻译出版初期较慢,1953 年到 1955 年,仅翻译了 5 卷,出版了 1 卷。后来作为向新中国成立十周年献礼项目,才加快进度。到 1959 年,完成了全部 38 卷 1500 多万字的翻译出版工作。1975 年,依据俄文版翻译的《马克思恩格斯全集》共 39 卷出版。1977—1985 年,又将俄文版后增补的《马克思恩格斯全集》第 11 卷翻译出版。前后 30 年,完成了《马克思恩格斯全集》第 1 版共 50 卷的翻译出版工作。③ 适应了全党学习研究马克思主义,推动社会发展的需要,为人们更加全面、系统

---

　　①　中央档案馆编:《中共中央文件选集》第 14 册,中共中央党校出版社 1992 年版,第 42 页。

　　②　当时认为"延安过去一般翻译工作的质量,极端不能令人满意",许多经典著作是个人翻译,个人解释,缺乏统一权威性,容易被少数人作为自己论争的资本,而对于不能掌握外语能力的党内人士而言,往往失去了讨论的可能。因此要对过去翻译的经典著作进行重新校阅,通过党内权威的翻译来统一思想,解决少数人利用语言优势而借用经典著作的知晓权而垄断论争话语权。

　　③　参见俞可平主编:《马列经典在中国六十年》,中央编译出版社 2010 年版,第 5—7 页。

地了解和掌握马克思主义提供了方便。

第三节　西方经济学理论的传入及其影响

西方经济学的概念来自亚当·斯密,虽然长期以来甚至直到今天,对学科的研究对象和方法,人们也还有许多争议,没有达到完全统一的共识。但是,西方经济学作为一门学科已经被广泛接受。传入中国后,促进了国人对经济学概念的理解,也对经济学的研究对象、研究方法和研究目标有了新的认识,拓展了国人的思维和认识空间。由"经济学"而有"经济"一词,国人对于现实物质生产和利益得失有了新的视角,摆脱了传统义利二分的伦理视域,而真正面对现实的经济生活和利益追求。从个人经济利益的满足,到国家的生产发展和财富充裕,经济的概念开始深入到民众之中,当然首先是在知识界被重视和使用。

西方经济学的引进和传播,使中国社会科学的研究视域有所扩大,研究方法有了较大进步,得到了社会广泛响应并产生了深远影响。没有西方经济学的概念和思想的传入,我们不可能对近代以来中国经济的落后面貌有更深刻的认识,包括马克思主义经济学在内的马克思主义的传播,在中国也不会得到更多人的关注和理解。当然,马克思主义经济学与西方经济学的基本理论,在许多观点上存在根本分歧。但这些分歧,总体上还是在双方相同学术语境下的观点对立。这两种对立的学说体系,在中国传播过程中相互斗争,促进了社会对马克思主义经济学理论特质的理解和认识,推动了马克思主义经济学在中国的传播和中国化进程。

一、西方经济学的传入

晚清以来,伴随着中国人开眼看世界,西方经济学也随着西方的各种思潮进入中国。鸦片战争的失败,使国人认识到了中国在世界上的落后地位;西方列强的凶残,使国人有了寻求富民强国之路的紧迫感。"师夷长技以制夷",除了要学习西方科技之外,很多人认识到还要学习西方社会制度,尤其是其经济制度和经济的组织管理方法。魏源在《海国图志》

里就提出,要效仿西方主要是英国的银行体系和制度。他看到了西方经济制度尤其是金融体系对国家富强的意义,但他看到的还只是部分经济制度,没有涉及系统的西方经济思想。

晚清时期在中国的一些著名西方传教士,发表了大量文章,不但介绍西方科技成就,还不断介绍西方经济成就、经济政策和经济思想,宣传西方经济制度的优越性,指出中国积贫积弱的根源,向中国社会提出改革的政策建议,产生了巨大的社会影响。从 1892 年 8 月开始,当时的《万国公报》,连续多年刊载了系统介绍西方经济思想的著作。如英国艾约瑟的《富国养民策》、嘉托玛的《富国新策》、李提摩太的《论生利分利之别》,加拿大马林的《各家富国策辨》等经济学论著,传播了西方经济学的一些主要思想。如亚当·斯密的资本和分工思想、大卫·李嘉图的级差地租论、乔治·亨利的土地单一税论、马尔萨斯的人口论,等等。西方经济思想以富国养民为目标,而这些正是中国在社会转型时期最缺乏的思想资源。国人了解了西方经济思想的重要性,既加深了危机感,也对西方经济制度和经济思想产生了强烈的学习热情。

中国传统社会缺乏清晰的财富和商品价值概念、对商业贸易的经济价值往往从道德角度加以贬损,所谓“无利不起早”、“无商不奸”等;没有系统的税收理论和财政收支制度,缺乏对经济组织的产权登记保护制度,金融体系还处于粗放初始阶段,社会分工不充分,对外经济贸易停滞。正如亚当·斯密在《国富论》里所说:“中国一向是世界上最富有的国家,就是说,土地最肥沃,耕作最精细,人民最多,而且最勤勉。然而,许久以来,它似乎就停滞于静止状态了。今日旅行家关于中国耕作、勤劳以及人口稠密状况的报告,与五百年前视察该国的马可·波罗的记述比较,几乎没有什么区别。也许在马可·波罗时代以前好久,中国的财富就已经完全达到了该国法律制度所允许的发展程度。”①

亚当·斯密的著作在中国传播后,其对中国问题的分析,引起了国人

---

① ［英］亚当·斯密:《国富论》上册,郭大力、王亚南译,商务印书馆 1974 年版,第 65—66 页。

广泛的重视和思考。其自由主义经济学,对中国思想界的冲击十分巨大。① 中国学者都承认,中国产出匮乏的根源,是缺乏科学的经济思想指导和合理经济制度的保障。正是中国封建专制统治下的闭关锁国、地方经济割据、社会对商业的鄙视、官办工商业的腐败和低效,导致了中国近代经济的停滞和落后。西方经济学在唤醒中国民众反对封建专制统治方面,也是有启蒙价值的。

西方经济学在中国的传播,还受到两个方面因素的影响:一方面,西方经济学的思想和社会政策比较具体,可操作性强,容易被人们所理解和接受。因此,怀有经国济世抱负,到海外求学并一心寻求西方富强而中国贫弱根源的中国学者,接触到西方经济学以后,就把学习、宣传西方经济学理论作为回国后的重要使命之一,加快了它在中国的传播。另一方面,中国传统社会重视现实经济利益,希望增进财富的心理比较普遍,许多人到国外寻求致富之学,选择学习商业、财会、银行金融等西方现代经济知识,成为一个主流。在一些有识之士中兴起了实业救国思想,认识到中国的贫弱,就是因为长期以来强调以农为本,而不重视工业、贸易和金融等现代产业。因此,许多留学生在实业救国的理想下选择学习经济,当然也就扩大了对西方经济学的学习和传播。

同时,国内也开始趋向于学习和模仿国外现代教育,重视对国民进行经济理论和经营实务的教育培训,在国外正规大学接受过西方主流经济思想和管理思想教育的大批归国留学生,正好适应国内需要,成为从事经济学和管理学的教学人才。初期主要是讲授以研究资本主义市场经济运行机制为主的新古典自由主义经济学,其中又以阿尔弗雷德·马歇尔的《经济学原理》为主要教科书。作为西方经济学的主流思想和主导教学体系,马歇尔不是要否定和批判当时现存制度,而是要说明和论证市场如何运作以及如何充分发挥其作用。他对十分复杂的经济运行的解释,更

---

① 梁启超就说:"吾著生计学史至斯密时代,使吾生一种异感,吾乃始惊学问左右世界之力如此其宏大,吾乃始惊二百年来欧美各国以富力霸天下,举环球九万里为白种人一大'玛杰',而推其波助其澜者,乃在一眇眇之学士。""本论以斯密、亚丹为中心点,而上下千古以论次之。"亚当·斯密能得到梁启超如此的崇敬,不只是其思想体系的开创性,还在于其对中国现实问题把握的深刻性,反映了思想理论的价值。(梁启超:《生计学学说沿革小史》,见《饮冰室文集》卷12,中华书局1936年版。)

多地采用了抽象思维的方法，到后来才有学者较多地通过历史数据的实证分析，来验证其理论和逻辑的正确与否。由于其立场观点方法的局限，西方经济学不仅在自身逻辑上遇到了困境，内部各个学派在一些基本问题上都不能一致，而且在实践中也难以回答许多现实经济问题，更谈不上对资本主义经济作出充分、全面的认识，也不可能对其发展趋势进行准确的预测。而要从制度等层面上对资本主义经济进行深入分析，在当时也缺乏正确的方法和工具。在马克思主义经济学产生以后，西方经济学就再也不是一种被社会所广泛接受的科学理论了。

在严复翻译出版《原富》的同时，德国历史学派先驱李斯特的《政治经济学的国民体系》一书，也以《理财学》为名在中国留日学生自办的刊物《译书汇编》上连载。该书批评以亚当·斯密为代表的自由主义经济学，认为他忽视了英国曾经经历的保护主义阶段，强调发展经济要发挥国家政权的力量。像德国这样的落后国家，尤其需要依靠国家实行保护贸易，促进幼稚工业的发展，不然在强大的国际竞争中难以实现国家富强。在李斯特看来："力譬树木也，富则果实也。有力而后富源开，有力而后富可保。一失其力，则国之工艺、文明、自由、独文诸大端，皆为他有力者所夺。"如果"不务农工之业，而一任人民之所为者，决不足进于富强"①。该书的翻译引进使国人看到，西方不仅仅只有以亚当·斯密为代表的自由主义经济学，还有其他不同的经济学说，而且它们的主张更加适合中国当时的国情和需要。②

严复翻译《国富论》，并不是要作为教科书引进，而是如同他翻译《天演论》一样，是作为一种新思想和新学说的启蒙来做的，完全与当时中国的现实社会环境和变革需求有关。他使用的是当时知识界通行的文言文，一般民众能够真正读懂的人很少。但是，这并没有影响亚当·斯密自由主义经济思想的传播。如果从经济学本身的学习和传播来看，严复自

---

① 《译书汇编》第 8、3 期。

② 梁启超说，亚当·斯密的思想"非治今日中国之良药也。治今之中国，舍前此所谓哥巴尔略(柯尔贝尔)、克林威尔政略者，其道无由。……读斯密者，亦审其时、衡其势而知其意可耳"。(见梁启超：《饮冰室文集》卷 12，中华书局 1936 年版；参见戴金珊：《亚当·斯密与近代中国的经济思想》，《复旦学报(社会科学版)》1990 年第 2 期。)

己也承认:"计学以近代为精密","然至近世如耶方斯、马夏律诸书……为微积曲线之可推,而其理乃益密。此二百年来,计学之大进步也"①。他完全清楚,西方当时的经济学教材是新古典理论,而不是亚当·斯密的古典经济学。而且认为新古典理论较亚当·斯密有了较大的进步,体系更加完备。马歇尔通过《经济学原理》这样的教材,引进数学工具进行边际分析,通过一般均衡等基本观点,构建了一个市场运行的模型,在理论逻辑上实现了自洽,被学术界接纳为一种可以讨论和传授的学问体系。经济学由此而成为一门可以精确演算的与数学相关的学问,登上了大学殿堂。新古典学派用数学模型来解释市场经济运行机制,充分满足了政治家、商人和一般人所希望达到的目标,即在了解经济运行机制后,能够解决现实经济问题,应对如物价波动、产出贫乏、国际贸易和财政收支不平衡等问题,最终从总体上认识人类社会经济活动的行为特征和一般规律,实现对经济的自觉掌控。

通过对西方经济学的不断学习了解,国人已经开始认识到要从中国的国情出发,综合考量各种情况来运用西方的经济理论。也就是说,开始考虑如何促进西方经济学的中国化了。不管是引入和推崇亚当·斯密的自由主义经济思想,还是学习借鉴李斯特的国家保护学说,都不能盲目地信奉某一人或某一家学说,而可以对不同学派存在的问题发表意见。亚当·斯密的自由主义是面向国内封建统治者对经济生活的垄断和干预而言的,李斯特的国家保护思想则是针对国际贸易的激烈竞争环境而言的,都是有所指向的。我们应当根据中国国情,运用他们的理论来解释和解决中国的现实经济问题。

二、西方经济学的社会影响

西方经济学以其思想的体系化及其与现实的紧密联系,而容易得到社会认可。尤其对中国这样一个长期缺乏实用经济理论和系统学科理论体系的国家来说,它带来的不仅是一种经济理论,还是一种可以促进中国经济社会发展变革的新方法和新理念。因此,西方经济学在初传入中国

---

① 王栻主编:《严复集》第 1 册,中华书局 1986 年版,第 97 页。

时,受到了广泛的关注和欢迎。严复、梁启超、孙中山等人,都不是学习和研究经济学的专家,但是,由于他们对中国前途命运的关心,而学习和研究了西方经济思想,提出了基于之上的中国经济社会改革系列方案,对中国历史产生了广泛而深刻的影响。他们虽然也关注马克思主义经济学,并或多或少地受到了影响,但出于他们对中国现实社会的考察和对未来社会发展的思考,他们更多地看重并运用了西方经济学的理论,提出了发展中国的商品、市场、资本、财政、金融等对策建议。这些对策建议,从当时中国的社会现实来说,具有一定的积极意义。因为中国要从一个封建社会向现代社会转变,没有商品经济的充分发展,从而带来社会生产力的长足发展,是不可能实现的。资产阶级改良派和民主共和派,在中国社会变革的途径上虽然有着不同的见解,但是他们也都认识到,西方资本主义的发展模式,对中国具有重要的借鉴意义。中国要发展,必须要走工业化、市场化的道路,在鼓励民族工商业发展的同时,实行对外开放。

在接受西方经济学教育和熏陶的过程中,中国一大批经济学者被培养出来,也产生了一批经济界和政治界的实力人物。这些人从国家富强角度理解经济,崇尚并力求实现自由经济。他们按照西方经济学的主要观点和方法,研究中国经济问题,在产业发展、企业管理、银行证券、海关税收、商业物资等具体领域,发挥了积极作用。

但是,随着西方经济学传播和研究的深入,西方经济理论在解决中国现实经济问题方面的局限性也日益暴露出来。数量经济学的引进,西方经济学越来越依赖于数学工具,使经济学越来越专门化和专业化。对不同经济领域的研究,特别是现代金融业和国际贸易,经济学的术语越来越多,进入的门槛也越来越高,需要越来越多的专业知识,而其结论却越来越不明确。这些都使经济学的学习和研究,需要越来越多的时间,越来越多的精力和智力。在外人看来,经济学不是越来越发展,对经济问题的解释也不是越来越清楚,而是越来越不好理解甚至不能理解,从而不能相信了。

古典学派提出的自由市场理论,也遇到了各种挑战。对其进行的批判,不仅有思想和逻辑上的批判,更大的是现实实践的批判。市场发展虽然带来了社会财富的增加,但却引起了社会贫富差距的拉大。中国早就有"不患寡而患不均"的古训,矛盾冲突的日益加剧,引发了社会的动荡不安。而西方经济学只相信市场的自发调节,不可能从根本上解决社会矛盾,实现经济快速发展。中国现实社会当时所处的国际环境和面临的主要挑战,并不同于西方资本主义国家。面对中国这样一个人口大国,文化传统和社会结构十分复杂,用西方经济学这种西方经验累积的产物,尤其是新古典经济学的理论体系,根本不可能很好地解释和解决中国的现实经济问题。接受西方经济学教育的人,往往只了解其基本概念和原理,对社会整体的内部矛盾却是只见树木不见森林,只看见经济活动中的局部个人,看不见与他人纷繁复杂的利益牵连。这样的经济学只能是书斋经济学、教材经济学或课堂经济学,而不是现实管用的政治经济学。

不过,经受了西方培养的经济学人才,回到中国之后作为社会的精英,还是愿意用理论来解释社会现实,影响社会经济决策的。这自然与经济学本身实用性的特点有关。与从西方学成归来的其他大多数学者一样,经济学学者在中国社会大变革的特定历史阶段,一般都积极参与了社会经济活动和经济决策。如果其主要的经济主张及其所掌握的资源,与行政当局或地方实业人士相契合,就能获得学以致用的舞台,发挥他们的专业特长,并在经济政策制定和实施中获得正确与否的检验。存在的问题是,有些学者主要是从执政者的角度来思考问题,论证其经济主张和决策的可行性,往往对现实的社会矛盾关注不够,总是试图调和客观存在的社会矛盾,而在变革经济社会制度方面提不出切实可行的方案。最后的失败也往往会被归咎于这些学者所持的理论。[①] 学者们与官方过于紧密的关系,使西方经济学更多地成为一种官方经济学,必然使西方经济学的理论不接地气,而局限在经济学专业和有关管理决策领域,而不为广大群众所知,难以得到广大民众的认可,从而减弱了其社会影响力。更不说其许多做法有违广大民众要求,出现了重大失误,损害了民众利益,其理论价值和社会价值就更让人怀疑了。

---

① 国民党失败的一个重要原因是经济上的失败,尤其是货币政策的失败导致的严重的通货膨胀,使战后百姓的生活更加困苦,使人们对其希望彻底破灭了。而这些货币政策的制定中都有西方经济学学者的身影和较大的影响。当然在国民党统治大陆后期经济学界内部也出现了较为明显的分化,但主要在国民党政权的腐败使许多经济政策难以实行而产生的,而不是完全的学术分歧。

三、西方经济学与马克思主义经济学在中国传播中的交锋和互动

西方经济学鼓吹自由市场经济,认为资本主义制度天然合理、永远合理,马克思主义经济学与之针锋相对,引起了资本主义辩护士的激烈反对。西方经济学与马克思主义经济学,或者说资产阶级思想家与马克思主义者,主要区别就在于对社会经济制度的认识上。西方经济学从资产阶级立场出发,当然反对马克思主义经济学对资本主义的批判,反对马克思主义主张的社会主义公有制及其相关的经济制度。[①] 当然,两者之间也有互相借鉴和互相影响的地方。这种交锋和互动,在它们传播到中国的过程中也必然被反映出来。

从资产阶级本身的阶级立场来说,他们当然坚决反对全面的生产资料公有制,但在其中部分领域,尤其是在土地国有问题上,资产阶级民主革命派,往往借用马克思主义经济学的观点来为自己佐证。孙中山民生主义的主要代表思想,就是平均地权和节制资本,"所询社会主义,乃弟所极思不能须臾忘者,弟所主张在于平均地权"[②]。他认为,平均地权是社会主义的一种标志,是为克服资本主义内在矛盾而实施的根本性措施。资产阶级民主革命派,看到了马克思主义主张的公有制包括土地,通过土地公有制,可以让农业工人成为生产资料的主人,不再受租地农场主和地主的双重盘剥,而解决资本主义社会的贫富差距和阶级矛盾。但是,他们片面理解了马克思主义对土地国有的主张,单纯地从土地这一内容来理解公有制,以为这就可以避免传统社会由于土地兼并而产生的社会矛盾,并避免资本主义带来的弊端和社会革命。[③] 他们平均地权,不是通过社会革命来剥夺地主的土地所有权,而是通过国家对土地价格管制和单一

---

① 中国经济学社所说的"不激进,不封建",不过是西方经济学信奉者把马克思主义经济学作为一种反对对象而进行的一种变相批评,清晰地反映了资产阶级经济思想和态度。

② 孙中山:《致某友人函》,《警钟日报》1904 年第 61 期;《孙中山全集》第一卷,中华书局 1981 年版,第 228 页。

③ "夫欧美社会之祸,伏之数十年,及今后发见之,又不能使之遽去。吾国治民生主义者,发达最先,睹其祸害于未萌,诚可举政治革命、社会革命毕其功于一役,还视欧美,彼且瞠乎其后矣。"(孙中山:《民报发刊词》,《民报》1905 年第 1 期;《孙中山全集》第一卷,中华书局 1981 年版,第 289 页。)

土地税,来解决土地兼并引起的社会分配差距,最终通过赎买的方式实现土地国有化,再向农民平均分配。

而资产阶级改良派,则强烈反对土地国有政策。梁启超认为,剥夺了土地的个人所有权,个人就会失去积极劳动致富的动力,土地国有会使"四万万人必残其半"。在他看来,"社会主义改良所发明种种政策,苟能采用之,则不必收土地为国有,而亦可以达此目的"①。

从马克思主义经济学角度来说,土地国有是整个社会生产资料公有化的一部分,是社会主义公有制的重要组成部分,而不是社会主义公有制的主体,而且不可能单独实行。实现这一目标,主要通过政治革命,而不可能主要依靠经济手段。不管是资产阶级民主革命派还是改良派,都只是根据中国农业社会为主体的特征,来看待土地的价值和土地所有权的现实影响,把土地看作是所有问题核心和解决问题的唯一方法。应该说,土地问题、农民问题,确实是中国革命需要面对和解决的关键问题。但是,中国革命的根本问题、核心问题是政权问题,不解决政权问题是无法解决土地问题的。而且,就是从经济学角度讲,中国社会的现代化更多的是要靠现代工业的发展来实现。

在国家经济发展问题上,西方经济学与马克思主义经济学对中国都有影响。其中关键问题,是政府管制还是自由放任,即我们现在所说的政府与市场的关系问题。从亚当·斯密开始,西方经济学强调市场这只"看不见的手"的作用,反对政府干预经济。政府的功能就是维护市场秩序、提供公共服务,而不是直接参与市场活动。而在中国与西方并不相同,这一议题被长期讨论并得到广泛关注。西方世界早已出现周期性经济波动,贫富差距日益拉大,带来的经济社会危机,是自由经济市场理论无法解释和解决的。因而出现了对资本主义经济制度及其理论的各种质疑,其中马克思主义经济学的批判最为典型和激烈。资本主义的发展历史,马克思主义经济学对资本主义的批判,使中国这样的后发国家,不得不思考自己的发展模式和道路问题。受西方经济学影响较深的人们,不

①　王忍之编:《辛亥革命前十年间时论选集》卷2,生活·读书·新知三联书店1963年版,第172、595页。

得不面对西方资本主义制度面临的问题和矛盾。在凯恩斯国家干预的经济理论还未产生之前，马克思主义经济学的公有制和计划经济模式，不失为克服资本主义经济危机的一种选择。

虽然他们不会全盘接受马克思主义经济学，但是他们无法绕开对社会经济制度和发展模式的选择。我国较早的经济学家马寅初当时就说："本人向倾向于资本主义，但现在已觉极端资本主义不能施行于中国，极端共产主义亦不适用。我们应舍短取长，采行第三途径。即一面作有计划之生产，一面保留私产制度。后者与俄国相反，因俄国现在已取消私产制度。前者与俄国相同，盖俄国对于各种生产均有计划。"①马寅初的思想在当时学界很有代表性。一方面，他们开始承认自由主义的资本主义模式，存在着难以克服的矛盾，会带来经济社会危机，因而不适合于中国；另一方面，他们又不愿意走社会主义道路，认为公有制没有效率，不可能实现经济发展。他们想结合社会主义与资本主义两者的优势，克服两者的弊端，实行第三条中间道路。这种做法，既符合西方经济学的基本原则，承认私有制下人对自己利益追求是经济发展的强大动力；又吸取了马克思主义经济学计划经济模式的长处，也符合中国政府主导的历史传统。当然，他们与社会主义国家的计划经济还是作了区分的，认为计划经济的基础是公有制，而他们要的政府管制型经济的基础是私有制，只是通过对私有制经济的计划引导，消除其盲目性，但并不消除相互之间追求各自利益的竞争。

马寅初等人承认，政府对经济的干预，在当时的西方经济学中并没有直接的理论依据，因为当时凯恩斯经济思想还没有得到普遍重视。他在《中国经济改造》一书中，说自己的思想是一个融合和"杂烩"，融合了欧洲的全体主义、重商主义和中国传统的农本主义。时人李权时评价说："马博士以为在目前中国的情势之下，应放弃自由的个人主义与残酷的阶级斗争，而采行统制的全体主义，此种根本主张，非常中肯，盖舍此中庸的经济思想而外，恐无其他经济思想可以救目前垂危的中国也。"②然而，

---

① 马寅初：《资本主义欤共产主义欤》，《马寅初全集》第五卷，浙江人民出版社1999年版，第376页。

② 李权时：《评马著中国经济改造》，《经济学季刊》第5卷第4期，1935年3月，第179页。

马寅初等人提出的,被李权时认为可以救国的所谓"第三条道路",在中国并没有能够走通。但他们试图从中国实际需要出发,不完全依赖西方经济学,也不完全排斥马克思主义经济学,寻找一种适合自己国情的道路和模式,应该说这种努力是值得肯定的。

不过,对于吸取马克思主义经济学中的计划经济思想,在当时也不是个个都赞同的。时人谷春帆就讲:"计划经济是数年内才发生的新趋势,虽然在较早的时候,德国经济学中的一派已经主张全体主义,以经济学为组织,全体社会的学问,虽然在更早的时候,已经有国家主义的经济学,以经济学为适应国家政策的学问,但是这两种学派,都不曾达到自由竞争主义的成熟阶段,他们在破坏方面,对于自由竞争的经济,曾加以若干根本原则的批评,而且是很有力的批评,但在建设方面,他们只笼统成熟了一个国家和一个社会经济机关的轮廓。各部间的观点如何,还不大清楚,新进的计划经济也同样缺乏理论上明确的整个观念,单说计划是不中用的。现在有许多人口这样的年龄分配与性别,这样的技术,这样的土地状况,这些资本,这些工具等等,请问在这种条件之下,计划经济应当怎样计划呢?我们还没有明晰的理论,仅有一个苏联的榜样。而苏联计划的本身,也还是错误多端的,它还在实验错误和改良的过程中。它也苦于没有一个预先讨论的明明白白的理论,因为计划经济根本就是以前所没有的事情。"[①]在他看来,苏联计划经济体制虽然取得了相当的成就,但又是存在问题的。他对计划经济在中国能不能实施、如何实施都抱有疑问,而且最终是否能够实现以及效果如何还有待进一步证明。

可见,在解决中国经济问题上,接受西方经济学教育的学者们,思想观念并不一致。不少人从中国是一个经济落后国家出发,对无法给出真正准确预期的市场不太放心,很容易受传统经验和思想影响,从西方经济学的自由竞争理念滑入政府管制的传统模式。经济学者的讨论还仅仅是理论上的,而国家全面干预经济的统制经济模式,后来便在国民党政权统治时期变成了现实。1933年九十月间,国民政府行政院长兼财政部长宋

---

① 谷春帆:《用计划经济的观点来观察自由竞争下的静态经济》,《经济学季刊》第7卷第4期,1937年2月,第1页。

子文去欧美国家考察,回国后就极力主张实行欧美经济大危机时期的统制经济。他这样做,当然是从政府的财政经济角度考虑的。提高政府对经济的控制权,可以更好地筹集各种资源,为当时的内外战争服务。这样不仅可以在政治上加强统治,而且可以实现对社会的全面控制。

正是由于当权统治者对统制经济的认可和推行,使这个时期关于经济模式的讨论活跃起来。经济学界有人如顾翊群,用事实论证了计划经济和任何政府干预经济所导来的问题,认为应当继续坚持自由经济。他的观点与当权者唱反调,所以在当时没有多少人响应反而给以批判。①对马克思主义经济学的信奉者来说,当然不可能同意其对苏联计划经济的怀疑。在他们看来,苏联计划经济如果有问题,那也是暂时的,是在西方的封锁和破坏下产生的。而资本主义国家政府对市场的干预,则已经被实践证明是有效的。1929—1933年的世界经济危机,差一点把资本主义引向灭亡。整个经济表现的混乱、无序和低效,社会严重的贫富两极分化,没有哪一个国家不需要政府的干预而能脱出危机。所以,极力推崇自由经济的观点,在当时的中国也不可能产生多少影响。

尽管意见不一,这种讨论对于经济学在中国的发展,特别是对中国共产党所致力进行的马克思主义经济学中国化,还是很有意义的。中国共产党的经济思想,当然直接来源于马克思主义经济学,但也不是完全的复制。他们相信社会主义的公有制和计划经济,虽然来自马、恩对未来社会的科学设想,但现实中已有苏联的成功范例,也有中国传统社会政府管制的历史经验。还没有取得全国政权时,在自己领导的革命根据地,只能是从实践中遇到的问题出发,根据不同革命时期的任务和群众的需要,而采取相应灵活的经济政策。至于西方经济学,既然它是维护现有资本主义经济体系的理论,并且已经遭到马克思主义经济学的批判,在当时当然不会受到共产党人的重视,也没有必要去学习和借鉴。对于当时学界的讨论,中国共产党是十分清醒的。国民党政府对经济的干预,虽然在形式上与社会主义的计划经济有相似之处,但从根本目标和运行基础来说,都是完全不同的。表面上是为了战时的需要,或是中国经济长远发展的需要,

---

① 参见孙大权:《中国经济学社研究(1923—1953)》,四川大学博士学位论文,2005年。

实质不过是为了统治集团的需要,是为了更方便地控制经济,从而获取各种资源,从根本上巩固和加强国民党的统治。所以,中国共产党对经济学界关于统制经济的讨论,并未深入参与。因为从根本上说,这种讨论不过是为国民党政府加强经济控制提供学理上的论证。为了解决战时经济困难不过是个幌子,国民党不可能实行有利于人民利益改善的经济政策。对经济进行一些计划和政策引导,不过是国家垄断资本主义的一种表现,这是列宁早就指出的资本主义新特征。它不可能从根本上触及地主和资产阶级的利益,更不可能消灭作为它们基础和命根子的私有制。

总起来说,西方经济学和马克思主义经济学在中国的传播过程中,由于没有开展理论上的深入讨论,二者基本上没有形成正面的直接交锋。在中国共产党早期的领导人中,系统接受过西方经济学教育的并不多。一方面,西方经济学入门的学术门槛比较高,进入并进行交流并不容易;另一方面,它已经在马克思主义经济学中作为批判的对象而被否定和超越;加之当时党的主要任务是革命,而不是经济建设,因此,着重于研究经济运行的西方经济学,对中国共产党的影响当然也就不太大了。

第四节　马克思主义经济学在中国的传播与影响

马克思主义经济学在中国的传播,反映了社会大众对先进科学理论的需求。传播过程中,马克思主义经济学与西方经济学的交锋和互动,彰显了各自的理论特质。人们在比较和鉴别中,加深了对马克思主义经济学的认识和理解,扩大了它在中国的影响,并为其中国化进程的顺利推进奠定了良好基础。

一、早期对马克思主义经济学分散和非专业的介绍以及人们认识的逐渐加深

马克思主义经济学在中国,早期是通过零星分散和非专业的一般性翻译介绍而得以传播的。马克思主义本身,当时是作为社会主义思潮的一种,经济学说更是作为其中的一些观点或结论而被翻译介绍。这些翻译介绍者,大多是非专业人士,对经济学的理论体系尚不熟悉。他们关心

中国正面临着的社会制度变革,关心着未来中国社会发展模式的选择。因此在翻译介绍中,必然要提到马克思,提到马克思主张的社会主义和无产阶级革命。但对于马克思的经济理论,尤其是劳动价值论基础上的剩余价值理论,则缺乏系统介绍和论述。人们不可能从其零星分散的翻译介绍中,认识和了解马克思主义经济学的全貌。

但就是在这种零星分散的介绍中,人们有了对马克思主义经济学的初步了解,有了对其进一步了解和掌握的兴趣和欲望,也有了对其集中和充分介绍的要求。这实际上反映了人们在西方各种思潮传入中国的过程中,通过与其他思想理论进行比较鉴别以后,逐渐形成了对马克思主义及其政治经济学的肯定和选择。这既取决于马克思主义理论自身的科学性,也取决于马克思主义经济学对解决中国经济社会现实问题的适用性。人们的这种认识也是逐渐加深的。

从科学性上来说,马克思主义经济学对资本主义的深刻批判,以及对其必然灭亡历史命运的揭示,不是建立在道德谴责的基础上,对社会主义的优越,也不仅仅是停留在道德层面的颂扬上。如果这样,是不能坚定人们对社会主义制度的信心的。必须找到社会主义胜利与资本主义灭亡之间,乃至整个人类社会发展的客观规律,从而使整个社会的制度变革有一个令人信服并自觉接受的坚实基础。马克思主义经济学通过历史唯物主义和剩余价值理论,揭示了这一规律,给中国的先进知识分子寻求中国出路指明了方向、提供了武器。而在其他西方思潮中,不管是无政府主义,还是自由主义,都只是一种空洞抽象的理念和想象,既没有对资本主义制度的深刻批判,也没有对整个人类社会发展规律的揭示,更没有对未来社会合乎规律切合实际的设想,因此,不能充分反映和代表当时先进知识分子对中国前途和命运的思考。

从适用性上来说,与其他理论包括其他非马克思主义的社会主义理论相比较,马克思主义经济学何以能解决中国经济社会现实问题呢?因为人们认识到,马克思主义经济学有以下主要特点:第一,它证实了社会发展由生产方式内部矛盾决定的唯物主义历史观,揭示了社会矛盾运动和社会制度变革的发展规律;第二,它指明了社会发展的主要动力,是从事物质资料生产的劳动者,是他们的生产劳动推动了人类社会的进步;第三,建立在劳动价值论基础上的剩余价值理论,指明了资本主义必然灭亡、社会主义必然胜利的历史发展趋势。对人类社会发展规律这样系统全面的分析揭示,是其他思想所不具有的。对资本主义的彻底批判,使国人在深受外国资本主义入侵之痛时,找到了一种可以超越和替代资本主义的新的更好的社会制度,中国可以不再经过资本主义发展所带来的社会痛苦,彻底地解决社会制度变革问题。人们从中看到了希望,这就是马克思主义及其政治经济学,后来之所以在中国被广泛接受和传播的原因之一。

二、马克思主义经济学的系统介绍、运用及其忠诚信仰者的出现

以李大钊等为代表的中国先进知识分子,在对马克思主义系统学习和了解的基础上,结合世界革命和中国实际需要,开始对马克思主义理论及其经济学进行系统翻译介绍,①并由此形成了对马克思主义的坚定信仰,成为中国最早的一批马克思主义者。正因为有了他们的系统翻译介绍,使更多的知识分子认识到马克思主义及其经济学对中国未来发展的指导意义,激起了人们对马克思主义的进一步全面系统了解。毛泽东和其他多数革命青年,都是通过《共产党宣言》、《社会主义史》、《唯物史观》、《资本论宣讲》等著作,接受了马克思主义及其经济学理论的。有的不仅向别人介绍马克思主义及其经济学的观点,而且在学习和接受马克思主义基本立场、观点和方法之后,开始运用它们来分析中国的社会历史问题和现实矛盾,试图用理论来解释和解决中国问题,寻找中国革命的道路和方法。当然,不是所有人都能很好地解释和解决中国现实问题的。而一旦在解释现实问题上发挥了理论的巨大价值,这种理论的价值就会得到广泛的社会认同,首先接触和信仰这些理论的人,就会进一步研究和传播理论,理论也就会继续得到传播,从而形成良性循环。

马克思主义理论及其经济学的传播,直接促成了中国共产党的建立。正是在对马克思主义有了信仰的基础上,我国不同地点的马克思主义者,通过他们的共产主义小组,几乎在差不多的时间里,提出了建立共产党的

---

① 庄福龄主编:《中国马克思主义哲学传播史》,中国人民大学出版社 1988 年版,第 85 页。

要求。这反映了大家在接受马克思主义理论之后,认为有必要通过自己的组织和团体,来实现共同的理想和追求,用行动来实践理论,实现社会制度的变革和劳动者的解放。

中国共产党的建立,使人们对马克思主义的信仰、研究和最终实践,不再是个别人的个体行为,而是社会中的团体行为;不再是个别人的奇思异想或单打独斗,而进入到团体内外的交流和碰撞之中,成为以团体方式来改造和变革社会的伟大实践。中国共产党一大会议筹备和召开过程中产生的争议,实际就是人们对马克思主义理论理解和运用上的差异。反映在对中国社会处在何种发展阶段、与资产阶级能否采取合作态度、中国革命应该采用何种斗争方式以及采取什么样的斗争策略等问题的认识上。从中国共产党的长远目标和理想来说,是为了实现共产主义,但人们很快认识到共产主义目标不是短期可以实现的,必须要面对现实,制定出符合社会绝大多数人的诉求,符合社会发展趋势或规律,同时又切实可行的短期目标。而要这样做,又依赖于人们对马克思主义理论及其经济学的精通和娴熟运用。这是时代对马克思主义的忠诚信仰者——中国共产党提出的必然要求。

三、马克思主义经济学在中国早期传播中所发挥的作用和影响

在传播到中国的西方所有社会主义思潮中,马克思主义的科学社会主义理论为什么最终能够胜出,而被广为接受并且有一批坚定的信仰者和践行者? 这其中马克思主义经济学所发挥的作用是不可低估的。

马克思主义理论在论证社会主义建立的历史必然性时,必须要对资本主义制度进行全面深刻的批判,指出资本主义生产方式的内在矛盾,尤其是要揭露资本剥削的秘密。社会主义革命既需要有理论的支撑,更需要有可依靠的革命力量,而不能仅靠对美好未来的描述。科学理论揭示和论证社会发展规律,对现存制度进行深刻分析,指出社会不平等现象的根源和未来社会的解决办法,并帮助人们找到推动社会变革的力量。而这些都是在马克思主义经济学理论中完成的。

马克思主义经济学的劳动价值论和剩余价值论,为社会劳苦大众寻求自由平等,实现全人类的解放提供了理论依据。应该说,过去的各种社

会主义思潮希望建立美好的社会制度,大多建立在自由、平等、博爱等抽象的人性和道德观念的基础上。即便他们有对劳动的认可,也无法说清在资本主义制度下,劳苦大众为什么无法获得自己劳动创造的财富?资本家和土地所有者,却可以凭借对生产资料的所有权,获取工人创造的剩余价值。劳动价值论不但指明了社会财富和价值是劳动创造的,而且在此基础上建立起剩余价值理论,资本家无偿地占有劳动者创造的剩余价值,根子在于他们对生产资料的垄断权。资本剥削导致了穷人的贫困,改变贫困是穷人革命的动力,但是,只有穷人对富人的仇恨,是不可能解决贫困的,必须找到并挖掉穷人贫困的根源,所以必须彻底改变资本主义的所有制关系。正是通过劳动价值论和剩余价值论,劳动者才认清了自己的历史地位和社会价值,认清了自己在资本主义社会所承担的历史使命。

马克思主义经济学的社会影响,就是让劳苦大众认清自己受剥削受压迫的处境和地位,唤醒自己的阶级意识,自觉参与争取翻身解放的革命斗争。中国工人阶级和其他被剥削被压迫阶级,虽然早就对社会现实不满,希望改变自己的命运,但是长期以来由于没有正确的理论指导,自发反对统治者剥削压迫的斗争,总是一次次陷于失败。马克思主义及其经济学的传入,才使他们认识到自己的地位和价值,开始在其先锋队中国共产党的领导下,以马克思主义理论为指导,自觉地投身于中国革命,真正成为中坚和主力。中国共产党始终把对马克思主义及其经济学的宣传教育,作为发动革命的重要步骤,以进一步促进中国劳苦大众阶级意识和革命意识的觉醒,引导中国新民主主义革命,在无产阶级领导下,最终能够朝着社会主义方向目标发展。

现在看来,中国资产阶级性质的新民主主义革命,最终走向了社会主义,是有其历史必然性的。马克思主义经济学的传入,使中国的先进知识分子,尤其是立场逐渐转向无产阶级的知识分子,认识到中国不能再走西方资本主义的老路。资本主义经济虽然发达,也曾经是中国学习的榜样,但是,他们看到了当时资本主义已经衰败的发展现实,也看到了革命导师对资本主义制度的尖锐批判,以及中国殖民地半殖民地的实际状况。因此,中国先进知识分子最终选择了社会主义,这里面很大程度上是受到了马克思主义经济学的影响。

中国知识分子之所以最终选择了社会主义,就在于它不仅提出的远景目标是美好的,而且对现实社会制度的分析和批判是彻底的。理论不仅需要系统全面,而且必须彻底。马克思说:"理论一经掌握群众,也会变成物质力量。理论只要说服人,就能掌握群众;而理论只要彻底,就能说服人。所谓彻底,就是抓住事物的根本。"①马克思主义经济学就是这样彻底的、抓住了事物根本的理论。它既有哲学上辩证唯物主义和历史唯物主义的世界观和方法论,又有借助这种世界观和方法论,对社会发展历史规律的深刻总结;既有对当下社会经济问题的透彻分析,又有对未来社会发展模式的科学设想。所以,中国的先进知识分子首先被说服了,又通过他们,说服了中国的劳苦大众,共同选择了社会主义的方向目标。不仅解决了劳苦大众解放的出路,而且解决了中国的未来发展问题。

这正是中国先进知识分子希望解决的主要问题,因为,只有国家的发展,而没有社会底层广大人民的真正解放,这样的革命是没有价值的。资产阶级革命虽然提出了民主自由平等的口号,对于反对封建专制是有进步意义,但是对于工人阶级和其他受压迫受剥削阶级来说,早已被证明是虚伪的纸上画饼。在资产阶级的国家里,他们所宣扬的民主自由平等,早就不再具有革命意义,无产阶级和其他劳动者,并没有真正得到民主自由平等。资产阶级原来提出的社会共同发展目标也没有实现,相反却加剧了社会贫富差距。这样的发展目标和道路,理所当然地被中国先进知识分子所抛弃。而马克思主义经济学所揭示的资本剥削的秘密,通过历史唯物主义所揭示的人类社会生产力与生产关系、经济基础与上层建筑的基本矛盾,以及矛盾运动导致的资本主义必然灭亡、社会主义必然胜利的人类社会发展规律,使中国先进知识分子认识到,只有社会主义才是人类社会最美好的未来,而资本主义根本不是中国发展的可行选择。

在社会层面上,随着口国共产党的成立和工人运动的发展,马克思主

---

① 《马克思恩格斯文集》第1卷,人民出版社2009年版,第11页。

义经济学越来越被劳苦大众所了解和接受。虽然部分学者对马克思主义经济学的计划经济和公有制理论提出过质疑,但当时苏联的实践,已经展现出了社会主义的巨大魅力,纯粹的经济学理论不可能从根本上驳倒马克思主义的社会主义理论。马克思主义经济学不仅在理论上,而且在实践中都显示出资产阶级经济学所不具备的威力,当然成为中国最广大人民群众的不二选择。

第 二 章

中共成立初期对马克思主义经济学的理解与运用

马克思主义理论及其经济学在中国传播并得到广泛接受,为中国革命提供了理论指导。但是,马克思主义理论及其经济学毕竟来自西方,其很多观点、结论都是在西方经济、社会和文化历史发展的基础上产生的,并不一定适合中国国情。即使是一般的经济社会发展规律,人们对它还有一个理解和运用的过程。尤其对马克思主义经济学来说,它不可能直接指出中国是一个什么样的社会,处于什么样的发展阶段,社会的主要矛盾是什么,应该确定什么样的革命目标,采取何种革命策略,等等。这些都得依赖中国的无产阶级,特别是作为其先锋队的中国共产党,根据马克思主义理论及其经济学的基本原理,结合中国的国情去加以分析研究,得出自己的判断和结论。

中国共产党的成立,是中国无产阶级寻求自身解放的重要举措,它顺应了中国革命的需要,是中国人民探索中国进步和发展道路的产物,它后来也确实成为中国进步和发展的主要推动者。中国共产党成立不仅是要解决无产阶级以及广大劳苦大众的解放问题,还要面对当时如何摆脱帝国主义殖民压迫,实现中国富强的最紧迫问题。在这一过程中,它必须正确理解和运用马克思主义理论尤其是其经济学的立场、观点和方法,来寻找符合中国实际的强国富民道路。当然,探索的过程中既可能有失误,也可能会对马克思主义理论及其经济学的发展作出贡献。把马克思主义理论及其经济学与中国革命实践相结合的过程,既是一个认识、实践、再认识、再实践的过程,也是一个马克思主义理论及其经济学中国化的过程。中国共产党成立之初,应当说是这个过程的历史起点。

第一节　分析判断中国社会性质过程中对马克思主义经济学的运用

　　中国共产党的成立,使中国的无产阶级革命有了一个领导核心,开创了中国革命的新纪元。中共建党以后,以工人阶级先锋队的角色,积极发动工人农民,参加到了当时反帝反封建的革命斗争之中。共产党的性质决定了它把建立社会主义和共产主义作为奋斗目标,而在中国要实现这一目标,必须依靠中国共产党运用马克思主义特别是其经济学理论,认清中国现实社会所处的历史阶段,以及这个阶段革命的主要任务。这个问题涉及对中国经济现实以及社会性质的分析和判断。当时社会各界在不同分析判断的基础上,对中国革命发展的方向和道路,革命斗争目标的确立和策略的运用,也产生了不同看法。中国共产党还必须承担起与各种非马克思主义思想作斗争的任务,引领中国劳苦大众走上正确的革命道路。因此,能否运用以及如何运用马克思主义及其经济学理论,结合中国实际来分析中国社会当时的现实情况和斗争形势,关系到中国共产党领导革命的成效,也是对中国共产党能否成长壮大并领导中国革命取得胜利的重大考验。

一、关于中国社会性质的讨论与争议

　　中国共产党成立初期,在马克思主义理论修养和革命斗争经验方面都还处于初创时期。党"终究还是幼年的党","是对于中国的历史状况和社会状况、中国革命的特点、中国革命的规律都懂得不多的党"[①]。党的领导人和广大党员,对于马克思主义理论尤其是经济学,主要还是学习和接受,还谈不上如何与中国实际相结合加以运用的问题。中国共产党

---

　　① 《毛泽东选集》第二卷,人民出版社1991年版,第610页。

领导下的革命实践,毕竟才刚刚开始。1921 年中共一大通过的党纲,提出要以暴力方式来进行彻底的社会革命,夺取国家政权,消灭私有制,实现共产主义。这样的表述主要强调了党的性质和奋斗目标,与其他国家共产党纲领基本相似,而没有具体分析中国社会的性质和现阶段革命面临的任务,没有提出符合中国实际的斗争策略。这反映中国共产党建党之初的确还比较幼稚,没有也不可能深入地研究中国社会,只会机械地照搬套用前人或他人现成文本。

1922 年,共产国际根据列宁关于殖民地与被压迫民族问题的理论,对中国等欠发达国家的社会性质和革命目标作出分析,认为中国等远东经济落后国家的革命性质,是反帝反封建的资产阶级民族民主革命。根据共产国际的指示,中共二大提出,中国革命面临的主要对象,是加给中国人民最大痛苦的"资本帝国主义和军阀官僚的封建势力"①,而中国人民的范围,包括工人、农民和民族资产阶级在内。对中国革命对象的这种界定,与当时中国的国情和中国社会的性质比较吻合。当然,这一正确的认识主要来自共产国际,而中国共产党自身,还没有自觉地学习运用马克思主义及其经济理论,来研究中国社会的历史与现实,对中国社会性质和革命对象的研究还不深,缺乏科学的分析和判断,无法实现对中国革命的清晰认识,对领导中国革命还没有做好充分的理论准备。苏联共产党和共产国际对中国情况较为正确的分析和决策,也没有能在当时党的领袖人物头脑中扎下根来,在领寻中国革命过程中,必然会产生这样那样的偏离。中共二大以后,就出现了张国焘等人只依靠工人阶级,而排斥其他劳动群众和民族资产阶级的"左"的倾向,导致工人阶级陷于孤军奋战境地。在党领导的第一次工人运动高潮中,京汉铁路工人大罢工就因反动军阀的残酷镇压而遭到失败。而陈独秀等人的右的倾向,则夸大中国资产阶级的力量和所谓先进性,导致中国共产党拱手让出了革命领导权,使本来在国共合作推动下轰轰烈烈形势大好的大革命惨遭失败。

大革命失败后,陈独秀的错误进一步发展。他认为中国历史开始了

①　中共中央文献研究室、中央档案馆:《建党以来重要文献选编(一九二一——一九四九)》第一册,中央文献出版社 2011 年版,第 132 页。

一个大转变时期，"这一种转变时期的特征便是社会阶级关系之转变，主要的是资产阶级得了胜利，在政治上对各阶级取得了优势地位，取得了帝国主义的让步和帮助，加增了他的阶级力量之比重，封建残余在这一大转变时期中受了最后的打击，失了统治全中国的中央政权形式，失了和资产阶级对立的地位，至少在失去对立地位之过程中变成残余之残余！为自存计，不得不努力资本主义化"①。因此，他认为中国共产党的使命不再是推动革命，而是接受资本主义制度进行合法斗争，等待条件成熟时再进行社会主义革命，陷入了"二次革命"的机会主义泥坑。

党内领袖人物发生这样的错误，当然严重影响党对当时革命斗争的领导。同时，国民党内的一些代表人物，为了从理论上证明中国共产党提出的社会主义目标和任务不合中国国情，也对中国社会现状进行分析，鼓吹中国已经是一个资本主义国家，强调国内各阶级应该合力加快资本主义发展，来实现国家富强。他们宣扬阶级调和论，反对中国共产党的阶级斗争和暴力革命理论，认为不应该通过暴力和斗争的方式，来推翻资本主义制度，实现中国社会制度的彻底变革。

何干之回顾这段历史时指出："从那次革命以后，国内的社会政治各方面的情势都起了剧烈的蜕变，同时思想界也发生了尖锐的分化。为清检过去革命运动的经历，确定解决中国问题的政策路线，关心中国前途的人，不得不重新细密地考虑提到大家面前的各种重大问题，如中国革命的性质和对象是什么？革命的动力和逆动力是什么？各社会层在革命过程中的矛盾与关系怎样？怎样配置中国各种社会力量执行民族解放和社会解放的任务？……要在实践上理论上解决这些问题，首先必须了解中国社会的性质。……1928年以后，轰动一时，在中国思想界留下了不可磨灭的光辉的关于中国社会经济性质问题的论战，是在这客观的要求下揭了幕的。"②

---

①　转引自《蔡和森文集》，人民出版社1980年版，第814页。当然这一思想并不是陈独秀的独创，是共产国际中对中国社会性质和革命性质的分歧而影响到中国共产党的认识。共产国际托洛茨基、季诺维也夫、拉狄克等少数派就认为中国已经是一个资本主义国家，而封建势力不过是"残余的残余"，而帝国主义对中国的压迫，只要解决海关制度或把海关权夺回就可以了。也就是说中国的革命根本不是民族独立和民主斗争，而只是资本主义制度内的修补而已。

②　何干之：《研究中国社会史的基本知识》，《自修大学》1937年第1期。

也就是说，开始于 1928 年的关于中国社会性质的大讨论，是围绕这一系列十分基础性的问题而展开的：中国到底是一个什么样的社会？有没有发展到资本主义阶段？这样的社会是否需要马克思所说的推翻资本主义制度，并最终实现共产主义的社会主义革命？能不能把社会主义作为革命的近期目标？等等。而要回答这些问题，就必须对中国社会性质进行深入的分析，由此研究中国的社会革命是什么性质，以及中国共产党在这一革命过程中应该扮演何种角色。

中国共产党积极参与并推动了这一问题的讨论。因为这是马克思主义及其经济理论在中国传播以后，党在实践中面临的一个主要问题。虽然在苏联共产党和共产国际内部，以斯大林为代表的多数派，坚持认为中国是一个以封建社会为主的国家，中国革命的任务是既反对封建残余又反对帝国主义的土地革命，所以土地革命是中国资产阶级民主革命的基本内容。但是，托洛茨基等反对派人士则认为，中国封建残余已微乎其微，中国革命的主要任务是反对资本主义。受普列汉诺夫影响较深的共产国际东方部主任马扎亚尔却认为，中国是马克思所说的亚细亚生产方式下的东方社会，因此，马克思所揭示的资本主义社会形态更替的规律，对中国是不适用的。中国革命的任务是促进亚细亚的裂变以发展资本主义，否认中国进行以反帝反封建的土地革命为中心的民主革命的必要性。①

共产国际内部的分歧必然给中国革命者带来困惑，因为如果真像马扎亚尔所说的那样，中国革命的对象就变得模糊不清，中国反帝反封建的任务也就要被取消，中国共产党就不应该发动工人农民起来革命并最终取得胜利。因此，关于中国社会性质及其社会形态演变的研究和讨论，对于理解当时中国革命的性质和任务就具有十分重要的意义。而这种研究讨论，不能依赖共产国际现成的结论性指导意见，也不能停留于中共二大的现成结论，需要中国共产党自身联系中国实际，进行深入的研究探讨。

众所周知，马克思主义经济学是以批判资本主义制度为起点的，是要

---

① 引自涂成林：《世界历史视野中的亚细亚生产方式——从普遍史观到特殊史观的关系问题》，《中国社会科学》2013 年第 6 期；参见吴泽：《大革命失败后中国社会性质革命性质及社会史问题论战研究（续）》，《社会科学辑刊》1990 年第 2 期。

求变革不合理资本主义制度的一个学说。它对资本主义的分析,虽然不合经济落后国家的国情,但它所揭示的经济社会发展一般规律,告诉我们人类社会所经历的不同发展阶段,都是由社会基本矛盾决定的,尤其是生产力决定生产关系、经济基础决定上层建筑的基本经济规律,在所有社会变革背后都发挥着巨大作用。中国共产党应当把握社会发展的基本规律,正确分析所面对的中国社会。中国如果是一个封建国家,或者说是一个封建成分占主导的国家,那就应当促进资本主义的发展,参与资产阶级民主革命就具有必要性;如果说中国已经是一个建成了资本主义制度的国家,那就应当义无反顾地推翻资本主义制度,建立社会主义制度。

但事实上,中国还没有完全进入资本主义社会。后来成为国民党权威理论家的陶希圣等人,把中国当时的社会,定义为"商业资本主义社会",或所谓"前(先)资本主义社会"①。在封建社会和资本主义社会之间,插入了一个商业资本主义阶段。这与马克思主义关于社会五种形态的划分明显不对应,遭到了中共党内和一些受马克思主义经济学影响较深的学者的批判。他们认为晚清以来,中国还是一个自然经济占主导地位的农业社会,商品经济不发达,现代工业没有建立,工人阶级数量很少,这些都决定了中国还是一个处于前资本主义时期的欠发达国家。

当然,西方殖民主义入侵,使中国的经济融入了国际市场,商品经济关系在整个经济中的比重大大增加。作为托洛茨基派(亦称"动力派")代表的严灵峰和任曙等人,由此认为"中国毫无疑义是资本主义关系占领导的地位"②,说中国的经济已发达到俄国战前的状况,"资本主义也发展到代替封建经济而支配中国经济生活的地步"③。他们之所以肯定中国已经建立了资本主义制度,既是想说明西方殖民主义入侵,客观上对中国传统经济结构改造起了作用,更是想说明中国当时面临的任务,是如何促进和完善资本主义制度,而不是发动面向封建势力和官僚资产阶级的暴力革命。

后来成为中共著名马克思主义经济学家和史学家的何干之等人,运

①　中国农村经济研究会编:《中国农村社会性质论战》,新知书店1935年版,第99—100页。

②　严灵峰:《中国是资本主义的经济,还是封建制度的经济?》,《动力》1930年第1期。

③　任曙编:《中国经济研究绪论》,神州国光社1932年版,149页。

用马克思主义经济学的理论和方法,对此提出了批判。他们认为:西方殖民主义对中国民族资本是竞争和打压的关系,与中国民族资本的发展是不融合的;他们扶植封建势力,不过是为了保证他们在中国的利益;而中国农村参与世界市场的商品生产,不过是畸形的殖民经济,只发展对西方资本主义有利的部门和领域;殖民者获得的垄断超额利润都转移出中国,并没有扩大在中国的生产,对中国只有破坏作用。"在殖民政策的高压下,中国休想与先进各国同登资本主义的大堂。"①也就是说,以具有发达经济优势和民主化社会的欧美国家为榜样,走资本主义道路,做资本主义强国,在中国是行不通的。西方资本主义国家以侵略与殖民的姿态出现在中国面前,根本不跟你讲什么平等的市场交换,也不讲什么民主政治,而是表现出赤裸裸的掠夺和剥削,就是要把你变成它的殖民地。所以,这些清醒的学者认识到,殖民入侵破坏了中国传统经济,使中国难以在正常状况下走资本主义道路发展经济。同时,中国事实上也不具备发展资本主义经济和西方民主政治的经济、文化和社会基础。因此,作为一个半殖民地国家,中国革命的一个重要目标,就是反对帝国主义的殖民侵略,实现国家和民族的独立。当时和后来的国共合作,总体上都是因为有这样的目标而形成的。中国要富强,首先必须摆脱西方列强的剥削和压迫。但是,中国的大资产阶级即官僚和买办资产阶级,却心甘情愿地充当帝国主义在中国的代理人,不惜出卖国家的利益,以换取自己在中国的统治。所以,理所当然地成为中国革命的对象。而且,它们必然要与封建势力相勾结,以巩固自己的统治。

与此同时,有人试图运用马克思主义经济学关于封建社会生产方式的定义,结合中国实际情况,来说明中国社会是否具有封建性质。判断中国是否是封建社会,关键要看中国农村是否还保留着封建土地制度,是否存在着地主对农民的超经济剥削。当时形成了以王宜昌、张志澄和王景波等为代表的"中国经济派",和以钱俊瑞、薛暮桥、孙冶方等为代表的"中国农村派"之间的争论。

---

① 何干之:《中国社会性质问题论战》,《何干之文集》第一卷,北京出版社 1993 年版,第228 页。

　　"中国经济派"强调,1927 年以后,中国农村存在着广泛的商品经济关系,资本主义已经占优势,"所以农村的核心问题已经不是土地所有形态、地权、租佃关系等问题,而是资本制的农业生产过程分析"①。这种说法把商品经济关系看作资本主义的本质,把中国农村传统的和西方殖民引发的商品交易活动的普遍性,看作是资本主义制度在中国农村的确立。这显然是片面理解了商品经济与资本主义的联系。资本主义固然是普遍的发达的商品经济,但是,资本主义的本质是雇佣劳动关系而不是商品经济关系。"中国农村派"运用马克思主义经济学的这一基本原理,对农村地主与农民之间的租佃关系进行了深入分析,认为绝大多数农民依旧被封建的土地制度所束缚,地主与佃农之间的关系,并不因为有所谓合同契约,就成为资本主义条件下出卖劳动力的雇佣关系。薛暮桥指出,西方殖民主义带来的农村商品经济关系,虽然"摧毁了中国农村中的自然体制,发展了农业中的商品生产,最后使多数农民密切地依附着世界市场而受帝国主义和国内买办资本主义的支配"②,但是,它并没有从根本上改变中国农村的地主和买办通过土地私有制对农民的剥削和压迫。因此,土地问题依旧是农村问题的核心,中国共产党领导的反帝反封建的土地革命是完全必要的。

　　对中国社会性质及其发展阶段的判断,关系到如何定位中国革命的性质和发展道路。既然中国还是一个半封建半殖民地社会,与帝国主义、封建主义的剥削压迫相比,资本主义的发展,在中国就是必要的。因此,资产阶级民主革命在一定时期是具有积极进步意义的。中国共产党作为一个革命政党,应当支持一切符合历史规律的革命行为。必须承认经济发展阶段的不可超越性,中国还没有进入资本主义发展阶段,当然不可能直接进行社会主义革命。没有充分的商品交换,没有全面的工业化生产,没有发达的社会生产力,一种新的生产关系和经济制度也不可能产生。因此,中国共产党应当积极参与和支持资产阶级民主革命,实现与资产阶级的联合。然而,在中国共产党建党初期,人们的这

①　中国农村经济研究会编:《中国农村社会性质论战》,新知书店 1935 年版,第 99—100 页。
②　薛暮桥:《旧中国的农村经济》,农业出版社 1980 年版,第 43 页。

一认识是不清晰的,原因就在于没有从理论上弄清中国社会和中国革命的性质。

在中国容许发展资本主义,与资产阶级一起参与并支持资产阶级民主革命,虽然符合马克思主义揭示的历史发展规律,但是对于中国共产党来说,参加这一过程显然是有风险的。因为无产阶级和资产阶级的根本利益毕竟是对立的,两者的合作具有一定的暂时性和不完全可控性。中共建党后,第一次国内革命战争期间的国共合作,极大地推进了铲除封建军阀、实现国家统一的资产阶级民主革命。但是,由于陈独秀的右倾错误,中国共产党放弃了革命运动的主导权,在北伐战争取得胜利的情况下,低估了代表大资产阶级利益的国民党反动派背叛革命的危险性,当它们把矛头对准共产党时因缺乏准备而措手不及,最终导致了国共合作的破裂和第一次大革命的失败。实践证明,资产阶级民主革命虽然在一定时期有一定的合理性和进步性,但与无产阶级政党所追求的目标,毕竟存在着巨大的差异。

新民主主义革命理论,就是中国共产党在有了实践中的沉痛教训之后,适应中国革命需要而作出的理论创新,其中就强调了中国共产党对资产阶级民主革命的领导权,同时坚持在一定时期内容许和鼓励资本主义在中国的发展。为什么无产阶级政党要去领导资产阶级的民主革命? 因为它已变成了世界无产阶级社会主义革命的一部分。这是中国共产党从列宁那里得到的认识。列宁把一切殖民地半殖民地国家发生的资产阶级民主革命,都看成是世界无产阶级社会主义革命的一部分。他是从整个世界革命的角度,来看待落后国家革命的意义的。落后国家的资产阶级民主革命,只要反对帝国主义,就不仅仅是在实现自己国家摆脱殖民剥削压迫的未来,而且是在实现全世界所有被压迫民族都获得解放的未来。列宁以其社会主义革命的胜利成果,证明了社会主义的目标可以首先在一个较落后国家实现,而不必像马克思恩格斯所说,需要在多个较发达国家同时实现。既然如此,中国在摆脱了帝国主义剥削压迫之后,也就有可能继续进行社会主义革命并取得胜利。这样,无产阶级政党对资产阶级民主革命的领导,就是必不可少的条件。因为只有在其领导下,才有可能实现资产阶级民主革命向社会主义革命的转变,最终实现共产党人的社会主义和共产主义目标。中国处于世界资本主义殖民体系之中,是一个深受沉重压迫剥削的半封建半殖民地国家,中国共产党当然应该义不容辞地承担起领导责任,高举民族民主革命大旗,对外反对殖民主义,争取国家主权独立,对内反对封建主义和官僚资本主义的压迫统治,争取人民的翻身解放。

　　1939 年 12 月,毛泽东在《中国革命和中国共产党》中说过:"只有认清中国社会的性质,才能认清中国革命的对象、中国革命的任务、中国革命命的动力、中国革命的性质、中国革命的前途和转变。所以,认清中国社会的性质,就是说,认清中国的国情,乃是认清一切革命问题的基本的根据。"[①]正是 20 世纪二三十年代关于中国社会性质的大讨论,促进了中国共产党运用马克思主义经济学理论,研究中国经济社会发展的实际问题,形成了符合中国实际的论断。参与论战的何干之在论战过程中以及结束后,写下了《近代中国启蒙运动史》和《中国经济读本》等著作,明确地使用了"半殖民地半封建"语词,来概括中国社会的性质。他说:"革命的实践,引起了革命的论争,论争所得的结果,又纠正了民族集团中的偏向,帮助了实践的开展",从而使"帝国主义支配下的半殖民地化的半封建社会",成为人们对中国社会性质的认识,从而形成了"有助于救亡的观点"[②]。同时,这次论战还培养出一大批中国自己的马克思主义理论家,提高了全党的马克思主义理论水平。1936 年 12 月,毛泽东在其著作《中国革命战争的战略问题》中,也明确宣称:我们现在是从事的革命战争,"是在中国这个半殖民地的半封建的国度里进行的"[③],从而使这一提法变成了党内外的广泛共识。"现在你随便拉住一个稍稍留心中国经济问题的人,问他中国经济如何,他就毫不犹豫地答复你:中国经济是半殖民地半封建性质的经济。"[④]也正是通过这场中国社会性质的讨论,中国共产党才深刻认识到,运用马克思主义及其经济学理论,分析中国国情和一

---

① 《毛泽东选集》第二卷,人民出版社 1991 年版,第 633 页。
② 《何干之文集》第二卷,北京出版社 1993 年版,第 183 页。
③ 《毛泽东选集》第一卷,人民出版社 1991 年版,第 171 页。
④ 沈志远:《现阶段中国经济之基础》,《新中华》1935 年第 13 期;转引自卢毅:《论 20 世纪二三十年代的中国社会性质问题论战》,《徐州师范大学学报(哲学社会科学版)》2008 年第 4 期。

切革命问题,是党的一项重要任务。只有完成这样的任务,才能有针对性地制定出正确的路线方针政策和斗争策略。

二、对中国社会矛盾和社会阶级的分析

马克思主义经济学在中国的应用,除了分析中国社会性质之外,还要研究中国社会的矛盾和阶级结构。分析中国社会的矛盾和阶级结构,不能单凭政治见解的差异来区分不同的阶级,也不能把错综复杂的社会矛盾,笼统地归结为穷人和富人之间的矛盾。马克思主义经济学的方法,要求从生产力与生产关系、经济基础与上层建筑这两对社会的基本矛盾着眼,从看得见、可度量的经济地位、经济利益入手,来区分不同的阶级,认识不同阶级的利益对立和社会矛盾。在中国共产党内,毛泽东就是这样做的杰出代表。1925 年 12 月,他撰写了《中国社会各阶级的分析》一文,认为革命的首要问题是分清敌友,而"要分辨真正的敌友,不可不将中国社会各阶级的经济地位及其对于革命的态度,作一个大概的分析"[①]。他就是从经济地位入手,来分析中国社会的阶级结构和社会矛盾的。

阶级结构与社会性质是紧密相连的问题。通过对中国社会性质的讨论,中国是一个半封建半殖民地国家,已成为大多数国人的共识。半封建,说明中国继续存在着地主阶级与农民阶级之间的对立和矛盾;半殖民地,说明西方殖民主义入侵,带来了资本主义生产方式,中国本国的资本主义也受到刺激而发展起来,产生了中外资产阶级与中国工人阶级的矛盾,以及帝国主义国家和中华民族之间的矛盾。在毛泽东的笔下,一幅中国社会的阶级结构图清晰地展现出来:"一切勾结帝国主义的军阀、官僚、买办阶级、大地主阶级以及附属于他们的一部分反动知识界,是我们的敌人。工业无产阶级是我们革命的领导力量。一切半无产阶级、小资产阶级,是我们最接近的朋友。那动摇不定的中产阶级,其右翼可能是我们的敌人,其左翼可能是我们的朋友——但我们要时常提防他们,不要让

---

① 《毛泽东选集》第一卷,人民出版社 1991 年版,第 3 页。

他们扰乱了我们的阵线。"①这里既有对马克思主义经济学的继承，如把工业无产阶级确定为中国革命的领导力量；也有在对中国社会调查研究基础上的发展和创新，如把农民阶级看作工人阶级最接近的朋友，提出了针对中产阶级即民族资产阶级两面性的两面政策等，这些就具有中国特色。

当时的中国社会是一个相对复杂的社会，不同于西欧由封建社会向资本主义社会转变的过程和社会结构。其典型特征是商品经济不发达，虽然早就存在较为广泛的商品交换，但一直停留在小商品经济阶段，未能向资本主义商品经济发展。马克思主义经济学指出，资本主义生产关系的本质就是雇佣劳动制度。资本家垄断了生产资料，被雇佣人员一无所有，只能靠出卖劳动力维持自己和家庭的生存。中国当时缺乏现代工业生产体系，没有大量的产业工人。工业无产阶级只有约 200 万人，主要集中在铁路、矿山、海运、纺织、造船等产业。人数虽少却能成为革命的领导力量，因为他们"是中国新的生产力的代表者，是近代中国最进步的阶级"②。马克思主义经济学对工人阶级社会历史地位的肯定，不是依据道德上的同情，也不是靠人的主观感觉，而是经过了具有严密逻辑的科学论证。不仅证明工人阶级是价值和剩余价值的创造者，而且指出他们是经济地位低下的受剥削者。毛泽东曾经这样描述他们的经济地位低下："失了生产手段，剩下两手，绝了发财的望，又受着帝国主义、军阀、资产阶级的极残酷的待遇，所以他们特别能战斗"③，也就理所当然地成为革命的领导力量。

除了产业工人之外，毛泽东还指出，中国的都市苦力工人，如码头搬运夫、人力车夫、粪夫清道夫等，其经济地位与产业工人相似，除双手外别无长物，只能靠出卖劳动力维持生存，他们是无产阶级的一部分。农村无产阶级则是指长工、月工、零工等雇农而言。这些中国雇农历史悠久，毛泽东称他们"不仅无土地，无农具，又无丝毫资金，只得营工度

---

① 《毛泽东选集》第一卷，人民出版社 1991 年版，第 9 页。
② 《毛泽东选集》第一卷，人民出版社 1991 年版，第 8 页。
③ 《毛泽东选集》第一卷，人民出版社 1991 年版，第 8 页。

日。其劳动时间之长，工资之少，待遇之薄，职业之不安定，超过其他工人"①。所以，这些中国雇农也是中国共产党的阶级基础之一。这些人与雇主不仅有经济上的雇佣关系，往往还有人身依附关系，深受封建统治者和雇主的多重压迫剥削。雇佣关系缺乏明确的合同契约，其权益也没有法律的充分保障。他们主要在农业、家庭服务业、商业服务业和手工作坊中从事一些传统职业。不同职业的雇工之间，很少联系并难以形成共同的利益诉求。他们常常埋怨社会不公、雇主不良、自己命运不济，找不到自己的出路，而被毛泽东称为乡村中"最感困难者"②。

在中国，农民是一个数量庞大历史悠久的群体。马克思主义经济学，科学地揭示了地主阶级同农民阶级之间存在的超经济剥削关系。地主凭借土地私有制，加上各种人身依附关系，以地租的形式，占有农民在土地上提供的剩余劳动。不管是劳动地租、产品地租还是货币地租，都没有改变这种剩余劳动的强制性质。如马克思所说："剩余的强制劳动，也就是没有报酬、没有得到等价的劳动。"③农民长期受到封建地主和统治阶级的压迫剥削，近代以来又受到西方殖民主义的掠夺，经济日益困乏，对社会的不满日益增加。传统农民总是寄希望于明君圣主，能够主持公道分给他们土地。历史上的农民起义屡有发生，希望通过改朝换代来改变命运，但总是落空。马克思主义经济学揭示了农民起义不能从根本上改变自己命运的原因，在于他们不是先进生产力的代表，也不能用新的生产关系取代旧的生产关系，因而不可能提出根本改变现实的办法。不过，中国农村土地占有的状况比较复杂，毛泽东根据农民占有土地多寡的不同，把农民区分为有少量雇工的富农、自耕农、半自耕农和贫农。自耕农和半自耕农，虽然都是土地的占有者，但由于他们占有的土地数量和自身参与劳动的不同，他们对革命的态度也存在着细微差别。毛泽东把他们和贫农一起，归入了小资产阶级和半无产阶级，认为都是工人阶级最接近的朋友。

---

① 《毛泽东选集》第一卷，人民出版社 1991 年版，第 8 页。
② 《毛泽东选集》第一卷，人民出版社 1991 年版，第 8 页。
③ 《马克思恩格斯文集》第 7 卷，人民出版社 2009 年版，第 901 页。

对中国社会阶级结构和社会矛盾的详细分析[①]，反映了中国共产党力求把马克思主义经济理论与中国国情相结合，在对中国实际情况的研究中，找到自己的阶级基础，准确把握中国革命的对象和革命的动力。正是在马克思主义经济学阶级分析方法的指导下，中国共产党根据经济地位来划分阶级，看清了中国社会剥削阶级与被剥削阶级、压迫阶级与被压迫阶级、统治阶级与被统治阶级之间的阵线划分，找到了当时中国社会矛盾的根源和症结，加深了对一切社会历史都是阶级斗争的历史、阶级矛盾和阶级斗争是历史发展的直接动力等马克思主义观点的理解。也正是在此基础上，中国共产党人真正认清了自己推翻帝国主义、封建主义和官僚资本主义三座大山，为全中国受压迫受剥削的劳动者寻求出路，争取彻底解放的伟大历史使命和理想追求，从而明确了自己的奋斗目标和斗争方向。

第二节　革命目标和策略制定中对马克思主义经济学的理解和运用

马克思主义经济学揭示了人类社会发展的基本规律，指出了资本主义必然灭亡，社会主义必然胜利的历史趋势，中国共产党据此而确定了社会主义和共产主义的奋斗目标。应当说，中国共产党成立之后，领导开展的一切革命斗争，都是为了实现党的理想和所追求的目标。但是，实现社

---

①　毛泽东在 1926 年 1 月发表的《国民党右派分离的原因及其对于革命前途的影响》的文章中分析中国革命形势时就说中国的阶级斗争"已经到了短兵相接的时候，一面是帝国主义为领袖，统率买办阶级、大地主、官僚、军阀等大资产阶级组织反革命联合战线，站在一边；一面是革命的国民党为领袖，统率小资产阶级（自耕农、小商、手工业主），半无产阶级（半自耕农、佃农、手工业工人、店员、小贩），无产阶级（产业工人、苦力、雇农、游民无产阶级）组织革命联合战线，站在一边。那些站其中间的中产阶级（小地主、小银行家及钱庄主、国货商、华资工厂主），其欲望本系欲达到大资产阶级的地位，为了帝国主义、买办阶级、大地主、官僚、军阀的压迫使他们不能发展，故需要革命。然因现在的革命，在国内有本国无产阶级的猛勇参加，在国外有国际无产阶级的积极援助，他们对之不免发生恐惧，又怀疑各阶级合作的革命"。（《毛泽东选集》第一卷，人民出版社 1991 年版，第 28 — 29 页。）这里面把苦力、雇农、游民等都称之为无产阶级，是用资产有无来判断阶级成分。而半无产阶级也是一个新的提法，更体现了以毛泽东同志为核心的党的第一代领导集体力图全面分析中国社会阶级结构的努力。

会主义和共产主义目标,政治上需要推翻资产阶级的统治,解放全人类,实行人民当家作主;经济上需要消灭私有制,实行社会主义公有制,大力发展生产力;文化上要与传统观念彻底决裂,建设社会主义新思想新道德新理念;等等。这些都需要经过长时间的努力,而不是可以一蹴而就的。在中国共产党领导中国革命的过程中,究竟需要经历哪些阶段,每一阶段应当实行哪些具体目标,为了实现远大目标采取什么样的斗争策略,都是需要在革命实践中反复考量的问题。如要消灭私有制,那就要考虑在哪个阶段、采取什么形式、通过什么方式来消灭。如果不顾主客观条件强行推行,很可能会面临社会接受程度不高和生产力发展受阻的困境,与空想社会主义就没有什么两样。因此,中国共产党必须在马克思主义经济学理论指导下,在认清中国革命性质的基础上,正确分析判断党所面临的革命发展阶段,根据经济社会发展规律,确定合理的阶段性具体目标,制定灵活的斗争策略,推进革命的顺利进行。

一、中国革命目标和斗争策略的制定

中国共产党的一大党纲,基本反映了党在创建初期对中国革命目标的认识,要求通过工人阶级的联合,用暴力革命的方式来推翻资本家阶级的统治,没收资本家的生产资料,消灭资本家私有制,建立无产阶级专政,消灭阶级等等。应该说,这些目标与马克思主义的要求是一致的,与当时各国共产党的目标也是基本相似的。这个时期,党对马克思主义包括其经济学的理解,都还比较肤浅。没有看清中国社会的性质和特点,对中国资产阶级和工人阶级的状况,以及中国资本主义的发展程度,都没有或没有来得及作全面调查和深入研究。对如何消灭资本主义和建设社会主义,都只有朦胧的概念和设想,对中国革命存在的困难也认识不足。作为马克思主义最早接受者和传播者的李大钊就说,"今日在中国想发展实业,非由纯粹生产者组织政府,以铲除国内的掠夺阶级,抵抗此世界的资本主义,依社会主义的组织经营实业不可"①。社会主义的生产方式,似乎立即就可以实行。建党初期最早的一批党员,可能都有这样的想法,认

---

① 《李大钊文集》第四卷,人民出版社1999年版,第85—86页。

为党的使命就是要消灭和没收资本家用于剥削的生产资料,按苏联社会主义模式建立一个新的社会制度。当时出版的《共产党》月刊就说:"用革命的手段打倒本国外国一切资本阶级,跟着俄国的共产党一同试验新的生产方法"①。所有这些,说明中共一大党纲只是明确了中国共产党的性质和长远奋斗目标,表明党要在马克思主义理论指导下追求共产主义的实现,而对共产主义目标的具体内容以及如何实现的描述上,则比较抽象与原则。

中共二大在党纲上作了较大调整,区分出了最高纲领和最低纲领。最高纲领是党追求的长远目标:"要组织无产阶级,用阶级斗争的手段,建立劳农专政的政治,铲除私有财产制度,渐次达到一个共产主义的社会。"②最低纲领则反映了党在近期需要开展的主要工作和阶段性目标,那就是联合包括资产阶级在内的各种力量,参与反帝反封建的民族民主革命,建立一个独立民主自由的新中国。与中共一大党纲相比,最高纲领的表述更加符合中国国情,把马、恩所说的无产阶级专政,改为"劳农专政",即工人与农民联合的政权;明确了共产主义是一个渐次达到的目标,而不是可以马上直接实现的目标。这反映了党对马克思主义包括其经济理论的理解,有了较大的提升。认识到中国是一个资本主义不太发达的国家,工人阶级还是少数,农民是最可靠的革命力量。而最低纲领把党的长远目标与当前目标结合起来,使党的任务更加具体明晰、切实可行,可以赢得社会公众的更多理解和支持,进一步扩大党的社会影响力和号召力。

中共二大纲领所作的目标调整,是在共产国际的直接指导下完成的。共产国际关于远东国家革命的首要任务是反帝反封建的判断,反映了列宁、斯大林在资本主义发展到帝国主义阶段之后,对马克思主义理论的发展和创新。他们把落后国家反帝反封建的民族民主革命,纳入了世界无产阶级社会主义革命的范畴,科学区分了不同国家革命所处的不同阶段,以及所承担的不同任务。应该说,这为中国共产党更加准确地认识中国

---

① 《中共党史教学参考资料》(一),人民出版社 1957 年版,第 2 页。

② 《中共党史教学参考资料》(一),人民出版社 1957 年版,第 15 页。

革命的性质,以及近期的革命任务和目标,提供了理论指导;为中国共产党制定正确的有针对性的路线方针政策,提供了理论支撑。在当时历史背景下,中国共产党是共产国际的一个支部,有义务按照共产国际的要求来开展工作。共产国际对中国革命的直接指导,对中国共产党这样的一个诞生时间不长、革命斗争经验不足的幼年的党来说,也是十分必要的。但对于中国共产党来说,更重要的是自身要加强对马克思列宁主义包括其经济理论的理解和运用。在当时条件下,全党对党纲中关于革命阶段和任务的转换,近期目标和长远目标相互之间的关系的认识并不充分。不过毕竟是有了很大的进步,知道了最高纲领和最低纲领的区分,明确了远期目标和近期目标的不同。后来历次党的代表大会,都是在坚持长远目标的前提下,着重围绕近期目标任务而展开讨论的。

这种讨论,主要涉及的是革命斗争的策略,即以何种方式去实现党的目标的问题。既然共产主义是一个不能马上实现而必须"渐次达到"的目标,那么,从实际出发,设定革命的阶段性目标,而逐渐向最终目标过渡,本身就成为革命斗争的一种基本策略。当时中国革命面临的紧迫问题,就是如何参与资产阶级民主革命,特别是如何处理与资产阶级及其政党的关系问题。当时孙中山领导下的国民党,代表着中国民族资产阶级的利益,有着反帝反封建的强烈要求,在作为中国革命中心地带的南方,有着广泛的政治基础和较大影响。党内发生了关于是在其领导下开展工作,还是完全不与其合作的不同意见。在1922年8月底召开的杭州西湖特别会议上,作出了中共党员可以以个人名义加入改组后的国民党的决定,但大多数同志对此仍存疑虑,国共合作的问题实际上并没有解决。中共三大传达了共产国际关于国共合作的指示,分析了建立革命统一战线的必要性和把孙中山领导的国民党改造成为工人、农民、小资产阶级与民族资产阶级革命联盟的可能性。在讨论中发生了激烈的争论。张国焘、蔡和森等人反对全体党员加入国民党,尤其反对工人加入国民党,认为那样将混乱无产阶级的思想。共产国际代表马林和党的总书记陈独秀等人认为,全体党员、产业工人都应参加国民党,全力进行国民革命,主张"一切工作归国民党"。大会着重批评了张国焘等人怀疑国共合作的"左"倾观点,也不同意马林、陈独秀的右倾主张,接受了共产国际1923年1月12

日通过的《关于中国共产党与国民党的关系问题的决议》，决定采取共产党员以个人身份加入国民党的形式实现国共合作，同时保持共产党在政治上、思想上和组织上的独立性。

陈独秀的右倾错误，固然与共产国际代表马林的支持有关，但从根本上说，是基于他对马克思主义社会形态更替理论的教条式理解。在他看来，民族民主革命既然是资产阶级革命，"国民革命成功之后，在普通形式之下，自然是资产阶级握得政权"①，而"共产党取得政权，乃是无产阶级革命时代的事，在国民革命时代，不会发生这类问题"②。因此，他认为只有经过资本主义的充分发展之后，才应该进行无产阶级革命，而不是在资本主义还不发达的情况下就急于夺取政权。正是因为陈独秀的右倾错误，才使中国共产党在与国民党的第一次合作中放弃了革命的领导权，使大革命因蒋介石、汪精卫等人对孙中山的叛变而遭到失败，并造成了中国共产党的巨大损失。

大革命失败后，在对陈独秀错误的批判中，党的另一批领袖人物如瞿秋白等，则过多强调了中国共产党的无产阶级性质，要求不经过或在资产阶级民主革命过程中，一次性地向社会主义革命过渡，毕其功于一役，直接建立社会主义制度。"中国革命是由民权主义到社会主义的无间断的革命，中国革命恰好是马克思主义所称为由民权主义生长而成社会主义的最明显的实行。中国革命根本上不能在民权主义的阶段上再成一个段落，像法国大革命似的；中国只有一个革命：中国革命除非不胜利，要胜利便是工人阶级领导农民武装暴动获得政权开辟社会主义道路的革命。"③这样的认识，必然导致革命策略上的盲动主义和冒险主义，不顾现实的群众基础和革命力量强弱的对比，一味要求工农城市暴动，武装夺取政权，进行社会主义革命。这样的"左"倾错误，一直延续到中共六大以后，在王明、博古等人身上，发展到登峰造极的地步。在革命的策略上，把对资产阶级的斗争看作是一切斗争的核心。在城市，要开展大规模的工人罢工和武装暴动，通过一省数省的首先胜利，带动全国的革命胜利；在农村，

---

① 王树棣等编：《陈独秀评论选编》下册，河南人民出版社1982年版，第5页。
② 陈独秀：《我们现在为什么争斗？》，《陈独秀文集》第三卷，人民出版社2013年版，第498页。
③ 《瞿秋白文集》（政治理论编　第五卷），人民出版社1995年版，第79页。

迫不及待地实行所谓革命转变,不适时宜地推行社会主义性质的方针政策,命令尚处弱小阶段的工农红军攻打中心城市,最终导致红军根据地军事斗争和党的白区工作的惨重失败,党的事业受到严重挫折。

从中共二大到六大,中国共产党在曲折的实践经历中,结合着对马克思主义及其经济理论的学习,逐渐加深了对最高纲领和最低纲领的区分以及实现途径的认识。党的性质和宗旨,决定了党的最高纲领始终是通过无产阶级社会主义革命,最终实现共产主义。党在所有的革命阶段,都不能忘记和丢掉这一最高目标,失掉这个大目标就不是共产党员了。但是,共产主义目标的实现时间和条件,有着非常严格的要求。最低纲领的制定,就是因为当前所处的环境,还不具备进行社会主义革命的条件,更谈不上实现共产主义。所以,必须通过参与和领导资产阶级民主革命,争得国家独立和人民解放,才能为下一步过渡到社会主义革命创造条件。毛泽东后来把这两个阶段的革命比作两篇文章的上篇与下篇,"只有上篇做好,下篇才能做好"[1]。他明确指出:"没有一个由共产党领导的新式的资产阶级性质的彻底的民主革命,要想在殖民地半殖民地半封建的废墟上建立起社会主义社会来,那只是完全的空想。"[2]"左"倾机会主义者总是过于乐观地估计革命形势,全然不顾主客观条件的许可,要求尽快全面实现社会主义革命,不可避免地陷入空谈和空想。而右倾机会主义者则过于悲观,过高地估计资产阶级的力量,过低地估计革命者的力量,最后陷入投降主义的泥坑。

弄清了党的最高纲领和最低纲领、长远目标和近期目标之间的关系之后,根据党所面临的形势,制定相应的策略,从而推动党的目标的不断实现,就是至关重要的事情。在革命斗争过程中,往往需要根据形势的变化而采取不同的策略。毛泽东为此指出:"当着革命的形势已经改变的时候,革命的策略,革命的领导方式,也必须跟着改变。"[3]在当时内战尚未结束,日本帝国主义大肆入侵的条件下,实现最低纲领所规定的目标,争取国家独立民族解放,对于党的生存和发展具有更为重要的意义。而

---

　①　《毛泽东选集》第一卷,人民出版社 1991 年版,第 276 页。

　②　《毛泽东选集》第三卷,人民出版社 1991 年版,第 1060 页。

　③　《毛泽东选集》第一卷,人民出版社 1991 年版,第 152 页。

要达此目标又不能完全依靠无产阶级的力量,必须分析和研究现实的各种矛盾,团结各种力量,努力促进社会革命向有利于民族、国家、大众以及最终的社会主义方向发展。所以,当时党的基本策略,就是建立广泛的民族革命统一战线。毛泽东认为:"只有统一战线的策略才是马克思列宁主义的策略。关门主义的策略则是孤家寡人的策略。"①在长期的革命斗争中,这个马克思列宁主义的策略发挥了巨大作用,成为中国革命取得胜利的三大法宝之一。

在统一战线中,如何处理与资产阶级的关系以及如何认识和对待资本主义在中国的发展,始终是对中国共产党能否领导资产阶级民主革命的严峻考验。正是在对马克思主义经济学深入理解的基础上,中国共产党认识到,在当时中国社会,资产阶级是比帝国主义、封建主义先进的革命力量,资本主义的一定发展,对中国生产力的发展是有利的。在现实革命斗争中,共产党面临着与资产阶级长期共处合作的可能。如何共处与合作,如何在容许与鼓励资本存在和发展的同时兼顾工人阶级的利益,都需要根据形势的变化作出理论上的说明,并制定合理的政策。同时,与资产阶级的合作要保持警惕。我们不但要看到他们的革命性,同时还要看到他们与无产阶级的对立性。因为他们本质上是剥削无产阶级的,他们革命的目的是想建立自己的阶级统治。当他们看到无产阶级力量强大时,必然会恐惧和仇视。所以,毛泽东很早就指出了他们对于中国革命的矛盾态度:"他们在受外资打击、军阀压迫感觉痛苦时,需要革命,赞成反帝国主义反军阀的革命运动;但是当着革命在国内有本国无产阶级的勇猛参加,在国外有国际无产阶级的积极援助,对于其欲达到大资产阶级地位的阶级的发展感觉到威胁时,他们又怀疑革命。"②因此,在毛泽东看来,"那动摇不定的中产阶级,其右翼可能是我们的敌人,其左翼可能是我们的朋友——但我们要时常提防他们,不要让他们扰乱了我们的阵线"③。这就确定了我们与资产阶级在统一战线中既联合又斗争的两手策略,当他们倾向革命时就联合,而当他们倾向反革命时则坚决地开展斗争。

---

① 《毛泽东选集》第一卷,人民出版社 1991 年版,第 155 页。
② 《毛泽东选集》第一卷,人民出版社 1991 年版,第 4 页。
③ 《毛泽东选集》第一卷,人民出版社 1991 年版,第 9 页。

二、对中国经济和社会复杂问题的认识和回答

中国共产党通过对马克思主义及其经济理论的学习和理解,分析了中国革命性质和发展阶段,区分了党的最终奋斗目标和近期奋斗目标,制定了党领导革命斗争的基本策略,从中看到了中国革命斗争形势的复杂性,并认识到这种复杂性根源于复杂的中国经济社会结构。自 1840 年鸦片战争以后,中国就逐渐变成了一个半殖民地半封建社会。由于民族资本主义没有充分发展,中国资产阶级存在先天不足的弱点,决定了他们在反帝反封建斗争中的软弱性、不坚定性和不彻底性。相反,封建势力和作为帝国主义在华代理的官僚买办势力倒十分强大。资产阶级及其政党本身的领导能力有限,让资产阶级政党来领导民族民主革命,是不可靠和不可行的。中国的民主革命之所以出现很大的波折,原因就在于放弃了革命的领导权。中国共产党在成立后,就不断地遇到这样的难题:如何在与资产阶级结成统一战线时,克服其软弱性和动摇性,不断推动民主革命的发展?而在与资产阶级政党渐行渐远,甚至在他们独占民主革命胜利成果而不断地加害于共产党时,要不要坚持资产阶级民主革命的性质?同时独立地承担起领导责任,并团结各种力量继续把民主革命推向前进?这些问题都有待于中国共产党,在进一步掌握马克思主义及其经济理论的基础上,进行深入的研究并作出回答。

中国经济和社会的复杂性,还表现在中国经济社会发展的落后上。中国共产党认识到,中国近代以来的工业化程度非常低,仍是一个以农业经济为主的国家,又是封建地主控制下自给自足的自然经济,现代经济只在少数的大城市中有所发展。在这样的国家,作为先进生产力代表的无产阶级,显然力量很弱小。如果仅仅依靠少数大城市里的工人,是不可能取得中国革命胜利的。根据马克思主义经济理论,在消除私有制后,土地、工厂、机器设备和各种社会财富都归工人阶级的国家后,生产力可以在原有基础上充分发展。这个发展不仅表现为物质财富的极大丰富,而且表现为每个人的全面自由发展。而中国资本主义的发展不充分,原有基础太差。因此,中国的工业化和现代化如何实现?要不要经过资本主义的发展阶段?如果发展了资本主义,受压迫受剥削的工人阶级的利益

又置于何处？这些也是摆在中国共产党面前必须回答的难题。

以毛泽东同志为代表的中国共产党人，没有回避这些问题，而是直面这些问题，从中国的实际出发，在马克思主义及其经济理论的指导下，科学地回答了这些问题。特别是在大资产阶级叛变革命，日本帝国主义疯狂入侵，中国共产党经受了严重挫折，刚经过艰苦卓绝的万里长征到达陕北，从极度困境中解脱出来，国内政治形势发生了重大变化的时候，毛泽东发表了《论反对日本帝国主义的策略》的重要讲话，对中国共产党如何领导资产阶级民主革命继续发展的问题，作了十分精辟的阐述。

他在讲话中明确肯定："中国革命的现时阶段依然是资产阶级民主主义性质的革命，不是无产阶级社会主义性质的革命"①。因为革命的任务还是反帝反封建，而不是反资本主义。如果说与以往所不同，那就是地主买办阶级已经成为帝国主义的走狗和中国人民的死敌；民族资产阶级仍然是革命的力量，但他们从娘肚子里带出来的软弱性，"规定了他们对于革命的不彻底性"②，因而不可能成为革命的领导力量；中国工人阶级和农民阶级则是中国革命"最坚决的力量"，并且有了自己"坚强的革命的武装队伍"和根据地。因此，"共产党和红军不但在现在充当着抗日民族统一战线的发起人，而且在将来的抗日政府和抗日军队中必然要成为坚强的台柱子"③。这个时候的中国共产党，"已经不是小孩子了，他们能够善处自己，又能够善处同盟者"④，革命的领导权，已经毫无疑问地落到中国共产党身上。党这时的任务就是建立广泛的民族革命统一战线，组织千千万万的民众，调动浩浩荡荡的革命军，准备作持久战，置日本帝国主义和汉奸卖国贼于死命，变中国为独立、自由和领土完整的国家。

关于国家今后的发展和社会民生的改善，也是中国共产党时刻关心的问题。资本主义在社会生产力发展和国家工业化进程中所起的作用，马克思主义经济学给予了充分肯定。同时指出，资本家发展生产积累财富的过程，就是对工人阶级创造的剩余价值剥削的过程，而且必然造成贫

---

① 《毛泽东选集》第一卷，人民出版社 1991 年版，第 160 页。
② 《毛泽东选集》第一卷，人民出版社 1991 年版，第 147 页。
③ 《毛泽东选集》第一卷，人民出版社 1991 年版，第 157 页。
④ 《毛泽东选集》第一卷，人民出版社 1991 年版，第 157 页。

富差距的扩大和社会矛盾的激化,从而影响生产力的发展。也就是说,如果没有资本家和其他剥削阶级的剥削,广大工人和劳动者可以自己组织生产,社会生产照样可以存在并得到发展,实现财富的增长,给全体人民带来幸福。没有必要将资本主义与工业化和现代化画等号,资本主义的市场经济,出现经济失衡和危机时,也会导致生产力的破坏和经济发展停滞。马克思主义经济学给中国这样的落后国家,找到了一条更好的发展道路,那就是经过民主主义革命转向社会主义道路。中国共产党通过对马克思主义经济学的学习和理解,认识到中国落后的经济根源,在于少数剥削者对社会资源的占有和垄断,残酷剥削造成的贫富差距,成为经济社会发展的严重障碍。党所领导的群众斗争,自然会把焦点和矛头对准以少数富人为代表的剥削阶级。这是一种朴素的阶级感情所致,而不是出于对经济社会发展规律的充分认识。所以,党内出现急于进行社会主义革命,把斗争矛头指向资本主义的"左"倾错误,这是不奇怪的。

与此相反,非马克思主义者强调的是社会主义制度在经济上的不可行。他们主要是说消灭了私有制以后,在公有制和计划体制下个人利益和自主权的缺失,将导致人的懒惰,没有了市场经济"看不见的手"的作用,社会经济发展失去了动力。这种西方经济学的陈词滥调,早就受到马克思、恩格斯在《共产党宣言》中的批判。而苏联社会主义建设所取得的巨大成就,给中国共产党人带来了一个看得见的榜样,马克思主义经济学在实践中得到了验证。社会主义不仅在理论上优越于资本主义,而且在实践上也是可行的,是落后国家走向现代化的必由之路。但是,在民主革命的任务完成之前,中国还不能走这条路。以毛泽东同志为代表的中国共产党人清醒地认识到,民主革命向社会主义革命的转变,那是将来的事,不能操之过急。"不到具备了政治上经济上一切应有的条件之时,不到转变对于全国最大多数人民有利而不是不利之时,不应当轻易谈转变。"①只有那些"左"倾教条主义者,"看不见中国是一个何等样的政治经济情况的国家,他们不知道中国在政治上经济上完成民主革命,较之俄国

---

① 《毛泽东选集》第一卷,人民出版社 1991 年版,第 160 页。

要困难得多,需要更多的时间和努力"①。

既然民主革命的任务还没有完成,民族资产阶级仍然是革命的力量,所以毛泽东认为:我们就不能反对民族资本家发财,相反要鼓励民族工商业的发展,还要保护民族资本家,"因为这种发展不利于帝国主义,而有利于中国人民"②。同时也要看到,工人阶级的利益同民族资产阶级的利益是有冲突的。劳资矛盾毕竟是资本主义的基本矛盾之一,不管是发达的还是不发达的国家,这一矛盾始终存在。对于不发达的中国而言,这一矛盾更加尖锐。因为,一方面是中国资本主义处于原始积累的发展初期,资本经营的利润相对较少,资本家要更多考虑企业做大做强,急于加强资本积累,所以剥削率比较高。而且在这一时期,资本家主要依靠绝对剩余价值的生产方式来剥削,加上外来帝国主义的经济侵略和竞争压力,必然造成工人劳动时间长而工资低的状况。另一方面,由于农村经济落后,封建剥削极其沉重,加之国内自然灾害和战乱频仍,大量破产农民涌入城市,导致社会劳动力供给相对过剩,资本家借机压低工人工资。因此,尚处于自由竞争阶段初期的中国资本主义经济,劳资之间的利益冲突非常明显。加之社会调节劳资矛盾的经济、法律和政治手段都十分有限,劳资矛盾经常爆发并容易激化。如何看待并妥善处理劳资矛盾,成为中国共产党人在统一战线中所碰到的现实问题。

对这样的现实问题,社会上有各种各样的想法和回答。受西方经济学影响较深的一些人,是要把资本主义制度作为先进的社会制度来推广的,他们从根本上反对革命,要在现有政权下竭力维护资本主义制度,同时也主张对劳资矛盾进行必要的调节,而不是通过一方消灭另一方的方式来解决矛盾。也有一些人从马尔萨斯人口论出发,一方面从生产角度认为应该增加人口资源,从而为生产提供更加充分的劳动力供给;另一方面,又认为社会贫困的主要根源是人口过多,单位人口所分配和占有、消费的财富因此而减少,所以主张穷人少生甚至不生孩子。他们还把劳资矛盾单纯地归结为经济问题,而不是社会政治问题。经济学家马寅初就

---

① 《毛泽东选集》第一卷,人民出版社1991年版,第160—161页。
② 《毛泽东选集》第一卷,人民出版社1991年版,第159页。

说:"学者中谓为社会问题者有之,谓为经济问题者亦有之。美国哈佛大学教授嘉佛而氏 Carver 谓社会问题为经济问题的一部分,而劳资问题,当为经济问题。余与嘉氏的意见,可谓不谋而合。"①在他们看来,生产不可能没有资本的投入,不可能没有资方的努力,只要生产搞上去了,社会财富增加了,劳资矛盾就好解决了。"须知我国目下资本缺乏,何来资本家,资本制度的基础未固,何来资本主义的罪恶;须知我国的劳资的纠纷,不在分配,而在生产。如生产能依一定的计划而增多,劳资两方,各能多得,种种纠纷自能减少。"②他们同样主张政府出面协调仲裁劳资矛盾,通过立法来让工人分享企业利润,从而使劳资矛盾控制在一定范围之内,不至于形成严重的对立,而影响整个经济社会的发展。

实际上当时就有一些学者看到,劳资矛盾是多方面的,不仅是经济方面收入分配上的矛盾,还有社会地位不平等等社会政治方面的矛盾。工人没有社会地位和政治地位,在与资方的谈判中,正当权利得不到法律保护,基本的工资、社会保障和劳动保护都不能满足,利润分成就更谈不上了。而当时的普遍舆论,却是支持对资本家的收益进行节制,孙中山节制资本的思想已经深入人心。在当时的社会中,同情劳方,要求让劳方分享利润的呼声甚盛。国民政府在讨论和制定《工厂法》时,原草案就有"四四二"的盈余分成制规定:"工厂每届决算,除应有开支及折旧外,如有盈余,应先提十分之一为公积金,再提股利八厘,余作十份分派,以四份归资主、四份归劳工、二份归经理部人员。"③应该说,这样的分配是显著倾向工人的,不仅有工资,还能在最后的盈余中获得40%的分成。

然而在实际生活中,这样的盈余分成制是实现不了的空想,资方不可能将利润如此分配,即便有法律规定也难以执行。当时的国民政府是一个弱势政府,难以在劳资矛盾居中协调中发挥第三方权威作用,往往会偏向于资方而不能得到劳方的拥护。另外,没有完整的法律体系和严格的

① 马寅初:《马序》,米通九:《劳动经济学》,上海黎明书局1931年版;转引自孙大权:《中国经济学社研究(1923—1953)》,四川大学博士学位论文,2005年。

② 马寅初:《马序》,米通九:《劳动经济学》,上海黎明书局1931年版;转引自孙大权:《中国经济学社研究(1923—1953)》,四川大学博士学位论文,2005年。

③ 《沪七工会驳工厂法草案规定四四二制的监余分配标准》,《中央日报》1928年9月20日,第241页;转引自孙大权:《中国经济学社研究(1923—1953)》,四川大学博士学位论文,2005年。

执法保证,这样的《工厂法》也无法获得通过。被誉为中国会计学之父的潘序伦等人,从西方经济学的角度认为,资方获利并自我处置收益是应该的,劳动者的收益已经通过工资得到了报酬。而且分成制的统一规定没有照顾企业的各种情况,资方和管理人员完全有办法可以使最后的盈余无法计量,因此不可能通过分成制解决劳资矛盾。1929 年,南京国民政府最后通过的《工厂法》,采纳了这一意见,没有硬性规定分成问题。①

　　中国共产党是从全民族利益的角度,来看待劳资矛盾的。毛泽东指出:中国 80%—90%的人口是工人和农民,因此中国共产党必须首先代表工人和农民的利益。党所领导的民族民主革命,就是代表着工人农民利益的,"去掉帝国主义的压迫,使中国自由独立,去掉地主的压迫,使中国离开半封建制度,这些事情就不但使工农得了利益,也使其他人民得了利益"②。对工人阶级同民族资产阶级的利益冲突,毛泽东强调要坚决维护工人阶级政治上、经济上的权利,因为"要开展民族革命,对于民族革命的先锋队不给以政治上、经济上的权利,不使工人阶级能够拿出力量来对付帝国主义及其走狗卖国贼,是不能成功的"③。正因为如此,中国共产党还未在全国执政时,就在自己的根据地,通过中华苏维埃人民共和国,制定实施了维护工人政治经济权利的劳动法,因此获得了广大群众的支持。在国民党统治区,也支持过工会提出的要求参与利润分配的方案,不同意一些人关于工人参与利润分配资本家就不愿投资、会损害其积极性的观点,因为只要有利润,资本家不会由于被拿走一些利润就不再投资。

　　在维护工人阶级利益的同时,中共还考虑了民族资产阶级的利益,因为他们参加了民族民主革命,是我们的同盟军。毛泽东指出:"民族资产阶级如果参加反对帝国主义的统一战线,那末,工人阶级和民族资产阶级就有了共同的利害关系。"民族工商业的发展不利于帝国主义,而有利于中国人民。因此,"在民主革命阶段,劳资间的斗争是有限度的。人民共

---

　　①　1929 年 12 月 21 日,立法院第 67 次会议通过《工厂法草案修正案》,在第七章"工人福利"第 40 条规定:"工厂每营业年度终结算,如有盈余,除提股息、公积金外,对于全年工作并无过失之一工人,应给以奖金或分配盈余。"(《立法院公报》第 13 期,第 5 册,南京出版社 1989 年版,第 18、20、48 页;转引自孙大权《中国经济学社研究(1923—1953)》,四川大学博士学位论文,2005 年。)

　　②　《毛泽东选集》第一卷,人民出版社 1991 年版,第 159 页。

　　③　《毛泽东选集》第一卷,人民出版社 1991 年版,第 159 页。

和国的劳动法保护工人的利益,却并不反对民族资本家发财,并不反对民族工商业的发展"①。

应该说,这些论述虽然没有在理论上深入展开,因为当时不具有良好的讨论环境和研究氛围,革命斗争的复杂形势也不容许党用更多精力去研究学术问题。但从中却显示出中国共产党原则的坚定性和策略的灵活性的良好统一,反映出中国共产党对许多问题的讨论,已经比较深刻地理解了马克思主义及其经济理论的基本观点,并开始自觉地加以运用以指导中国革命的实践。

第三节　革命斗争实践中对马克思主义经济学的应用

在中国共产党建党初期,党还不可能创建属于自己的理论体系,主要是在革命斗争实践中,一边学习,一边试着应用马克思主义及其经济理论,来认识和改造中国社会。这个时期连理解上都可能存在困难,甚至有误解,还很难充分展开讨论和研究。也无法预料哪些理论的应用会在实践中产生何种结果,只能是在实践结果出来以后,尤其是在出现严重挫折的情况下,才会进行反思总结和创新。中国共产党正是在自己的斗争实践中逐渐认识到,对马克思主义理论及其经济学的应用,就是要和中国的实际相结合。只有正确认识中国的实际情况,在实践中不断探索中国革命的正确道路,才能解决中国革命的实际问题。马克思主义理论包括其经济学的中国化,也正是在这样的实践中得以实现的。

一、应用马克思主义经济理论正确认识中国工人阶级

中国工人阶级是中国革命的领导力量和主力军,作为其先锋队的中国共产党,只有在马克思主义经济理论指导下,正确认识工人阶级的先进性,及其在中国革命中的历史地位和历史使命之后,才能牢固地树立起紧紧依靠工人阶级,并通过他们团结其他革命力量的思想,去一步步实现党

---

① 《毛泽东选集》第一卷,人民出版社1991年版,第159页。

的奋斗目标。

成立之初的中国共产党,是由一些受马克思主义影响较深的先进知识分子所组成,真正工人阶级或家庭出身的人并不多。在革命斗争的实践中,党才逐渐加深对工人阶级先进性及其历史地位和历史使命的认识,开始时不免会受各种传统观念的影响。因为中国自古以来直到近代,人们总是看不起包括工人在内的体力劳动者。中国儒家虽有"民贵君轻"的民本思想,但也有所谓"劳心者治人,劳力者治于人"、"万般皆下品,惟有读书高"的种种说教,对体力劳动者的轻视具有广泛的社会思想基础。加之体力劳动者实际所处的生活困境,使得中国传统社会中体力劳动者的社会地位十分低下。晚清以来,随着对封建主义的批判和民主思想的传播,各种主义包括无政府主义者蒲鲁东以体力劳动为自豪的思想,托尔斯泰提倡人人劳动的"泛劳动主义"等,对传统思想形成了巨大冲击,在社会中产生了很大影响。所以有了1918 年 11 月蔡元培在天安门广场"劳工神圣"的呐喊,认为以后的世界全是劳工的世界,要求提高对劳工价值的认识。[1] 许多先进知识分子也大力提倡"与劳工为伍",主张"人人为工,人人为农,人人为士,权力相等,义务相均"[2]。

"劳工神圣"思想的形成,虽然与无政府主义在中国的传播关系密切,而不是直接来自马克思主义,但它之所以能成为当时中国社会一种有影响的思潮,与马克思主义已经开始在中国传播,社会产生了民主平等、尊重劳动者要求的大背景有关。无政府主义者反对皇权专制统治,是从一个极端走向另一极端,但要求实行社会民主,尊重劳动的思想,还是应当肯定的。他们对劳动者地位和价值的承认,与马克思主义经济学有相同之处,也有很大不同。马克思主义经济学是以历史唯物主义为基础,承认人民群众对历史的创造和推动作用的。无政府主义者对劳动和劳动者

---

① 沈善洪:《蔡元培选集》(下),浙江教育出版社 1993 年版,第 1244 页。蔡元培在这里提到的劳工概念超越了无政府主义者体力劳动者的狭隘范围,他认为,凡用自己的劳力作成有益他人的事业,不管是体力还是脑力劳动者,都是劳工。他还在 1920 年 5 月出版的《新青年》"劳动节纪念专号"上专门题写了"劳工神圣",使之在广大青年知识分子当中产生了更加广泛的影响。

② 《无政府主义思想资料选》(上),北京大学出版社 1984 年版,第 66—68 页。

的尊崇,是建立在历史唯心主义抽象的人性论和人本主义基础之上的。但"劳工神圣"的口号,对于促进马克思主义经济理论的传播和被社会接受,发挥了积极作用。它使人们对劳动者及其劳动的价值,有了不同于传统社会的认识,有利于劳动者阶级意识和自立自强民主意识的觉醒。因此,得到了中国共产党的赞同。然而,中国共产党并没有停留于这一口号,而是通过马克思主义经济学,来不断加深对中国工人阶级的认识的。

中国现代工人阶级产生于外国资本主义入侵、本国资本主义兴起的过程之中。在广大农村和城市,出现了破产的农民和小手工业者,他们失去了一切生产资料,不得不在城市靠出卖劳动力为生。他们分布比较集中,生存状况极其悲惨。1919 年的五四运动,使他们开始走上了历史前台,初步展示了自己的力量,呈现出由其所处环境和自身特点造成的独特优势。中国共产党成立初期的工作重心,是放在工人运动上的。党的早期领导人已开始认识到,要解决中国革命问题,必须要依靠工人阶级。他们深入工人内部,撰写了大量研究中国工人运动规律的著作,分析了中国工人阶级的特点和所处的社会环境,指出了中国工人阶级与世界上其他国家无产阶级的相同与不同之处,力求认清中国工人阶级的政治经济特征给革命斗争带来的影响,为正确制定中国革命目标和斗争策略提供依据。

中国共产党早期工人运动的杰出领导者邓中夏,是从中国工人阶级主要分布于交通、工矿等重要产业,且十分集中的特点,来认识其地位和先进性的。根据他的调查,当时"中国因为产业还未发达,新式工业下的工人可统计的只不过六十三万余名,连不可统计的,充其量亦不过一百万名,在数量上看,实在是四万万全人口中的少数了;但是,我们应该知道,工人数量虽少,工人在社会上所占的地位,实在比任何群众尤为重要。比方海员一罢工,可以使国内外的交通断绝;铁路一罢工,可以使南北的交通断绝;汉冶萍一罢工,可以使国内和日本多数大工厂停业;开滦一罢工,可以使铁路轮船及用户的煤炭蹶竭,洋船都要鳞次栉比的停在秦皇岛,开不出渤海口去;码头工人一罢工,可以使洋货不能登岸;市政工人一罢工,可以使全埠扰乱,这是何等伟大的势力呵! 所以我们不能因其数量少而轻视之"①。因为工人的集中,生产过程中养成的组织性、纪律性自然地带进了革命队伍。所以,工人组织起来以后,工会一声令下,马上就汇集成巨大的力量。而这是中国传统社会其他民间团体所没有的,党的早期领导者正是从中认识到工人阶级的先进性及其在革命中的重要地位。

同时,他们还从中国工人所经受的压迫剥削,和工人运动所遭遇的残酷镇压中,认识到中国无产阶级所具有的革命彻底性和坚定性。帝国主义、封建主义、官僚资本主义三座大山对中国工人的压迫,可以纳入世界上最沉重的压迫之列,而工人的工资收入和劳动条件,也在世界上最恶劣之列。这就决定了他们只有奋起反抗,推翻反动统治就别无出路。因此,工人阶级在社会革命目标的追求方面最彻底,革命意志方面最坚定。邓中夏就认为:"中国工人决战的毫不逡巡踌躇的态度,亦比任何群众所做的要勇敢,要坚决些。"②同时早期工人运动的杰出领导者刘少奇,对此也有深刻认识,他在1926年5月召开的第三次全国劳动大会上就指出:"工人阶级在国民革命运动中,能领导一切民众向帝国主义与军阀进攻。各地惨杀案均因镇压罢工而起,惨杀结果以工人死伤为最多。工人阶级在'五卅'反帝国主义运动中牺牲为最大,主张最为急进,奋斗最能坚持,力量亦表现得非常伟大。在各种奋斗事实中,足以证明工人阶级在国民革命运动中之领导地位,是确凿不移的。"③这些认识,与毛泽东关于工业无产阶级是中国新的生产力的代表者、中国最进步的阶级、革命运动的领导力量,他们特别能战斗的认识,是完全一致的,标志着中国共产党对工人阶级的认识,已经达到一个较高的水平。

二、应用马克思主义经济理论教育和指导工农大众开展斗争

中国共产党成立之前,中国工人阶级是一个"自在"的阶级,只是从切身体验中感受到被剥削的痛苦,出于朴素的阶级感情而痛恨资产阶级

---

① 《邓中夏文集》,人民出版社1983年版,第42—43页。
② 《邓中夏文集》,人民出版社1983年版,第42页。
③ 中共中央文献研究室、中华全国总工会编:《刘少奇论工人运动》,中央文献出版社1988年版,第23页。

对自己的剥削,有着对资本主义制度不合理的感性认识。他们从自己切身利益出发,愿意参加要求资本家增加工资、改善劳动条件等各种经济斗争。但对自身的阶级性质、受剥削的根源以及出路何在,都没有清晰的理性认识。[①] 为了唤醒工人的阶级意识和革命觉悟,启发和引导工人阶级认识自己的阶级地位和历史使命,在中共一大召开前后,各地共产主义小组就创办了多种面向工人群众的通俗读物,如《劳动者》、《工人周刊》、《劳动界》、《工人》、《劳动音》、《上海伙友》等杂志,力求用通俗的语言,讲工人能够听得懂的道理,可工人宣传马克思主义经济理论。据统计,当时《劳动界》周刊每期发行达 5000 份,《劳动音》周刊每期发行达 4000 份,《工人周刊》每期销量在几千份,最多达两万份。[②] 当时为了提高工人阶级觉悟,中国共产党主要从劳资关系方面切入开展宣传教育,首先是提高劳动者对自身劳动的认识。最先接受了马克思主义的先进知识分子知道,历史唯物主义充分肯定了劳动的意义,马克思认为"任何一个民族,如果停止劳动,不用说一年,就是几个星期,也要灭亡,这是每一个小孩子都知道的"[③]。正是物质财富对人类社会不可或缺的重要程度,才使他把物质资料的生产,确定为人类社会发展的基础,创造物质资料的劳动者,理所当然地成为人类社会历史发展的主体。为了让工人群众懂得这样的基本道理,中国共产党的一些早期党员在《劳动界》上连续发表文章,用贴近生活的中国语言讲述历史唯物主义的基本道理。季原杓用设问的方式启发人们的思考:"我们平常生活的要素,是'衣''食''住',试问这衣食住三项,哪一项不由'工作'而来?"[④]张赤的设问更加具体,然后得出肯定的结论:"人生在世必缺不了衣食与居住。但是若不种田纺棉,哪里来得衣食? 若不盖房筑室,人向哪里居住? 种田纺棉盖房筑室的是什么人? 不是农工劳动么? 哪个财主花百十万银盖的高楼大厦少了瓦匠木匠能成

---

① 王强:《中国共产党成立初期维护雇工权益的历史考察》,《江汉论坛》2011 年第 6 期。

② 李军林:《论马克思主义在中国早期传播过程中的媒介角色定位》,《社会科学辑刊》2007 年第 3 期。

③ 《马克思恩格斯选集》第 4 卷,人民出版社 2012 年版,第 473 页。

④ 季原杓:《我们要做"真正的工作"!》,《劳动界》第 14 册,1920 年 11 月 14 日;转引自杨宏雨、吴昀潇:《建党时期中国共产党人的劳动观——以〈劳动界〉为中心的研究》,《江苏社会科学》2013 年第 2 期。

功？哪个赛过邓通的阔老缺了胼手胝足的农夫不饿死？人的世界实在由农工养活着。吾刚才说的衣食居住，不过举几个大端。此外细看看哪一样好的、必须的事情，没有劳动能存在？（学问艺术劳心居多。）人的世界一天没劳动，一天就会消灭。"①

既然物质财富都是劳动创造的，当然其价值也来自劳动。中国共产党由浅入深地帮助工人群众从"劳工神圣"的感性认识，上升到劳动创造价值的理性认识，并通过劳动价值论进一步理解了剩余价值论，揭示了资本家利用生产资料所有权，对工人进行剥削而获得利润的秘密。工人群众认识到，资本家利用手中的金钱办工厂，剥削了工人创造的剩余价值；工人要摆脱压迫和剥削，必须打倒资本家，推翻资产阶级统治。资本家与工人的利益是根本对立的，改善中国工人的生活，不能寄希望于资本家发善心，希望他们少赚一点，多分一点给工人。在私有制存在的情况下，资本家占有生产资料，雇佣工人进行劳动，这种生产资料占有方式不消灭，工人就无法摆脱被压迫被剥削的地位。

工人知道了是自己的劳动创造了价值和剩余价值，劳动者尤其是产业工人，才是现代社会历史的主体；工人只有团结起来，剥夺资本家的生产资料，才能实现真正的平等；只有废除私有制，建立一个"天下为公"、没有剥削和压迫的社会主义社会，才能最终实现自己的解放。这些道理的传播，有效地扩大和深化了马克思主义及其经济学的影响，为工人运动的兴起和发展提供了理论支持。

中共一大召开以后，就把唤醒和发动工人作为自己的首要任务，通过工会组织广大工人，对他们进行启蒙教育，提高觉悟开展斗争。马克思主义的经济学说，成为当时最有力的理论武器。中共一大作出的第一个决议，就是把建立劳工补习学校作为组织产业工会的一个准备步骤，要求"所授学说，最重要的是应能唤醒劳工觉悟，使其明了组织工会的必要性"②。为了促进全国工会组织的建立，以领导工人进行罢工斗争，党组

---

① 张赤：《打破现状才有进步！》，《劳动界》第6册，1920年9月19日；转引自杨宏雨、吴昀潇：《建党时期中国共产党人的劳动观——以〈劳动界〉为中心的研究》，《江苏社会科学》2013年第2期。

② 《关于中国共产党第一个决议》，转引自《安源路矿工人运动史料》，湖南人民出版社1980年版，第2页。

建了中国劳动组合书记部及各地分部,创办了《劳动周刊》,向工人群众宣传马克思主义及其经济理论。《劳动周刊》文字生动活泼、通俗易懂,促进了工人阶级觉悟的提高,认识到了组织起来团结斗争对于争取自身利益的重要性,学会运用各种斗争手段来维护和实现自己的权益。在劳动组合书记部北方分部举办的《工人周刊》中,还通过具体生动的实例,揭露了中外资本家残酷剥削压榨下工人恶劣的工作条件和极其低下的收入水平,让广大工人认识到要改变自己的各种非人待遇和地位,只有通过团结斗争才能实现。1922 年"五一"劳动节和马克思诞辰日,中国共产党举行了各种纪念活动,散发纪念马克思的手册 2 万本,出版发行各种纪念特刊,介绍劳动节由来和马克思主义关于工人运动的主张。[①]

这些宣传教育活动的成效是明显的,中国历史上第一次全国性工人运动的高潮,就发生在 1922 年 1 月到 1923 年 2 月之间,在一年多时间里罢工斗争就有 130 余起,在罢工斗争中较为广泛地建立了由党所领导的工会组织。[②] 其中湖南安源煤矿的工人组织和工人运动最为典型,在当时造成了较大的社会声势和影响。安源煤矿是湖南地区最大的工业企业,工人群众最为集中。据中国早期工人运动领袖李立三回忆,毛泽东曾多次前往实地考察,指出安源工人众多,受到种种残酷剥削,生活特别痛苦,是工人运动可以很快开展的地方。[③] 因此于 1922 年上半年,就通过中共湘区执委派遣刚从法国回来的李立三等人到安源,以办平民教育为名,创办了劳动补习学校与工人子弟学校,开始了以学校为掩护、以教育为平台的宣传发动工作。

李立三曾说:"我们名义用平民教育课本,实质上讲的是另一套,讲阶级斗争,剩余价值,工人夜校是自己编的课本。"[④]在讲课中,他们结合工人困苦的现实,分析工人贫困的根源。并以一根筷子容易被折断,十根筷子放一起就很牢固;一个石子容易被踢走,一块大石头就很难被搬动等

---

① 田子渝:《马克思列宁主义在中国早期传播研究综述》,《马克思主义研究》2001 年第 3 期。

② 刘明逵、唐玉良主编:《中国工人运动史》第二卷,广东人民出版社 1998 年版,第 301 页。

③ 李立三:《看了〈燎原〉以后》,转引自《安源路矿工人运动》,中共党史出版社 1991 年版,第 907 页。

④ 《李立三就安源工运史研究问题答北京大学历史系教师王兴等问》,转引自《安源路矿工人运动》,中共党史出版社 1991 年版,第 900 页。

形象生动的比喻,启发工人对团结重要性的认识。当时"夜校名义上是教工人识字,实际上是宣传马列主义,启发工人的觉悟,讲世界上的财富都是劳动人民创造的,劳动人民应成为世界的主人"①。通过以上努力,上了补习学校的工人开始觉醒,并成为工人运动中的骨干分子。安源煤矿成立了工人俱乐部这一具有工会性质的工人组织,胜利地举行了1922年的大罢工。这些运动让全体工人认识到了团结的伟大力量,都自愿加入了俱乐部,团结得更加紧密。

在此基础上,俱乐部把工人补习学校作为主要阵地,全面系统地讲解和宣传马克思主义经济理论,进一步提高工人觉悟。俱乐部开办的学校最多时曾达7所,每所学校均有子弟部与补习部,均使用自编教材,教材的编写一方面突出文化知识的学习,另一方面大力启发工人的革命觉悟。1923年,同是早期工人运动领袖的刘少奇就来到安源工人俱乐部开始向工人宣传社会主义革命的目标,帮助工人认识无产阶级的历史使命,要求无产阶级团结起来夺取政权,消除一切阶级压迫和人对人的压迫,在公有制下发展实业,同时减少自然对人类的压迫。② 1924年至1925年9月间,安源工人劳动补习学校教科书的内容多为对资本主义与资本家剥削罪恶的抨击,宣传工人组织工会进行革命的意义。而工人子弟学校的教材,则是以提高人的思想觉悟为教学的重要内容。俱乐部还通过演讲、戏剧表演等集体活动,在较大范围内向工人宣传马克思主义经济理论,通俗地讲解劳动价值和剩余价值理论,提升工人思想认识水平。利用俱乐部不同场次的组织活动、代表会议,用马克思主义及其经济理论分析现实矛盾和斗争形势,不断提高工人骨干的理论水平。

马克思主义经济理论的宣传普及,使安源煤矿工人的觉悟迅速提高,逐渐认识了劳动的神圣和劳工的伟大,认识了自己的历史地位,阶级认同感与自豪感大大加强。中国共产党领导的安源路矿工人罢工斗争取得了胜利,迫使资方满足了工人的一些经济政治要求,工人对自己的身份也不

① 韩伟:《忆安源工人的苦难生活和英勇斗争》,转引自《安源路矿工人运动》,中共党史出版社1991年版,第936页。
② 中共中央文献研究室、中华全国总工会编:《刘少奇论工人运动》,中央文献出版社1988年版,第1—2页。

再自卑,不再为自己的"苦力"身份而抬不起头来。当时参加了俱乐部成为"部员"的工人说:"有了俱乐部,腰杆子都硬了,部员在社会上也受人重视了,人们一知道他是部员就给凳子坐,给杯茶喝,我们工人从来没有这样受人招待过"①;罢工斗争胜利后,"工作、生活大为改善,地位大加提高,人皆称工人为'万岁',工会有最高的权力,有法庭,有武器,能指挥当地的警察与监狱"②。工人更是欢欣鼓舞,提高了参加革命斗争的勇气。

随着安源路矿工人觉悟的提高,工人团结力量的加强,和平的罢工斗争运动取得了明显的成果,在与资本家的斗争中积累了经验。为了扩大战果,中国共产党还派人到工人相对集中的一些行业,如铁路、码头、矿山等,进行宣传发动,组织工人进行罢工和争取政治经济权益的斗争,使工人进一步看到自己的力量,加深了对马克思主义经济理论和无产阶级历史使命的认识和理解,有更多的优秀分子加入了党的队伍。中共一大时57名党员几乎全是知识分子,中共二大时195名党员改变不大,为此而提出党要到群众中去,"组成一个大的'群众党'"③。正是通过革命斗争的锻炼和考验,一大批优秀工人进入党内,壮大了党员队伍。到中共五大时,党员人员已经有57967人,比中共四大时增加了58倍。而其中工人所占的比重达50.8%,农民也达到了18.7%,党的成员结构得到了优化。④

在工人阶级觉悟提高以后,中国共产党不仅组织工人通过罢工等手段进行斗争,同时也积极参加地方议会等公开政治活动,通过合法斗争来争取工人权益。在合法斗争中,党和工会组织一方面就劳动者的工资、工作时间、劳动条件等直接利益提出明确的目标和要求;另一方面还尽力争取工人的劳动保险、子女就业、教育培训等长远利益,力求比较全面地维护工人应有权益。1922年下半年,中国共产党发起了劳动立法运动,希

---

① 宋新怀:《安源煤矿工人斗争生活片断》,转引自《安源路矿工人运动》,中共党史出版社1991年版,第985页。

② 刘少奇:《关于大革命历史教训的一个问题》,转引自《安源路矿工人运动史料》,湖南人民出版社1980年版,第691页。

③ 中央档案馆编:《中共中央文件选集》第三册,中共中央党校出版社1989年版,第90页。

④ 王顺生:《中国共产党党员队伍社会成分的历史考察》,《中国特色社会主义研究》2002年第1期。

望通过合法斗争,通过立法实现工人阶级的选举、结社、集会、言论、罢工等自由权利,实现妇女与男子同行的权利,并为童工、女工的权益保障、工人的养老、医疗、失业等社会保险以及工厂劳动条件和卫生立法。通过立法斗争,目的在于宣传党的方针和主张,唤醒广大劳动者积极追求自身应有权益的意识。中共二大纲领就明确地把劳动立法列为党的近期工作目标之一,要求通过法律废除包工制、实行八小时工作制、建立工厂保险实行对工人的劳动保护、对失业工人、女工和童工等实行有区别的保护,等等。这些要求与工人切身利益紧密相关,表明中国共产党是工人阶级的忠实代表,其宗旨和目标反映了广大工人自己的心声,进一步凸显了党的工人阶级先锋队性质。这一切,都无法离开马克思主义经济学的应用和指导。

三、应用马克思主义经济理论正确处理工农运动与资产阶级民主革命的关系

确定中国革命性质是资产阶级民主革命,是中国共产党对马克思主义经济学理解和运用的一个重要节点。它起始于中共二大,其依据来自两个方面:一是共产国际的指示,二是自己在马克思主义经济理论指导下对中国国情的分析判断。根据马克思主义经济理论,社会主义革命是在资本主义高度发达的基础上,因内在矛盾不可调和而发生的制度变革。共产国际也是在这一理论指导下,对中国实际情况进行了研究分析,认识到中国当前革命的主要任务是反帝反封建,属于资产阶级民主革命性质,要求中国共产党率领工农大众积极参与这种不反对资本主义的革命斗争。中国共产党在接受任务的同时,也对中国的现实状况进行了分析,认识到中国还是一个以封建主义为主同时又受帝国主义欺负的国家。对外争取民族独立、对内推翻专制实现共和的资产阶级民主革命,符合历史规律,具有时代的合理性和进步性,每一个坚持发展进步的中国人都应该积极参与。因此,中国共产党从二大开始,就把与孙中山领导的国民党合作,推动资产阶级民主革命,作为自己近期的主要任务,开始实行第一次国共合作,掀起了轰轰烈烈的大革命热潮。党允许和鼓励自己的党员,以个人身份加入国民党,积极组织工农群众和进步的青年知识分子,投身于

国民党领导的国民革命军,参加了打倒封建军阀的北伐战争,帮助资产阶级获得了全国政权。

资产阶级与工农大众之间毕竟存在着剥削压迫的矛盾,中国共产党在与国民党合作过程中,还要不要代表工农大众的利益,组织广大工人农民同资本家和封建地主以及代表他们利益的国民党反动派开展斗争? 这是摆在全党面前十分尖锐的问题。而且事实上也存在着这种斗争,"工人的斗争正在从厂内向着厂外,从经济斗争向着政治斗争","农民的斗争没有停止过。在外祸、内难、再加天灾的压迫之下,农民广泛地发动了游击战争、民变、闹荒等等形态的斗争"①。当时中国共产党已经认识到应当首先代表工人农民的利益,如果不给他们以政治上经济上的权利,革命是不能成功的。因此,一切要求改善工农大众利益,以及反对帝国主义和封建主义的斗争,就都是必要的。

所以,中国共产党积极恢复和发展了各地工会组织,发动和领导了各地的工人运动,其中有著名的"五卅"运动和省港大罢工。1925 年 5 月 30 日的"五卅"运动,是为抗议日本纱厂资本家镇压上海工人大罢工而举行,是一次伟大的群众性反帝爱国运动,它大大提高了全国人民的觉悟程度和组织力量,在全国范围内为北伐战争准备了群众基础,揭开了1925—1927 年中国大革命的序幕,有力地支持了国民革命并将其推向高潮。为了支援上海"五卅"运动,共产党人邓中夏、苏兆征领导发动了世界工人运动史上时间最长(历时 1 年零 4 个月)、规模宏大的省港大罢工,沉重打击了英帝国主义在香港的经济、政治统治,推动了资产阶级民主革命的进程。为配合北伐进军,推翻北洋军阀的反动统治,中国共产党领导上海工人举行了三次武装起义。当时上海的帝国主义殖民势力很大,对工人压迫和剥削很深。工人起义的目标并不是为了夺取政权,而是打击帝国主义和军阀的反动统治。起义的最后成功,显示了中国工人阶级的顽强战斗精神和强大的组织力量。

中国共产党认识到,在整个民主革命阶段,民族资产阶级和工人阶级之间,是有着共同利害关系的,劳资间的斗争是有限度的。这个限度,就

---

①　《毛泽东选集》第一卷,人民出版社 1991 年版,第 151 页。

是不没收民族资产阶级的工商业，不废除其私有制，反而鼓励其发展，通过劳动立法保护工人的利益。① 在国共两党第一次合作的大背景下，中国共产党积极推动国民政府进行劳动立法。在立法中既体现劳动者的权益保障，又照顾民族资本家的发财要求，坚持原则性与灵活性的统一。在讨论工人罢工自由条款时，《劳动法大纲决议案》中提出："惟在国民政府下，可经过劳资间或主管官厅之一度调解，方始罢工。"②共产党人没有表示反对。而且在蒋介石发动反革命政变后召开的第四次全国劳动大会上，仍同意对劳资纠纷实行"工会与资本家谈判—调解或提请裁判—罢工"的调解程序。③ 这表明共产党希望借助合法途径，来让工人争取相应的权益，改善自己的待遇。中共五大通过的《职工运动议决案》提出："以后的工厂委员会，除了工会的日常工作，还要注意本工厂的一切的经济情形的调查和统计，为监督生产和准备参加生产管理作准备。"④这是希望在工厂中为工人争得参与管理的权利，从一个新的角度来调整工人与工厂及资本家之间的关系，维护工人阶级的合法权益。

农村和农民的核心问题是土地，而土地革命是包含在资产阶级民主革命的范畴之内的。中国共产党成立之初，把革命的重心放在工人运动方面，对农村和农民问题关注不够。虽然也认识到农民和农村经济在中国整个社会中占主要比重，但能够像毛泽东那样把农民看作无产阶级最接近的朋友，认为农民运动的兴起是"一个极大的问题"⑤的人并不多。作为党的早期领导人之一的张太雷，在1921年6月给共产国际第三次代表大会的报告中，认为中国农民几乎全是文盲，而且没有任何组织，有些人头脑里充满小资产阶级思想意识，俯首听命、逆来顺受的精神状态"简

---

①　参看毛泽东：《论反对日本帝国主义的策略》，《毛泽东选集》第一卷，人民出版社1991年版，第142页。

②　中华全国总工会中国工人运动史研究室编：《中国工会历次代表大会文献》第一卷，工人出版社1984年版，第124页。

③　中华全国总工会中国职工运动史研究室编：《中国工会历史文献》（一），工人出版社1958年版，第256页。

④　中华全国总工会编：《中共中央关于工人运动文件选编》（上），档案出版社1985年版，第177页。

⑤　《毛泽东选集》第一卷，人民出版社1991年版，第12—13页。

直令人吃惊"①。这代表了党内相当一部分人对中国农村和农民的认识,总体上还处于直观感性的状态,缺乏深入研究和科学分析。时任党的领导人陈独秀在1923年12月更是完全否定了农民运动的必要性。他说:"中国农民运动,必须国民革命完全成功,然后国内产业勃兴,然后普遍的农业资本化,然后农业的无产阶级发达集中起来,然后农村间才有真的共产的社会革命之需要与可能。"②虽然农民对地主的剥削压迫非常不满,迫切希望获得土地,要求进行土地革命,并且乘着大革命的热潮,掀起过"其势如暴风骤雨,迅猛异常"③的农民运动。但是,以陈独秀为代表的党内右倾机会主义者对此却没有回应。因为,他们的"二次革命"理论,是要在将来实行社会主义的土地国有制,而不是农民的土地私有。所以,在大革命时期,他们的主张只是配合国民党进行资产阶级革命,农村以国民党的限租、限田等政策为主。虽然毛泽东等人提出了土地再分配的要求,但是在党内外并没有形成共识,国民党也不可能实行动摇其阶级基础的不利政策。

其实,早在1923年6月中共三大召开之前,共产国际就指示中国共产党要在农村开展土地革命,没收地主土地分给农民。就因为当时党内对此存在不同认识,有人明确提出:"只要我们还不确信我们在农村拥有强有力的基层组织,只要我们在很长时期内没有进行宣传,我们就不能下决心采取激进的步骤反对较富裕的土地所有者"④。因此,共产国际的指示也没有能很好贯彻执行。大革命失败后,尤其是中国共产党在城市的力量受到严重破坏后,党才开始把目光转向农村。要在农村建立革命根据地和稳固的政权,必然面临着如何发动农民,获得广大农民支持的问题,当然要解决作为农村矛盾的核心和农民诉求焦点的土地问题。土地改革、武装斗争和根据地建设,成为党在农村"三位一体"的主要任务。党的这一认识,是在毛泽东领导秋收起义,创立井冈山革命根据地后,通

① 《张太雷文集》,人民出版社2013年版,第18页。
② 《陈独秀文集》第二卷,人民出版社2013年版,第498页。
③ 《毛泽东选集》第一卷,人民出版社1991年版,第13页。
④ 中共中央党史研究室第一研究部编:《共产国际、联共(布)与中国革命文献资料选辑(1917—1925)》(一),北京图书馆出版社1997年版,第469—470页。

过实践逐步形成的,由此开创了农村包围城市、武装夺取政权的中国特色的无产阶级革命道路。

　　从农村土地制度的变革来看,土地公有制是马克思主义经济学的一项基本主张和要求。土地作为一种重要的生产资料,当然不能被私人占有获利或作为个人的生产资料。共产国际在指导中国革命时,提出的也是国有制或社会所有人的公有制。① 所以,中国共产党在建立革命根据地的苏维埃政府后,1927 年 11 月由临时中央政治局扩大会议通过了《中国共产党土地问题党纲草案》,第一次提出"一切私有土地完全归组织成苏维埃国家的劳动平民所公有"②。1928 年 12 月,毛泽东主持制定的《井冈山土地法》中,也规定"没收一切土地归苏维埃政府所有"③。

　　后来,毛泽东在延安编写《农村调查》时,认为《井冈山土地法》规定没收一切土地而不是没收地主土地,把土地归政府而不是归农民所有,并禁止土地买卖等,是一个原则性错误。错就错在它超越了资产阶级民主革命阶段,干了社会主义革命才能干的事情,与中国的现实和农民的愿望不合,所以在实践中也未能全部执行。中国农村土地产权的分布,远不同于西欧封建时期或苏联十月革命之前,大地主的数量较少,④存在着大量的自耕农。如果不能正确确定土地没收的对象,一股脑儿全都没收,让农民不能获得拥有自己土地的权利,那就不可能得到农村最大多数群众的拥护,也不能促使农民更加关注土地权利,积极发展生产,从经济上支持苏维埃政府。正是基于这样的考虑,中国共产党逐步取消了没收一切土地归国有的土地政策,提出了只没收地主土地,对拥有一定数量土地的中

---

　　① 中央档案馆编:《八七会议》,中共党史资料出版社 1986 年版,第 74 页。

　　② 中央档案馆编:《中共中央文件选集》第三册,中共中央党校出版社 1989 年版,第 501 页。

　　③ 《毛泽东文集》第一卷,人民出版社 1993 年版,第 49 页。毛泽东在延安编写《农村调查》时对《井冈山土地法》中存在的错误作了说明,认为没收一切土地而不是地主土地,把土地归政府而不是农民所有并禁止土地买卖等规定是原则性错误。这些原则性错误实际上从当时的认识和马克思主义经济学理论上说没有错,但是却与中国的现实和农民的愿望不合,所以在实践中无法执行,因而是错误的。

　　④ 钱俊瑞在 1935 年发表的《中国现阶段土地问题》(参见《钱俊瑞选集》,山西人民出版社 1986 年版,第 225 页。)中认为,中国地主占全部农村户数的 2.4%,但占有的耕地在全国的比重是 50%。薛暮桥在《中国农村经济常识》一书(大众书店 1946 年翻印)中则根据调查资料推算认为,占农村总户数 3.5%的地主占有的耕地大致是全国的约 45.8%。

农、富农采取不同于地主的政策,而且根据各地实际情况调整了中农、富农和地主等阶级成分的划分标准。其出发点都是根据资产阶级民主革命的性质,从中国农村社会的实际出发,争取获得更多农民对农村土地革命的支持,较好地处理了农民斗争与资产阶级民主革命的关系。

第四节　马克思主义经济学中国化的初步探索

中国共产党从成立开始,经历了第一次国内革命战争和土地革命战争时期,从幼年逐渐走向成熟。其间既有建党初期因对马克思主义及其经济学理解不深,教条主义地照搬而带来的教训,也有根据实际情况不断探索符合中国国情的新举措和新办法而积累的经验。在革命斗争实践中,中国共产党不断努力应用和实践马克思主义及其经济学理论,并在这一理论的指引下,发动工农反抗不合理的社会制度,使中国革命出现了新的局面。中国共产党逐渐认识到,把马克思主义经济学与中国革命实践相结合,对寻求中国特色的革命道路十分重要和必要。特别是在接受共产国际指导的过程中,意识到共产国际的有些指示是正确的,可以帮助中国共产党弄清楚中国革命的性质和任务,有些指示则不一定符合中国革命的实际情况,因而在革命实践中出现了问题。这就说明,不管是对待马克思主义及其经济理论,还是对待共产国际指示,都需要从中国革命的实际出发加以运用,而不是简单地接受和照搬。要在马克思主义经济理论指导下,从中国国情出发,探索中国革命的正确道路。

一、马克思主义经济学的验证与教训

中国共产党在运用马克思主义经济学来分析中国社会问题和指导中国革命时,首先遇到的问题,就是如何正确认识中国社会的实际状况,包括经济、政治、文化、历史等等。只有准确把握了中国国情,才能更好地运用马克思主义经济学来分析中国社会现存的各种矛盾,找到正确的解决办法。这就必然要求在对马克思主义经济学学习了解的基础上,对中国实际进行深入的调查研究。否则,马克思主义经济学可能只是被当作放之四海而皆准的教条,不切实际地到处搬用。那就必然导

致对现实的误判,在革命斗争中产生错误的路线方针政策,最终导致革命斗争失败。

在中国共产党领导革命之初,有人就按照马克思主义经济学的经典表述,主张剥夺剥夺者,对所有资本家的财产进行剥夺,建立社会主义公有制。由于当时党对中国的社会性质缺乏正确认识,因而中共一大对中国革命提出了许多不切实际的提法,没有把反对帝国主义、反对封建军阀的民族民主革命与消灭一切剥削、消灭私有制的社会主义革命作出区分,把革命的重点放在对资产阶级的斗争方面,而对当时的首要敌人帝国主义和封建军阀的危害认识不足,对其他党派采取排斥和不合作态度。党的早期工运领袖邓中夏后来说过:"从前做劳动运动的人,都抱持一个可以立刻推翻资本制度而建设共产社会的简单观念。所以'社会革命'、'劳农国家'、'无产阶级专政'这一类口号,唱得呱呱的叫。其实这类口号不仅是使压迫阶级见之吐舌而惊,就是劳动阶级亦是闻之掩耳而走。"①就是说,当初脱离中国半殖民地半封建的基本国情,急于实行社会主义革命,不仅统治阶级要反对,广大工人农民也不会接受。推翻资本主义的主张,相对于整个世界已进入资本主义时代,应该说是正确的。但是对于中国这样一个资本主义尚未充分发展的半封建半殖民地国家而言,则是不正确的。因为,民族资本主义的发展,在当时中国是"不利于帝国主义,而有利于中国人民"的②。因为它代表着新的生产关系,能促进中国生产力的发展。对广大劳苦大众来说,它最明显的好处就是能提供就业岗位,获得一份工资,借以养家活口。尤其是那些丧失了一切生产资料,生活无着走投无路的城乡贫民,他们刚找到了工作,有了安定生活,让他们去斗争资本家,剥夺资本家的所有利润和财产,这不仅难以为资产阶级所接受,也难以为一般群众所接受。如果把矛头对准帝国主义在华企业,这还说得过去,因为国外资本家利用他们在华特殊地位,获得了超额利润,不但剥削了中国工人阶级,还阻碍了中国民族资本主义的发展。尤其是那些小厂主和小店主,除本国封建势力、官僚买办的压迫外,同样深

---

① 《邓中夏文集》,人民出版社 1983 年版,第 67 页。
② 《毛泽东选集》第一卷,人民出版社 1991 年版,第 159 页。

受帝国主义的欺负，在十分艰难的条件下惨淡经营勉力支撑。有一些民族资本家，如荣德生、卢作孚等人，深受中国传统民本思想濡染，在企业中实行了相对人性化的管理方法。① 在这样的工厂里，要动员工人同资本家开展斗争，并不是容易的事情。

领导中国革命，必须正确认识经济斗争和政治斗争的关系问题。党的创始人之一的李大钊认识到经济问题的重要性，认为中国经济落后，"经济问题的解决，是根本解决。经济问题一旦解决，什么政治问题、法律问题、家族制度问题、女子解放问题、工人解放问题，都可以解决"②。但是，经济问题的解决不可能只通过具体的要求增加工资、减轻地租剥削等经济斗争来解决。"必须有一个根本解决，才有把一个一个的具体问题都解决了的希望"③。因此，中国共产党一开始的关注只能是政治制度领域，而不是经济领域。认为只有解决了政治制度问题，才能从根本上解决经济问题。而政治制度的变革只能通过社会革命和阶级斗争，需要依靠相应的革命力量。中国共产党建立后把革命重心放在发动工人运动上，力求促进中国工人阶级的团结，并使之成为中国革命的主导力量。中国共产党发动工人进行罢工斗争，维护工人应有权益，以此唤醒工人阶级革命觉悟和团结意识，当然非常必要。刘少奇在 1923 年总结安源煤矿工人俱乐部斗争的经验时说："工人以罢工手段要求普遍增加工资和减少工头职员无理的压迫与剥削，并不是我们工人的目的，乃是一种手段，即是利用群众的'利害'心理，划清资本家与工人之界限，使工人阶级自觉

---

① 据傅国涌：《民国商人：1912—1949》一书（中国友谊出版公司 2016 年版）介绍，作为我国近代民族工业先驱者和开创者之一、民族资本家首户的荣德生，把工厂生产经营的好坏主要归之于工人的生活安定与否和文化高低，因此在他直接管理的无锡申新三厂相继开办了免费的工人晨校、夜校、艺徒训练班、工人养成所和职工子弟学校，职工一律免费医疗，实行带薪年假制度，休息期间工资照发，妇女生育有产假，职工因公致残致死有抚恤。荣德生 1926 年萌生"劳工自治区"念头，1933 年正式推行，使劳资关系进一步改善。受到中国现代企业管理先驱穆藕初的高度评价，在 1936 年 9 月 3 日《大公报》上称劳工自治区改善劳资关系"着眼之大、之远，在整个中国企业史上都是一个创举，一次极为有益的探索"。作为发展我国近代民族工业不能忘记的四位实业界人士之一的卢作孚，很早就实行了职工股东化的做法，提倡和优待职工入股，把职工利益与企业利益紧密相连，并采取多种措施满足职工基本需求，通过读书会、讲演会、文体活动等方式丰富企业员工的业余生活，调动了职工积极性。

② 《李大钊文集》第三卷，人民出版社 1999 年版，第 6 页。

③ 《李大钊文集》第三卷，人民出版社 1999 年版，第 6 页。

的团结起来。增加工资、减少工作时间这种经济的奋斗,在工人将来全部的利益上看来是很小的,但是我们必得要做这种利益很小的运动,才能使工人目见利害的关系团结起来,才能训练工人的奋斗能力及方法。这是工人解放运动最初步的工作。"①

中国共产党的领导,把中国的工人运动推到了一个新的阶段。邓中夏说:"中国'现代式'的职工运动,无疑的是从中国共产党开始的。有了共产党,然后才有了'现代式'的工会,从此中国的工会才渐次的相当具有组织性阶级性以至于国际性"②。中国共产党成立初期维护雇工权益的主张和实践,树立了党的工人阶级政党的形象,促进了全国罢工高潮的兴起,加速了中国革命的进程。但是在斗争中,不少工人及其组织者对经济规律缺乏认识,向资产阶级提出了过高甚至会使企业倒闭的要求,如"工资加到骇人的程度,随便逮捕人,组织法庭监狱,搜查轮船火车,随便断绝交通没收分配工厂店铺,这些事在当时都是极平常与普遍的"③。这些做法必然使工商业的正常经营受到影响,一些资本家往往关门歇业,反而造成工人失业和经济萧条,使参加的各方都受到损害。早期也曾是中共党员的陈公博说:"工人们慢慢对于这些革命行动有些厌倦了,工商两方都呻吟于集会的革命行动,只是不敢磕一磕牙齿。"④广大工人在维护自身权益斗争中出现的这些"左"倾错误,在刘少奇看来,"至少是帮助了反革命,帮助了右派"⑤。而其根源,就是对马克思主义经济理论的简单化理解,没有注意到中国经济实际所处的发展阶段和革命性质。

在对革命力量的认识上,有些人认为只有工人才是中国革命的力量,是未来社会的代表,是资产阶级制度的掘墓人。因而在革命初期只注重

---

① 中共中央文献研究室、中华全国总工会编:《刘少奇论工人运动》,中央文献出版社 1988 年版,第 2 页。

② 邓中夏:《中国工人运动简史:1919—1926》,人民出版社 1953 年版,第 14 页。

③ 中共中央文献研究室第二编研部编:《刘少奇自述》,国际文化出版公司 2009 年版,第 46 页。

④ 陈公博:《苦笑录》,东方出版社 2004 年版,第 79 页。

⑤ 中共中央文献研究室、中华全国总工会编:《刘少奇论工人运动》,中央文献出版社 1988 年版,第 219 页。

在工人中宣传马克思主义,没有充分关注中国占大多数人口的农民,不去争取农民的支持,也脱离了那些刚从农村来到城市中打工的工人。只有以毛泽东同志为代表的少数人认识到,中国工人与农民有着天然的联系,他们在经济利益上有着更多的一致性。因此,中国问题的解决必然要涉及农民问题。这些都是党的早期领导人没有考虑到或没有充分重视的,其结果就是片面地强调工人阶级的先进性和战斗力,一味强调在城市中发动工人运动,脱离了更多的社会大众,较少获得更大范围的支持,尤其是广大农民的支持。工人运动也因受到封建军阀和帝国主义势力的残酷镇压而牺牲很大,成效有限。应该说,党在这个时期选择的革命道路,主要还是经典的西方模式。在城市中发动工人运动,固然可以扩大中国共产党的影响力,使广大工人关注和了解党的革命主张,同时锻炼队伍培养骨干。但是,教训也是十分惨重的,党在城市中多次发动的工人运动都遭到了失败,党在城市中的组织几乎全都受到了破坏。党在挫折和失败中受到了教育,以毛泽东同志为代表的一大批革命者终于认识到,如果坚持这样的道路,只在反动势力强大而又集中的城市发动工人运动,只会使革命的代价更大,可能会使革命的力量丧失殆尽,而不能实现自己的目标。中国的社会变革不能只依靠工人阶级,毕竟中国还是一个以农业为主的国家,主要的人口是农民,中国农民有着强烈的革命要求,必须把党的工作着重点转向农村,到反动统治势力薄弱的广大农村,去发动农民的土地革命,建立农村革命根据地。

中国共产党对中国革命应当采取何种方式,开始的认识也不一致。马克思主义主张通过暴力革命的方式夺取政权,并以此消灭私有制。因为在资产阶级掌握政权的条件下,资本家不可能主动放弃自己的财富,并且会运用政权的力量来镇压无产阶级的革命,最后只能通过暴力革命的方式来推翻资产阶级统治。这样的道理一般都能接受,但是具体到中国,就有了不同的看法。既然中国革命要分两步走,先进行资产阶级民主革命,然后才是社会主义革命,那么陈独秀的"二次革命论",就主张中国共产党在资产阶级民主革命阶段,放弃革命的领导权,当然也就谈不上组织暴力革命,更谈不上建立自己的革命武装了。于是,就有了在蒋介石、汪精卫发动反革命政变、大肆屠杀共产党人时的措手不及和巨大损失,这无疑是党在革命斗争战略上的巨大失误。

　　不过,经典作家虽然强调通过暴力革命夺取政权,建立无产阶级专政,但并没有说工人运动都是暴力革命,在战术上也不是所有条件下都要开展暴力斗争。党在反动势力强大的城市发动工人与资产阶级进行斗争,不分场合地强调暴力革命,只会产生许多不必要的牺牲并对革命带来影响。因此,在中共二大前后,党把罢工斗争与劳动立法运动结合起来,力求有效地维护雇工的合理正当权益,罢工斗争为劳动立法运动壮大了声势,劳动立法运动又把罢工斗争引向了深入,两者相互促进,结合工人的经济利益要求来开展斗争,而不是抛开工人的现实要求,不切实际地指望一步到位地解决社会剥削问题。即使在自己执政的苏维埃区域,与资产阶级的斗争也不能不考虑所提条件的现实性和斗争方式的破坏性。针对1932年底1933年初中央苏区汀州等6个县城发生的总罢工,陈云就指出:"在苏维埃政权之下,经济斗争中举行总同盟罢工,不但妨碍商品流通,妨碍红军的作战行动,而且会被资本家利用来反对工人的斗争,对苏维埃政权实行经济怠工。因此,这种总同盟罢工,不但是斗争方式上错误,而且是政治上的极大错误。"①可见,不区别对象、地点和环境,只从抽象的劳资关系方面强调对立斗争,并不一定能带来对工人和社会有益的结果。再如,中国共产党领导制定苏区各种劳资政策和法规时,开始往往只考虑维护工人利益,对资方劳动待遇和工作条件的规定较多,而对工人的职责缺乏规定。苏区农业工人代表大会通过的一项"经济斗争决议",完全照搬了苏联1926年《劳动法》保护职工利益的精神,不切实际地提出"雇工如担任有妨害身体健康的工作(如挑大粪出牛栏等),雇主应供给雇工特殊的食品(鸡蛋、猪肉等)"②。实际上,农村雇工从事挑大粪这样的工作是难免的,因此要求雇主提供特殊食品明显不符合农村现实和中国国情。当时苏区经济社会的落后状况决定了必须保护和借重私营经济的发展,因而在制定劳资政策时不应一味地对资方施压。况且,在资产阶级民主革命中,民族资产阶级是无产阶级的同盟军,这与欧洲资产阶级

---

① 《陈云文选》第一卷,人民出版社1995年版,第11页。
② 许毅:《中央革命根据地财政经济史长编》上册,人民出版社1982年版,第633页。

有本质差别。苏区《劳动法》制定不考虑苏区经济落后和革命斗争的残酷环境，片面要求提高工人福利待遇，如有人所说："所有劳动检查机关和工会所特许的额外工作，工人须得双薪"①，这样的政策既难以施行，也会使资本家望而生畏知难而退。作为当时党的领导人之一的张闻天正确地指出："要发展苏维埃的经济，在目前不尽量利用私人资本是不可能的"，"但是要使私人资本家投资到生产中或商业中来，那必须使他们有利可图，而不是亏本。"②陈云也认识道："工人阶级一方面要争取改善自己的生活，另一方面必须把发展苏区的经济，巩固工农联盟，巩固苏维埃政权，看成自己解放的根本任务。"③

二、促进马克思主义经济学传播

革命理论催生革命行动，革命行动传播和发展革命理论。马克思主义经济学是作为社会革命的理论论证伴随着马克思主义在中国的传播而传播和信仰，马克思主义经济学通过唯物史观对社会制度变革规律的揭示，再通过对社会主义美好制度的描述，加上苏联社会主义革命胜利，使广大的知识分子看到了中国未来发展的前途和方向。马克思主义经济学在中国传播不是作为对现实经济问题分析的工具和方法，即使是现实经济问题，马克思主义经济学也是从制度角度来分析经济问题的根源，而不是针对现实的经济发展的具体政策和细节问题。从建党、大革命，中共不是执政者，不可能面临现实经济问题，而是迫切地要从政治制度上寻求解决中国持久发展的问题。

中国共产党的成立不能只从中共一大开始算起，从五四运动后，在中国已经形成了一批接受马克思主义理论的信仰者。这些人有些是以小组或社团的方式存在，但是，他们已经接受了马克思主义，正在为建党作出准备。中国共产党成立前后，正是马克思主义在中国广泛传播时期，正是基于社会和建党需要，马克思主义的著作被大量译介，而有了组织后，马

---

① 中央档案馆编：《中共中央文件选集》第七册，中共中央党校出版社1991年版，第785—786页。
② 《张闻天选集》，人民出版社1985年版，第25—26页。
③ 《陈云文选》第一卷，人民出版社1995年版，第10页。

克思主义经济学的著作被系统地有组织地翻译。中共一大成立了中央局作为中共领导决策的常设机构后,专门成立了人民出版社,力求系统地翻译经典著作。1921 年 9 月在党的机关刊物《新青年》上刊登广告,计划出版列宁全书 14 种在内的马克思主义著作 59 种,反映了党成立后迫切希望加大经典著作的翻译来提高马克思主义的影响力和指导作用的思想。不过,由于革命斗争严峻的形势,人民出版社从 1921 年至 1922 年上半年只出版了其中的 17 种。①

　　为了更好地发挥马克思主义经济学的作用和影响,党还创办党的机关刊物和相关理论刊物,在党内加强对经典著作包括马克思主义经济学的研究,将马克思经典的观点运用于中国经济现实问题的分析。中共对马克思主义经济学的了解和接受虽然缺乏经济学的总体背景,也没有现代经济政策制定、执行和研究的经验和基础,但是,马克思主义经济学的接受和传播是从中国革命的需要出发的。中共从苏联革命胜利中,而不是从马克思主义的理论中得出中国革命的道路和前景。因为相信中国也可以走苏联的道路,所以中共才相信马克思主义,马克思主义的理论只有在这样的条件下才得到广泛的认可。中共认可的是苏联革命道路,认可的是苏联的社会主义制度模式。列宁和苏联就是中共现实的马克思主义,"列宁的著作,在一九二〇年也开始流行了,散见各报刊的计有:《民族自决》、《过渡时代的经济》、《俄罗斯的新问题》、《旧制更新》、《全俄经济委员会第三次大会蓝宁之演说》等"②。中国共产党成立后,更是"以俄为师",列宁等苏联领袖的著作得到更全面系统的翻译,而马克思的经典著作的翻译却没有如此的迫切需要。这从根本上说是由于革命的需要,从革命的需要来看,列宁的著作更具有指导意义。不仅中共理论刊物《新青年》从 1921 年到 1925 年介绍和节译了大量的列宁和斯大林的著作,而且列宁的三十多部著作在 1922 年到 1927 年也翻译过来了。但是,中共关注列宁和斯大林著作,也主要集中在革命斗争策略,而对经济建设方面的论述在相当长时期关注还比较少,这些都是因为建党初期和大革

---

　　①　上海革命历史博物馆(筹)编:《上海革命史研究资料——纪念建党 70 周年》,生活·读书·新知三联书店 1991 年版,第 137 页。

　　②　彭明:《五四运动史》(修订本),人民出版社 1998 年版,第 461 页。

命乃至于土地革命时期,经济建设都还没有成为中共考虑的首要问题。苏联在经济建设中遇到的问题当然是苏联自己的问题,中共不身在其中不可能了解社会主义建设可能会遇到的问题,也就不会对苏联实行经济政策的意义过多关注。

马克思主义经济学在中国革命中发挥了非常重要的作用,起到了让革命者认清革命道路、革命力量和革命理由。没有马克思主义经济学,工人不可能认识到他们在经济生活中的作用,不会发现他们受资本家剥削的秘密,不会团结在共产党周围,为无产阶级和全人类的解放而奋斗。应该说,没有一个思想能如马克思主义经济学的思想可以达到这样的目标。马克思主义经济学在中国的广泛传播,中国共产党的成立和工人运动的兴起,这些都说明,马克思主义经济学有着巨大影响力和实践有效性。没有解释说服力,没有对历史和现实经济问题的深刻揭示,马克思主义经济学就不会得到这么多人的相信,并在实践中得到体现。

中国工人、农民和社会底层深受封建统治者和封建经济关系束缚,再加上帝国主义经济上和政治上的入侵,中国人民迫切寻求到一条能够实现人民幸福和解放,使国家摆脱殖民主义和封建主义的道路。经过多种思想的交锋,中国先进知识分子终于选择了马克思主义。这一选择是马克思主义自身的思想价值与中国革命的需要相结合的产物,也充分验证了马克思主义经济学的价值。

三、马克思主义经济学中国化的初步探索

照搬书本,按照经典作家的论述来做事,这种教条主义做法既可能产生"左",也可能出现右。"左"与右的错误在中共建党后一直不断,甚至出现了交替出现,其根源在于中国共产党是一个思想立党的政党。中国共产党是在马克思主义理论的指引下建立的政党。这样的政党不是为当前的政治利益而结合起来的,而是为马克思主义理论所指引的未来社会制度的建立而建立的政党。这样,政党中的多数人都不断地从经典作家的理论论述中寻求行动的依据。用论述来判断行动,这是以理论建党的政党的共同特点,既是其优势,因为在一个理论统一指导下,可以避免实践中迷失方向,导致内部思想混乱和目标分散;也存在着问题,即要不断

地从经典作家的论述中来寻求行动的指南,就难免存在重视经典著作的理解而漠视现实的问题。是否准确理解,如何准确理解,经典的真实内涵是什么,这些都会影响对行动正确与否的判断。以科学的理论来指导实践,首先就要弄清楚科学理论的真实内涵。因此对理论的学习、介绍和研究就是一个重要的工作。

中国共产党以理论立党,历来重视理论的学习、宣传,希望用准确理解的科学理论来指导实践。通过对马克思主义经典著作的翻译、介绍、学习、研究和运用来促进马克思主义思想的广泛传播,同时也不断接受共产国际的指导,因为共产国际不管是在理论上还是在实践上都具有高于各国的特点,因此不断派人员去苏联学习革命经验和马克思主义理论。

不过,也是因为强调理论对实践的指导性,总是会出现要求紧扣理论要求,尤其是紧跟经典作家的论述来实践的要求。任何背离经典作家论述的做法,都有可能被指责为背离了经典作家所指出的科学道路,违背事物发展规律。因为事物发展规律是经典作家发现的,当然要从经典作家的论述中去体会、去发现。按照经典作家的论述可能犯的错误,要比按照从实践中得出的经验所犯的错误要小得多。经验主义者只可能看到面前的问题和解决的办法,而经典作家则在理论上对整个问题作了深入的分析。因此,在党的理论上,不断寻求经典作家的思想论述,并以不同的理解来进行不同的思想斗争,是这一理论立党不可避免的现象。

中国共产党认识到,在革命实践中必须努力运用马克思主义经济学理论,发挥革命理论对革命实践的指导作用,促进中国革命的发展。如果没有马克思主义经济学的指导,就没有正确分析中国国情的理论方法和工具,不可能揭示社会制度演变规律;也不可能正确认识中国劳资关系,中国革命选择的道路和方法就缺乏科学依据;有可能出现理论与实践的脱离,不顾中国经济发展的阶段和由此决定的革命性质,发生"左"或右的错误。

中国共产党成立后,"左"和右的错误就一直不断地存在,其根源就在于理论与实际的脱节。因为中国共产党是在马克思主义理论指引下建立起来的政党,目标是建立未来美好的社会制度。党的历任领导人会不断地从经典作家的理论论述中寻求行动的依据,按照经典作家的论述来做事,甚至用这些论述来判断行动的是非,难以做到坚持以实践为标准。这种照搬书本的教条主义做法,既可能产生"左",也可能出现右,而且有时会交替出现。反"左"出右、反右出"左"是经常发生的事情。重视理论,坚持马克思主义理论对党的统一指导,是中国共产党的特点也是优点,这样在实践中可以避免因迷失方向目标而导致内部的思想混乱,但也会形成对现实问题的漠视。而且对经典著作的理解,还存在着是否准确的问题。能否准确理解经典论述的真实内涵,直接影响着行动的正确与否。坚持以科学的理论来指导实践,首先需要弄清楚科学理论的真实内涵,否则就会事与愿违。

以陈独秀为代表的右倾机会主义路线,曾经在建党初期占据统治地位,这不仅仅是因为陈独秀当时是中央负责人,他个人的家长作风又比较严重,更重要的是因为他所持的观点,可以从马克思主义及其经济理论中找到根据。"二次革命论"从理论逻辑上说,符合马克思揭示的从资本主义过渡到社会主义的一般规律。社会主义革命只能在发达资本主义的基础上产生,不发达国家必须首先进行资产阶级民主革命,通过资本主义的充分发展,为社会主义革命创造条件。世界各国的无产阶级,都应当遵守这个普遍规律。不过,陈独秀机械教条地理解了这一规律,认为资产阶级民主革命只能交给资产阶级去领导,无产阶级只能靠边站。马克思主义经典作家确实没有说过,在中国这样的落后国家,无产阶级应当如何参加资产阶级民主革命。陈独秀当然只能从他们的一般论述中寻求中国革命的道路,这就犯了教条主义的错误。陈独秀强调中国社会的特殊性是对的,中国确实处在封建社会向资本主义社会转变的阶段。但是他看不到世界已经进入帝国主义和无产阶级革命时代的形势变化,中国无产阶级也有了自己的政党,有了领导中国革命的能力。在马克思主义理论指导下,中国共产党完全可以通过自己的主观努力,在领导资产阶级民主革命取得胜利的基础上,实现向社会主义革命的转变。

与此相反,土地革命战争时期,我们党先后又犯过瞿秋白"左"倾盲动主义、李立三"左"倾冒险主义和王明"左"倾教条主义的错误。其根源都在于生吞活剥了马克思主义经济理论对资本主义的批判,急于从中国大地上彻底铲除资本主义,从而"混淆了民主革命和社会主义革命的一定界限,并主观地急于要超过民主革命"①。他们不去深入了解马克思批判资本主义的语境,也忘记了马克思同时对资本主义推动社会生产力发展的肯定。他们企图"毕其功于一役",一举夺取社会主义革命的胜利,立刻实现经典作家们对未来美好社会的描述。在革命动力上否认中间力量的存在,认为民族资产阶级和中间派都是"最危险的敌人",要一切斗争整个地反对,盲目排斥其他社会阶级参与革命。在革命方式上推行"城市中心论",要求弱小红军去攻打城市,反对毛泽东"在农村积蓄力量,以农村包围城市,最后夺取全国胜利"的正确道路。这种理论指导,必然导致我们党在制定与实施政策时,不考虑眼前利益和长远利益的结合,不区分最终奋斗目标和当前具体目标,按照经典作家的论述来改造社会,消除现实中的一切不合理现象,结果欲速则不达,导致革命的严重挫折。

　　"左"倾的错误在于把经典作家对未来社会作出的一些判断看作是对现实社会的直接否定与批判。现实的不合理和问题都是因为没有实行未来制度的结果,这样就迫使革命者迫切要求消除现实不合理,要求按照经典作家对未来的论述来改革社会的要求。在他们的思想意识中,只要按照经典作家的论述来改造社会,现实的各种不合理都将会消除,而现实的种种问题的根源就在于没有按照经典作家的论述来实施。所谓的教条主义、"左"倾幼稚主义等都是这样的一些表现。但是,即便没有这种相对极端的表现,在党内许多人及相信马克思主义的人的思想中,这样的认识是普遍存在的,这也是思想理论立党的必然存在的问题。因为在他们心中,现实的不合理不是要在现实条件下去解决,而是要在理论设想的制度下才能得到解决,而革命者的工作就是要尽快地建立这样的制度。在他们眼中,没有现实的事物变化的规律,只有社会制度变革的社会发展规律。他们不会从现实问题中发现规律,而是习惯在社会历史大变革中去领会经典作家揭示的社会发展规律。人们不是从现实不同条件和不同历史阶段去发现可能存在的不同事物发展规律,而是遵循经典作家对现有制度的批判和未来社会设想的论述。这样就会不断地裁剪事实,让现实

---

① 《毛泽东选集》第三卷,人民出版社 1991 年版,第 972 页。

符合理论,而不是从实践出发。

中国共产党的早期经历说明,把理论与实践结合起来,既坚持马克思主义及其经济理论对中国革命的指导,又能面对现实国情,从实践中寻求中国革命的内在规律,始终是中国共产党自身建设的中心任务。理论来源于实践,理论的发展也需要进一步与实践相结合,要在实践中加以运用并进行再创造。这种运用不是机械的,不是用抽象的理论去约束和代替实践,而是创造性地指导实践。要根据实践中的具体情况,为中国革命找到正确的目标、方法和道路。在探索中国革命正确道路的过程中,中国共产党开始认识到,如何处理好马克思主义及其经济理论与实践的关系,在实践中用好马克思主义及其经济理论,始终是党面临的重大课题。

第 三 章

新民主主义经济思想的形成和意义

　　新民主主义是中国共产党在新的历史时期和条件下根据马克思主义理论和中国革命实践提出的一个革命新阶段,结合这个阶段的革命斗争,中共提出了新民主主义经济思想和相关方针政策。新民主主义经济思想从新民主主义社会的现实出发,提出了土地农民均有、保留商品经济关系、利用资本主义和"劳资两利"等系统解决新民主主义时期经济问题的思想和政策,是马克思主义经济学在新民主主义革命时期的成果体现,是中共革命理论成熟和实践自信的产物。新民主主义经济思想继承和发展了经典作家对经济落后国家走社会主义道路的思想,又根据中国国情,对马克思主义经济学灵活运用和创新发展,为中国社会找到了一条保留商品经济关系和利用资本发展生产而不走资本主义道路的新型经济发展模式。新民主主义经济思想依据历史唯物主义原理,对近代中国社会生产力发展状况作了分析,揭示了中国革命的经济动因,为中国走向现代化和社会主义提供了新道路。新民主主义经济思想没有照搬马克思恩格斯的经典论述,没有追求建立经典社会主义模式,而是寻求理想与现实的结合,既坚持马克思主义立场,又不超越历史阶段。新民主主义经济思想反映了中共在经济领域坚持实事求是的工作原则和方法,为新民主主义革命胜利打下了坚实的经济基础,为中共执政积累了丰富经验,是马克思主义经济学中国化的重要阶段性成果。

第一节　新民主主义革命的历史定位

从建党后,中共经历了大革命、土地革命,始终在探索符合中国国情和革命形势的道路和途径。无产阶级革命斗争最终目标是要实现社会主义和共产主义,但这一目标不可能一步到位。在中国这样半殖民地半封建国家从事无产阶级革命,必须根据革命形势需要,在不同阶段确定不同的革命斗争目标和策略。革命阶段和形势的评判不可能从经典作家得到指示,只能根据马克思主义理论、方法和基本原则在革命斗争中不断摸索和总结。新民主主义革命阶段是中共领导全国人民进行反帝反封建斗争的民主革命阶段,这一革命历史阶段的确立是历史的需要,也是中共顺应历史潮流的做法。新民主主义革命是中国共产党依据马克思主义理论对中国革命形势和中国国情判断的结果,是马克思主义理论中国化的阶段性成果之一。

一、新民主主义革命提出的背景

新民主主义革命是中共在革命时期提出的一个具有重要意义的革命道路,是由无产阶级领导的团结各方力量开展的反帝反封建为主要任务的新型民主革命。新民主主义与旧民主主义相比的区别在于,这是无产阶级领导的,包括民族资产阶级在内的广大人民群众共同参与的,为民族解放和国家独立富强而进行的民主革命。新民主主义革命的领导权在无产阶级,这就说明这个革命不是资产阶级旧式民主革命,而是最终目标指向社会主义的一个新型民主革命阶段。但是,这又不是社会主义革命,而只能是社会主义革命的前奏;不是以推翻资产阶级统治为目标的革命,而是团结和发挥民族资产阶级历史作用,适应生产力发展和革命斗争需要,容纳资本主义经济,发挥社会革命各方力量的新型民主革命阶段。

新民主主义革命道路的提出既是中国革命实践经验教训总结的产物,也是中共在共产国际指导下,把马克思主义理论与中国实践相结合的创新成果。中共在革命初期有过"左"的做法,要求全面彻底地按照马克思关于无产阶级革命的做法进行中国革命,但是这些努力与中国革命的实际存在着巨大差距,没有带来成功。在国共第一次合作中,中共又出现了右的问题,认为中国还没有到无产阶级革命阶段,应该把革命领导权交给资产阶级,参与资产阶级革命,先完成资产阶级革命再进行社会主义革命。这样在旧民主主义革命时期,中共虽然为中国资产阶级民主革命作出了巨大贡献,但是其成果却为资产阶级政党所攫取。资产阶级政党在获得国家统治权后,其反动本质暴露无遗,对中共进行迫害和打压,使中共遭受了极大损失。这些教训说明,不能把民主革命的主动权交给资产阶级,而是应该把主动权牢牢掌握在无产阶级政党手上,在无产阶级政党的领导下实现民主革命目标。中共在土地革命阶段,验证了马克思主义理论的科学性及其对中国国情和国内外形势分析和判断,增强了中共领导既包含资本主义因素又含有社会主义因素的新民主主义革命阶段的信心。

新民主主义革命首先基于中国半殖民地的社会性质。近代以来,西方帝国主义列强从经济、政治和文化方面对中国进行殖民主义侵略,促使中国在非自愿情况下加入西方资本主义市场之中。虽然这在一定意义上促使了中国近代化和现代化,但是却严重破坏了中国社会经济结构,造成了广泛的社会危害。西方列强并不是要帮助中国建立一个现代国家,发展现代经济,而是从帝国主义自身利益出发,通过军事强力后盾,在政治和经济上控制中国社会,对中国经济资源实行掠夺。尤其是日本帝国主义公然侵占我国,更给中华民族带来严峻的生存危机。在民族存亡危机面前,任何有民族大义的政党都会首先把民族独立和解放作为自己政治追求的首位,团结一切可以团结的力量。经过长征,进入陕北后,中共在国家存亡之时放弃与国民党的长期争斗,再一次与国民党合作,实行民族统一战线,表现了一个伟大政党的应有胸怀,受到了社会各界广泛赞誉和支持。这决定了中共领导的新民主主义革命具有民族革命性质,是团结和容纳各方发展的革命,而不是仅仅追求建立社会主义的革命。

同时,中国社会还是一个半封建的社会。20 世纪 20 年代以来对中国社会性质的讨论,让社会各界包括中共深刻认识到中国半封建社会性质的影响。虽然西方列强将中国强迫拉入资本主义轨道,但中国封建社会长期的历史影响和社会基本结构的延续,使封建势力在西方列强进入后并没有被削弱,反而在他们的扶持和利用下在某种程度上得到了加强。以封建势力为代表的军阀、官僚和地主阶级,利用其掌握的社会经济资源,与西方列强勾结,加大了对中国社会底层人民的剥削和压迫,资本主义入侵使社会矛盾进一步激化。民族资产阶级在封建和西方帝国主义势力的双重压力下,生存环境和发展条件不断恶化。这些情况都说明,仅凭民族资产阶级自身力量,既对抗不了西方列强的竞争;也无法与封建势力斗争,无法依靠民族资产阶级来领导和实现中国现代化,哪怕是资本主义的正常发展。民族资产阶级是西方列强势力入侵下的产物,有着先天不足,加上封建势力的强大阻碍,决定了其既不可能与西方列强对抗竞争,也无法解决中国封建势力的影响,民族资产阶级无法成为中国社会变革的领导力量。但是,中国的发展必须要消除封建势力的控制和影响,需要借助民族资产阶级力量建立民主国家,而在领导力量方面,只有中共才能领导和实现这一历史性任务。

中共认识到历史发展的趋势和规律,看到了中国社会不同阶级的力量对比,主动承担起中华民族独立自主的反殖民地反封建的正义事业。这是历史的选择,也是中共领导无产阶级革命的历史阶段性使命。

二、以"农村包围城市"为特色的新民主主义理论创新

自马克思主义诞生以来,在无产阶级革命走什么样的道路这一问题上,存在着一个既定模式,即通过以城市为中心的工人武装暴动,最后夺取全国政权。经典作家们虽然没有预先设定这一模式,但是他们的思想指向和革命实践,都使后来者把这一模式视为经典。毛泽东等第一代中共领导者,从中国革命实际出发,勇于突破经典,从革命实践中形成了"农村包围城市"最后夺取政权的革命道路新模式,成为马克思主义革命道路理论在中国创新和发展的重要成果。回顾总结"农村包围城市"思想的形成和发展过程,充分认识其必然性和创新性,对我们在当代历史条件下坚持和发展马克思主义,推进马克思主义中国化,更好地指导实践具有重要的启示价值。

(一)社会主义革命道路经典模式的形成

马克思恩格斯通过对资本主义的批判,提出了无产阶级通过暴力革

命夺取政权,建立社会主义社会的目标。他们虽然没有提出夺取政权的具体方式和途径,但是基于欧洲无产阶级革命的历史和当时的斗争实践,他们的注意力基本集中于城市。因为,无产阶级革命一般都是发生在城市,由无产阶级政党领导,以工人阶级为主力。之所以如此,主要因为城市是现代工业和工人阶级的集中地,是资本主义经济、政治和文化的中心。只有在城市夺取政权,才能切断资产阶级的经济命脉,在政治上获得主动,在文化上实现变革。而当时农村的农民阶级,马克思恩格斯认为正"随着大工业的发展而日趋没落和灭亡"[1],就如同他们的财产一样,"工业的发展已经把它消灭了,而且每天都在消灭它"[2]。

以城市为中心开展反对资本主义的工人运动,是无产阶级革命不同于以往社会制度变革的一个重要特征。以往社会都有一部阶级斗争的历史,但如马克思恩格斯所说,在过去的各个历史时代,几乎到处都可以看到社会完全划分为各个不同的等级,社会地位分成多种多样的层次。而在资产阶级按照自己的面貌为自己创造的世界里,由于巨大城市的创立,城市人口比农村人口大大增加,很大一部分居民脱离了农村生活的愚昧状态,使农村不得不屈服于城市的统治。阶级对立依然存在,但变得简单化了,"整个社会日益分裂为两大敌对的阵营,分裂为两大相互直接对立的阶级:资产阶级和无产阶级"[3]。因此,以城市为中心、以工人阶级为主体的无产阶级革命模式,成为社会主义革命道路的经典模式。

在马恩时代,当时资本主义发展的中心地带——欧洲各国普遍接受了这一模式。欧洲的资本主义经济相对繁荣发达,无产阶级与资产阶级的矛盾比较尖锐。觉悟较早并已组织起来的无产阶级,必然要承担起自己的历史使命,通过暴力革命夺取城市政权,实现对社会政治和经济的领导。法国巴黎公社,就是这种模式的第一次伟大实践。其伟大就在于它第一次夺得了政权,组建了无产阶级自己的政府。虽然只存在 72 天,但它是无产阶级为推翻资产阶级统治、建立无产阶级政权的成功尝试。公社失败的原因之一,是没有争取到广大农民的支持,工人阶级陷于孤军奋

---

① 《马克思恩格斯选集》第 1 卷,人民出版社 2012 年版,第 411 页。
② 《马克思恩格斯选集》第 1 卷,人民出版社 2012 年版,第 414 页。
③ 《马克思恩格斯选集》第 1 卷,人民出版社 2012 年版,第 401 页。

战境地。马克思后来总结其经验教训时认为,工人阶级是可以而且应该与农民结成联盟的。因为,公社"是唯一在目前经济条件下就能立即给农民带来莫大好处的政权","也只有公社这种政府形式才能够保证改变他们目前的经济状况;能够一方面拯救他们免于地主的剥夺,另一方面使他们不至于为了所有权的名义而遭受压榨、苦役和贫困的煎熬;能够把他们名义上的土地所有权变成他们对自己劳动果实的实际所有权;能够使他们既享受……现代农艺学之利,又无损他们作为真正独立生产者的地位。他们既然能立即受惠于公社共和国,必将很快地对它产生信任。"①因此,"农民很快就会欣然接受城市无产阶级为他们自己的领导者和老大哥"②。然而,当时巴黎公社的领导者们,还没有这样的马克思主义觉悟。所以,不可避免地为这种模式留下了历史的缺憾。

（二）俄国革命对经典模式的坚持和发展

列宁领导的俄国一月革命,是社会主义革命道路经典模式在一国完全成功的实践。不仅如此,俄国共产党还结合本国实际,对这一经典模式作出了创新和发展。

首先,俄国革命坚持了以城市为中心。工人阶级在整个革命中起到了主导作用,明确以夺取城市政权为主要目标,通过工人和士兵的起义,最终取得了社会主义革命的伟大胜利。这一胜利,开创了整个世界历史的新纪元,对各国无产阶级革命起到了榜样和引领作用,证明了无产阶级革命道路经典模式的现实可行性。

其次,俄国革命有着自身特点,并没有完全遵循马克思主义经典理论。俄国不是一个发达资本主义国家,因此,工人阶级应不应该发动革命,是充当革命的领导者和主力军,还是充当资产阶级革命的辅助者? 这些问题显然是经典的马克思主义理论所没有回答过的。恩格斯曾明确指出:"较低的经济发展阶段解决只有高得多的发展阶段才产生了的和才能产生的问题和冲突,这在历史上是不可能的。……这不仅适用于俄国,而且适用于处在资本主义以前的阶段的一切国家。"③据此,普列汉诺夫

---

① 《马克思恩格斯选集》第3卷,人民出版社2012年版,第147—148页。
② 《马克思恩格斯选集》第3卷,人民出版社2012年版,第146页。
③ 《马克思恩格斯选集》第4卷,人民出版社2012年版,第312—313页。

等人提出了"二次革命论",要求工人阶级不急于推动社会主义革命,不去充当革命的领导者和主力军,而将革命的领导权拱手让给资产阶级。但是,列宁创造性地把马克思主义理论与俄国实际和当时世界形势相结合,坚持无产阶级在俄国革命中的领导地位,不失时机地推进社会主义革命,最终领导俄国革命取得了胜利,列宁也成为马克思主义俄国化的成功典范。①

再次,俄国革命较好地体现了阶段性和彻底性的统一。俄国是先经过了资产阶级的"二月革命",然后才进行无产阶级社会主义革命的。"二月革命"推翻沙皇封建统治以后,资产阶级临时政府和工人阶级的苏维埃组织共同存在,说明工人阶级仍占据着革命的重要阵地和领导地位,没有成为资产阶级的附庸。当临时政府无法解决俄国当时面临的最为紧迫的战争和农民土地问题时,工人阶级先锋队布尔什维克党抓住机遇,鲜明地提出了结束战争和解决土地问题的主张,从而赢得了广大工人、农民和士兵的支持,最终通过十月革命推翻了临时政府,达到了对国家政权的控制,进一步明确提出并实现了社会主义革命的目标。

最后,俄国革命重视了工农联盟的决定性作用。虽然是先取得城市政权,然后再争取农民的支持,但如果没有工农联盟,俄国革命的最终胜利是难以保证的。这里的关键,是党的纲领和路线方针政策,要代表农民的利益。俄国地域广阔,主要人口在农村,工人所占比重较少。因此,单靠工人暴动来实现全国政权的更迭是十分困难的。农民虽然没有直接成为革命的主力,但沙皇军队中的士兵大多数来自农民,革命必须得到广大士兵的支持。俄国农民在传统村社体制下,生产力不能充分发展,农民拥有土地的愿望十分迫切,只有解决好土地问题,并保证他们能在自由贸易中获取经济利益,才能获得农民的支持。加之俄国卷入第一次世界大战带来的内外矛盾,使得整个社会都迫切需要并盼望结束战争,同时解决好国内问题。在这样的形势下,只要引导得好,就可以将整个社会的注意力,转向布尔什维克党领导下的社会主义革命,从而一道实现革命目标。

---

① 任晓伟:《"马克思主义俄国化"的早期进程及其教训》,《当代世界与社会主义》2009年第3期。

总之,俄国革命是在以列宁为首的布尔什维克党领导下,充分利用革命斗争的各种有利形势,促成了社会主义革命道路经典模式的成功实践。其创新和发展,则体现了列宁领导的党原则性与灵活性的统一,他们通过实践摸索到了一条马克思主义理论俄国化的道路。但是长期以来,国内外各界对俄国道路的研究和宣传,往往强化了其与经典模式的相同之处,而对其发展和创新之处没有进行充分的肯定和总结。这就使"城市中心论"的经典模式,变成了经过社会主义革命实践检验被证明为绝对正确的一条普遍原则和必由之路,从而更加教条化了。

(三)毛泽东"农村包围城市"思想产生的历史必然性

中国共产党建党之初,在革命道路问题上经历了一个艰苦探索的过程。开始人们对中国革命的认识不深入,一些领导者既对中国国情和革命力量不甚了了,又对马克思主义理论学习和理解不深。他们必然要从经典理论中获取指导,为自己制定的路线方针政策寻求理论支撑。在全党马克思主义理论水平都不够高、实践中的经验积累都不够多的情况下,教条地理解和照搬"城市中心论"并不奇怪。而当革命进行到一定时期,经历了实践中的挫折和失败以后,人们对理论如何指导实践,必然会产生新认识,会怀疑教条主义做法,在实践中形成基于传统理论又结合实际的新理论。毛泽东"农村包围城市"的思想,就是这样产生的。其产生的必然性,主要体现在以下四个方面。

第一,大革命失败的惨痛经验教训,证明了"城市中心论"不是中国革命的正确道路。中国革命的历史,生动展示了对革命道路教条式理解所带来的必然危害。在"城市中心论"思想指导下,我们党在城市发动过无数次的工人罢工和游行示威,组织过多次城市武装暴动和起义。但是,所有这些努力不仅未能夺得城市政权,还使革命力量遭到反动势力的疯狂报复和残酷镇压,各地党组织和共产党人在敌人制造的白色恐怖中遭到巨大损失。实践证明,"城市中心论"不是中国革命的正确道路。

第二,错误和挫折教育了中国共产党人,以毛泽东同志为代表的一批革命领导者,果断地抛弃了"城市中心论",把目光转向农村。他们发现了中国农民是革命的决定性力量,一旦把他们组织和武装起来,在党的领导和正确路线指引下,就会使中国革命所向无敌。农村又是一个广阔天地,深山密林、江河湖荡、墙头地下,到处都隐藏着革命力量,完全可以处处点火、四面出击。面对强大的反动势力,只要扎根于农民群众之中,就有了回旋腾挪的足够空间,做到"东方不亮西方亮,灭了东方有西方"。最后把遍布全国农村的星星之火,汇集成包围城市的燎原烈火。"农村包围城市"的正确道路,就是这样在与错误道路的对立中产生的。

第三,对中国国情的深刻了解,决定了毛泽东要走"农村包围城市"的创新之路。教条主义者拒绝对中国国情作深入了解,不懂得中国的资本主义没有充分发展,城市中虽然有了一些工业,但现代工业历史不长,许多经营和管理方式还保留着浓厚的封建色彩。城市虽然是无产阶级集中的地方,工人生活处境艰难,有强烈革命要求,但人数不是太多。在当时全国4亿多人口中,只有800万左右产业工人,而且不少都是刚从传统雇工和游民转化而来。无产阶级不管是人数、思想境界还是斗争经验,都严重不足,在整个社会中的比重和战斗力都不是太大。加上中国城市是帝国主义、封建主义、官僚资本主义反动势力长期盘踞和集结的地方,力量相对强大。因此,要想在城市中通过武装暴动的方式夺取政权,显然是十分困难的。

第四,毛泽东之所以能够提出"农村包围城市"的革命道路,也正是基于他对中国社会的深刻了解。中国地广人多,主要人口分布在农村。广大农民在封建地主、外国殖民主义和本国官僚买办专制统治和剥削压迫之下,基本的生产生活都已近乎崩溃状态。受剥削压迫越深,他们的反抗也就越激烈。农民最迫切的要求是解决土地问题,解决好农民土地问题,就可以把最广大农民吸引到革命队伍中来,成为工人阶级最可靠的同盟军,为中国革命胜利提供最坚实的群众基础。中国军阀割据长期存在,反动势力各霸一方,而农村又是反动势力统治的薄弱地带。因此,相对于城市而言,农村反革命力量基本处于一盘散沙状态。把中国农民发动起来,加入到无产阶级领导的武装力量中来,同样可以形成革命的军事割据。通过在农村保存实力并发展壮大,就可以逐渐形成对城市的包围,从而最后夺取城市。事实证明,毛泽东在精准分析中国国情的基础上,对中国革命道路的创新设计,是中国革命唯一正确的胜利之路。

三、新民主主义革命实践

在新民主主义革命阶段,中共坚持武装斗争、建立广泛的统一战线,加强马克思主义理论教育和党的建设,取得了新民主主义革命胜利。

首先,开展武装斗争,建立人民民主政权,实践新民主主义理论。经过大革命失败后,中共认识到依靠资产阶级进行民主革命是不可能成功的。中国革命实践也揭示了教条式理解经典作家的论述给革命带来了损害:在城市包围农村的革命思想指导下,中国共产党在城市发动了多次工人罢工和暴动,受到封建势力和统治阶级的打击,不仅没有夺取城市领导权,而且使革命力量受到很大损失。城市虽然是无产阶级集中的地方,但是由于中国无产阶级多数是从传统雇工转化而来,在整个社会中的比重较小,战斗力有限,城市集中大量封建势力和资产阶级,因此要想在城市中通过暴动方式夺取政权十分困难。大革命失败使中共认识到要用革命武装力量建立自己的政权。通过土地革命,中共建立了苏维埃政权,中共不断实践马克思主义理论,寻求实现国家独立和富强的新途径。但是,由于王明"左"倾冒险主义的影响,第五次反围剿失败,中共不得不进行长征。抗日战争爆发后,中共一方面要坚持抗日统一战线,另一方面又在自己执政区域保存军事斗争力量,因此要探索一条符合中国国情又保证中共领导的新型民主道路,继续进行民主革命斗争实践,以"农村包围城市"的方式,促进革命根据地不断发展。

其次,联合民族资产阶级,建立广泛的爱国统一战线。经过土地革命,中共有了在部分区域执政的经验,但是也由于"左"倾路线过于强调经典马克思主义革命模式,使革命受到了损失。进入抗日战争后,中共面临的主要任务是民族独立和解放的大义,为了实现这一目标,中共抛弃前嫌,与国民党二次合作,建立起广泛的爱国统一战线,积极投身抗日战争,赢得了包括民族资产阶级在内的广大国民的拥护和支持。中共与社会各界爱国人士一起,为抗日事业作出了巨大努力和贡献。爱国统一战线就是不再以阶级划分团结与斗争对象,而是以是否参加抗日事业和社会发展贡献来确立团结斗争对象。当然,在与民族资产阶级及社会各阶层建立统一战线时,中共没有放弃原则,始终追求原则性与灵活性的统一。原则就是坚持中共对整个统一战线的领导,坚持对新民主主义革命的主导地位。"无产阶级的政党在同资产阶级(尤其是大资产阶级)组织统一战线的问题上,必须实行坚决的、严肃的两条战线斗争。一方面,要反对忽视资产阶级在一定时期中一定程度上参加革命斗争的可能性的错误。这种错误,把中国的资产阶级和资本主义国家的资产阶级看做一样,因而忽视同资产阶级建立统一战线并尽可能保持这个统一战线的政策,这就是'左'倾关门主义。另一方面,则要反对把无产阶级和资产阶级的纲领、政策、思想、实践等等看做一样的东西,忽视它们之间的原则差别的错误。"①在中国面临的复杂社会矛盾和民族矛盾中,中共对资产阶级政党尤其是国民党既团结又斗争。在抗日事业上中共务求团结,而在思想、组织乃至军事上都决不放弃中共原则,与国民党等大资产阶级代表者进行各种不同程度的斗争。斗争的目的是保证统一战线的方向和目标不能偏离国家和民族大业,克服资产阶级政党的摇摆性,坚决反对国民党对中共及广大人民施行的反动迫害。中共从大革命失败教训中认识到,不能对资产阶级政党抱有幻想,而是要坚持斗争。"以斗争求团结则团结存,以退让求团结则团结亡"②。因为,"顽固派还站在支配其党的政策的地位,但在数量上只占少数,它的大多数党员(很多是挂名党员)并不一定是顽固派。这一点必须认识清楚,才能利用他们的矛盾,采取分别对待的政策,用极大力量去团结国民党中的中间派和进步派"③。而对于民族资产阶级,更多的是给予团结,注意发挥其在社会和经济生产中的作用。在中共执政区域,中共提出了容许和鼓励资本主义生存和发展的"劳资两利"政策,保护中小资本在根据地的生产经营,使这些民族资产阶级利益得到保障,体现了党对民族资产阶级的团结。

最后,加强马克思主义理论的指导和党的建设。新民主主义革命阶段不是社会主义革命阶段,也不是资本主义时期,而是由中共领导的民主革命新阶段。为了实现新民主主义阶段的领导权,中共必须在思想上与组织上加强自身建设。中国社会的复杂性和革命斗争的艰巨性都要求中

---

① 《毛泽东选集》第二卷,人民出版社 1991 年版,第 607—608 页。

② 《毛泽东选集》第二卷,人民出版社 1991 年版,第 745 页。

③ 《毛泽东选集》第二卷,人民出版社 1991 年版,第 750 页。

共必须成为具有科学理论指导和成熟经验的政党。不依靠马克思主义理论,就无法分析中国现实社会的矛盾,不能总结革命斗争的历史经验教训,没有坚强的战斗力,中共就无法胜任这一任务。中共在过去革命斗争中对理论研究重视不够,革命策略往往受共产国际指示的影响,由于土地革命后主要在农村地区从事革命斗争,党组织和党员长期在不同根据地及国民党统治地区工作,难免受地域影响形成山头主义或地方主义,对革命前途和理论缺乏深入思考和研究。这些都决定了中共在革命斗争中不仅要与国内外反动阶级作斗争,还要与自身问题作斗争。在1937年的七八月间,当日寇正向华北大举进攻之时,毛泽东还坚持写出了《实践论》、《矛盾论》等重要哲学著作,正是努力用马克思主义理论武装和教育全党,提高全党理论水平,克服和改造党内存在的各种小资产阶级和农民阶级思想,始终保持无产阶级政党本色。毛泽东的这些哲学著作,通过科学认识论和方法论总结党在革命斗争中的经验教训,分析中国社会的矛盾特殊性,反对教条主义和本本主义,实现了对中国革命问题创造性的解决,为全党解决思想理论问题提供一个榜样。"掌握思想教育,是团结全党进行伟大政治斗争的中心环节。如果这个任务不解决,党的一切政治任务是不能完成的。"①加强党的建设,尤其是党的理论建设,就需要党把马克思主义理论与中国实际相结合,走中国特色革命道路,从中国革命者对中国问题的判断和分析出发,力求形成马克思主义中国化理论,成为中共取得新民主主义革命胜利的关键所在。

第二节　新民主主义经济思想形成条件

作为新民主主义理论的主要组成部分,新民主主义经济思想与新民主主义政治、文化等构成系统的理论体系。新民主主义经济思想是中共在对新民主主义阶段社会条件分析基础上,把马克思主义经济理论与中国革命实践相结合的创新思想,是马克思主义经济学中国化的重要阶段性成果。

---

① 《毛泽东选集》第三卷,人民出版社1991年版,第1094页。

一、新民主主义经济思想形成的思想基础

马克思恩格斯在讨论社会制度变革过程中曾对是否会出现不依据制度演变顺序而出现新的道路有所认识,也即在特定的历史环境和条件下,经济落后国家不经过资本主义的充分发展而直接向社会主义过渡的"卡夫丁峡谷"问题。虽然马克思恩格斯没有明确得出行还是不行,但这种讨论还是给落后国家的无产阶级革命斗争提供了一定创新和发展空间,为落后国家无产阶级革命提供了理论依据。但是,我们过去只强调通过暴力方式夺取政权,虽然这一暴力方式可以采取不同的道路和方式,但对于如何从经济落后状态向发达状态的经济发展规律则缺乏讨论。这就使人们形成印象,仿佛革命胜利获得政权后通过剥夺资产阶级资产就可以直接获得发展,没有讨论过在资本主义与社会主义之间还存在着混合经济的很长过渡时期。

苏联革命的成功不仅给中国送来了马克思主义,也为中国共产党革命和建设提供了社会主义建设经验。苏联建立后,依据经典作家教导,苏共对国内经济进行社会主义改造。同时,由于爆发国内战争,大量工业生产基地和重要资源来源被切断,为了保障供给,在对旧有私有制进行全面彻底改造的基础上,苏联实行了战时共产主义。其内容包括对农民实行余粮征集,义务劳动性的强制劳动,对工业产品和消费品实行严格的计划配给。不仅大工业由国家控制,中小工业的生产也被国家控制。在物品严重短缺的情况下,出于战争军事斗争需要,这种物品计划配给虽然有不得已之处,但是只注重分配和消费,而不给予生产以更多的激励,只能导致生产积极性的下降,最终使供给下降。因此,战时共产主义虽然通过平均主义的供给体现了消灭剥削和社会平等,但是,由于不能保证供给,造成了 1921 年严重的社会危机。

根据这一实践教训,列宁及时地进行了政策调整,实行新经济政策。通过容许农民把余粮卖给国家而不是无偿上缴,保留一定的商品交易市场,用国家资本主义方式参与商品生产与交换,接受国外资本投资,这些新举措有效地缓解了物资供给紧张,实现了新经济政策的目标和价值。苏联在社会主义条件下还可以实行新经济政策,这对中国这样的落后国

家从事无产阶级革命具有重要的启示。正如苏联是在相对落后国家进行社会主义革命对中国的巨大启示一样,在社会主义建立的基础上还可以利用资本主义的积极因素,这是对马克思主义经济学的创新。这一创新的实施说明,社会主义情况下,至少在一定历史时期和需要下,也可以利用资本主义因素,可以容许私有经济的存在,通过国家资本主义方式发展经济。虽然这些做法不同于马克思恩格斯经典作家提出的经典革命道路模式,而且苏联新经济政策实施时间不长,到1924年斯大林实行农业集体化和工业化改造后就放弃了新经济政策。① 但是,新经济政策给中共新民主主义经济思想的形成带来很好的启示。

　　列宁新经济政策在中共建党初期及大革命时期就已经传入中国,②他的这一做法足以给中共的领导者树立一个榜样:列宁这样的伟大革命导师,在苏联社会主义已经建立的国家还可以实行利用资本主义的政策,那么,对于中共在中国这样一个落后国家从事无产阶级革命,在一定时期内实行符合经济发展需要的利用资本主义政策就不是完全的离经叛道了。③ 列宁在实施新经济政策时也曾思考战时共产主义的完全计划体制是否存在问题,他说:"我们计划(说我们计划欠周地设想也许较确切)用无产阶级国家直接下命令的办法在一个小农国家里按共产主义原则来调整国家的产品生产和分配。现实生活说明我们错了。"④"我们现在正用'新经济政策'来纠正我们的许多错误,我们正在学习怎样在一个小农国

---

　　① 战时共产主义虽然是苏联在国内战争中采取的一种相对特殊的政策,但是其出发点依旧是经典作家对社会主义模式的理解。就是通过行政计划的方式对整个社会生产与分配进行控制,取消商品生产与市场交换等所谓的资本主义经济方式,达到社会生产与消费按照设想的社会主义方式进行发展。新经济政策未能从根本上解决苏联对社会主义经典模式的理解,苏联为了体现其革命是社会主义革命的典范,为了体现其对马克思主义的坚持,因此强化了其与经典模式相同之处,而对发展和创新内容没有进行充分总结,这就使经典模式在指导其他国家社会主义革命时更容易被教条化理解。

　　② 何仁富:《论毛泽东的"新经济政策"思想》,《毛泽东思想研究》2001年第5期。

　　③ 在特定历史条件下实行非经典的政策不被称为离经叛道的根源在于,这些灵活政策的实行只是因为特定历史条件不具备实行经典道路的环境,因此可以暂时地使用一些非经典的政策,而一旦特定条件变化了,如苏联渡过了经济困难和工业相对落后阶段,而新中国成立后无产阶级已经取得了政权,掌握了经济的主导权时,社会环境具备了与经典作家设想相似的环境,依旧要按照经典作家的论述来实施经典的道路。

　　④ 《列宁全集》第42卷,人民出版社1987年版,第176页。

家里进一步建设社会主义大厦而不犯这些错误。"①列宁把苏联定义为一个小农国家,认为这样的国家不具备实行经典作家的计划经济体制的条件,因此应该利用资本主义的积极因素,通过国家资本主义的方式,把社会主义政治领导和资本主义生产力发展方式相结合,形成符合苏联实际的发展模式,应该说这是他力求使马克思主义适应苏联建设需要而作出的一次重要尝试。他的这一政策思想当然会对落后国家产生广泛的影响。毛泽东在 1945 年中共七大口头报告中就说,"我们不要怕发展资本主义。俄国在十月革命胜利以后,还有一个时期让资本主义作为部分经济而存在,而且还是很大的一部分,差不多占整个社会经济的百分之五十"②。列宁灵活运用马克思主义经济理论,面对实践中存在的问题,勇于承认错误,从实践中寻求真理,敢于利用资本主义积极因素来实现社会主义革命目标,这一切都为中国共产党提供了借鉴,为新民主主义经济思想的形成奠定了思想基础。

二、新民主主义经济思想形成的社会条件

新民主主义经济思想的形成还与中共对中国社会性质的判断和特定革命阶段所处的社会条件有关。20 世纪 20 年代至 30 年代的中国社会性质的大讨论实际上已经为中共实行新民主主义经济政策提供了现实依据。半封建性质说明资本主义在中国还有积极性,我们还要利用资本主义反对封建势力,利用资本主义发展生产力,使我国走上富强之路;而半殖民地则说明中国革命也有反对资本主义和帝国主义的任务,这就要求我们在革命中不能以实现资产阶级共和国为目标,而是要坚持无产阶级对革命的领导权,创造条件最终实现向社会主义过渡。半殖民地半封建社会的经济构成和特点也形成了不同的阶级结构及其对革命的态度,这些都需要在革命中认真分析和面对。

经过土地革命,中共在革命根据地开展了对传统封建土地制度的变革和政权建设实践,在根据地形成了不同于国民党统治区的经济格局。

---

① 《列宁全集》第 42 卷,人民出版社 1987 年版,第 175 页。
② 《毛泽东文集》第三卷,人民出版社 1996 年版,第 323 页。

如实行农民土地私有、兴办工农民主政权的公营经济,容许小型民营工商业存在发展等,这些做法形成了不同于过去社会的新经济形态,这为中共总结和提炼新民主主义经济形态提供了依据。

中共对新民主主义经济的认识还来自对新民主主义革命的定位,即认识到党在相当长时期内可能无法全面执政,不能全面掌握经济。要实现社会主义经济制度所需要的计划经济和全面公有制,必须要有对政权的全面掌握和经济的全面控制权。否则,在部分执政情况下,对所控制区域的经济强制按照社会主义模式进行改造,必然导致经济的全面停滞。中共在苏区成立初期也曾试图建立社会主义经济模式,这种努力是要证明,社会主义模式可以解决剥削问题,实现农民与工人解放。但是,苏区社会主义模式的实践没有实现预期目标。苏维埃政府剥夺地主土地,让农民耕种而不是分给农民,农民很难对这种土地耕种方式产生积极性。更何况,革命斗争使根据地区域不断变化,土地不可转移性使这种所有权转移难以得到政权的根本支持。而对私有工商户进行私有权剥夺,也存在着如何落实所有权、经营权和收益权等问题。把私有工商户交给苏维埃,由员工管理经营,这样做虽然解决了工商户的私有性,但是,员工对商户经营也有一个管理权和收益的分配问题。如果要让其为新政权服务,必然要求新政权派员经营,并将最终收益交给新政权。但是,苏维埃政权中懂经营的管理人员非常缺乏,不能建立一套完整生产、人员配置、原料采购、产品销售、资金来源和产品分配等经济体制,单纯把私人工商户所有权变更为公有制是无法继续经营的。

中共在这一历史阶段不主张实行完全公有化的另一个原因是社会对中共"共产"的疑虑。马克思主义在中国的传播过程中,社会广泛流传着共产党要实行"共产共妻"等非常粗俗的对共产主义和共产党的贬低说法。这说明,马克思主义经济学传播中提倡"共产"这一口号十分深入人心,而且共产党名称中也用了"共产"一词。但是,马克思主义所提倡"共产"是要消灭无偿占有他人创造剩余价值的资本主义生产资料私有制,而不是消灭个人财产和需要。因此,如果我们在革命初期就坚持消灭一切私有,包括个人和家庭的生活资料来构建我们的理想社会,这样不仅不可能获得社会支持,而且会陷入空想社会主义甚至更恶劣的境地。在社会条件没有达到充分实现公有制,人们的思想观念还处于相对落后的情况下,容许各种符合经济发展要求的经济成分存在,是现实且有效的做法。

在相当长时间里,我们不仅需要无产阶级支持,还需要可以推动社会进步的其他社会力量的支持,包括民族资产阶级中的进步力量。团结和统一各种政治力量共同推动民主革命斗争,实现中国革命的目标,这是斗争的策略,也是斗争的需要。在团结各民主力量参与革命的过程中,必须对这些民主力量所拥有的生产生活资料和经营活动给予保护,让他们运用这些资源为民主斗争服务。只有这样才能展现中共是为中国革命努力的主导和中坚力量,才可以得到社会力量的真诚拥护。因此,在新民主主义革命时期容纳和鼓励各种经济成分共同发展是中共在新民主主义时期的现实选择。

三、新民主主义经济思想的实践基础

从接受马克思主义理论以来,我们虽然从马克思主义理论中看到经济基础决定上层建筑的论述,也对马克思经济学著作中对资本主义批判和社会主义经济制度设想有所了解,但是马克思主义经济学在革命中的作用总体还处于理论说明革命的必要性和必然性阶段,较少用于解决现实的经济问题。当然,我们也不承认在马克思主义经济学之外还存在一个更加基础性的经济学理论。在革命过程中,革命始终需要面对和解决的问题是经济保障问题而不是经济制度问题。正如我们可以用经济基础决定上层建筑,生产关系要适应生产力要求等来论证革命必要性,而在革命斗争中也存在着如何解决经济基础从而促进革命斗争发展问题,暴力革命斗争也不能忽视现实经济物质支持。

革命斗争必须解决好两个问题:一个是为了争取更多的革命力量必须回应他们的利益追求,革命目标要能够解决他们的利益诉求,不能让他们觉得他们的利益追求不可能实现或是希望渺茫。革命初期,我党提出的消灭资本主义和私有制,这些目标明显超越了当时工人的现实诉求,不仅资产阶级反对,连工人也对这一目标的实现表示怀疑。我们在执政区域还提出了不少过高保障雇工权益的要求,这些要求在当时经济条件下

实现不了,不仅资本家不愿意执行,就是一般工人也知道这个不可行而并不拥护。这些情况说明,争取群众参加革命,必须要提出符合群众利益诉求的政策。

在新民主主义革命时期,中共革命根据地主要在经济落后的边远农村地区,这些地区处在不同省份交界处,这些地区的经济主要是私营经济,经济不发达,农业人口为主,主要经济是农业和手工业,资源加工业和商业不发达。经济产出率低,要想保障军队和相关行政管理机构本来就较为困难,在这样条件下,再想实现马克思主义经济学所说的消灭私有制即土地私有制、工商业私有制更是不现实。地主土地私有制在政权更替下可以消灭,但这个时期还不具备马克思主义经济学要求的土地国家所有的条件。中共只是部分执政,国家政权没有充分获取,不可能把土地国有化按照合作化或集体农场方式进行耕作,同时中国传统小农经济和农业生产力水平也达不到实行机械化耕作的大农业模式。当时,农民迫切盼望获得土地所有权,只有把土地分给农民,才能更好地激发农民对中共的支持,才是面对农村实际情况的实事求是做法。土地归农民所有,虽没有超出孙中山三民主义平均地权政策,农民拥有土地,依旧是小私有者。但是,孙中山的三民主义在国民党那里只是口号,而在中共这里却迈开了第一步,这一步也使农民支持党暴力革命夺取政权的革命斗争,因为执政权是土地所有权变更的依靠。

另一个就是要解决好革命斗争所需要的物质支持。不管是罢工、组织专业革命队伍,乃至建立武装部队,都需要物质支持,要有稳定的经济来源,必须处理好经济上的问题。1942年12月,毛泽东在陕甘宁边区高级干部会议所作的《经济问题与财政问题》报告就是对这一问题的反映,说明中共领导者对革命与经济关系有了较为全面的把握。时任陕甘宁边区财经委副主任的贺龙在会上就说,毛泽东的这一讲话是"马列主义经济学在边区的具体运用,是活的马列主义经济学"[1]。之所以这样评价,就在于毛泽东在这个报告中没有固守马克思恩格斯关于无产阶级革命和

---

[1]　西北五省区编纂领导小组、中央档案馆:《陕甘宁边区抗日民主根据地(文献卷)》(下),中共党史资料出版社1990年版,第307页。

社会主义经济的相关论述,而是从边区经济实际出发,通过对边区经济工作的调查和研究,包括对边区公营经济状况的分析,提出了"发展经济、保障供给"原则,具有很强的针对性和可操作性。中共在延安开展的大生产运动,是为了减轻边区群众负担而采取的生产自救运动。开展这一运动虽有特殊背景,但从另一个角度可以说明,中共认识到要实现革命胜利必须要寻求解决物质条件支持问题。在延安时期,由于受国民党政府迫害和日本军队对共产党领导区域的封锁,共产党及其军队财政状况在某些阶段很差,从高级干部到战斗部队,供给保障缺乏是经常性的。"最大的一次困难是在一九四○年和一九四一年,国民党的两次反共磨擦,都在这一时期。我们曾经弄到几乎没有衣穿,没有油吃,没有纸,没有菜,战士没有鞋袜,工作人员在冬天没有被盖。国民党用停发经费和经济封锁来对待我们,企图把我们困死,我们的困难真是大极了。"[1]这些都要求我党在革命斗争中不仅要面对敌人武装威胁,还要面对经济困难。只有解决好供给保障,才能实现革命成功。"只有发展经济才能保障供给这一真理,不是被明白无疑的历史事实给我们证明了吗?"[2]

　　任何一个执政主体的存在都需要经济上的支持。对于中共执政地区,党和军队方面首先就需要大量经济支持。我们党虽有"没有枪没有炮敌人给我们造,没有吃没有穿敌人给我们送"的说法,但是革命不可能总是依靠从敌人那里夺取资源,对地主和富人浮财征收也只能是短期的,要执政必须要有自己的经济来源。更何况,一旦在一个地方长期执政,不仅军事上要有经济支持,民生上也有各种经济支出,要保证执政地位必须在执政区域实行有效的经济政策促进经济稳定和增长。

　　经济建设的首要任务是保证生产的持续稳定,包括农业生产和工业生产。只有产出增加了,社会经济财富才会增加,税收才能增加,军队和党政机关支出才能得到保障。而增加产出必然需要激励,没有激励就没有产出增加。减租和平分土地都是对农民生产的激励,这些激励都可以促进农民农业生产积极性。私有商业和手工业适应了当时当地经济发展

---

① 《毛泽东选集》第三卷,人民出版社 1991 年版,第 892 页。
② 《毛泽东选集》第三卷,人民出版社 1991 年版,第 892—893 页。

水平,其规模和影响都较小,不会对整个经济产生根本性影响。他们没有城市大工业和大商业那样的资本及其影响力,不能决定市场价格和经济走向,起到的只是补充作用。但这些商业和手工业对中共执政区域的经济稳定和发展又是不可或缺,甚至十分重要,中共对根据地私营工商业实行保护和鼓励经营非常必要。

中共在延安时期局部执政区域,对于农业,有部分地区进行了土改,也有部分地区维持了封建土地制度但开展了减租减息的做法。而在工商业方面,要求工商业者对雇工权益给予保障,但对工商业经营不作过多限制,还对经营中存在的困难给予政策支持。这些做法,正是为了保证执政区域物资生产、商品供给和基本税收,从而实现这些地区经济稳定和发展,为中共赢得革命斗争胜利奠定了经济基础。

第三节　新民主主义经济思想的主要内容

新民主主义经济思想既反映了新民主主义社会性质,又体现了新民主主义革命的目标追求。新民主主义经济思想以解决中国农村土地制度为突破口,以发展生产力为目标,构建了容许资本主义存在与发展,以国营为主导的混合经济新形态。为了适应新民主主义社会和革命事业需要,中共在这一历史时期还保留了商品市场关系,尝试建立具有计划调节的经济体系,为社会主义经济制度的建立创造了条件,积累了经验。

一、减租减息与平分土地的农村经济制度变革

中共在革命初期按照马克思主义经济学的要求,实行的是土地公有制,要求土地完全归政府。但是,大革命中,中共因为要参与国民党领导的资产阶级民主革命,不能提出超越资产阶级可以接受的土地制度政策,因此只在农村提出减租减息的做法。中共1926年7月召开的四届三次扩大会议就提出在农村实行减租25%,不超过二分的借贷利率上限要求。国民党同年9月的联席会议接受了中共的提议,其提出的目标与中共提议是一致的,这说明国共两党都同意减租减息。由于国民党无法充

分施政,在没有政权充分支持下这些政策的执行也是不可能的。① 大革命对农村革命的不彻底性,加上大革命后国民党对革命果实的攫取,使中共认识到要使农民成为中国革命的关键力量,其核心是要解决农村土地问题。只有解决好土地问题,才能解决好农村革命问题,获得中国人口数量最多的农民支持问题。"八七会议"决定中共的主要工作是土地革命和武装斗争,把工作重心转移到农村。"土地革命,其中包括没收土地及土地国有——这是中国革命新阶段的主要的社会经济之内容,现时主要的是要用'平民式'的革命手段来解决土地问题,几千百万农民自己自下而上的解决土地问题,而共产党则应当做这一运动的领袖。"②

农村土地制度的革命有几种方式:第一种是全部收归政府,再由政府发包或者委托生产、集体生产,这是马克思主义经济学对无产阶级政权下土地政策的一个应有之义,也是解决土地问题的一个永久性办法。因为这样不仅可以解除地主阶级靠土地私有权的剥削制度,而且还可以解决将来城市中的土地问题。

第二种是维持现有农村土地关系,减轻地主对佃农的剥削,这当然是在承认现存的农民对地主土地的租用关系。农民有义务向地主交租,只不过租金多少要通过协商和政府干预才能减少。减租会减少地主收益,地主一般不愿意合作,但是相对于土地完全国有化,这种方式对于地主而言毕竟还可以保留土地私有权,是地主权衡损失较小的一种方式。对于自耕农或富农、中农来说,这种方式对其影响不大,也可以保留土地。对于无地的佃农来说,他们当然盼望能拥有土地,而不是只是租田耕种,但在租种情况下,他们希望能够减少租金和借贷利息等减轻负担的做法,这是现实的经济考虑。但是,在与地主进行谈判

---

① "国民党欺骗民众的什么减租百分之二十五,降低利息到年利百分之二十等的主张,无论什么地方也不能实行,即使实行也决不能解决土地问题。"中国社会科学院经济研究所中国现代经济史组:《第一、二次国内革命战争时期土地斗争史料选编》,人民出版社 1981 年版,第 185 页。国民党主要的斗争对象是军阀,而不是地主阶级,江浙地主是蒋介石等国民党在右翼的主要支持者,当然不可能做到对农村根本性的土地制度进行变革;而且,减租减息政策只能是在政权巩固情况下有可能实行,在当时的革命阶段根本不可能实现,只能是一个争取农民支持的口号。

② 中国社会科学院经济研究所中国现代经济史组:《第一、二次国内革命战争时期土地斗争史料选编》,人民出版社 1981 年版,第 155—159 页。

协商租金时,佃农与地主的经济关系正如工人与资本家的关系,佃农难以在谈判中获得优势。在政府参与和佃农联合情况下,租息等经济负担可以在一定程度下得到解决。当然这种解决只能缓解地主与佃农之间的矛盾,他们之间的经济利益矛盾由于租佃关系的存在是始终的。

第三种是打破原有土地占有格局,将土地进行均分,让每个人都可以获得土地。这种做法虽然对原有土地所有者的利益是根本性损害,但是原拥有土地少于平均土地的大多数人当然更支持这种方式。此时,少地的人可以拥有更多的个人土地,尤其是没有土地的佃农可以获得土地,对他们的吸引力是非常大的。但是,要获得平均土地,需要外界强力的干预,要将所有土地在一个集体如村的范围内进行重新分配,在原有社会权力结构下是难以实现的,因为原有权力关系中地主总是占据优势。不仅要平均分配,还要能够保证分配后的土地权利得到保障,这更需要政权对分配后的土地权利给予确认。平均分配土地反映了农民朴素的平均主义思想,表明了他们对拥有土地的渴望,这是大多数农民的世代愿望,是农本封建土地制度下农民对土地制度变革的迫切要求。

中共对三种方式都进行了实践。中共初期从马克思主义经济学的角度努力实践的是指向社会主义的土地公有制度,毛泽东在1928年12月制定的中共第一个土地法《井冈山土地法》中就提出工农政权对土地的所有权,"没收一切土地归苏维埃政府所有",禁止一切土地买卖。这样的做法虽然符合无产阶级革命的目标和要求,因为中国共产党在大革命失败后已经认识到资产阶级革命的局限性,因此提出要实行社会主义革命,这当然要将土地归公作为一条主要的奋斗目标。这一目标最容易得到革命者接受,因为革命者的目标是政权而不是土地。但是这一目标却为所有拥有土地的人,包括地主、富农、中农等有土地的人反对,农户对这种方式也会产生疑虑,"以为土地革命的对象,不但是反对独占土地的地主阶级,还要反对他自己。因此怀疑到这一革命是共产党独创的革命,是共产党要这样干的,甚至怀疑到这一斗争是共产党与地主阶级的斗争!!"因为这"是触犯一切富农甚至中农和少块土地的贫农,使农村阶级战线凌乱,削弱了土地斗争的力量"①。夏明翰在 1927 年 9 月就曾说:"这次我军所到之地农民并未起来,远不及北伐军到时农民的踊跃。"②一般佃农在长期租地耕种中深刻体会到土地私有权对收益分配权的决定作用,没有土地所有权,依赖从政府手上租种,他们依旧没有积极性,更何况红色政权当时还是一个不被合法认可的难以保证持久的政权,这样的政权如何保证土地权利的实现。"大多数农民甚恐慌不敢行动,恐怕军队失败大祸临来的心理充满了农民的脑筋。"③红色政权由于斗争需要会不断地更换区域,但农民与土地是不能跟随变换的,因此这种长远的国家和政府控制下的土地所有与农民对土地的意愿不合。因为,"田归苏维埃政府所有,农民只有使用权的空气十分浓厚,并且四次五次分了又分","农民感觉田不是他自己的,自己没有权来支配,因此不安心来耕种"。毛泽东也感到"这种情况是很不好的"④。这些都说明,这种土地国有化的做法与中国农民对土地的需求以及当时的农业生产状况是不相符的。如果强行坚持这一做法,只能使党与群众之间的联系越来越少,农民对中共的支持就会不断减弱。土地革命的目标是要通过土地制度变革来实现农民的解放,达到对中共领导的革命的支持。但是这种土地国有化的政策与农民的期待存在很大差距,在实践中难以实现,只能在革命斗争中不断加以调整。

因此,中共不从固守马克思主义经济学的教条理解,而是从实际出发,对这一政策进行了调整。这种调整的理由主要集中在两条,第一条是认为当前中国的革命还不是社会主义革命;第二条是说土地国有化目前只是一个宣传,还不是立刻要实行的政策。"目前正是争取全国苏维埃胜利斗争中,土地国有只是宣传口号,尚未到实行阶段。必须使广大农民在革命中取得他们惟一热望的土地所有权,才能加强他们对于土地革命

---

① 中国社会科学院经济研究所中国现代经济史组:《第一、二次国内革命战争时期土地斗争史料选编》,人民出版社 1981 年版,第 272 页。

② 中央档案馆、湖南省档案馆:《湖南革命历史文件汇编(省委文件)》,1983 年,第 162 页。

③ 中央档案馆、湖南省档案馆:《湖南革命历史文件汇编(省委文件)》,1983 年,第 162 页。

④ 中国人民解放军政治学院党史研究室:《中共党史参考资料》(第 6 册)(内部出版),第383 页。

和争取全国苏维埃政权胜利的热烈情绪,才能使土地革命更加深入。"①
这些认识就是说明中国目前的形势和条件还不是实行社会主义革命的阶
段,在经济和思想观念上都还不具备。只有从实际出发,才能发现中国革
命的前途和道路。放弃,至少暂时放弃土地国有的政策是对现实实践的
回应。

第一条道路走不通,中共需要选择第二条或第三条道路。减租减息
道路在大革命时期就提出过,虽然没有充分施行过,但是从宣传口号的影
响来看还是产生了一定的积极效果,激发了农民对大革命的支持。减租
减息可以直接减少农户支出,增加农户收益,提高农户在农产品分配中的
比重,当然会得到农民欢迎。农民欢迎革命,希望新政权能够带来生活变
化,因此对这些措施还是欢迎的。"土地制度获得改革,甚至仅获得初步
的改革,例如减租减息之后,农民的生产兴趣就增加了。"②减租减息斗争
正如工人通过罢工来要求增加工资和福利待遇一样,这是在维持现有租
用和借贷关系基础上要求对收益分配进行调整的一种做法,是在认识到
现有经济关系无法根除或有必要保留情况下提高社会弱势群体利益的一
种斗争方式。

在抗战时期,为了保障统一战线,调动广大民众包括地主抗战的积极
性,对一些地区,尤其是敌统区地主土地不进行剥夺和再分配的土地革命
斗争,只是组织和领导减租减息运动,减轻农民经济负担,也得到了广大
农民的积极支持和拥护,扩大了党的影响,有力地支持了抗战事业。"抗
日战争时期,为着同国民党建立抗日统一战线和团结当时尚能反对日本
帝国主义的人们起见,我党主动地把抗日以前的没收地主土地分配给农
民的政策,改变为减租减息的政策,这是完全必需的。"③但是,这一政策

---

① 本书编写组:《第二次国内革命战争时期土地革命文献选编》,中共中央党校出版社 1987 年
版,第 372—373 页。当然这一政策变化也与共产国际的指示有关。中共六届三中全会于 1930 年 9
月召开,传达的共产国际的指示精神就是:"土地国有问题,现在是要宣传,但不是现在已经就能实行
土地国有,因为现在尚无全国的胜利政权可言","禁止土地买卖,目前是不需要的口号,这只是增加
了农民的恐慌心理。"(中央档案馆:《中共中央文件选集》第 6 册,中共中央党校出版社 1983 年版,第
348—349 页。)

② 《毛泽东选集》第三卷,人民出版社 1991 年版,第 1078 页。

③ 《毛泽东选集》第四卷,人民出版社 1991 年版,第 1250 页。

在中共土地制度变革中只是一种策略,并不是解决土地问题的根本出路和最好选择。中共在力求推翻封建土地制度时当然不可能满足和停留在减租减息上,农民对减租减息也不可能满意。我们认为,封建土地制度不仅是经济关系和经济制度,这一制度调整不能只靠经济手段来解决。

平分土地的第三条道路是中共在当时农村土地制度变革的实践中不断总结和摸索的一条适应中国革命的道路,是新民主主义经济思想的重要组成部分。把地主、富农的土地平均分配给农民,使农民成为土地所有者,既与孙中山先生提倡的"耕者有其田"相符,又满足了广大农民对土地所有权的盼望,适应了农村生产的特点要求,得到了广大农民的热烈拥护和支持。让农民拥有土地,稳定农民与土地关系,而这一制度形成完全是在中共领导的政权支持下获得的。这样把土地、农民与政权直接挂钩,形成了相互支持的稳定关系,新政权也正通过废除旧土地权利制度建立了权威和基础。土地斗争是政权斗争的表现,土地归属使政权获得了不同支持者。对于革命者来说,首先是争取谁的利益,获取谁的支持,即革命的敌人和朋友区分问题。中共在朋友与敌人的区分方面,不仅仅根据财产多少来划分阶级,还注重人数多少和力量强弱。如在农村土地问题上,我们曾经主张把所有土地都没收再分配,这引起了在农村人口中占相当比例的中农、富农等有地农民的担忧。中共平分土地的施行中一些地方推行了一些过"左"做法,如镇压地主、不给地主分地,或对地主富农分坏地等,这些做法导致了地富等派别对土改运动的直接抵制,土地制度有效调整的目标难以实现。经过这样的实践教训,最终在土地平分过程中对富农、中农土地调整时就不再通过直接没收再分配方式,而是主要对地主土地进行平分,对富农和中农中超过平均数部分进行调整,从而使土地改革运动得到农村群众更广泛的支持。

平分土地给农户,这与马克思主义经济学的理论并不相符。土地平分不利于集中经营,不能代表农业生产的发展方向;平分土地也固化了传统农业的生产方式和个体经营,强化了农民小生产者的私有观念和经济行为。平分土地也是一种平均主义的分配方式,与按劳分配等社会主义分配也没有共同之处。① 但是,在革命时期,这一模式首先是农民自己的选择,是农民盼望和支持中共革命的思想基础,是适应当时生产力水平和生产方式的一种制度创新。中共顺应了农民要求,在自己的理论和目标上作了调整,使其更加适应中国革命的实践需要。"日本投降以后,农民迫切地要求土地,我们就及时地作出决定,改变土地政策,由减租减息改为没收地主阶级的土地分配给农民。我党中央一九四六年五月四日发出的指示,就是表现这种改变。一九四七年九月,我党召集了全国土地会议,制定了中国土地法大纲,并立即在各地普遍实行。这个步骤,不但肯定了去年《五四指示》的方针,而且对于去年《五四指示》中的某些不彻底性作了明确的改正。中国土地法大纲规定,在消灭封建性和半封建性剥削的土地制度、实行耕者有其田的土地制度的原则下,按人口平均分配土地。这是最彻底地消灭封建制度的一种方法,这是完全适合于中国广大农民群众的要求的。"②

中共在农村土地制度变革上的政策变化反映了中共不断调整经济政策以适应革命斗争需要和广大群众的诉求,不是简单照搬马克思主义经济学的经典论述,把握了新民主主义阶段革命斗争的形势,使经济斗争服务与服从于革命斗争,在斗争中不断创新发展。"以为现在的斗争策略已经是再好没有了,党的第六次全国代表大会的'本本'保障了永久的胜利,只要遵守既定办法就无往而不胜利。这些想法是完全错误的,完全不是共产党人从斗争中创造新局面的思想路线。"③"共产党的正确而不动摇的斗争策略,决不是少数人坐在房子里能够产生的,它是要在群众的斗争过程中才能产生的,这就是说要在实际经验中才能产生。"④中共从土地革命开始就在探索建立适应中国农村发展和革命斗争需要的土地制

----

① 虽然一方面宣布土地归农民所有;但是,另一方面,在党内一直都有这样的认识,即这一政策只是暂时的,而不是永久的。"我们应该预先向农民宣传,他们现在收入是得到了土地,若资本主义一日存在,他们散漫的小农经济是不可避免的日趋于破落的悲惨前途,他们的黄金前途只有在土地国有的条件下,实现集体的社会主义的土地生产。"(《第二次国内革命战争时期土地革命文献选编》,中共中央党校出版社1987年版,第372—373页。)

② 《毛泽东选集》第四卷,人民出版社1991年版,第1250页。

③ 《毛泽东选集》第一卷,人民出版社1991年版,第115—116页。

④ 《毛泽东选集》第一卷,人民出版社1991年版,第115页。

度,在新民主主义时期,因为抗战统战需要没有全面推开土地改革,而是确立了减租减息和平分土地并行的政策。但是抗战结束一直到新中国成立,平分土地的土地改革政策就在全国全面推行。毛泽东在1947年中央会议上所作的《目前形势和我们的任务》中就明确讲,"全党必须明白,土地制度的彻底改革,是现阶段中国革命的一项基本任务。如果我们能够普遍地彻底地解决土地问题,我们就获得了足以战胜一切敌人的最基本的条件"①。这进一步说明了土地制度改革对中国农民的巨大吸引力和对革命的重要性。

以地主占有土地和佃农租用土地形成的封建土地制度影响中国上千年的历史进程,成为封建社会政治和经济的基础。只有到了中共执政后,才对这一制度进行了全面改革。虽然新民主主义阶段平分土地的改革没有达到社会主义目标,但是却彻底动摇了封建地主经济模式,使广大农民摆脱了地主剥削,解放了农村社会生产力,使中共执政地区的农业生产呈现了欣欣向荣的景象。这是前所未有的新局面,当然也是国民党统治区无法看到和实现的。更关键的是,经过这样的变革,中国农民摆脱了传统的对地主和封建统治者的依附关系,废除了传统宗法制度,成为可以拥有土地权利、自主独立经营的经济主体,从而为中国向现代化发展,形成更加平等、自由和民主的社会关系奠定基础。

二、利用资本与"劳资两利"的生产力发展目标

在中国共产党成立初期,党对资本主义的态度是比较坚决的,依据马克思主义对资本主义的态度,把消灭中国的资本主义因素,建立新的社会制度作为革命目标。党的一大纲领不仅强调要消灭资产阶级政权,还要求消灭资本主义私有制,"革命军队必须与无产阶级一起推翻资本家阶级的政权,必须援助工人阶级,直到社会阶级区分消除的时候。……消灭资本家私有制,没收机器、土地、厂房和半成品等生产资料"②。这一主张当然来自马克思主义经济学的基本观点。劳动价值论说明了商品价值的

---

① 《毛泽东选集》第四卷,人民出版社1991年版,第1252页。
② 中共中央党校党史教研室:《中共党史参考资料》(一),人民出版社1979年版,第279页。

来源,而剩余价值论则说明工人创造的剩余价值是如何在资产阶级中间进行瓜分的。马克思的《资本论》充分论证了无产阶级与资产阶级的对立、斗争,最终实现资本主义消亡和社会主义胜利的思想。中共正是在这样的思想指导下要通过建党来实现对资产阶级统治的反抗,谋求建立社会主义经济制度。①

但是在革命斗争中,中国共产党逐步认识到,中国革命当前的首要目标并不是资本主义制度。中国自身社会状况和主要矛盾并不是资本主义,而是封建统治和帝国主义入侵。因此,在相当长时间里,民族资产阶级在中国革命形势中不是斗争对象,而是可以争取的具有一定积极意义的对象。在大革命时期,中国共产党开始与资产阶级政党展开合作,力求推动中国革命向前发展。大革命失败后,中国共产党对资产阶级有了更加全面的认识,对中国资产阶级性质作了区分,提出了反对官僚资本主义和外国资本主义,团结与利用民族资产阶级的思想。

在新民主主义革命阶段,中共明确提出要容许资本主义存在,提倡"劳资两利",保护民营资本工商业发展的新民主主义经济思想,这一思想的形成主要有以下几个方面原因。

一是从革命统战角度团结资产阶级中的民族资产阶级,建立广泛统一战线,保护民族工商业的资本和财产,才能使其支持和参加革命。由于中共在革命斗争中对资产阶级性质作了新的分类,认识到民族资产阶级在中国产生的特殊背景和历史作用。这种对资产阶级的分类和区别对待

---

①　中共成立前后关注的当然是劳资对立和矛盾冲突,因为这是马克思主义经济学的强调的核心观点。中共成立后,中央在上海设立人民出版社,主要出版的也是介绍《资本论》的著作,如《资本论入门》和《工资劳动与资本》(根据马克思的《雇佣劳动与资本》翻译)等书,都是介绍劳动价值论与剩余价值论的。中共二大后,毛泽东邀请李达到湖南担任自修大学校长,主要开设剩余价值学说等相关课程,通过介绍马克思主义经济学观点来唤醒工农群众的阶级意识,增加革命斗争的意愿。中共领导的中国劳动组合书记部北方分部编辑出版的杂志《工人周刊》发表的文章也主要是介绍中国工人的工作和生存环境的恶劣及其受资本家剥削的事实,希望工人能够认识自己的处境,参加革命斗争,推翻资产阶级统治。毛泽东对于劳动价值论和剩余价值论的理解则直接用劳动全收权来说明,认为劳动全收权就是要把劳动创造的所有价值都归属于劳动者。虽然他强调"劳动全收权自然是共产主义实行以后的事,这无论怎么样聪明的资本家也不会注意的。但也不要太忽略了,因为这实是世界上已经有了的一个大潮流"。(《毛泽东文集》第一卷,人民出版社1993年版,第9页。)

也是中共革命斗争的一种创新。① 当然在中共执政的革命根据地,存在的资产阶级主要是民族资产阶级,尤其是一些中小资本的工商业主。这些人资本少,对社会经济的影响和控制力弱,对于官僚资本与西方列强的资本竞争具有反抗要求,因此是值得团结的对象。而在国统区或日统区的大民族资本家,他们是中间势力,虽然他们资本量占整个社会总资本量不大,但他们的社会影响力大,也有反对官僚与西方资本主义竞争的意愿,由于其社会影响力当然是值得团结与争取的对象。"在中国,这种中间势力有很大的力量"②。而且他们的资本也不在根据地,没有理由将其作为斗争和消灭的对象。团结和争取民族资本家,就要提出民族资本家可以接受的政策,保护他们的财产权和经营权,就要在理论和政策上说明共产党在资本问题上的态度。"政治上的打击和经济上的消灭是两件事"③,"必须慎重地加以处理,必须在原则上采取一律保护的政策"。

二是民族工商业对中共执政区域经济发展的必要性和重要性。中共在新民主主义阶段施行容许和保护资本生存发展的政策是在革命根据地的执政过程中逐渐认识到的。中共早期革命者主要是知识分子,较少有工商实业人士,土地革命后在农村发展,参加革命队伍的农民人数不断增多。这些人对于工商业的价值和作用理解较少,往往受制于传统重农抑商思想和马克思主义批判资本思想的影响,希望取消以获利为目的的工商业经营,使早期革命者的革命行动带有"左"倾主张。这些革命者主要从推翻旧政权角度理解和对待私人工商业,自然不希望私人工商业成为新政权的经济支持力量。但是,一旦中共进入执政的实践之中,执政所需要的经济建设就要求改变对私人工商业的理解。博古在 1933 年 4 月发表的《论目前阶段上的苏维埃政权的经济政策》一文中还继续强调不应该与资产阶级妥协,认为民族资产阶级会与地主势力勾结并投降帝国主

---

① 马克思恩格斯一再强调,在反封建的资产阶级民主革命中,无产阶级及其政党在一定的条件下可以而且应当同资产阶级采取联合行动。列宁进一步指出:在保持无产阶级运动独立性的前提下,"共产国际应当同殖民地和落后国家的资产阶级民主派结成临时联盟"。(《列宁选集》第 4 卷,人民出版社 1995 年版,第 221 页。)

② 《毛泽东选集》第二卷,人民出版社 1991 年版,第 748 页。

③ 《毛泽东选集》第四卷,人民出版社 1991 年版,第 1254 页。

义,因此要对民族资产阶级采取没收资产等"社会主义措施"。在中央苏区,张闻天针对这一"左"的主张发表了系列文章,较早地提出利用资本主义积极因素,反对打击民族资产阶级的政策主张。他分析了苏区面临的困难,认为"在目前,它还不能不利用私人资本来发展苏维埃的经济。它甚至应该采取种种办法去鼓动私人资本家的投资"①。虽然他也知道,"苏区内生产力的提高,同时即是资本主义的部分的发展。在苏区占优势的农民的小生产的商品经济,虽不是资本主义经济,但小的商品生产仍然有使资本主义与资产阶级自然地不断地重新恢复和产生的可能。"②这里的论述依旧把农民的小商品生产和其他工商业的发展当作是资本主义的发展内容,反映了中共革命者对私人工商业发展的矛盾态度。一方面,中共执政区域需要经济(或生产力)发展来保障中共执政区域的经济正常运行;但另一方面,这些带有商品经济内容的私人性质的生产经营也使中共执政区域的资本主义成分有所增加。但是,从执政角度讲,经济(或生产力)发展是执政基础,要保障执政地区社会稳定和巩固执政地位,必然要保证各方正常生产经营活动。所以,毛泽东在 1934 年 1 月的全国苏维埃第二次代表大会上就说:"对于私人经济,只要不出于政府法律范围之外,不但不加阻止,而且加以提倡和奖励。因为目前私人经济的发展,是国家的利益和人民的利益所需要的。"③他这里讲的政府,当然是指苏维埃政府,法律是苏维埃政府法律,而工商业对国家和人民的利益当然是指苏维埃领导的国家和人民。这说明,毛泽东开始从执政者角度思考和认识私人工商业的存在价值,这是执政经验与教训的总结。中共认识到,在人民民主政权下私人资本已经不可能对政权产生支配影响,只是新民主主义生产力发展的一个组成部分。1941 年,《陕甘宁边区施政纲

---

① 《张闻天文集》第一卷,中共党史资料出版社 1990 年版,第 341 页。

② 《张闻天文集》第一卷,中共党史资料出版社 1990 年版,第 343 页。张闻天这里引用了列宁的一段话,说明这种主张就是列宁所说的左派幼稚病。应该说,张闻天利用了他对经典著作尤其是列宁著作的熟悉度,用经典作家的主张驳斥了博古等人自以为是马克思主义正统主流思想代表者的言论,主张根据中共执政区域的经济实际情况采取灵活措施,反映了张闻天实事求是的马克思主义精神,为新民主主义经济思想的形成作出了巨大贡献。当然他的论述也还是在那个阶段用经典作家的言论来反驳,还不可能真正认识到资本对现实社会生产力的不可或缺和巨大作用。

③ 《毛泽东选集》第一卷,人民出版社 1991 年版,第 133 页。

领》第十一条明确说，"发展工业生产与商业流通，奖励私人企业，保护私有财产，欢迎外地投资，实行自由贸易，反对垄断统制，同时发展人民的合作事业，扶助手工业的发展"①。这时政策就不仅是容许私人生产经营，还进一步对私有财产和自由贸易作了明确规定，甚至还要奖励私人企业，这些认识正是中共局部执政经验的产物。

三是从社会历史发展阶段和构建新民主主义社会的角度来认识。从统一战线和中共执政区域的现实经济发展需要而容许以致鼓励私人资本存在，这总体上还是一个策略问题。马克思主义为中共提供了五种形态社会发展阶段的分析方法，中共在马克思主义理论与方法下对中国社会发展阶段作出了一个新设想，即中国建立社会主义制度之前还可以并应该存在着一个社会阶段——新民主主义阶段。这一主张的根据就是"因为中国经济还十分落后的缘故"②，因此，在进入社会主义之前应该有一个可以容许甚至"资本主义会有一个相当程度的发展"③的社会阶段。"拿资本主义的某种发展去代替外国帝国主义和本国封建主义的压迫，不但是一个进步，而且是一个不可避免的过程。它不但有利于资产阶级，同时也有利于无产阶级，或者说更有利于无产阶级。"④说资本主义的发展不仅有利于资产阶级，还有利于无产阶级，这只能是从社会生产力发展的历史规律角度来认识。毛泽东反对那些把资产阶级三民主义革命主张和社会主义革命"毕其功于一役"的错误认识，认为在社会主义条件成熟之前应该有一个资本主义相对发展的阶段，这当然是中共领导者用马克思主义经济理论结合中国革命实际作出的新创新和新判断。正是在这一判断下，才形成了系统的新民主主义经济思想。当然随着革命形势的不断变化，中共在革命中的地位和影响不断扩大，以毛泽东同志为代表的中共领导者不仅要考虑政权的存续，更要考虑国家未来的发展，尤其是经济建设发展，他们对私人资本的认识就不断加深。在抗战即将胜利之际，毛泽东进一步阐述了他对中国未来发展的设想，"在新民主主义的政治

---

① 《毛泽东文集》第二卷，人民出版社 1993 年版，第 336 页。
② 《毛泽东选集》第二卷，人民出版社 1991 年版，第 678 页。
③ 《毛泽东选集》第二卷，人民出版社 1991 年版，第 650 页。
④ 《毛泽东选集》第三卷，人民出版社 1991 年版，第 1060 页。

条件获得之后,中国人民及其政府必须采取切实的步骤,在若干年内逐步地建立重工业和轻工业,使中国由农业国变为工业国"①。这种新民主主义政治条件就是中共取得了全国执政地位,此时资本主义经济成分不再成为经济主导成分,要由中共来实现中国现代化进程,实现从农业国家向工业国家的发展,而其中资本主义因素还可以进一步得到利用。"有些人不了解共产党人为什么不但不怕资本主义,反而在一定的条件下提倡它的发展。我们的回答是这样简单:拿发展资本主义的某种发展去代替外国帝国主义与本国封建主义的压迫,不但是一个进步,而且是一个不可避免的过程。它不但有利于资产阶级,同时也有利于无产阶级,或者说更有利于无产阶级。现在的中国是多了一个外国的帝国主义与一个本国的封建主义,而不是多了一个本国的资本主义和一个本国的封建主义,而不是多了一个本国的资本主义,相反地,我们的资本主义是太少了。"②"我们坚信,不管是中国的还是外国的私人资本,在战后的中国都应给予充分发展的机会"③。

　　不过,从总体上看,新民主主义经济思想所反映的中共对民族资本团结与利用态度根本原因在于认为目前所处的历史阶段是新民主主义阶段,认为在这个阶段是可以保留并利用民族资本来发展经济的。这既是基于对当时社会发展阶段的判断,也是由于革命斗争的需要。在革命时期,包括新中国成立后的相当长时间里,中国共产党并没有完全认识到资本在生产力相对落后阶段存在的必然性和必要性,因此对资本的利用没有充分放开,而是有限制地利用。比如毛泽东在关于新民主主义的多次论述中都强调,国民经济的命脉只能掌握在国家手中,这是社会主义因素,而民营资本只能在其他不重要的经济领域发展。这样做就不可能达

---

① 《毛泽东选集》第三卷,人民出版社1991年版,第1081页。

② 《毛泽东选集》第三卷,人民出版社1991年版,第1060页。此段出自毛泽东全面论述新民主主义社会的《论联合政府》一文,较为充分地表达了以毛泽东同志为核心的党的第一代中央领导集体对于中国为什么在社会主义之前还要有一个新民主主义,即一定程度上的资本主义发展的认识和理解。这里体现了马克思主义经济理论揭示的社会发展规律,即在社会主义建立之前,用资本主义发展取代封建社会是一个社会进步,"是一个不可避免的过程",中国民族资本主义发展对中国具有进步性。

③ 《毛泽东文集》第三卷,人民出版社1996年版,第186页。

到对资本的真正充分使用,并且会随着形势的变化提出对资本限制乃至
消灭的要求。如在主张利用私人资本的同时,毛泽东就坚定地认为,新中
国虽是新民主主义性质的,但要不断增加社会主义因素,以实现向社会主
义社会的过渡。

因为要保留乃至鼓励私人资本的发展,中共在处理劳资矛盾方面就
不能沿用经典作家的相关要求。马克思恩格斯认为,劳资矛盾是资本主
义社会两大阶级对抗的直接体现,要消除这一矛盾只能是建立社会主义
制度,在资本主义生产关系的存续下,劳资矛盾就是阶级矛盾。"劳资之
间,从两阶级发生的时候起,就是互相矛盾的"①。中共革命者在早期都
是利用劳资矛盾消灭资本主义为目标,因为只有这样才能实现无产阶级
解放,免被资本家剥削。但是以毛泽东同志为代表的中共中央主张在新
民主主义社会允许私人资本存在,就需要妥善解决劳资矛盾,才能让私人
资本得到一定存续和发展。因此,中共第一代领导集体根据革命斗争需
要,创造性地提出和施行了"劳资两利"政策。

"劳资两利"就是一方面保障私人资本有利可图,工人工资和劳动保
障水平不能超出现实生产经营条件;另一方面,也要使工人利益得到保
障,不能再如传统那样任由资本家剥削。"在劳资关系上,我们一方面扶
助工人,使工人有工做,有饭吃;另一方面又实行发展实业的政策,使资本
家也有利可图。"②中共一方面制定相关的劳动保障政策和法规,约束和
规范资本家的用工行为,使工人权益得到保障;另一方面也教育工人、工
会及相关政策制定和执行者不能仅从工人角度思考问题,而是要从经济
发展角度认识劳资关系,让资本家能够在现有条件下生存乃至有所发展。
对于劳资合作的基础,毛泽东首先是从抗战斗争的需要来讲,"工人与资
本家所有的共同利益,是建立在反帝国主义侵略的基础之上的"③。
其次,毛泽东还从新民主主义阶段容许和鼓励私人资本长期发展的角度,
认为劳资之间的利益矛盾和诉求"在整个新民主主义的阶段上,不会也

① 《毛泽东选集》第一卷,人民出版社 1991 年版,第 307 页。
② 《毛泽东选集》第三卷,人民出版社 1991 年版,第 808 页。
③ 顾龙生编著:《毛泽东经济年谱》,中共中央党校出版社 1993 年版,第 108、88 页。

不应该使之发展到超过共同要求之上"①。这个共同要求就是共同完成
"新民主主义国家的政治、经济和文化的各项建设"②。在新民主主义阶
段,既然资本主义因素要长期存在,当然就不能提倡和容许一方消灭另一
方,只能是实行"劳资两利"的政策。"劳资双方不是两利,那就是不利。
为什么呢? 只有劳利而资不利,工厂就要关门;如果资利而劳不利,就不
能发展生产。"③

　　当然,"劳资合作"和"劳资两利"思想并没有否认阶级矛盾和斗争,
"不是把劳资两个方面平列起来"④,而是有所侧重。在中共新民主主义
阶段论中,这是一个以工人阶级为领导的新型社会,虽然这一社会依旧容
许存在和发展资本主义,因此还具有一定的资本主义经济成分,但是却是
在中共领导下的劳动人民联盟的新社会。资本主义的存在更多是生产力
发展的需要,是可以利用的发展力量,而不是主导力量,而领导社会的力
量当然是工农联盟。因此工农与资产阶级之间必然还存在着一定的矛
盾,而新民主主义的国家政权也会力求创造条件来实现工农的利益。与
民族资产阶级的斗争不过是要帮助他们克服政治上的动摇性和革命的不
彻底性,使民族资产阶级用更多的力量投入到新民主主义建设之中。
"工农群众阶级斗争的发展,并不会削弱统一战线反帝反封建的力量,相
反,还会加强统一战线的力量。"⑤

　　因此,劳资合作是有政治目标的,这一目标就是在反帝反封建这一共
同目标下劳资双方共同为这一目标奋斗,在这一共同目标下进行政治合
作,达到双方互利共赢。但是,合作不是完全迁就一方,而是要始终把工
人阶级的领导地位作为合作的核心,而对民族资本则是在共同目标下的
一种合作安排,不等于不与民族资本家进行斗争。而且,中共认为这一政
策只适用于新民主主义阶段,中共追求的目标是要在中国建立社会主义
制度。为了社会主义制度的顺利建成,即使在新民主主义阶段也必须对

----

①　《毛泽东选集》第三卷,人民出版社1991年版,第1056页。
②　《毛泽东选集》第三卷,人民出版社1991年版,第1056页。
③　陶鲁笳:《毛泽东教我们当省委书记》,中央文献出版社1996年版,第128页。
④　《周恩来选集》下卷,人民出版社1984年版,第12页。
⑤　《刘少奇选集》上卷,人民出版社1981年版,第51页。

私人资本中不利于社会主义因素增长的方面加以限制,只能是有条件地发展私人资本主义经济,有条件地实行"劳资两利"政策。

三、国营主导与混合经济的新型经济形态

把无产阶级领导的社会主义之前的革命称之为新民主主义革命,是中共对马克思主义中国化的创新成果之一。这一理论和实践完善是一个不断发展的过程。初期提出的新民主主义只是要与过去以资产阶级为主导的民主主义革命相区分。但是,新民主主义新在何处,要建成一个什么样的国家,用什么样的体制,形成什么样的格局,这些都要在实践中不断总结和完善。既然新民主主义是一个中共领导下的无产阶级革命的一个阶段,作为领导的党或是执政区域的执政党,中共当然要说明自己执政的基础,即不仅要在政治上处于领导地位,同时在经济和文化上也处于主导地位,这样才能使党的执政更具合理性和合法性。

中共在革命实践中提出了农村土地制度的变革,让农民拥有土地,虽然获得了农民对中共革命的政治支持,但是农民拥有土地后毕竟是成为私有制的小生产者,在经济上并不能成为中共执政的基础。毛泽东在1947年中央会议上讲:"又有从封建制度解放出来、虽则在一个颇长时间内在基本上仍然是分散的个体的、但是在将来可以逐步地引向合作社方向发展的农业经济,在这些条件下,这种小的和中等的资本主义成分,其存在和发展,并没有什么危险。土地改革后,在农村中必然发生的新的富农经济,也是如此。"[①]这里虽然强调这些小私有的生产没有危险,但却表明了态度,即中共认识到并担心农村农民在分得土地后由于经营能力不同而出现的新分化,在农民中会形成新的不平衡,认为这种农业模式是要向合作化的方向发展,否则在经济上不可能形成对国家和政权的直接支持。

而在工商业方面,虽然容许私人资本存在和经营,提倡"劳资两利",只是说明中共在新民主主义时期对待个体经济和私人资本的态度。"在中国的条件下,在新民主主义的国家制度下,除了国家自己的经济、劳动

---

① 《毛泽东选集》第四卷,人民出版社1991年版,第1255页。

人民的个体经济和合作社经济之外,一定要让私人资本主义经济在不能操纵国民生计的范围内获得发展的便利,才能有益于社会的向前发展。"①这里还是明确指出了私人资本从性质上说与中共追求的目标不是完全统一的。因此,中共需要建立自己阶级和执政的经济基础,这就是公营经济和合作经济,这些都作为社会主义经济成分的部分。也就是说,在新民主主义阶段,要保证无产阶级的领导地位,必须要保证公有公营和有社会主义成分的合作经济和国家资本主义占据主导和领导地位,其他经济成分是在社会主义经济成分的领导下共同推动新民主主义经济的发展。

新民主主义经济是一个混合经济,是个体、民族资本家与国家、社会共同合作发展的经济形态,这个经济不是盲目无序的,而是与政治结构相适应的新型经济形态,是新民主主义革命的产物。土地改革使土地所有权最终归于农民,形成了农民的个体经济;但是,要在自愿的基础上,促进农民从个体的小生产向合作的集体劳动转变。"在边区,我们现在已经组织了许多的农民合作社,不过这些在目前还是一种初级形式的合作社,还要经过若干发展阶段,才会在将来发展为苏联式的被称为集体农庄的那种合作社。我们的经济是新民主主义的,我们的合作社目前还是建立在个体经济基础上(私有财产基础上)的集体劳动组织。"②这样做的目的当然是要促使农民的小生产与新民主主义中的社会主义成分相适应,虽然这里强调了这种联合和合作还不是苏联式的土地国有下的集体农庄,但是强调了目前只是初级阶段,未来还要发展成苏联集体农庄式的合作社,表明了中共在土地私有下未来有促使其向社会主义发展的追求。

利用资本和"劳资两利"不仅使民族资产阶级在政治上得到团结和合作,而且在经济上也保留了生产经营权和收益权,使资本主义因素继续作为一种积极因素而存在。"由于中国经济的落后性,广大的上层小资产阶级和中等资产阶级所代表的资本主义经济,即使革命在全国胜利以后,在一个长时期内,还是必须允许它们存在;并且按照国民经济的分工,

---

① 《毛泽东选集》第三卷,人民出版社1991年版,第1060—1061页。
② 《毛泽东选集》第三卷,人民出版社1991年版,第931页。

还需要它们中一切有益于国民经济的部分有一个发展；它们在整个国民经济中，还是不可缺少的一部分。"①在工商业方面，通过促进各方合作、不限股份的合作社发展来促进与新民主主义相适应的生产经营方式。如在延安时期得到广泛宣传推广的南区合作社，把灵活入股、公私两利作为生产经营活动的重要内容，从而迅速扩大规模，成为南区经济的中心。毛泽东认为："地广人稀，小农经济占优势的边区，要贯彻政府的经济政策，组织与吸引人民发展经济，就必须以真正群众化的合作社起杠杆作用。因此，南区合作社式的道路，就是边区合作事业的道路；发展南区合作社式的合作社运动，就是发展边区人民经济的重要工具之一。"②

而中共建立公有经济的初期主要是在革命斗争中为了部队和行政机关的物资保障供给而建立的生产军需的公营企业和经济管理机构，如军工厂、后勤保障企业、银行等。20世纪40年代在日寇封锁下，陕甘宁边区实行大生产运动，不仅原有的工厂在扩大生产，而且部队、机关和教育机构等都投入了生产，不仅有工业、手工业，还有农业生产。这些生产活动大大提高了部队机关的供给水平，客观上也积累了公有企业的生产能力，公营经济在整个边区经济，尤其是部队机关保障供给中不断扩大，在整个边区政府的财政收入中逐步取得了支配地位。抗战胜利后，中共执政区域向城市扩展，通过没收官僚资本和帝国主义资本的企业和资产，极大地充实了公营经济实力。没收官僚资本和外国资本等大资本，这既有政治上的理由，也有经济上的价值，使这些资本产业成为公有经济，让公有经济控制经济命脉，成为整个社会经济的主导部分，这正是新民主主义的"新"型经济形态的关键所在。

因此，毛泽东在理论上总结和归纳新民主主义经济形态时，认为："新中国的经济构成是：（1）国营经济，这是领导的成分；（2）由个体逐步地向着集体方向发展的农业经济；（3）独立小工商业者的经济和小的、中等的私人资本经济。这些，就是新民主主义的全部国民经济。"③这是一

① 《毛泽东选集》第四卷，人民出版社1991年版，第1254—1255页。
② 转引自黄正林：《陕甘宁边区社会经济史（1937—1945）》，人民出版社2006年版，第499页。
③ 《毛泽东选集》第四卷，人民出版社1991年版，第1255—1256页。

个五种经济成分共存的混合经济形态,包括社会主义国营经济、国家资本主义、私人资本主义、个体经济和合作经济等,其中社会主义国营经济占据主导地位,其他经济成分是对其补充。新民主主义经济形态中的国营经济、合作经济和国家资本主义部分都被认为是与无产阶级革命目标有关,是无产阶级执政的基础。因为这些部分是公有制性质,也被作为社会主义经济成分,而个体中的农民和小生产者作为相对落后的经济生产因素,与作为现代工业生产和流通的私人资本因素一起作为与社会主义经济因素相区分、相矛盾但是又可以在新民主主义下统一的经济成分。

在这种新经济形态下,要实现无产阶级政党执政的目标,毛泽东提出了新民主主义时期各种经济成分是分工合作、各得其所,达到公私兼顾、劳资两利、城乡互助、内外交流局面,从而实现发展生产、繁荣经济和社会公平的目标。在整个经济发展中,政府进行宏观调控。可见,虽然新民主主义经济存在商品经济关系,但是不是西方的商品生产与市场交换的经营方式,更不可能是完全自由的资本主义商品经济发展模式,而是在公营经济的引领和主导下,按照向社会主义目标不断发展的一种经济形态。这种形态由于保留了资本主义和个体经济的成分,经济矛盾不只是生产与消费的矛盾,还有资本主义与社会主义部分的矛盾。

以国营为主导的混合经济是新民主主义经济形态的最主要特征,而这一特征的形成既是以毛泽东同志为核心的党的第一代中共领导集体对新民主主义社会经济结构理论分析的产物,又是抗日战争中中共执政区域所有制结构和经济运行方式演变的产物。抗日战争时期中共执政区域的公营经济在革命斗争的需要下不断发展,在许多重要工业领域建立了相对独立的体系,为抗日战争胜利和保障人民生活作出了巨大贡献。在抗日如此艰苦的环境下中共也可以通过自身的努力,包括公营经济的发展使整个执政区域经济得到稳定发展。中共领导者认识到,完全可以通过自身努力实现国家经济的发展,包括公营经济的发展。解放战争后中共获得了大量的工业资产,这些资产成为国有经济的主要组成部分,到1949年新中国成立时全国工业企业固定资产中有80.7%是属于国营企业的,而国营工业产值也占全国大型工业总产值的 41.3%。① 虽然没有完全占据经济统治地位,但是已经实现了对整个国民经济命脉的控制,成为整个社会经济的主导力量。由此,中共设想的以国营为主导的混合经济新形态,已经不再只是理论上的设想而成为现实的经济形态。

四、商品关系与计划经济的经济运行体制

马克思《资本论》是从资本主义经济细胞——商品讲起,因此,共产党人对商品经济是有所了解的,一般也认识到商品经济相对于传统封建社会自然经济而言具有历史进步性,但总体上还把商品经济作为资本主义经济的典型方式来认识。列宁说:"只要还存在着市场经济,只要还保持着货币权力和资本力量,世界上任何法律也无力消灭不平等和剥削。只有实行巨大的社会化的计划经济制度,同时把所有土地、工厂、工具的所有权转交给工人阶级,才可能消灭一切剥削。"②由于马克思设想的社会主义超越资本主义经济,就不能按照商品经济模式来对待,因此,在社会主义经济活动中承认并容许商品关系和商品经济活动的存在就具有重要创新价值。苏联斯大林时期的政治经济学教科书里认为社会主义中存在全民和集体两种不同公有制,这两种公有制之间有不同的利益诉求,因此他们之间的交换应该是商品关系。"我国的商品生产并不是通常的商品生产,而是特种的商品生产,是没有资本家参加的商品生产,它所涉及的基本上都是联合起来的社会主义生产者(国家、集体农庄、合作社)所生产的商品。"③斯大林肯定社会主义也存在商品生产和交换关系,这是苏联对马克思主义经济学的一个创新。但是,斯大林反复强调,"我国的商品生产是和资本主义制度下的商品生产根本不同的"④,是要说明这种商品生产和交换的主体是公有制企业组织,不会产生剥削。如果共产党执政的地方不仅有不同的公有制形式、不同的公有制主体,还存在私人资

---

① 中华人民共和国国家统计局编:《我国的国民经济建设和人民生活——国民经济统计报告资料选编》,统计出版社 1958 年版,第 8 页。
② 《列宁全集》第 10 卷,人民出版社 1958 年版,第 407 页。
③ 《斯大林文集(1934—1952 年)》,人民出版社 1985 年版,第 609 页。
④ 《斯大林文集(1934—1952 年)》,人民出版社 1985 年版,第 610 页。

本和个体经济,这些主体要实现利益,与不同所有制主体之间进行经济往来,这些经济活动只能通过商品交换。不同利益主体之间的经济往来必然使商品交换客观存在,存在如何对商品经济活动进行经济管理是对社会主义经济体制的重要考验。

对于个体经济和私人资本中存在的商品交换关系,我们对其有一个定位,也就是在个体私人经济利益的实现上可以容许存在,但不能以此影响和冲击整个经济。如在社会某种商品供给短缺的情况下,私人资本可以有所获利,但不能利用这样的市场机会哄抬物价、囤积居奇。个体私营者虽然有定价权,但不能完全地按照个人的意愿来进行定价。也就是说,他们的商品行为是在社会整体利益保证情况下实现个人利益,而不能只顾个人利益的完全自由行为。实际上这样的做法是我们承认可以存在商品关系,但不承认商品经济,尤其是市场经济体制。正如我们在计划经济中也有商店、也有买卖和交换、也有货币、也有工资等经济收入,但是这些经济活动不是商品经济活动,而只能是商品关系。

因此,毛泽东在论述新民主主义经济时就承认了商品生产和交换的范畴,认为要保持不同主体,尤其是中小资本的生存和发展,必然要给予他们生产自由权,也包括经营自由权,即交换自由权。“中国土地法大纲上有一条规定:‘保护工商业者的财产及其合法的营业,不受侵犯。’这里所说的工商业者,就是指的一切独立的小工商业者和一切小的和中等的资本主义成分。”[①]同时,这些主体与国营经济部门和企业之间的往来也应该坚持商品交换的关系,这样才能保证这些私人部门的利益,使其能够生存,甚至有一定的发展。在这一过程中,商品经济的关系是作为相对于传统自然经济进步的经济关系而被肯定。但是,商品经济关系要服从与服务于整个社会的经济交往和发展。

对于整个社会的经济,在国营经济占主导的情况下,国营经济主体之间实行的并不是充分的商品经济关系,也不是以商品经济的标准和模式发展。如果完全按照商品经济模式,以营利为目标,这只能存在于对外贸易交往的一种形式,公有制企业之间就很难用商品经济方式而不是用行

---

① 《毛泽东选集》第四卷,人民出版社 1991 年版,第 1255 页。

政关系来联系。用行政手段来决定公有制企业和部门的经济活动,如资金、人员、原料、生产品种和数量、产品去向等,这些都是计划经济的做法。这样做首先是这些企业原来主要是保障供给的,而不是面向市场的,当然要按照计划来进行生产和调拨,即使有一个价格也不是市场价格,而是计划中为了考虑平衡各方关系的一个计划定价。对于任何一方来说,都不可能利用市场供求情况影响价格,也不可能在内部交换中实现利益最大化。

这些说明,虽然我们在论述和实践中没有明确讲新民主主义经济体制是何种类型,但是,以国营经济为主导的新民主主义经济不可能是商品经济或市场体制,也不可能是以发展商品经济为主要目标的经济类型。我们承认在经济活动中存在不同的所有制主体,也承认不同所有制主体之间经济往来应该是商品交换关系;但是,我们又承认,新民主主义社会的主导经济是公营经济,公营经济发展不能依靠市场竞争,而要依靠国家按社会需要和发展目标而制定的各种生产与投资。

第四节　新民主主义经济思想的意义

以毛泽东同志为核心的党的第一代中央领导集体在分析半殖民地半封建的中国社会性质基础上,根据马克思主义经济理论的基本观点和方法,在认清中国革命形势和任务的情况下,总结了中国革命的经验和教训,得出了新民主主义革命阶段。在这一阶段,不同所有制共同存在,建立生产力发展与生产关系变革相适应的新的社会经济形态,形成了新民主主义经济思想。新民主主义经济思想开创了半殖民地半封建社会进行社会经济制度变革的新途径,为社会主义经济建设积累了经验和方法,提出了解决社会利益矛盾的新思路,实现了新民主主义革命阶段政治与经济关系的协调,使马克思主义经济理论的运用从斗争策略到相对系统的经济理论,反映了中共理论成熟和创新发展马克思主义的道路自信。新民主主义经济思想解决了中国这样的落后国家如何在无产阶级领导下进行具有资产阶级性质的民主革命斗争的问题,力求建立一种在尊重社会生产力发展水平和社会政治条件下不同所有制共存的混合经济体制。这一思想揭示了中国近代革命的经济动因和发展规律,在对中国现实社会经济性质判断和发展模式上得出了不同于经典作家传统论述的新思想和新做法,推动了马克思主义经济学的创新发展。

一、半殖民地半封建社会形态下社会经济制度变革的新探索

新民主主义经济思想的提出首先来自运用马克思主义经济理论分析中国社会的现实生产力水平和所处的发展阶段。马克思主义经济学是在批判古典政治经济学基础上发展起来的,而古典政治经济学是研究资本主义生产关系和经济制度的学说。因此,经典作家对政治经济学的明确定义是研究资本主义生产方式和交换方式的一种学说。马克思《资本论》说,"我要在本书研究的,是资本主义生产方式以及和它相适应的生产关系和交换关系"①。劳动价值论和剩余价值论等都是论证资本主义生产方式的不合理性和不可持续,无产阶级革命也是针对资本主义制度的不合理而开展的。因此,马克思主义经济学对资本主义制度前的经济发展虽有所涉及,但并没有充分论述,②尤其是前资本主义国家进行无产阶级革命的途径和方式缺乏深入论述。以毛泽东同志为核心的党的第一代中央领导集体通过对中国现实经济状况和社会形态的科学分析,提出了近代中国是一个半殖民地半封建社会,这一论断是对马克思主义经济学关于社会制度理论的一个创新。

首先,这一论断坚持了马克思主义经济理论的基本观点。关于中国是否存在封建社会,封建社会从何开始的讨论,促使了中国一批知识分子学会运用马克思主义经济学的观点和方法研究中国社会问题。马克思论述封建社会的主要特征是基于西欧社会的,这一社会形态发展规律的论

---

① 《马克思恩格斯选集》第2卷,人民出版社2012年版,第82页。

② 马克思说:"社会关系和生产力密切相联。随着新生产力的获得,人们改变自己的生产方式,随着生产方式即谋生的方式的改变,人们也就会改变自己的一切社会关系。手推磨产生的是封建主的社会,蒸汽磨产生的是工业资本家的社会。"(《马克思恩格斯选集》第1卷,人民出版社2012年版,第222页。)他在这里只是用这样的工具表征说明了不同生产力水平形成不同的生产方式和社会关系,即社会制度。这样的描述当然只是简单举例,不能作为判断和分析社会形态的依据。五形态的主要特点也是经典作家基于西方社会历史发展得出的结论,也不能作为判断其他国家社会性质的全部依据,各国还是要根据本国情况,根据生产力水平和生产关系来判断社会所处阶段和面临的矛盾。

述是否适用于中国,这关系到马克思主义理论的科学性和普适性问题。中国社会存在特殊性,这是肯定的,资产阶级正是利用这点强调马克思主义不适用中国。但是,这种特殊性并没有改变中国社会的根本演变规律,也没有改变中国社会存在的与西方社会共同的由生产方式决定的社会形态,这对坚持马克思主义理论具有重要意义。毛泽东强调以下的观点正是基于这样的出发点:"中国封建社会内的商品经济的发展,已经孕育着资本主义的萌芽,如果没有外国资本主义的影响,中国也将缓慢地发展到资本主义社会。"①因此,关于中国社会性质的研究和讨论就不仅仅是一个纯粹的理论问题,而是一个关系到实践的重大问题。"认清中国社会的性质,就是说,认清中国的国情,乃是认清一切革命问题的基本的根据。"②由这一问题的讨论,中国的马克思主义者才自觉地运用马克思主义理论的观点与方法对中国经济进行开创性的研究,形成了中国化的马克思主义理论。中国第一批马克思主义经济学家们正是在这样问题的讨论中成长起来的。如王亚南撰写了《中国经济论丛》、《中国官僚资本之理论的研究》、《中国经济原论》等一系列对中国社会经济的原创性研究著作,是在对中国社会经济性质的研究中形成的。③ 社会对中国社会性质的讨论使毛泽东在《中国革命与中国共产党》和《新民主主义论》等文章中可以对中国社会性质作出半殖民地半封建的全面概括,成为全党对中国社会性质的基本认识。④

其次,这一论断指出了中国社会的特殊性,即是一个半殖民地半封建

① 《毛泽东选集》第二卷,人民出版社1991年版,第626页。

② 《毛泽东选集》第二卷,人民出版社1991年版,第633页。

③ 胡培兆、周元良:《三、四十年代王亚南经济思想概述》,《学术月刊》1982年第11期。

④ 王建国认为,《中国革命与中国共产党》一文与《新民主主义论》一文前后时间相差不多,尤其可能的是《新民主主义论》一文还在《中国革命与中国共产党》一文之前完成,两者侧重点不同,表述上有一些变化。主要原因是《中国革命与中国共产党》最初是作为教材来写的,对中国革命的由来和中国不同历史阶段的社会制度演变表述较多,后来经过修改后成为党内文件,而新民主主义论则是专题演讲,主要是论述新民主主义的概念和内涵的。(参见王建国:《关于〈中国革命与中国共产党〉的几个问题》,《毛泽东思想研究》2009年第2期。)应该说,《中国革命与中国共产党》中对中国不同社会制度的演变研究既借鉴了马克思主义关于社会形态的理论,也学习和借鉴了之前社会对中国社会性质的讨论和研究。主要观点不可能是党内领导者包括毛泽东自己研究历史的结论,而是广泛汲取了各方的研究成果,从而形成了对中国社会形态的划分和演变规律的认识,当然这其中也有毛泽东等撰写人的一些新理解和新认识。

的经济形态,这一形态是中国特殊的社会经济结构和国内外形势所导致的,是一个中国式的特殊阶段。这一特殊形态的认识使马克思主义经济理论得到了发展,即认识到封建社会在向资本主义转化过程中可能存在着复杂的中间形态,这些中间形态的存在是由于各国经济发展水平和社会矛盾变化而形成的,而在从资本主义向社会主义的制度变革过程中,也会存在着各种复杂的社会形态,这也同样是由社会矛盾和经济发展状况决定的。因此,不能简单地认为封建社会为资本主义所取代,资本主义为社会主义所取代可以通过政权更替直接实现。正是在对中国社会形态进行科学分析的基础上,中共提出了中国从封建社会、资本主义社会向社会主义社会转变中可以有一条不同的新途径——新民主主义道路。"中国现时的革命阶段,是为了终结殖民地、半殖民地、半封建社会和建立社会主义社会之间的一个过渡的阶段,是一个新民主主义的革命过程。"[①]

在传统对马克思主义经济理论的理解中,我们认为资本主义制度的所有问题是由于私有制的存在,由于资本家对利益的追逐,是对剩余价值的无限追求才使无产阶级贫困并最终导致革命和资本主义灭亡,私有制是资本主义社会矛盾的根源。无产阶级没有财产,所以革命才会最彻底。这样,在传统理解中把资本主义的生产资料占有制演变为财产私有制和私有观念,一切私有制和私有观念都与革命相冲突,都是革命的对象。而建立公有制,不管何种公有都被宣传为好的,当然个人的私有财产、经营活动和私有观念都作为斗争的对象。但是,马克思主义经济学实际上本身是隐含在资本主义制度下承认在这种社会中各种利益主体的存在和对利益追求。无产阶级也有利益,无产阶级革命不过是要求获得自己的利益,资本家利用生产资料资本家私人占有制而将本身是无产阶级创造的利益占有和剥削了。生产资料私人占有制是资本家实现剥削的手段和条件,但并不是说私有财产和私有观念是资本主义问题的根源。

新民主主义经济思想在马克思主义经济学上最主要的创新是承认在一定历史阶段和条件下各种利益主体的利益存在有其合理性,各种利益主体有其自身利益追求,也认为在一定历史阶段下私有制存在合理性。

---

① 《毛泽东选集》第二卷,人民出版社1991年版,第647页。

我们认可了在没有达到社会主义条件时资本主义生产方式和经济制度的先进性,这样在落后的中国保留一定资本主义,尤其是民族资本主义成分就有合理性。在新民主主义时期,我党对民族资本家的态度绝不是单纯利用,也不完全是策略。党在革命的一定阶段接受资产阶级革命目标,与资产阶级政党合作,提出新民主主义口号和方针,正是认为中国现阶段社会发展的主要任务还是一个容许资本、需要资本、资本依旧具有先进性并可以发挥作用的阶段。共产党在新民主主义时期的革命目标并不是要建立社会主义制度,而是要领导无产阶级和资产阶级实现一个还包含有资产阶级民主性质的革命目标,而这一阶段的认识正是基于用马克思主义社会形态理论对中国进行分析的思想创新成果。

传统的马克思主义经济学理论批判资本主义,要求通过革命夺取政权并实行社会主义制度,并没有承认无产阶级政党可以在落后国家领导革命斗争,包括领导包含资产阶级民主性质的政权革命斗争理论。新民主主义经济思想证明,在经济落后国家进行的无产阶级革命应该坚持立足实际,要分析各种经济成分的价值与作用,才能把握革命方向。无产阶级政党在革命时期可以参与并领导资产阶级革命,协调资本主义经济成分发展,在经济落后情况下承认不同利益主体的存在和追求自己的利益。新民主主义经济思想的主要价值就是说明共产党在一定历史阶段可以处理好资本主义经济成分,发挥其积极作用并以此促进社会经济不断发展,为半殖民地半封建国家实现经济制度变革提出了新途径。

当然,新民主主义经济思想没有对新民主主义经济建设中的生产力发展规律、商品经济体制、不同所有制内在关系等方面进行深入的理论探讨,总体上还是作为整个新民主主义革命道路的一个部分加以论述,没能从经济理论上加以深入阐述。存在这一遗憾的根源主要在于新民主主义时期主要是战争时期,革命工作的着力点还是军事斗争。在革命斗争的理论上我们形成了毛泽东思想,不过主要集中在哲学、军事思想和革命斗争方面。在经济建设方面的实践经验还不充分,研究和总结新民主主义经济建设规律还没有条件和环境。这些因素决定了,新民主主义经济思想虽然提出了许多新的思想和具体做法,但由于缺乏对中国现实经济问题尤其是经济建设问题的深入分析和研究,我们在新民主主义经济建设方面的理论准备不足,只是在新民主主义经济的主要原则和构成上提出了设想。马克思主义经济学更多的是作为一种革命理论而不是建设理论来理解、认识和运用的,这决定了新民主主义时期许多好的经济发展做法没有能在新中国成立后得到长期坚持。

二、社会主义经济建设经验的新积累

在新民主主义经济思想中,毛泽东提出了以国营经济为主导,其他各种经济成分共同参与的经济结构和"发展生产、繁荣经济、公私兼顾、劳资两利"的经济发展目标,这些为社会主义建设积累了经验和方法。

对于社会主义建设,虽然经典作家作了一些设想,但是总体上是抽象的和原则性的。如他们提出未来社会应该生产力高度发达,生产资料归全体社会成员所有,消灭生产资料私有制和人对人的剥削关系;消灭一切阶级和阶级差别,国家消亡等。而在共产主义的第一阶段即不发达阶段,也有过一些设想,如建立生产资料国有制,实行计划生产和按劳分配等。但是,经典作家也强调了,"在将来某个特定的时刻应该做些什么,应该马上做些什么,这当然完全取决于人们将不得不在其中活动的那个既定的历史环境"[①]。这说明,经典作家所提出的这些设想总体是在资本主义的分析和批判的基础上得出的,有其理由和根据,但并不是最终的结论和现实实践的直接依据。每一个马克思主义者都应该根据现实条件和形势发展作出符合客观需要的判断,而不是拘泥于经典作家的结论。当然,由于革命年代马克思主义一直是作为革命理论来认识和运用的,因此注重的是马克思主义批判资本主义的革命思想和方法。但是,由于经典作家没有经历过社会主义建设的实践,苏联等社会主义国家在社会主义建设的实践总体上也是依据经典作家的论述来开展的,没有突破性的重大创新,因此对于中共来说,马克思主义经济理论中关于社会主义经济建设的理论就相对缺乏。如果要从马克思主义经济理论中挖掘经济建设的思想和方法,需要在经典作家对资本主义批判性结论中去寻求。马克思主义关于经济建设的思想隐含在马克思对资本主义的研究之中,这些结论

[①] 《马克思恩格斯选集》第4卷,人民出版社2012年版,第541页。

不经过转换就无法成为经济建设的指导思想。而在革命时期,进行这样的转换是困难的,经济建设自身的复杂性要求更多地从现实经济活动中去寻求经济发展的规律。经济建设面临的问题更多的是实践中出现的新问题,必须要从现实活动中去总结和归纳,而不是出于原则和理想。

中共革命的目标是要在中国建立社会主义,并以此实现中国强国的世纪梦想。但是,中国如何建设社会主义却没有完全的指南,正如中国革命的道路需要中国革命者不断探索一样,中国建立什么样的社会主义,何时建立社会主义,如何建设社会主义等都没有现成答案,经典作家也不可能解决这样的问题,只能靠中共革命者在革命斗争和社会主义建设中去摸索、总结和创新。马克思主义主张实事求是,就是因为只有这一条才是可以作为永久性的方法。中共在新民主主义革命阶段提出的新民主主义经济思想,为今后的社会主义建设积累了经验和方法。

其经验在于,中共在新民主主义革命阶段在不同区域获得了执政的地位,可以根据自己的设想在执政区域进行经济政策的设计和实施,从而获得经济建设的经验。中共在执政区域进行了减租减息和土地改革,创办了公营生产与流通企业,建立了税收和工商管理等经济管理机构,设立了公立银行并发行自己的货币,制定了一系列促进经济发展的政策和措施,培养了一批懂经济的干部。延安大生产运动虽然是在内外环境压迫下不得不进行的生产自给做法,但大生产运动充分调动了各级部队和机关开展生产劳动,大大缓解了中共部队和机关的物资供给和保障问题,尤其是吃饭和穿衣等基本生存条件,还奠定了公营经济的基础。"所有延安及全边区各机关学校的生产自给工作是有成绩的,他们不但供给了日常经费的大半,解决了迫切的财政困难,而且奠定了公营经济的基础,使我们能够依据这个基础继续发展生产,解决今后的问题。"①延安大生产运动给中共很大的启示,即经济条件的改善并不是不可能的,完全可以通过动员和发动各级组织自力更生,自己动手解决经济困难。这样的经验

①　《毛泽东文集》第二卷,人民出版社1993年版,第466页。

在新中国成立后就成为我们推行独立自主、自力更生建设社会主义的源头。"特别重要特别值得指出的,是我们学得了经营经济事业的经验,这是不能拿数目字来计算的无价之宝。我们不但应该会办政治,会办军事,会办党务,会办文化,我们还应该会办经济。如果我们样样能干,惟独对于经济无能,那我们就是一批无用之人,就要被敌人打倒,就要陷于灭亡。"①

方法在于,在没有完全建立社会主义的情况下,社会主义是否承认和利用私有经济成分,反映经济建设的态度和方法。马克思主义经济学只承认私有制社会中私有财产存在的历史合理性,在共产党执政下要对私有经济成分进行改造。传统社会主义过渡理论认为过渡就是把资本主义私有制向社会主义公有制的改造阶段,而不是由生产力落后向发达的发展阶段;传统社会主义建设理论就是解决社会主义公有制下如何加快发展的问题,而不是一个可以在不同所有制下推动社会主义目标实现的过程;社会主义之所以要分为初级与高级,要在社会主义之前进行革命和过渡,就在于要创造条件来实现社会主义。新民主主义经济思想为经济落后国家在共产党执政下私有经济成分可能长期存在并促进经济发展提供了很好的理论依据,这一依据就是生产力发展依据,即经济落后国家共产党执政首先也要解决民生问题,要稳定和发展经济。既然在经济上应该适应生产力要求容许不同所有制的存在,那么,衡量社会主义的标准也就不能仅仅依据公有制比重的标准,而是应该建立适应不同生产力要求的所有制结构和社会经济管理方式。社会主义初级阶段理论的产生,正是基于认识到我国是一个经济落后国家,存在着不同生产力水平的经济结构,因此应该有不同的所有制结构和分配方式,这些思想都可以从新民主主义经济思想中找到源头。

关于国营经济性质问题也是新民主主义经济思想给社会主义建设留下的一个方法问题。有学者认为,毛泽东在1948年前认为,新民主主义时期的国营经济主要是国家资本主义性质,或是新民主主义国家性质,而不是社会主义性质;而1948年后由于革命形势趋向于中共可以全面执政

---

① 《毛泽东文集》第二卷,人民出版社1993年版,第466页。

的情况下,毛泽东认为国营经济应该是社会主义性质的。① 因为此时无产阶级获得了领导权,国有经济已经占据主导地位,社会经济性质当然要以主导经济作为依据,政治领导权确定下加上国有经济比重决定了经济成分的性质。"在我们社会经济中起决定作用的东西是国营经济、公营经济,这个国家是无产阶级领导的,所以这些经济都是社会主义性质的。农村个体经济加上城市私人经济在数量上是大的,但是不起决定作用。我们国营经济、公营经济,在数量上较小,但它是起决定作用的。……国营企业是完全社会主义性质的,它不带资本主义性。"②毛泽东在新中国成立前有这样的思考反映了第一代中央领导集体对中国未来走向的思考和探讨,即如何理解社会主义和社会主义制度性质由何决定问题,无产阶级政党的领导权和国有经济(或公有经济)主导地位是否可以决定制度的社会主义性质。这种思考和探讨肯定是超越当时现实发展的,也不可能马上成为政策并对外宣传,这也就是新中国成立初期我们始终强调我们是新民主主义阶段,而没有宣布为社会主义的原因之一。这既是政治策略的需要,也是经济发展阶段性和过程性的表现。毛泽东的思考超越于当时的现实情况正是作为革命领袖指明革命方向的责任所在。在思考过程中,毛泽东对国有经济的性质由于革命形势和所占比重的变化而不断变化,这是理论思考的基本规律。毛泽东把无产阶级政党执政后的国有经济看作是社会主义性质,也不等于毛泽东把新中国成立初期就直接看作是社会主义,把无产阶级执政、国有经济占主导地位就看作是社会主义的一种形态或一个阶段。但是继续延续新民主主义提法,不等于是要坚持这一阶段。向社会主义发展,把新民主主义作为一个过渡是中国革命的必然要求,也是革命理论逻辑演进的必然,毛泽东不可能向广大群众长期宣传和坚持新民主主义而不向社会主义过渡。毛泽东虽然承认无产阶级执政和国有经济是社会主义因素或性质,但是只有这些内容是不够

---

① 王占阳:《从新民主主义国营经济到社会主义国营经济——关于毛泽东新中国国营经济性质思想演变的历史考察》,《史学集刊》2004年第3期。王占阳认为,在1948年之前毛泽东谈新民主主义国营经济具有社会主义性质都是后来收入《毛泽东选集》时修改后增加的,而毛泽东在此之前的理解认为新民主主义国营经济还是一种国家资本主义或新民主主义国家性质的。

② 《毛泽东文集》第五卷,人民出版社1996年版,第139—141页。

的,是不够格的社会主义,或者说不是社会主义。社会主义真正的优越性是三个方面的完整体现:公有制,尤其是完全的国有制、计划经济取代市场,按劳分配解决分配差距等。而只要存在着非公有制经济,就不得不存在市场交换,就不能施行有效的计划经济和按劳分配,也就不可能体现社会主义的优越性。所以从革命理论的逻辑圆满来看,推动向充分体现马克思设想的社会主义模式迈进是革命的根本目标。至于我们在实践中做不到,不是因为这一理论有问题,而是因为我们条件不具备或执行不彻底,只是现实条件约束了我们不能充分实现理论要求,也只有现实让我们发现理论与现实的差距,最终在现实中降低理论设想要求。

新民主主义经济思想的形成既是中共第一代领导者根据中国革命形势作出的判断,也是运用马克思主义经济理论的产物。新民主主义经济思想是新民主主义理论的组成部分,构成了毛泽东思想的主要组成部分。毛泽东思想不仅是马克思主义理论中国化的产物,而且是坚持和发展马克思主义的一个典范。长期以来,我们只把毛泽东思想看作是一个主要是革命理论上的创新和中国化的体现,而对新民主主义经济思想没有作出更多阐述和研究,没有站在马克思主义的坚持和发展的角度来总结这一理论的创新意义和价值。新民主主义经济理论解决了在经济落后的情况下,在多种所有制并存下,在经济稳定和民生需要的情况下,如何从实际出发进行经济建设的成功做法。这些做法是对马克思主义的创新和发展,是在坚持马克思主义基本方法的基础上实事求是得出的正确做法。由此使马克思主义得到了正确的理解和坚持,推动了马克思主义的传播。

三、社会利益矛盾解决的新尝试

在马克思主义劳资关系理论中,要保障劳动者利益,只有消灭私有资本和资产阶级,使资本无法剥削劳动。因此,消灭私有资本是共产党奋斗目标之一。但在革命斗争中,中国共产党认识到在新民主主义阶段应该保留并利用私有资本,而在资本家与劳动者之间实行"劳资两利"政策,协调劳资之间的利益矛盾,为马克思主义经济学解决经济利益矛盾提供了新思路。

马克思认为,资本性质不是由其自然属性即资本的物化形式决定的,而是由其社会属性决定,即体现在生产关系中的人与人的地位和作用来决定的。从追逐剩余价值的角度和剩余价值只能是由劳动者创造而被资本家无偿占有的性质看,资本没有公有与私有、姓"社"姓"资"之分。在资本主义制度下,私有制直接表现为资本私人占有制,虽然资本在具体的经济组织形式中实现形式不同,但本质是一致的。资本本身不分投资者的数量多少和投资者的性质,都是以获利为目标。①

马克思恩格斯揭露了资本主义制度中劳资关系体现的无产阶级和资产阶级之间的对立关系,通过对剩余价值理论论证了无产阶级和资产阶级之间的剥削与被剥削的关系,科学地阐明了劳动与资本对立和对抗的经济根源。"资本发展成为一种强制关系,迫使工人阶级超出自身生活需要的狭隘范围而从事更多的劳动。作为他人辛勤劳动的制造者,作为剩余劳动的榨取者和劳动力的剥削者,资本在精力、贪婪和效率方面,远远超过了以往一切以直接强制劳动为基础的生产制度。"②而且马克思恩格斯认为,劳资双方的对立和对抗是资本主义制度本身无法解决的,"资本主义生产过程在本身的进行中,再生产出劳动力和劳动条件的分离。这样,它就再生产出剥削工人的条件,并使之永久化。它不断迫使工人为了生活而出卖自己的劳动力,同时不断使资本家能够为了发财致富而购买劳动力。现在已经不再是偶然的事情使资本家和工人作为买者和卖者在商品市场上相对立。过程本身必定把工人不断地当做自己劳动力的卖者投回商品市场,并把工人自己的产品不断地转化为资本家的购买手段。实际上,工人在把自己出卖给资本家以前就已经属于资本了。工人在经济上的隶属地位,是通过他的卖身行为的周期更新、雇主的更换和劳动的市场价格的变动来实现的,同时又被这些事实所掩盖"③。为了维护工人阶级的权益,从根本上解决劳资矛盾,必须通过暴力革命的方式消灭私有制和雇佣劳动,才能真正实现无产阶级的彻底解放。马克思主义劳资关系理论为世界工人运动提供了科学的理论指导,同时也对中共的劳资政策制定产生了深刻影响。当然,经典作家对资本主义制度下的劳资关系

---

① 参见贾后明、伍铁林:《对股份制公有性质的质疑》,《生产力研究》2006 年第 10 期。
② 《马克思恩格斯选集》第 2 卷,人民出版社 2012 年版,第 198 页。
③ 《马克思恩格斯选集》第 2 卷,人民出版社 2012 年版,第 259 页。

分析主要基于他们所处的时代，这个时代劳资矛盾冲突对抗激烈，他们认为资本主义的发展只会使这种对立与对抗增强。恩格斯就说："资本和劳动的关系，是我们全部现代社会体系所围绕旋转的轴心"[①]。

经典作家对劳资关系本质的界定让中共充分认识到处理劳资关系对于革命的重要性。毛泽东多次在讲话和文章中都强调指出："劳资之间，从两阶级发生的时候起，就是互相矛盾的"[②]，认为"抹杀这种矛盾，抹杀这种不同要求，是虚伪的和错误的"[③]。在传统理解中，无产阶级革命就是用暴力打破旧的政权，并通过政权来实现社会主义改造，把私有制变为公有制，建立社会主义制度。在消灭剥削和私有利益矛盾方面，我们从马克思主义经济学中得到的基本上都是对另一方利益的否定。解决社会利益矛盾就是消灭一方，最终达到没有利益矛盾的社会制度。尽管以毛泽东同志为核心的党的第一代中央领导集体结合中国国情，从劳资对立中找到了两者之间存在同一性，提出并实施了"劳资两利"政策，但这一政策的基点是从劳资双方的对立中寻求两者之间的相对平衡，并未否定经典作家关于劳资对立与对抗的结论。

不过，虽然中共接受了经典作家关于劳资对立的观点，但对劳资矛盾提出了新的理解，即劳资矛盾并不是时时都被激化表现为阶级矛盾和对抗，在一定条件下也可以实现劳资关系的协调，可以寻求相互之间的利益共同点和平衡点。新民主主义经济思想正是展现了这种在矛盾双方利益矛盾情况下可以协调和融合的解决办法，当然这一点也是中共在革命斗争的教训中逐渐认识到的。劳资两利不是否认双方的利益矛盾，而是寻求可以实现双方利益协调的平衡点，而处于执政的政党、政府的作用就在于引导双方向相互合作和共赢的方向发展。中共在新民主主义革命中获得了执政经验，同时基于新民主主义发展阶段和统一战线等因素的考虑，希望通过协调劳资矛盾保持经济稳定和社会稳定。毛泽东认为，劳资矛盾"在整个新民主主义的阶段上，不会也不应该使之发展到超过共同要求之上。这种矛盾和这种不同的要求，可以获得调节。在这种调节下，这

---

① 《马克思恩格斯选集》第 2 卷，人民出版社 2012 年版，第 70 页。

② 《毛泽东选集》第一卷，人民出版社 1991 年版，第 307 页。

③ 《毛泽东选集》第三卷，人民出版社 1991 年版，第 1056 页。

些阶级可以共同完成新民主主义国家的政治、经济和文化的各项建设"①。因此,虽然从马克思主义经济学的理论上来说资本家对工人有剥削,但是,中共认为两者之间也可以存在共同利益,其矛盾在共同利益的基础上也可以调节,应该寻求用经济、法律等方式解决利益矛盾而不是用暴力方式解决劳资利益矛盾。

　　劳资为何可以拥有共同利益,这种共同利益又是什么以及在共同利益下如何处理劳资矛盾关系?毛泽东把民主主义时期反帝反封建的政治目标作为劳资双方的共同利益,这说明在共同的政治追求下劳资关系并不总是对立的。"在新民主主义的国家制度下,将采取调节劳资间利害关系的政策。一方面,保护工人利益,根据情况的不同,实行八小时到十小时的工作制以及适当的失业救济和社会保险,保障工会的权利;另一方面,保证国家企业、私人企业和合作社企业在合理经营下的正当的赢利;使公私、劳资双方共同为发展工业生产而努力。"②资方当然离不开劳方,他们需要劳方来提供劳动,从而为资本增殖服务。但是,在资本不能消灭的情况下,劳方也不能离开资方,要靠资方提供工作和收入。劳资任何一方在经济上使对方无法存在,劳资关系就会解体,也就意味着双方利益都无法得到实现。"关于劳动政策。必须改良工人的生活,才能发动工人的抗日积极性。但是切忌过左,加薪减时,均不应过多。在中国目前的情况下,八小时工作制还难于普遍推行,在某些生产部门内还须允许实行十小时工作制。其他生产部门,则应随情形规定时间。劳资间在订立契约后,工人必须遵守劳动纪律,必须使资本家有利可图。否则,工厂关门,对于抗日不利,也害了工人自己。"③

　　新民主主义施行的"劳资两利"政策说明,社会利益矛盾包括劳资之间的矛盾不能仅仅归结为阶级矛盾和政治对抗,也不能只靠政治斗争来实现一方利益。要在社会总体发展的目标下寻求通过经济手段和法律手段来解决利益矛盾。在社会主义的共同目标下,劳资矛盾更多的是对企业剩余索取权的斗争,而这种斗争的经济方式是双方进行谈判和博弈。

---

① 《毛泽东选集》第三卷,人民出版社 1991 年版,第 1056 页。
② 《毛泽东选集》第三卷,人民出版社 1991 年版,第 1082 页。
③ 《毛泽东选集》第二卷,人民出版社 1991 年版,第 766 页。

劳方和资方在追求各自利益最大化的过程中,各方不可避免地会涉及他方的利益,因此一味追求自身利益最大化在现实社会是行不通的。一方不可能在自身不获利的情况下与另一方达成协议,只有有共同的利益基础,才有合作的基础。劳资双方实际上是有共同利益所在的,双方是拴在一条链子上的两头,正是因为有利益趋同才构成了合作的基础。劳资双方存在着互惠互利的共同利益,因彼此的存在而存在,这是个矛盾的统一体,是谈判进行的基础。为了在不抵触的情况下努力提高自身的利益,各方就必须要考虑他方的情况。因此,双方在考虑自身利益的基础上,找出一些共赢或妥协的方案,把劳资关系作为一种经济利益关系来看待,从经济方面寻求解决二者矛盾的方法和途径。在社会主义条件下,企业劳资双方都拥有各自利益,但更存在着高于单方利益的共同利益,即社会主义事业和中华民族整体利益。这样在社会主义国家里,共同发展社会主义目标可以把劳资矛盾作为经济利益关系来处理。党和政府劳资政策的实施应以劳资双方的共同利益为基点,和资方、劳方一起通过协商机制不断修正各自的利益诉求,努力将劳资关系的处理全面纳入法制化轨道。

四、政治与经济关系协调的新途径

革命斗争时期以政治和军事斗争为核心是必然的,但是不等于在革命斗争中经济斗争和经济基础不重要。中共之所以能领导新民主主义革命取得胜利,不仅是我党在政治和军事斗争上采取了正确的斗争策略和方法,通过农村包围城市、抗日统一战线和武装斗争,而且在经济方面采取了切合实际的方式和方法,保证了我党能够有一个可以持久支持党的政治与军事斗争的经济基础。有效的经济支持保证了部队和政治机关的运转,使我党不仅表现在政治上的正义和正确,而且在经济上积累了经验,促进了执政区域的稳定和发展。

试想,如果没有正确的经济政策,对执政区域实行激进过"左"的做法,把土地不分给农户,对执政地区私营工商户财产充公,实行全面公营,这样看起来是成功复制了马克思主义经济学对社会主义或共产党执政的理解。但是,这样做既脱离了中国生产力落后的现状,不会真正促进经济发展,而且私营工商业的消灭也使经济失去了活力,在执政区域政权不稳定的情况下实行全面公营，只会带来经济停滞甚至崩溃。这些情况说明经济与政治是相互关联的，而不管是经济还是政治，既要有长远目标，也要有短期的现实政策。只有政治经济相互协调，经济政策从实行出发，才能有效地促进革命事业的前进。

无产阶级革命家并不缺乏革命斗志，但是，如何运用经济规律解决经济问题则是无产阶级革命家需要学习的。这一问题存在是由于马克思主义，包括马克思主义经济学长期以来被作为革命理论来理解，如何在现实情况下，不论是革命时期还是社会主义建设要想获得经济支持，实现经济稳定和经济发展，这些都是马克思主义经济学没有阐述过的。因此，这就要求无产阶级革命家在革命和建设中不能把马克思主义经济学对资本主义批判性和否定性的结论作为经济指导思想，也不能把马克思关于社会主义的一些原则性设想的论述作为经济指导思想。因为这些论述都有着特定环境和特定论述目标，而不是充分系统论述党的经济政策思想。更何况，经济问题不可能有一个事先完全可以预想的方案和方法。正如马克思不可能事先预想到不同国家在不同情况下从事社会主义革命一样，马克思恩格斯也没有想到社会主义会在落后国家首先建立。经典作家不可能设想的问题，就不能用马克思原有逻辑和理论硬套，生搬硬套理论只能是教条主义的直接表现，会给革命和经济建设带来损害。

新民主主义经济思想之所以能成为马克思主义经济学中国化的一个重要创新成果，就在于这一思想在许多方面突破了马克思主义经典论述，说了许多经典作家没有论述过的内容，成为中共新民主主义革命阶段的重要指导思想之一，实现了新民主主义革命的胜利。而能够实现这一成果的根源是中共从中国革命和社会的现实出发，根据革命的阶段和形势采取了符合客观实际的政策和措施，而不是照搬照套经典作家或苏联的做法。中国的革命不能走经典作家设想的模式，也不能走苏联的模式，当然在经济思想和政策上也不可能直接套用经典作家的论述。

毛泽东的《经济问题与财政问题》一书中，没有引用马克思等经典作家著作的引语，而是用大家熟悉的现实和历史事例来讲解经济问题如何解决。其中只有一处提到了"共产主义"这一概念，"一切空话都是无用的，必须给人民以看得见的物质福利。我们还有许多同志的头脑没有变成一个完全的共产主义者的头脑,他们只是做了一个方面的工作,即是只知向人民要这样那样的东西,粮呀,草呀,税呀,这样那样的动员工作呀,而不知道做另一方面的工作,即是用尽力量帮助人民发展生产,提高文化"①。这里的"共产主义"应该理解为"马克思主义",也就是坚持用马克思主义方法思考的人,而不是指共产主义理想社会。毛泽东没有用经典著作中的论述来加强其观点的合理性,说明他认为经济问题的解决不能从经典著作中寻找,而是应该面对经济实际问题。他在写作这一报告时通过向经济部门工作的干部调查了解了大量情况,而不是埋头研究《资本论》,反映了他实事求是的态度,也是这篇报告能够更真实地反映边区经济情况并产生指导意义的原因。因此,贺龙才会说毛泽东的报告"不是能读《资本论》而不懂边币的经济学"。这里把《资本论》与边币经济学区分开来,说明《资本论》在当时还是作为理解马克思主义革命学说的一部著作,是作为批判和否定资本主义制度的工具,而不是指导或者说直接指导经济建设的著作,现实经济问题只能是通过调查研究来获得而不能从经典著作的论述中去寻找。②

在新民主主义阶段,中共在经济上要解决的首要问题是自身的经济保障问题,以此为军事斗争和政权存续提供基础,而不是急于实现社会主义经济制度。因此,经济是从属于政治与军事斗争的,而不是从经济基础证明政权存在的合法性。中共在革命斗争中已经认识到,枪杆子里才能出政权,而政权决定财产所有权,并最终决定经济制度和社会制度。新民主主义是中共对民主革命的一个阶段性理解,当然在经济政策上就可以灵活对待,以为革命军事斗争服务,而不是苛求政治上与无产阶级理想追求相吻合。

---

①　《毛泽东文集》第二卷,人民出版社 1993 年版,第 467 页。

②　但是,毛泽东这种从实践而来的思想虽然没有受到经典理论的束缚,现实针对性强,尤其以实际部门的意见为主,但由于没有与马克思主义经济理论进行深入的对接和探讨,这种思想火花的理论价值就存在疑问。后来这些论述由于现实变化而难以被重新提及,也就不能在理论上产生持久的影响。对于这本《经济问题与财政问题》近十万字的报告,又是全面地论述经济问题,应该在毛泽东思想中占据重要地位,但是新中国成立后的《毛泽东选集》只收录其中极少的一部分,只是强调了经济工作的重要性,而对公营经济的经济核算、工资制和政府容许人民通过劳动致富并帮助人民改善生活等论述都没有提及。

五、中国共产党理论成熟与马克思主义创新发展的新篇章

一个政党是否成熟关键看理论上是否成熟,而不仅仅是实践上不断实施新做法。只有在理论上对这些新做法进行总结和提升,并最终形成指导政党工作的指导思想,由此政党才能从感性追求的团体走向理性思想追求的共同体。理论上不断创新,才能使一个政党摆脱依赖初始思想,可以根据革命形势作出科学判断,形成自己的理论。没有自己的理论,政党将始终在理论上处于幼稚状态,只能从经典理论中寻找实践依据和支撑。而由于经典著作的理解差异,也就会形成不同思想和派别,无法对现实问题作出实事求是的判断。理论创新的总结实践创新,实现理论成果,用自己的理论指导和解决现实问题,才会达到理论对实践更科学的指导。理论创新成果也使政党摆脱了对传统理论的依赖,从而把实践作为思想的真正来源。

中国共产党领导的无产阶级革命不是一种自发的革命,而是在马克思主义理论指导下进行的一种新型革命,这种革命形式必然要求中国革命始终要强调理论对革命的指导。但是,中国革命的现实情况又是复杂变化的,完全依据经典作家的论述是不可能解决中国革命的现实问题的。因此,创新革命理论和方式,是中共在坚持马克思主义理论所不断要探索的问题。没有创新,就没有坚持。中共革命当然要以无产阶级利益为根本出发点,但是把精力集中在发动工人进行暴力革命面临的问题是:一方面工人对中共提出的政策和目标不够理解;另一方面,工人或无产阶级在中国的力量也十分有限,中国经济落后状况也不同于马克思要求在资本主义发达状况下开展无产阶级革命的论述。中共考虑与资产阶级合作,就是试图首先解决中国的发展阶段落后问题,以此努力符合马克思所揭示的社会发展规律问题。中共一直在寻求如何解决资本主义阶段问题,与资产阶级合作还是由中共来主导这一阶段与过程;是严格按照经典著作中的方式和道路开展革命还是根据中国革命的形势和实际情况来开展革命,这些都是关系到如何正确理解和对待马克思主义经典理论的基本问题。这些情况决定了只能在实践中寻求解决中国革命实际问题的办法和途径,这是革命实践的必然要求,也是考验一个政党是否成熟的标志。

在新民主主义时期,中国革命面临着联合资产阶级政党解决民族存亡问题,中共只有首先把民族问题放在首位才能赢得广大群众的支持。在这一阶段实行广泛的统一战线既是政治需要,也是革命理论创新的结果。在经济方面,不急于按照马克思主义经济学的要求对私有制进行剥夺和斗争,而是采取容许私有制存在,保证资本主义和地主的存在,这些虽然有革命形势的策略需要,也是探索这一阶段革命方式的理论与实践创新,而这些理论与实践创新为中共赢得了这一时期革命主动性和成功打下了坚实基础。

从中共经济政策实践和理论创新探索来看,坚持从中国实际出发,依据革命形势和人民群众需要进行理论与实践创新,中国革命和建设就可以取得胜利;而只从经典理论出发,不顾中国实际,教条地理解经典论述,中国革命和建设就面临着困难,甚至遭受挫折。毛泽东从中国革命实际出发形成的新民主主义理论指导了中国的新民主主义革命,既摆脱了对马列经典著作的依赖,也摆脱了共产国际的权威指挥,实现了新民主主义经济思想的创新,取得了新民主主义革命的胜利。

一种新理论的形成在一定时期内对经济社会发展和革命斗争会起到指导和推动作用,但是这种创新理论不能永远指导实践工作,实践变化还会提出新的问题,需要理论不断去总结和发展,理论创新无止境在于实践发展无止境。中国共产党在革命时期遇到了中国经济和社会结构与经典作家要求的革命条件不一致的问题,这些问题迫使中共在思想上进行反思,在实践上探索和发现规律,不断寻求革命和建设的新道路和新理论,使中共能够适应新形势需要,促进革命与建设的新发展。因此,在经济建设的实践探索中,中共还会面临新的问题和挑战,只有坚持马克思主义的基本立场和方法,实事求是,才能在新的历史条件下寻找到新的道路和途径,使社会主义事业达到新的高度。

新民主主义经济思想的形成与毛泽东的辩证思维方式有关。他早年就认真研读了大量马克思主义经典著作,但他历来不拘泥于经典,总是结合自己对国情的认识来把握和理解书本上的理论。与国外回来的王明等人相比,他读过的经典著作可能不如他们那么系统充分。但是书读得多和系统,不等于就一定能掌握马克思主义的本真内涵和精神实质,也不等于就能很好地运用这一理论去指导实践。毛泽东的过人之处,就在于他较早地深入中国的农村、工厂,与广大农民、工人和社会各界有了广泛、深入的接触,对中国的现实状况有全面深刻的了解。他的早期著作很少直接引用或套用经典作家的概念和词语,他深知"言必称希腊"无益于解决中国革命的现实问题。在他看来,不论是政治斗争还是军事斗争,都不能单靠理论和概念,来决定自己的路线方针政策,而应该根据国情和随时变化的敌我形势,灵活地进行战略战术决策,以达到政治和军事斗争的胜利。否则就会因教条地照搬理论概念而导致失败。尤其是在革命初期,我们的力量十分宝贵和有限,损失了将无可弥补。在经历了革命斗争的多次挫折以后,毛泽东作为理论上自觉清醒的先行者,善于总结经验教训,率先摆脱了教条主义对全党的束缚,并引导党的其他领导者也这样做,走上马克思主义理论创新之路。毛泽东对事物发展宏观性、长远性和辩证性的认识,归根结底是对其辩证性的深刻理解。辩证思维的特色,决定了毛泽东在对待经典理论方面原则性与灵活性的统一。只有坚持辩证思维,才能深刻把握城市农村关系的实质,而不被次序先后和中心地位变化的表象所迷乱;也只有坚持实事求是,一切从实际出发,才能正确把握革命中心的及时转换,领导和推动中国革命不断从胜利走向更大的胜利。毛泽东汲取了中国传统文化中辩证思维,加上学习了马克思主义的辩证唯物主义思想,对事物的认识具有宏观性和辩证性。这一思维特色决定了毛泽东在对待经典理论方面具有原则性与灵活性相结合的特点。以毛泽东同志为核心的党的第一代中央领导集体还提出了以劳资两利为核心的新民主主义经济思想,推动了中国革命发展,使中国共产党在复杂的革命斗争中取得了革命胜利。

新民主主义革命道路说明经济理论与革命实践的复杂联系。传统理论认为,经济基础决定上层建筑,也就是说政治问题的解决要依靠经济条件。不管是对中国这样的落后国家能否建立社会主义,都是对先从城市还是先从农村,是由工人来领导还是由工农联合来领导,都存在着一个经济领先的思想。工人阶级是先进阶级,城市是现代经济的集中点,这些并不等于说社会主义革命的领导人一定要是工人出身,社会主义革命一定要从城市开展,要从城市首先取得胜利。社会主义革命是一个曲折过程,这一革命过程中各种力量的加入和力量对比都使得革命过程十分复杂，要根据革命需要和形势变化采取不同的策略，不能固守一种模式。革命策略并不存在与革命目标完全背离的问题，关键还是革命成功与否的实践目标。本来，从城市开展还是从农村开展并不存在一个是否与经典理论背离问题，而对这一问题产生怀疑既是对革命理论的理解问题，也是一种教条主义的表现。实践是推动马克思主义创新的主要动力。社会主义革命道路应该是什么样，马克思恩格斯经典作家可能根据他们那个时代的革命斗争情况和形势作过一定的设想和估计，这并不是最终的结论。因为革命斗争的实践是不断变化的，本身就不是一个理论问题。如果把革命道路这样的实践问题也固化，必将对革命造成影响。不仅是革命斗争的道路这样的实践问题，即使是马克思主义理论的一些基本问题和理论也要经过实践的检验，之要在实践中不断丰富和发展。创新是对马克思主义最好的坚持。丰富和发展就会与经典理论有区别，要么是表述的方式变化了，要么是内容增加和调整了。总之，丰富和发展的马克思主义理论与经典理论之间必然会有不同之处，这种不同并不等同于对马克思主义理论的背离，而是使马克思主义理论更加适应了时代和历史条件的需要。创新的理论更加体现了马克思主义对时代的指导意义，从而体现马克思主义理论的科学性，增加马克思主义的影响力。只有这样，马克思主义才是充满活力，也才是能够长久得到坚持的理论。

马克思主义经济学在中国的创新或中国化是在实践推动下展开的，马克思主义经济学需要不断创新才能得到更广泛的认可。新民主主义经济思想的形成并不是马克思主义经济学自身逻辑发展的产物，而是在中国这样的一个落后国家从事社会主义革命遇到的实践问题而形成的。从理论上说，马克思主义经济学是对资本主义经济的批判理论，是对发达资本主义的批判，并不是一个从落后的甚至是半殖民地半封建的国家如何革命和建设的理论。在这一点上，马克思主义经济学继承了古典政治经济学的研究视域和问题意识，是对资本主义发展的反思和批判。只不过古典政治经济学力图说明资本主义经济存在的合理性，而马克思主义经济学要证明这种合理性是暂时的历史的。在中国这样一个落后的国家从事社会主义革命，必须要解决的首要问题是如何对待自己没有充分发展的资本主义阶段。新民主主义经济思想是容许甚至在一定时期鼓励资本主义经济成分的存在,就是因为革命所需要的基本物质资源和社会支持如果没有经济发展是不行的,更不要说以此为基础实现更高程度的社会目标。因此,新民主主义经济思想不是直接在马克思主义经济学理论上的一种创新和发展,而是为了解决中国革命的现实需要而形成的一种思想。新民主主义经济思想并不在马克思主义经济学原有的理论框架内,但又是马克思主义经济学理当解决的一个问题答案,是在马克思主义根本方法和理想追求下的一种实践总结。这一思想的形成说明了理论创新可以不在理论本身的框架下进行,而是可以在理论方法的指导下对其前后延伸阶段进行分析、实践与总结。因为有新民主主义经济思想,中国共产党实现了执政区域的经济建设成功,既保证了革命所需要的物资保障,又为今后执政积累了经验,成为共产党与国民党斗争中在经济上取得胜利的重要法宝。

第 四 章

新中国成立初期过渡经济
讨论和社会主义改造

　　新中国成立后,中国共产党成了执政党。执政与革命的不同,在于革命是破坏一个旧世界,推翻一个旧政权,目标十分明确,破坏了、推翻了也就成功了。而执政,就面临着如何恢复和发展经济以改善人民生活,如何对待私人资本和广大小私有者,选择何时以何种方式进入社会主义,以及未来如何建设等问题。这是要在破坏旧世界后的废墟上建设一个新世界,这与破坏旧世界相比要复杂得多,而且困难也不会小。新中国成立初期延续了新民主主义的三大政策,建立了共产党领导下不同阶级联合执政的新政府,继续保留了民族资本主义工商业,实行了耕者有其田和"劳资两利"的经济政策。但这只是暂时的而不是长期的政策,因为中国最终要通过社会主义改造,建立社会主义制度,引导各族人民走向社会主义,这是中国共产党全面执政后的主要政治任务。至于什么是社会主义,从当时全党的认识水平来说,其基本原则就是公有制、计划经济和按劳分配。这在党内是没有歧义的,而且已经有了苏联等社会主义国家的先行模式为参照。但苏联等国基本都是一步到位,直接建立起社会主义制度的。中国革命的成功经验和现实的经济状况,都决定了中国不可能照搬苏联等社会主义国家的做法。当时迫切需要讨论的问题就是:如何从新民主主义社会向社会主义社会过渡?如何对民族资本主义工商业和广大小私有经济进行社会主义改造?如何选择社会主义改造的恰当时机和方式？社会主义改造，成为社会主义制度建立的必要前提。要顺利地从新民主主义向社会主义过渡，建立适合中国国情的社会主义制度，只能依靠马克思主义及其经济理论的指导和中国共产党自己的探索。

第一节　新中国成立之初继续实行新民主主义经济政策的考量和思想变化

新中国成立后，社会各界一直在讨论中国的走向问题。对于刚刚成立的新中国来说，要不要继续实行新民主主义经济政策，保留过去容许存在的私人资本和其他私有制经济，成为中国共产党执政后首先要考虑的问题。应该说，在这之前的党的七届二中全会上，已经提出并解决了这个问题。当时提出的三大经济政策，是得到党内大部分人赞同的。作为历史的顺延，既有成功经验的支持，也有对新中国经济状况的现实考量和正确判断。苏联经济的成功和列宁斯大林经济理论的引入，使中国共产党认识到中国还处在一个向社会主义过渡的阶段。但是，开始并没有对过渡理论充分深入地进行探讨和研究，因此，对过渡阶段的重要性、必要性认识不是太清楚，没有真正认识到它对中国经济建设和社会发展的意义。随着实践的发展，认识才越来越清楚，目标也越来越明确。

一、新中国成立初期对新民主主义经济政策的考量

新民主主义经济政策，是我党夺取政权之前就提出的。考虑当时革命的需要和中国的经济状况，确定了要联合民族资产阶级，对私有经济容许发展并给予鼓励，实行"劳资两利"政策。这在革命时期，总体上还是一种利用资本主义的策略，可以从政治上、经济上得到民族资本家对新民主主义革命的支持。基于中国经济落后的现实和社会经济成分的构成，资本主义有其先进的一面，因而在一定时期内可以利用。新中国成立后提出继续实行新民主主义经济和政治政策。首先从政治上考虑，民族资本家帮助了中国共产党的革命斗争，参与了新中国的建立，因此，政治上继续保留他们的地位并给予优待，是中国共产党在民主革命时期对民族资本家承诺的延续，不能过河拆桥、卸磨杀驴。在新民主主义革命时期，

在反对国民党一党独裁的斗争中,中国共产党对民主党派的存在和作用作了多方面的论证,团结了大批的民主人士,在与国民党的多次谈判中也提出了联合政府的民主方案。这些做法使中国共产党赢得了社会的广泛支持,为革命胜利打下了基础。其次从经济上考虑,民族资本家在中国共产党"劳资两利"政策引导下,消除了对可能消灭私有财产的疑虑,积极发展了生产,为社会提供了产品,也给予革命政权财政上的一定支持。如果从革命初期我们就坚决消灭各种资本,不仅得不到民族资本家政治上的广泛支持,还会使革命力量在经济上无法维持,最终难以实现成功。因此,革命成功后,不管从政治上还是经济上考虑,民族资本的存续都有一定的必要性。

毛泽东在 1949 年 3 月的中国共产党七届二中全会上,面对全国革命即将胜利,清醒地指出:"中国的私人资本主义工业,占了现代性工业中的第二位,它是一个不可忽视的力量。中国的民族资产阶级及其代表人物,由于受了帝国主义、封建主义和官僚资本主义的压迫或限制,在人民民主革命斗争中常常采取参加或者保持中立的立场。由于这些,并由于中国经济现在还处在落后状态,在革命胜利以后一个相当长的时期内,还需要尽可能地利用城乡私人资本主义的积极性,以利于国民经济的向前发展。在这个时期内,一切不是于国民经济有害而是于国民经济有利的城乡资本主义成分,都应当容许其存在和发展。这不但是不可避免的,而且是经济上必要的。"①如果直接采取剥夺的方式将民族资本上交国家,也就切断了民族资本家与共产党合作的基础和载体。虽然在中国共产党完全掌握政权情况下,民族资本在经济和政治上都不可能对中国共产党执政地位构成威胁,但是这样做必然会影响中国共产党的政治形象。

新中国成立之初,我们面临着巨大的经济困难。经过抗日战争和解放战争,社会原本薄弱的经济基础更受到了战争的巨大破坏,加上新政权建立带来的制度变革,必然引起社会震荡,经济一时难以正常运行。整个社会包括商品生产与供给、收入分配和就业等民生问题都非常严重。要想使政权得以巩固,就要尽快恢复和发展经济,使新政权建立在坚实的经

---

① 《毛泽东选集》第四卷 人民出版社 1991 年版,第 1431 页。

济基础之上。因此,"从我们接管城市的第一天起,我们的眼睛就要向着这个城市的生产事业的恢复和发展。务须避免盲目地乱抓乱碰,把中心任务忘记了,以至于占领一个城市好几个月,生产建设的工作还没有上轨道,甚至许多工业陷于停顿状态,引起工人失业,工人生活降低,不满意共产党。这种状态是完全不能容许的。为了这一点,我们的同志必须用极大的努力去学习生产的技术和管理生产的方法,必须去学习同生产有密切联系的商业工作、银行工作和其他工作。只有将城市的生产恢复起来和发展起来了,将消费的城市变成生产的城市了,人民政权才能巩固起来。城市中其他的工作,例如党的组织工作,政权机关的工作,工会的工作,其他各种民众团体的工作,文化教育方面的工作,肃反工作,通讯社报纸广播电台的工作,都是围绕着生产建设这一个中心工作并为这个中心工作服务的。如果我们在生产工作上无知,不能很快地学会生产工作,不能使生产事业尽可能迅速地恢复和发展,获得确实的成绩,首先使工人生活有所改善,并使一般人民的生活有所改善,那我们就不能维持政权,我们就会站不住脚,我们就会要失败"[1]。刘少奇也同样指出:"今后的中心问题,是如何恢复与发展中国的经济。"[2]

解放战争中我党接收了城市,没收了城市中的官僚资本和外国资本的产业,大量工厂、金融和商业流通企业与基础设施等,回到了人民手中,这使中国共产党掌握了中国的基本经济命脉。但是,还存在着大量与广大群众一般生活品需要相联系的生产与流通方面的手工和家庭作坊、小商贩等私人企业,一些民族资本家的企业,也由于长期经营国货品牌而为广大群众所接受。所占经济比重虽然不大,但影响广泛。城市中大量人口依赖于这些领域的经济组织和业态而生存,如果将这些组织和业态取消,就要由国家来供给日常用品并提供就业。况且在新中国成立之初,我们还要接收大量的国民党旧政府官员和事业单位人员,财政非常紧张,再由国家来接收和直接承办这些私有制经济是不现实的。我们既没有这样的经验,也没有这样的条件。所以,小私有经济和民族工商业的改造,只

---

[1] 《毛泽东选集》第四卷,人民出版社1991年版,第1428页。

[2] 《刘少奇选集》上卷,人民出版社1981年版,第426页。

能是逐步的、渐进的。也就是说，要先利用再逐步改造。当然，"中国资本主义的存在和发展，不是如同资本主义国家那样不受限制任其泛滥的。它将从几个方面被限制——在活动范围方面，在税收政策方面，在市场价格方面，在劳动条件方面。我们要从各方面，按照各地、各业和各个时期的具体情况，对于资本主义采取恰如其分的有伸缩性的限制政策"①。

　　同时，在正确判断中国经济现状的基础上，接受马克思主义经济学的指导，也是新中国成立后继续延续新民主主义经济政策的考量之一。新中国成立后，是不是就进入了社会主义的初期或预备期？这是我党面临的一个重要理论与实践问题。因为这一认识一旦成立，就将决定党的政策走向。如果新中国成立就已进入社会主义的初期，那么，尽快使中国变得符合马克思设想的社会主义，党的各项工作就都要围绕这一中心来展开，就要创造条件使中国符合社会主义的要求，就要对过去的制度和经济基础进行改造。而如果认为我们并不具备马上进入社会主义的条件，还需要一个较长的过渡时期，这一阶段的主要任务就应当是恢复经济和为未来进入社会主义做准备，就要现实地对待目前的经济成分，不能急于消灭私有制。即便中国已经由以社会主义为目标的共产党执政了，搞社会主义也不能过快过急。

　　这就关系到对马克思主义经济学如何准确理解的问题。应该说，在新中国成立前和成立之初，我们党的大多数领导者正确地认识到，中国还处于非常落后的经济发展阶段，资本主义没有充分发展，过去称之为半殖民地半封建经济。新中国成立后，封建统治不存在了，帝国主义殖民者被赶走了，中国不再是半殖民地半封建国家。那么，这时的中国是什么样的性质，应该向何方向发展？马克思主义经济学揭示了资本主义的基本矛盾，指出在资本主义经济中，由于生产资料私有制和社会化大生产之间的矛盾，而产生了经济危机并最终引发社会矛盾和革命行动。因此，马克思

---

　　① 《毛泽东选集》第四卷，人民出版社1991年版，第1431页。虽然这段话后来还有一句"但是反过来，如果认为应当对私人资本限制得太太太死，或者认为简直可以很快地消灭私人资本，这也是完全错误的，这就是'左'倾机会主义或冒险主义的观点"。毛泽东在这里只肯定了不能很快消灭私人资本，不能限制得太太太死，这是从政治和经济现实的角度讲私人资本现时存在还有价值，不应该太限制或太快消灭，但并没有从整个生产力和经济发展的角度说明私人资本始终存在的理由。

主义经济理论主张由资本主义向社会主义发展,是生产社会化,也即大工业基础上的无产阶级革命,才可能导向社会主义。马克思主义经济学主要是对资本主义制度的批判,但也隐含着对现代化和工业化进步意义的肯定,它是先进生产力的象征,社会主义就应该建立在现代化大工业的基础之上。有了资本主义大生产的条件和基础,开展社会主义革命,就可以直接接收资本主义的生产资料和技术成果。资本主义越发展,生产社会化程度越高,进入社会主义就越容易。

正是基于上述理解,在新中国成立前后,中国共产党的领导者们认为还不具备直接过渡到社会主义的条件,因为我们的工业化和现代化程度都不够。社会主义是以人的生活改善为目标的。刘少奇说:"直到现在,中国劳动人民的生活水平和世界许多先进国家比较起来,还是很低的。他们还很穷困,他们迫切地需要提高生活水平,过富裕的和有文化的生活。这是全国最大多数人民最大的要求和希望,也是中国共产党和人民政府力求实现的最基本的任务。"①而这在新中国成立之初,一时还难以实现。因此,必须继续实行新民主主义经济政策,以迅速恢复和发展经济,为改善人民生活创造条件。

不过,新中国成立后的新民主主义经济,与革命时期的新民主主义经济相比,已经发生了变化。由于国家对官僚资本和外国资本的收回,整个国民经济中国有经济成分已经占据主导地位,加上中国共产党获得了完全的执政地位,取得了对整个国民经济发展的领导权。私营经济成分只能是国营经济的补充,而不是主导。这是一种什么性质的经济呢?毛泽东说:"有人说是'新资本主义'。我看这个名词是不妥当的,因为它没有说明在我们社会经济中起决定作用的东西是国营经济、公营经济"②。而这种国营或公营经济的性质,毛泽东等中国共产党领导把它看成是社会主义而不是资本主义。保留下来的民族工商业和其他小私有制经济,它们是历史的遗留而不是新生的代表先进生产力的经济力量;是与国营经济竞争同时又进行合作的对象。私人资本与中国共产党建立社会

---

① 中央文献研究室、中央档案馆编:《建国以来刘少奇文稿》第二册,中央文献出版社2005年版,第1页。

② 《毛泽东文集》第五卷,人民出版社1996年版,第139页。

主义的目标会产生矛盾,其获利要求可能会对经济发展的计划和秩序发生影响。因此,共产党领导的国家,必然要对其加以限制。

对这种矛盾以及由此而来的限制,中国共产党是从阶级斗争的角度来理解的。毛泽东说:"对于私人资本主义采取限制政策,是必然要受到资产阶级在各种程度和各种方式上的反抗的,特别是私人企业中的大企业主,即大资本家。限制和反限制,将是新民主主义国家内部阶级斗争的主要形式。如果认为我们现在不要限制资本主义,认为可以抛弃'节制资本'的口号,这是完全错误的,这就是右倾机会主义的观点。"①刘少奇在《关于新中国的经济建设方针》中也认为:"五种经济成分构成的新民主主义经济的内部,是存在着矛盾和斗争的,这就是社会主义的因素和趋势与资本主义的因素和趋势之间的斗争,就是无产阶级与资产阶级的斗争。这就是在消灭帝国主义势力及封建势力以后,新中国内部的基本矛盾。这种矛盾和斗争,将要决定中国将来的发展前途到底是过渡到社会主义社会,抑或过渡到资本主义社会?"②刘少奇的这一观点,是在张闻天的《关于东北经济构成及经济建设基本方针的提纲》基础上形成的,他们的观点基本是一致的。③ 1953 年,党中央制定的过渡时期总路线明确指

---

① 《毛泽东选集》第四卷,人民出版社 1991 年版,第 1432 页。

② 《刘少奇选集》上卷,人民出版社 1981 年版,第 427 页。

③ "在无产阶级领导下的新民主主义国家所经营的这种经济,已经是社会主义性质的经济。这种国营经济,是当前支援人民革命战争,争取胜利的最主要的物质力量;是城市无产阶级同乡村农民在经济上结成联盟的依据;是新民主主义政治的主要的经济基础;是新民主主义经济的支柱;是无产阶级在经济战线上反对投机操纵和资本主义进行经济竞争的最有力的武器。这是国家最可宝贵的财产。它的发展前途是无限的。因此,我们对它必须特别关心,使它获得一切可能的发展,把它放在国民经济建设的最主要的地位,尤其是工业中的重工业与军事工业应当如此。我们必须节衣缩食,用一切方法挤出资金来,以恢复与发展国营经济。任何轻视或忽视恢复与发展国营经济的观点,任何把恢复与发展私人资本主义经济放在国民经济建设第一位的观点,都是错误的。无产阶级领导的新民主主义的国家,如果不去有意识地掌握这一国家经济的命脉,不去一切可能的和正当的方法并在一切方面强化这一经济力量,它将会遭受不可补偿的损失,以至最后的失败。当然,无产阶级领导的新民主主义国家所经营的这种社会主义性质的经济,和私人资本主义的经济是处于对立地位的,它和私人资本主义发生经济竞争是不可避免的。这种矛盾,即无产阶级与资产阶级的矛盾,是在彻底消灭帝国主义、封建主义与官僚资本主义的压迫以后,新民主主义社会中的基本矛盾。在这个矛盾上的斗争,特别是在这个矛盾上的长期的经济竞争,将要决定新民主主义社会将来的发展前途,到底是过渡到社会主义社会,抑或过渡到普通资本主义社会。"(《张闻天选集》,人民出版社 1985 年版,第 397—398 页。)

出："在我国新民主主义社会中，社会主义因素不论在经济上和政治上都已经占据领导地位，但非社会主义因素仍有很大的比重。在我国新民主主义社会中，社会主义因素和非社会主义因素彼此斗争着。由于社会主义因素的优越性和领导地位，加上苏联的援助和整个有利的国际形势，这就决定着社会主义因素将不断增长并将获得最后的胜利，非社会主义因素将不断受到限制、改造直至消灭。"①

所有这些，说明新中国成立后，我们党对当时社会性质的界定，仍然是新民主主义性质。当时存在的多种经济成分，是因生产力落后而必须保存的。社会主义因素已经存在并占据了主导地位，决定了这种新民主主义社会，是一个逐步向社会主义发展的过渡阶段。这一过程可能是长期的、困难的，因为用和平的稳当的乃至竞争的方式解决私人资本问题，可能面临着私人资本的抵抗，因此解决起来需要较长时间。正如刘少奇在 1954 年所作的《关于中华人民共和国宪法草案的报告》中指出的，"社会主义和资本主义两种相反的生产关系，在一个国家里面互不干扰地平行发展，是不可能的。中国不变成社会主义国家，就要变成资本主义国家，要它不变，就是要使事物停止不动，这是绝对不可能的。要变成资本主义国家，我在前面已经说过，此路不通。所以我国只有社会主义这条唯一的光明大道可走，而且不能不走，因为这是我国历史发展的必然规律"②。因此，"在可能的条件下，逐步地增加国民经济中的社会主义成分，加强国民经济的计划性，以便逐步地稳当地过渡到社会主义。这种过渡，是要经过长期的激烈的艰苦的斗争过程的，这就是列宁在苏联新经济政策时期所说的'谁战胜谁'的问题"③。社会主义改造的出发点和指导原则，就是为了解决这些遗留的私有经济成分，而实现向社会主义的过渡。

这些观点，都把私人资本的存在看作是一个严重的政治问题。中国必然要向社会主义过渡，而社会主义与资本主义势不两立，斗争就是不可

---

① 中共中央文献研究室编：《建国以来重要文献选编》第四册，中央文献出版社 1993 年版，第696—697 页。

② 《刘少奇选集》下卷，人民出版社 1985 年版，第 144 页。

③ 《刘少奇选集》上卷，人民出版社 1981 年版，第 428 页。

避免的。这就为后来"三大改造"过程中,一些人不能和平理性地对待私人资本的存在和发展,实行过快过急的"左"的政策埋下了伏笔。

二、新中国成立后经济形势与社会形势变化

新中国成立后要不要保留私有制经济成分,主要还是出于发展生产力方面的考虑。中国共产党执政后,希望借助私人资本的力量来进行经济建设,经济发展需要发挥私人资本的作用。这个观点,来自马克思主义经济学对资本主义在生产力发展中巨大推动作用,以及资本主义相对于封建社会进步性的肯定论述。这也是新中国成立前后,中国共产党领导者认为应当容许私人资本存在的一个重要原因。其中,刘少奇在这方面作了许多研究,有着比较突出的贡献。1945年,他在中国共产党七大所作的修改党章报告中说:"中国无产阶级只有在这个革命(即新民主主义革命——引者)彻底完成以后,只有中国社会经济在新民主主义的国家中有了一定程度的充分发展以后,只有在经过许多必要的准备步骤以后,并且只有根据中国人民的需要和意愿,才能在中国实现社会主义的与共产主义的社会制度。"[1]在这里,他把新民主主义看作是一个长期存在的社会形态,认为这个形态存在的目的,就是要借助私人资本的力量来充分发展经济。只有到经济有了充分发展,达到了建立社会主义的条件,并且人民有这样的意愿的时候,才能向社会主义过渡。因此,新中国的成立,无产阶级政党虽然执政了,但是由于经济发展并没有达到工业化国家水平,当然不能急于向社会主义过渡,而是应该"巩固新民主主义制度"。1951年,他明确指出:"中国共产党的最终目的,是要在中国实现共产主义制度。它现在为巩固新民主主义制度而斗争,在将来要为转变到社会主义制度而斗争,最后为实现共产主义制度而斗争。"[2]这基本符合经典作家所揭示的社会制度演变规律,因此,刘少奇提出"巩固新民主主义制

---

① 《刘少奇选集》上卷,人民出版社1981年版,第338页。

② 中共中央文献研究室、中央档案馆编:《建国以来刘少奇文稿》第三册,中央文献出版社2005年版,第174页。当然,他这里说的巩固新民主主义并不只是专指新民主主义经济政策,而是同时包括巩固新民主主义政治制度。1954年12月,邓小平《在全国农村基层组织工作会议上的讲话要点》里还原封不动地引用了刘少奇的这句话,即《共产党员标准的八项条件》中的"巩固新民主主义"的提法。(《邓小平文集(1949—1974)》中卷,人民出版社2014年版,第205页。)

度"的口号并没有错。他在新中国成立后,始终关注恢复和发展生产力层面的经济问题,认为"在建设时期,除开必要的国防外,一切工作和其他建设均配合经济建设。一切以经济建设为中心"①。

以经济建设为中心的思想,与毛泽东七届二中全会讲话的精神是完全一致的。应该说,这是符合当时客观实际要求的正确决策。新中国刚成立时,我国国民经济确实面临着很大困难。国民党留给我们的是一副烂摊子,加上我们党在经济工作上指导经验不足,虽然有解放区的一定积累,但长期以来主要是从事军事斗争而不是经济建设,因此,经济工作的困难和压力非常大。不仅面临着如何接管城市,保障城市人民正常生活的巨大经济难题,而且面临着进入城市以后工作人员可能受到旧社会毒素腐蚀带来的政治难题。我们党在进城之前,就对这些难题有了清醒的认识和思想准备,因此并没有急于实施较为激进的经济政策,而是力求首先保证经济的稳定和恢复。

要稳定和恢复经济,必须要稳定现有的经济结构和经济运行方式。因此,就有了继续实行保留私有制经济,实行"劳资两利"的政策考虑。主要目的就是要稳定和恢复经济,渡过经济难关,保证全国解放,用事实粉碎帝国主义和国民党反动派退出大陆时说的中国共产党解决不了自己的吃饭问题,会在经济方面失败,而最终不能维持政权的预言。

实践也正是这样发展的。新中国成立后,全国规模的土地改革,实现了中国农民千百年来"耕者有其田"的梦想,调动了农民的生产积极性,解决了所谓"一直到现在没有一个政府使这个问题得到了解决"的吃饭问题。中国并没有天下大乱,也没有要靠美国的面粉过日子。国民党遗留资产和帝国主义在华资产的接收,让国营经济得到充实和发展。民族工商业和其他个体私营经济恢复了生产,社会稳定后人们对产品需求的增加,大量财政供给人员生活得到了保障,这些都促进了社会经济的恢复和增长。同时,财政、金融、货币制度的改革,成功抑制了国民党统治时期遗留的通货膨胀,控制和稳定了市场,显示了中国共产党强大的执政和领

---

①　中共中央文献研究室、中央档案馆编:《建国以来刘少奇文稿》第三册,中央文献出版社2005年版,第539页。

导经济工作的能力。正如后来党的文件所说："中华人民共和国成立以来,肃清国民党军队残余、统一全中国、抗美援朝、土地改革、镇压反革命、恢复生产、增产节约、反对资产阶级进攻的'三反'、'五反'、知识分子思想改造以及其他各种民主改革运动等工作的巨大胜利,都是正确执行二中全会决议和共同纲领的结果。在过渡时期的头三年中,人民民主专政的政权巩固了,社会主义经济在整个国民经济中的比重增长了,它的领导作用确立了而且加强了,经济恢复工作基本上完成了。"①据统计资料显示,"我们以三年的时间胜利地完成了国民经济的恢复工作,从 1949 年到 1952 年,全国工业总产值增长了 145%,农业总产值增长了 48.5%。到 1952 年,全国工农业的主要产品产量,绝大部分已经恢复并且超过了解放前最高年的水平"②。

三年经济恢复的优异成绩,实现了中国共产党新中国成立之初设想的"三年恢复十年建设"的计划,坚定了中国共产党领导者引导中国向社会主义过渡的信心。一方面,经济恢复增强了党领导经济工作的自信心,证明了党不仅是军事斗争的能手,而且也是胜任经济建设的合格领导者,中国共产党完全有能力解决自己的经济问题,实现国家较快发展。另一方面,经济恢复中国有经济所起作用及其自身发展,使党认识到公有制经济具有制度优势,完全可以成为整个经济的主导力量,可以通过举国体制集中力量办大事,促进国家工业化进程。同时,个体私营经济领域也暴露出了一些问题,如新富农的出现和一些贫困农民的破产,"三反五反"中暴露的干部被腐蚀和资本家行贿、偷税漏税、反骗国家财产等不法行为,说明私有制与公有制之间、无产阶级和资产阶级的限制与反限制之间的矛盾,是客观存在并必须解决的,从而对这些非公有制经济成分进行社会主义改造是十分必要的。

为此,中国共产党加强了社会主义理论宣传和教育,促成了全社会范围内社会主义改造和向社会主义过渡的强大舆论氛围。在革命时期,为了吸引广大群众参加革命,对社会主义社会消灭私有制,实行没有剥削、

① 《中共中央文件选集(1949.10—1966.5)》第 14 册,人民出版社 2013 年版,第 498—499 页。
② 国家统计局编:《伟大的十年》,人民出版社 1959 年版,第 2 页。

人人平等的宣传,对广大群众产生过很大的吸引力和号召力。新中国成立后,为了更好地凝聚人心,提高人民群众走社会主义道路的自觉性,进一步加大了对社会主义乃至共产主义社会经济特点的宣传。在那时,社会主义社会"楼上楼下,电灯电话"的说法,几乎是家喻户晓老少皆知。这些宣传,使广大群众更加相信和支持党的社会主义主张,同时也不可避免地产生对社会主义社会不切实际的理解和期待。因为,社会主义是人们所不熟悉的新生事物。

新中国成立后,由于整体上处于多元经济体制状态,在政府机关和公有企事业单位工作的人员,享有公有制经济供给的福利,工作稳定,没有过大经济压力。而在非公有制经济体制中就业的人员,却得不到相同福利。私营业主从未来风险和营利需要角度考虑,对职工工资和福利关注不够,往往沿袭旧的管理制度和方法,对工人尊重不够。由此造成不同体制人员巨大的社会角色差异和待遇差距。这种格局,自然使非公有制经济体系内的人员认为还是社会主义好,迫切要求变革经济形式,加快实行社会主义改造。此外,"三反五反"运动中揭示的问题,对私营业主经营收益的正当性和合理性产生了怀疑,群众中存在的对资本家剥削的仇视,这些都强化了人们对私有经济进行社会主义改造的愿望和要求,从而加快了全国对私改造的进度。

从外部来看,苏联等国家作为社会主义成功的典范,也为中国向社会主义过渡和实现工业化提供了样本。他们也期待着中国进行社会主义改造而进入社会主义行列,这既是给社会主义阵营增加新的成员,提高社会主义在世界的实力和影响力,同时,也可以消除不同国家之间政治经济的体制障碍,促进相互之间的各种往来,实现共同发展。苏联也不可能容许同是共产党执政的国家,长期实行不同于他们的体制。体制趋同是国际共产主义运动的内在要求,也是苏联共产党当时已经日益暴露的大国沙文主义的一种必然要求。尽管我们在签订中苏友好同盟条约时,就已经对此有所警惕和抵制,但是,当时还不可能在经济体制上摆脱苏联模式的影响,尤其是在经济发展道路的选择上。

向社会主义过渡的方向已经明确,过渡时期的总路线也就呼之欲出。1952年底,党中央按照毛泽东的建议,提出了党在过渡时期的总路线和总任务:"要在一个相当长的时期内,逐步实现国家的社会主义工业化,并逐步实现国家对农业、手工业和资本主义工商业的社会主义改造。"①它被简称为"一化三改造",指明了中国从新民主主义过渡到社会主义的任务、途径和步骤,其实质是改变生产关系,解决生产资料的所有制问题,为进一步解放和发展生产力创造条件。

社会主义改造最终的目标,是要实现中国的工业化和现代化,它也是中国共产党国家发展战略思想的核心。毛泽东在 1944 年就说过:"中国落后的原因,主要的是没有新式工业。日本帝国主义为什么敢于这样地欺负中国,就是因为中国没有强大的工业,它欺侮我们的落后。因此,消灭这种落后,是我们全民族的任务。老百姓拥护共产党,是因为我们代表了民族与人民的要求。但是,如果我们不能解决经济问题,如果我们不能建立新式工业,如果我们不能发展生产力,老百姓就不一定拥护我们。在抗日战争中,共产党领导的军队抗击了百分之五十八的日军、百分之九十的伪军,这方面我们是有经验、有成绩的。但是,对于经济工作,尤其是工业,我们还不大懂,可是这一门又是决定一切的,是决定军事、政治、文化、思想、道德、宗教这一切东西的,是决定社会变化的。"②要实现工业化,就要对传统产业进行改造,集中资源进行大规模工业建设。基于这样的目标,实行计划经济体制就有一定的必要性。因为私有制经济在投资规模、发展目标、运行模式等方面,与国家工业化的要求都存在着巨大差距,因此,加快对私有经济的改造就成为工业化进程中的必然选择。

三、苏联政治经济学教科书影响及相关经济理论之争

"三大改造"的直接目的,是实现从新民主主义向社会主义的过渡。过渡之后,应该建立一个什么样的社会主义国家? 这是一个重大的理论与实践问题。苏联社会主义建设的理论与经验,对中国社会主义建设具有重要的示范意义。中国共产党在革命时期能够独立自主进行中国的革命,提出新民主主义的政治和经济主张,开创马克思主义革命理论及其经

① 《毛泽东文集》第六卷,人民出版社 1999 年版,第 316 页。
② 《毛泽东文集》第三卷,人民出版社 1996 年版,第 146—147 页。

济学的创新之路,这是中国共产党历经挫折艰苦探索的成果。新中国成立后,建设一个什么样的社会主义和如何建设社会主义,成为中国共产党面对的新问题。从当时党内来说,对建设什么样的社会主义并没有根本性分歧。经典作家对社会主义的设想,就是中国共产党行动的指南。不过,经典作家只是对社会主义的原则和主要特征作了设想,而对社会主义建设的具体细节却没有涉及。尤其是对中国这样一个资本主义没有充分发展,生产力极度落后,存在着多元经济主体的国家,如何走向社会主义,实行何种形式的社会主义,经典作家并没有作出明确指示。正因为如此,苏联共产党的经济思想及其实践,对中国共产党产生了深刻的影响。①

　　苏联社会主义经济建设的理论和经验,最初是通过苏联的《联共(布)党史简明教程》传到中国的。1952 年,斯大林的《苏联社会主义经济问题》一书,将苏联社会主义建设的经验理论化和系统化。苏联的《政治经济学教科书》,正是在斯大林《苏联社会主义经济问题》的基础上编写而成的,在中国得到了广泛学习和传播且产生了巨大影响。当时,我国著名经济学家王亚南指出:"自斯大林的经典著作《苏联社会主义经济问题》问世以后,关于社会主义经济或社会主义经济学的研究,就进入了一个决定的阶段。同时,对于资本主义经济学部分,也主要由于《苏联社会

---

①　1949 年 5 月,中央决定成立中央俄文编译局,从各地调集俄文翻译人才。俄文编译局成立后,开始翻译苏联出版的马列主义理论著作。同年,中央宣传部设立斯大林全集翻译室,专门从事斯大林著作的翻译工作。1953 年 1 月 29 日,经毛泽东同志批准,中国共产党中央决定:"将中央俄文编译局与中央宣传部斯大林全集翻译室合并,并以此二单位为基础成立马恩列斯著作编译局,其任务是有系统地有计划地翻译马克思、恩格斯、列宁、斯大林的全部著作。"中央编译局成立后,分别于 1953 年和 1955 年启动《斯大林全集》、《列宁全集》和《马克思恩格斯全集》中文第 1 版的编译工程。《斯大林全集》中文版第 1 卷于 1953 年 9 月正式出版,这是中央编译局成立以后第一部问世的译作,是翻译工作者、理论工作者、苏联专家和我国汉语专家团结协作、集思广益的结晶。这一卷人力投入之多,校订工序之缜密,理论推敲之深入,汉语表达之严谨,在我国经典著作翻译工作中是罕见的,堪称理论翻译的典范。《人民日报》专门刊发社论,并以整版篇幅介绍该卷的翻译和出版情况。陆定一、胡绳同志随后又专文介绍该卷的内容。到 1958 年,《斯大林全集》全部译出并由人民出版社出版,得到了社会各界的好评。《斯大林全集》共 13 卷,收入斯大林 1901 年至 1934 年期间的著作近 500 篇,340 多万字。(俞可平主编:《马列经典在中国六十年》,中央编译出版社 2010 年版,第 5—6 页。)新中国成立之初把斯大林著作作为优先翻译对象,不仅因为斯大林是当时国际共产主义运动的领袖和代表,还是社会主义建设的理论权威。中国的社会主义建设要以苏为师,也只能以苏为师,因为社会主义对中国还是一个从没有实践过的,只有苏联的经验和理论值得借鉴,而苏联的社会主义建设经验和理论主要集中在斯大林著作之中。

主义经济问题》中关于基本经济法则的新提法,而不能不有一些更完密的订正。直到最近的系统而完备的《政治经济学教科书》的出版,可以说是在政治经济学的研究上,开了一个新的纪元。……这个新创建起来的社会主义经济学体系,在《政治经济学教科书》中第一次公表出来,单就这一点讲,已够说明这部《教科书》该具有如何不同于一般所谓教科书的深刻的科学意义。"①

苏联社会主义建设经验,经过其政治经济学教科书的系统总结,成为社会主义建设的标本。新中国成立后,我国在政治上向苏联"一边倒"②,经济建设上也必然要向苏联学习。苏联《政治经济学教科书》的体系化、成熟化,在经济理论和方针政策上给兄弟党提供的讨论和发挥余地较少。加上我们在经济上物质上接受了苏联援助,这就决定了中国共产党在理论和实践方面也必须接受其指导,必然影响到全党对马克思主义经济学的理解。虽然党的领导人和一些学者不乏对中国社会主义道路和马克思主义经济学的新理解,但总体上没有突破苏联社会主义经济理论的体系框架,最终使中国的社会主义与苏联模式没有多少本质区别,形成了基本类似苏联的社会主义计划经济体制。

应当肯定,苏联共产党对马克思主义经济学的发展,是作出了一定贡献的,其《政治经济学教科书》较好地进行了概括。它把政治经济学分成了资本主义和社会主义两个组成部分,资本主义部分基本上沿用了马克思恩格斯对资本主义经济制度的分析和批判,增加了列宁对资本主义发展到帝国主义阶段以后的分析和批判,这是列宁的独特创新和贡献。社会主义部分肯定了斯大林对马克思主义经济学的发展,如承认了两种公有制即集体所有制与全民所有制之间存在商品交换关系,可以用货币方式进行结算;认为这是社会主义性质的商品交换关系,不会将苏联经济引导到资本主义,从而突破了马克思、恩格斯、列宁把商品经济停留于资本

①　王亚南:《〈政治经济学教科书〉的出版是马克思主义政治经济学研究上的一个新纪元》,《厦门大学学报(社会科学版)》1955 年第 2 期。

②　"积四十年和二十八年的经验,中国人不是倒向帝国主义一边,就是倒向社会主义一边,绝无例外。骑墙是不行的,第三条道路是没有的。我们反对倒向帝国主义一边的蒋介石反动派,我们也反对第三条道路的幻想。"(《毛泽东选集》第四卷,人民出版社 1991 年版,第 1473 页。)

主义社会的理论局限。但是,斯大林不承认全民所有制内部也存在商品交换关系,而且把商品的范围局限于消费资料,不承认生产资料也可以成为商品。斯大林强调了社会主义经济规律的客观性,主张用科学的态度来进行分析和研究;认为社会主义经济规律不是一成不变的教条和原则,应该在实践中不断总结和提炼,并根据实际情况自觉地加以运用。他还在一定程度上承认了价值规律在社会主义经济中的作用,主张运用它来搞好经济核算,提高经济效益。但是他完全排斥了价值规律在生产领域的作用,用计划取代了"看不见的手"对资源配置的基础性以致决定性作用。

　　苏联《政治经济学教科书》是苏联经济体制的理论表述,在苏联社会主义建设鼎盛时期进入中国。它把苏联的经验上升为社会主义经济的普遍规律,当然会被中国共产党奉为经典,作为指导中国社会主义建设的教材,影响着党的路线方针政策的制定。开始时人们不会对其体系和原则提出质疑,只是对其中部分内容的理解上有一些不同意见。如对社会主义基本经济规律的表述。一些论者认为,社会主义经济就是要通过提高生产力来解决人民的物质文化生产需要,因此不可能以获利为目的。因此,苏联教科书不提个人利益是对的。现在我们知道,这是苏联教科书的最大问题之一。虽然马克思恩格斯等经典作家批判过私有制条件下的极端利己主义,但是教条主义地理解这种批判,便偏离了经济学的根本。马克思主义并不否定个人利益,经济学研究的就是人的利益的满足,发展生产并不是目的,目的是满足人的物质文化需要,亦即人的利益的满足。自私自利的利己主义者只考虑个人利益,不考虑他人利益。而政治经济学研究生产力的提升,其中既有个人利益、企业利益的考虑,也有他人利益和社会利益的考虑。商品经济本身就是以自己的产品来满足他人需要的,而且社会利益是由无数个人利益构成的。每个个人生存利益的满足,是其自由发展的基础,而马恩设想的社会主义社会,把每个个人的自由发展,作为一切人自由发展的条件。只有把个人利益和社会利益统一起来,充分调动每个个人发展生产力的积极性,才可以实现生产力的无限提升。政治经济学就是要研究社会经济生活中,与满足人的生存与发展需要相联系的生产、交换、分配、消费的系统运动。因此,一些论者认为,不管是农民还是个体工商户,也不管是小企业还是大企业,对于自己个人利益和财产增加的考虑,都是无可非议而且应当鼓励的。具体到我国过渡时期,存在着多种所有制经济成分,私有制经济成分就是以获利为目的的,于是就会产生不同经济成分之间的矛盾。而另一些论者则不承认这样的差别,认为在社会主义公有制占主体的情况下,其他经济成分只能接受其主导而逐渐减少其趋利的动机。也有人认为,从过渡时期的过渡性和短暂性来说,这种讨论并没有多大意义,因为矛盾会随着社会主义改造目标的实现而消除。但如果过渡时期很长就另当别论,应当重视不同所有制经济之间存在的矛盾,引导各种经济共同为发展生产力,满足人民群众的物质文化需要服务。

也有一些学者认识到,忽视价值规律在社会主义生产中的调节作用,是苏联《政治经济学教科书》的另一重大缺陷。[①] 价值规律是不是能发生作用,关键在于有没有市场,有没有独立主体对其经济利益的追求。斯大林的商品经济和市场交换,都是残缺不全的,价值规律当然不能充分发挥作用。虽然他承认价值规律是一个很好的学校,教育人们核算并降低成本以提高效率和生产力,但他没有认识到资源配置问题才是经济发展中最核心的问题。完全以人的主观计划取代价值规律的自发调节,不可避免地会发生经济资源的误配置。所以,我国著名经济学家孙冶方很早就提出,千规律万规律,价值规律是第一规律,要把经济计划建立在自觉运用价值规律的基础之上。因为,马克思对未来社会有过这样的预言:"在资本主义生产方式消灭以后,但社会生产依然存在的情况下,价值决定仍会在下述意义上起支配作用:劳动时间的调节和社会劳动在不同的生产

---

① 对苏联《政治经济学教科书》的反思是在"大跃进"出现的巨大损失后进行的,毛泽东提出要在全党内开展对苏联《政治经济学教科书》的学习,实际上是通过学习来寻找"大跃进"失误的根源。既从教科书中寻求中国进行调整的理由,也从教科书的批判中对教条理解和不尊重经济规律进行反思。如毛泽东对商品生产的论述就反复强调不用怕商品生产,认为:"不要怕,我看要大大发展商品生产。我国还有没有资本家剥削工人? 没有了,为什么还怕呢? 不能孤立地看商品生产,斯大林的话完全正确,他说:'决不能把商品生产看作是某种不依赖周围经济条件而独立自在的东西。'商品生产,要看它是同什么经济制度相联系,同资本主义制度相联系就是资本主义的商品生产,同社会主义制度相联系就是社会主义的商品生产。……不要怕,不会引导到资本主义,因为已经没有了资本主义的经济基础。商品生产可以乖乖地为社会主义服务"。(《毛泽东文集》第七卷,人民出版社1999年版,第439—440页。)

类别之间的分配"①。

第二节　社会主义改造任务的提出与实施

　　为了实现从新民主主义向社会主义的过渡,中国共产党提出了社会主义过渡时期的问题。马恩设想的社会主义和苏联建成的社会主义,以实行生产资料公有制、按劳分配和计划经济为主要特征,存在着多元经济成分的新中国,就需要对私有制经济进行改造。

　　"三年准备,十年计划经济建设"是 1951 年毛泽东对新中国成立初期经济发展战略的基本设想。②　三年准备就是经济恢复时期,不对经济结构进行调整,而之后的十年计划经济建设,就要按照中共的施政思想来实行中国经济全面建设,尤其是计划经济建设。"对于经济建设有计划的领导,乃是新民主主义和社会主义国家经济优越性的集中的表现。我们必须根据计划经济的原则,来组织我们的生产。而为了加强计划性,又必须加强中央的统一和集中的领导,以便及时了解各方面的情况,确保各个经济环节之间的应有的合作。"③为了中国经济大规模建设的需要和计划经济施行,就需要对私人经济进行改造,由此中共提出了社会主义过渡时期的问题。过渡时期就是改造时期,就是要使整个经济基础与计划经济和建设相适应,而这一目标初期考虑是十年或更长,但由于整个改造过程推进速度较快,社会主义改造在较短时间内就完成了,中国工业化与社会主义经济建设同步发展,形成了有中国特色的社会主义改造和工业化道路。

一、社会主义改造任务的提出

　　对私有制经济,包括农村土地私有制和农业家庭生产方式、城市手工业和资本主义工商业进行社会主义改造,是中国共产党确定的过渡时期

---

①　《马克思恩格斯文集》第 7 卷,人民出版社 2009 年版,第 965 页。

②　《毛泽东文集》第六卷,人民出版社 1999 年版,第 143 页。

③　中共中央文献研究室编:《建国以来重要文献选编》第三册,中央文献出版社 1992 年版,第425 页。

的主要任务。在新民主主义时期,由于考虑到中国经济落后、农民对拥有土地所有权的迫切愿望、民族资产阶级在革命斗争中的合作态度等等,实行容许私有制经济存在和发展的政策是必要的,因此而形成了多种所有制并存的新民主主义经济形态。但是,向社会主义经济过渡,最终实现公有制、按劳分配和计划经济,始终是中国共产党追求的目标。在未能取得全国政权的情况下,这一目标只是作为党的最高纲领,在局部范围内施行。而一旦夺取了全国政权,成立了新中国,外部环境已经发生了根本变化,实行社会主义改造,使新民主主义经济向社会主义经济过渡,就成为中国共产党考虑的首要问题。再强调巩固或稳定新民主主义经济形态,就不再适应中国政治与经济发展的要求。

虽然我们党在新中国成立后,提出要实行一段时间的新民主主义经济政策,继续容许私有制经济成分的存在和发展,但是,这主要是针对经济恢复时期和过渡时期而言的。经济恢复以后,党就主张立即进行社会主义改造,推进新民主主义经济形态向社会主义形态过渡,认为这是中国革命逻辑延续的必然要求。马克思主义经济学揭示的社会发展客观规律,要求中国社会向更合理方向发展。因此,党在完全执政后,就把推行社会主义制度和政策,看成是自己的应有之举。苏联社会主义的成就,也为我们党加快社会主义改造提供了有力佐证。当时的苏联,就是因为实行了社会主义制度而在世界上迅速崛起,建立了强大的工业体系,整个社会总产值都达到了世界领先水平,不仅在经济而且在军事实力上都已经可以与美国相抗衡。因此,走苏联人的路,成了中国共产党的必然选择。三年经济恢复在遇到巨大内外挑战的情况下,依旧超额实现了预定发展目标,增强了中国共产党领导经济建设的自信心,从而下定了加快进行社会主义改造的决心,1953年9月制定公布了过渡时期总路线,作为指导社会主义改造的总纲,开始了社会主义的"一化三改造"。

考虑到新中国当时经济状况和社会结构,中国共产党采取了和平渐进的对私改造方案。这一方案把理论与实践相结合,既继承了经典的马克思主义经济理论,体现了社会主义革命的目标和要求;又从中国当时的政治、经济和社会的现实情况出发,针对不同对象采用不同方式,创造性地解决了在中国这样共产党执政的国家,如何减少社会震荡,顺利进入社会主义社会的理论与实践问题,成为马克思主义经济学在中国的实践和创新之举,取得了有中国特色社会主义革命和建设的创新成果。正如毛泽东所说:"我们现在不但正在进行关于社会制度方面的由私有制到公有制的革命,而且正在进行技术方面的由手工业生产到大规模现代化机器生产的革命,而这两种革命是结合在一起的。"①农村个体农业、城乡小手工业和资本主义工商业的改造,以及社会主义工业化,都是围绕如何尽快实现社会主义的核心目标而展开的,促进了社会主义制度建设与中国现代化建设的同步发展。

首先是农村个体农业的合作化改造。在新民主主义革命时期,中国共产党就曾经根据农民要求,在根据地或解放区进行过土地改革,把土地分给农民。但是平分土地带来的农业生产规模狭小、经受不住天灾人祸打击、容易导致农民贫富两极分化的问题,早已引起中国共产党的注意,所以在根据地或解放区就已提倡并引导农民走过互助合作道路,作为帮助农民摆脱小生产的主要途径。新中国成立后,主要是因为农民对土地所有权的迫切要求,所以通过土地改革首先满足了农民"耕者有其田"的愿望。土地改革后不久就出现了分散生产经营带来的自发资本主义倾向与农民共同富裕之间的矛盾。毛泽东指出:"现在农村中存在的是富农的资本主义所有制和像汪洋大海一样的个体农民的所有制。大家已经看见,在最近几年中间,农村中的资本主义自发势力一天一天地在发展,新富农已经到处出现,许多富裕中农力求把自己变为富农。许多贫农,则因为生产资料不足,仍然处于贫困地位,有些人欠了债,有些人出卖土地,或者出租土地。这种情况如果让它发展下去,农村中向两极分化的现象必然一天一天地严重起来。失去土地的农民和继续处于贫困地位的农民将要埋怨我们,他们将说我们见死不救,不去帮助他们解决困难。向资本主义方向发展的那些富裕中农也将对我们不满,因为我们如果不想走资本主义的道路的话,就永远不能满足这些农民的要求。在这种情况之下,工人和农民的同盟能够继续巩固下去吗?显然是不能够的。这个问题,只有在新的基础之上才能获得解决。这就是在逐步地实现社会主义工业化

---

① 《毛泽东文集》第六卷,人民出版社 1999 年版,第 432 页。

和逐步地实现对于手工业、对于资本主义工商业的社会主义改造的同时，逐步地实现对于整个农业的社会主义的改造，即实行合作化，在农村中消灭富农经济制度和个体经济制度，使全体农村人民共同富裕起来。"①

毛泽东在这里强调，农村土地个体所有制出现的主要问题，是两极化和资本主义化的发展问题。两极化的根源，是农村土地分散经营导致的产出和收益的不均衡，最终必然出现收入上的差距和对生产资料的重新分配，形成新的阶级分化，使土地改革带来的积极成果化为乌有。农村资本主义化会使新富农自发地根据市场变化来进行农副产品的交易，而不考虑国家粮食供给保障的需要，从而不利于城市发展和社会主义工业化的实现。

中国共产党进行农村合作化改造的主要原因，是消除农村的两极分化，减少农村社会矛盾的发生，同时促进农村资源的合理使用和现代化发展，保障农产品供给，为工业化建设提供积累。毛泽东认为："农民的基本出路是社会主义，由互助合作到大合作社（不一定叫集体农庄）。……我国经济的主体是国营经济，它有两个翅膀即两翼，一翼是国家资本主义（对私人资本主义的改造），一翼是互助合作、粮食征购（对农民的改造）。"②农业合作是要解决劳动力资源和土地资源的合理配置，粮食征购是解决农村剩余产品的支配权问题，同时整顿私商，实行对粮食的统一管理，把粮食的市场交易改为国家控制，为工业积累提供基础。1953年10月16日中共中央下发的《关于实行粮食的计划收购和计划供应的决议》明确指出："实行上述政策，不但在现在的条件下可以妥善地解决粮食供求的矛盾，更加切实地稳定物价和有利于粮食的节约，而且是把分散的小农经济纳入国家计划建设的轨道之内，引导农民走向互助合作的社会主义道路和对农业实行社会主义的改造所必须采取的一个重要步骤，它是党在过渡时期的总路线的一个不可缺少的组成部分。"③

回顾这段历史，有关部门编写的党史认为："统购统销和互助合作相互联系，作为对小农经济进行社会主义改造的两大战略措施，从根本上排

---

① 《毛泽东文集》第六卷，人民出版社1999年版，第437页。
② 《毛泽东文集》第六卷，人民出版社1999年版，第295页。
③ 《中共中央文件选集（1949.10—1966.5）》第14册，人民出版社2013年版，第131页。

除、代替了私营批发商在粮食、油料、棉花、纱布等重要物资方面的阵地，加强了国营经济与农民的联系，促使广大农民走上合作化的道路，也带动了对资本主义工商业的社会主义改造。"①

其次是城乡手工业的合作化。城乡手工业改造的必要性与农业相类似。各行各业的手工业者，作为小生产，以手艺谋生，有着自己的利益追求，剥削性质少，又是解决社会就业的重要渠道，所以有存在的必要。但由于资产规模小，整个生产技术水平比较落后，机械化程度低，难以适应现代工业发展和社会的需要，最终也会出现两极分化，少数人会向资本主义方向发展，多数人则会走向破产失业。因此，需要通过合作化，通过集中生产经营，提高其技术、管理和抗风险水平，克服小生产的局限性，减少两极分化和向资本主义发展的可能性。因此，在当时下发的中宣部《关于党在过渡时期总路线的学习和宣传提纲》中，强调"要经过合作化的道路，把手工业劳动者的个人所有制改变为集体所有制。把手工业者逐渐组织到各种形式的手工业合作社（手工业生产小组、手工业生产供销社、手工业生产合作社等）中去，是国家对手工业实行社会主义改造唯一的道路"②。这样做，通过集体所有制的合作社，把个体劳动者凝聚起来，进行符合社会需要的生产经营，体现了社会主义的经济性质。相比于农业个体经济，城乡手工业者人数要少得多，因此，这一改造相应也就比较顺利，很快就在全国组建起遍布城乡的手工业合作社。

最后是对资本主义工商业的社会主义改造。新中国成立后，我们党对私营工商业坚持了"利用、限制、改造"的政策。利用，就是在一定时期一定领域内容许其存在，通过生产流通环节的加工订货、统购包销、经销代销以及利润分配上的"四马分肥"等方式，利用其为社会提供产品、为劳动者提供就业机会的积极作用；限制，是指对其生产、流通、分配领域的行为进行适当限制，以克服资本主义工商业可能对国计民生发生的负面影响；改造，则是通过赎买和公私合营等方式，对资本主义工商业进行社会主义改造，逐步把私人企业的生产经营权和资本所有权收归国家。

---

①　中共中央党史研究室：《中国共产党历史·第二卷（1949—1978）》上册，中共党史出版社2011年版，第229页。

②　《中共中央文件选集（1949.10—1966.5）》第14册，人民出版社2013年版，第518—519页。

1955 年 11 月,党中央发布了《中共中央关于资本主义工商业改造问题的决议(草案)》,明确指出:"我们对于资产阶级,第一是用赎买和国家资本主义的方法,有偿地而不是无偿地,逐步地而不是突然地改变资产阶级的所有制;第二是在改造他们的同时,给予他们以必要的工作安排;第三是不剥夺资产阶级的选举权,并且对于他们中间积极拥护社会主义改造而在这个改造事业中有所贡献的代表人物给以恰当的政治安排。"①正是由于采取了这种比较稳妥的政策,马克思恩格斯曾经希望采用,列宁曾经试图采用却未能实现的对资产阶级的和平赎买,在中国取得了巨大成功,顺利地实现了对资本主义工商业的社会主义改造。

二、社会主义改造的方式创新与社会影响

中国社会主义改造的三要对象,是农业以家庭为生产单位的个体经济,城乡极度分散的手工业个体经济,和城市比较集中的资本主义工商业经济。我们对这些不同的对象采取了不同的改造方式,主要有以下三个方面的特征和创新。

一是社会主义改造的和平方式。主要体现在对资本主义工商业的改造上。因为对农业和手工业的小私有制经济,马克思、恩格斯和列宁都明确指出不能剥夺。"当我们掌握了国家政权的时候,我们决不会考虑用暴力剥夺小农(不论有无赔偿,都是一样)",对于小农的任务,"首先是把他们的私人生产和私人占有变为合作社的生产和占有,不是采用暴力,而是通过示范和为此提供社会帮助"②。也就是说,只能通过说服教育、典型示范的办法,引导他们走合作化道路。而对于资本主义经济,马克思主义经济学的结论是"剥夺剥夺者",消灭资产阶级私有制,而且不排斥非和平的暴力方式。《共产党宣言》明确宣布:"无产阶级将利用自己的政治统治,一步一步地夺取资产阶级的全部资本",这是"对所有权和资产阶级生产关系实行强制性的干涉"③。利用自己的"政治统治"就是利用

---

① 《中共中央文件选集(1949.10—1966.5)》第 22 册,人民出版社 2013 年版,第 272 页。
② 《马克思恩格斯文集》第 4 卷,人民出版社 2009 年版,第 524 页。
③ 《马克思恩格斯文集》第 2 卷,人民出版社 2009 年版,第 52 页。

国家权力,而马克思把国家权力称为"集中的、有组织的社会暴力"①。虽然它本质上是一种经济力,但既然是暴力,又是强制性的干涉,当然也不是和平方式。我们在没收官僚资本和地主的土地时,就基本是采用了这种非和平方式。据有关统计资料,当时的"官僚资本总值约100亿—200亿美元,并控制着全国银行资本的70%,产业资本的80%,全部铁路、公路、航空运输和43%以上的轮船吨位。"②全部没收以后,一下就壮大了社会主义国有经济的实力。

在中国共产党取得全国政权后,针对民族资产阶级的社会主义改造,会不会因为资产阶级的不合作而面临巨大的困难,最终不得不采取暴力手段? 对此,中国共产党不是没有思想准备。因为,俄国革命胜利后,列宁也试图对资产阶级实行和平赎买,却由于资产阶级的反抗而没有成功。不过,中国民族资产阶级有其特殊性。在从半殖民地半封建社会向新民主主义社会的转变过程中,有着长期与中国共产党交往合作的历史,为中国革命作出了许多贡献,支持了中国人民的解放事业。抗日战争胜利前的中国共产党七大上,毛泽东和刘少奇都设想过,在新中国成立后利用民族资本来发展经济。新中国成立前夕的七届二中全会上,中国共产党明确宣布继续容许民族资本的存在,承认民族资本在整个国民经济中的积极作用和进步意义,要利用其工业装备水平的优势,学习其管理经验。但是,资本主义工商业的本性是不会变的,利用生产资料雇工获利,在生产经营中还会压低工人工资并在市场中投机赚钱。这就决定了无产阶级与资产阶级的矛盾,成为当时社会的主要矛盾。不过,我们把这种矛盾看成是人民内部矛盾,确定采取利用、限制、改造的和平方式来解决。等整个国民经济发展到一定程度以后,通过适当的方法和措施,在不造成社会震荡的前提下,对民族资本进行社会主义改造。我们在实践中,主要采取了和平赎买的方式,即在一定时期内承认民族工商业者的资本所有权,付给其定息,保障其利益,对企业实行公私合营,给资方代表安排适当工作,更

① 《资本论》第1卷,人民出版社2004年版,第861页。

② 沙健孙主编:《中国共产党和资本主义、资产阶级》(上),山东人民出版社2005年版,第551、392页;转引自张旭东:《国民经济恢复时期对资本主义经济的政策》,《当代中国史研究》2008年第2期。

好地发挥其生产经营管理中的作用,实现了对企业生产资料和经营管理的和平交接和方式变换。

二是改造的步骤和过程,是由初级到高级、由半社会主义到全社会主义。中国社会主义改造面临的另一个主要困难,就是如何把分散的、汪洋大海般的个体农民引导到社会主义道路上来。农民是中国共产党进行革命的主要支持力量之一,耕者有其田是中国农民梦寐以求的愿望,也是农民参加革命斗争的主要动力。土地改革实现了农民愿望,农民领到了土地证,极大地激发了生产积极性。现在又要改变土地的所有制性质,把私有变为公有,把个体农民变为集体农民,这是中国千百年来的重大历史性转变,显然是十分困难的。但是又必须要改,否则,私有制条件下农民的两极分化是必然的。怎么办? 我们党的办法就是分步走,从低级到高级,从半社会主义到全社会主义。

农业的社会主义改造分了三步走,经历了三个主要阶段:一是农业生产互助组阶段;二是农业生产初级合作社阶段;三是农业生产高级合作社阶段。逐步提高了农业生产的合作内容:第一步是一种低级形式的互助合作,是生产劳动过程中的帮工换工,不涉及产权,土地是各家的,收成也是各家的;第二步是半社会主义性质的生产合作,承认土地、农具和劳动力各自的所有权,在民主管理的基础上,实行集中统一的生产经营,最终分配实行劳动分红与生产要素股权分红相结合,是典型的按劳分配与按要素分配相结合;第三步是完全社会主义性质的高级合作社,土地、劳动力和农具完全归公,形成民主管理基础上的集体经营、集体劳动和集体分配。

在实施过程中,党中央强调:“必须贯彻群众的自愿互利原则,必须正确执行党对农民的基本政策,必须坚持依靠教育说服、实例示范的方针,加上国家适当的援助,办好已有的合作社和互助组,吸引群众逐步转到合作化方面来。绝不能强迫命令,绝不能因整个形势有利而忽视积极领导、稳步前进的方针”①。到 1957 年底,全国除少数地区外,基本上完成了“三步走”的农业生产合作化任务,全国建立了农业生产合作社 78.9

---

① 《中共中央文件选集(1949.10—1966.5)》第 16 册,人民出版社 2013 年版,第 240 页。

万个,97.5%的农产加入了农业生产合作社,其中高级社75.3万个,加入高级社的农户占全国总户数的96.2%。① 在一个有亿万农民的大国,顺利地实现了对农业的社会主义改造。

其次,对资本主义工商业的改造,也经历了由低级到高级、由半社会主义到全社会主义的过程。总体上实行的都是国家资本主义,但分了两步走。第一步是加工订货、统购包销和经销代销,政府保证工业原料和工业产品的合理分配,使大小工厂一般都能正常开工和获利,保证了市场物价的稳定。毛泽东在1953年7月指出:这样的资本主义经济,用各种形式和国营社会主义经济相联系,已不是普通的而是特殊的资本主义经济,主要不是为了资本家的利润,而是为了供应人民和国家的需要而存在;资本家获得的利润只占1/4左右,其余3/4是工人和国家所得,对工人和国家有利,因此,"这种新式国家资本主义经济是带着很大的社会主义性质的"②。到了第二步,先是个别企业,然后是全行业的公私合营,除了还保留着资本家的部分所有权,整个企业的生产经营,基本具有了社会主义性质。

三是所有制改造、经济运行机制转轨和国家工业化的同步进行。在夺取政权后,共产党执政的主要经济目标,是在社会主义经济制度的基础上实现生产力的迅速发展。因此,必须对私有制经济进行社会主义改造。在以公有制和按劳分配为主要特征的社会主义经济制度建立起来以后,应当实行什么样的经济运行机制,以及怎样加快经济发展,在马克思主义经济学的已有结论,和当时不可谓不成功的苏联样板面前,中国共产党没有其他选择,只有像革命时期"走俄国人的路"搞武装斗争一样,现在要走苏联人的路搞计划经济,推进社会主义工业化和现代化。私有制经济一般是依赖市场而生存的,中国原有市场经济体制虽然不完善,尤其是法制不健全,处于相对落后的状态。但是,私有制经济毕竟是与市场机制天然相适应的。新中国成立后,新建立的社会主义国营经济率先进入了计划经济轨道。短暂的经济恢复过后,国家就开始了经济建设的第一个五年计划。从而也把整个国民经济纳入了计划经济的运行轨道。资本主义

---

① 史万里、李玉珠等:《中国农村改革20年》,中州古籍出版社1998年版,第5页。
② 《毛泽东文集》第六卷,人民出版社1999年版,第282页。

工商业公私合营之前,国家就通过委托加工、计划订货、统购包销、委托经销代销等方式,在一定程度上将其生产经营与国家的计划经济联系起来。当其中一些人出于牟利的本性,不满足于用正常方式获得一般利润,力图利用和国营经济的联系,以行贿、偷税漏税、盗骗国家财产、偷工减料、盗窃国家经济情报等手段牟取暴利,甚至以假冒伪劣产品坑害国家和人民时,国家不得不出手对其加以限制。1951 年底至 1952 年 10 月席卷全国的"三反五反"运动,其中"五反"针对的就是资本家的不法行为。公私合营以后,资本家虽然也在企业中安排了适当职务,参与企业生产经营的管理,但企业经营基本以公方为主导,纳入了国家的计划管理。加之农业社会主义改造完成以后,全国工业原料的主要来源和农村的市场供应也已处于国家计划的控制之下。原料来源和市场销售两头一夹击,企业想不按国家计划生产经营也不可能了。

正是有了以上三种创新,我们只经过四年左右时间,就胜利完成了中国的社会主义改造。农民把主要生产资料交给了集体,不再以个人或家庭方式进行生产,而是固定在一定集体组织中集体劳动,农产品除了满足自己需要外,剩余基本上都上交国家满足社会需要。城乡手工业者和小商小贩,也组织成为集体所有制性质的生产合作社或供销合作社。资本主义工商业基本变成了全民所有制企业,原有的资本家也都成为国家工作人员。经过这样的改造,生产资料完全成为公有制性质,整个社会的资源配置,包括人员、资金、产品、工资、福利、价格等等,都不再由个人或企业决定,而是根据国家计划来安排和执行。除了原来的资本家还可以在一定时期内领取定息以外,基本上不再有人可以利用生产资料的占有来获利,在城市企业内部和农村集体经济组织内部,消除了人们分配上的巨大差距,整个社会的生产、流通和消费,都可以按照国家计划来展开,为实现社会主义公平和效率统一的理想和目标,奠定了经济基础。

第三节　社会主义改造对马克思主义经济理论的理解和创新

社会主义改造是在马克思主义经济思想的指导下进行的对旧私有制

进行社会主义改造的一种革命实践,社会主义改造反映了中国共产党人对马克思主义经济理论的理解和实践运用,展现无产阶级政党在学习、运用马克思主义经济理论的水平和理论创新发展的追求。在中国社会主义改造中,中国共产党依据马克思主义经济理论,针对中国社会的独特性,对旧私有制不同类型进行了社会主义改造,形成了中国特色的社会主义改造之路,为社会主义建设打下了良好的制度基础,也为马克思主义的继承和发展作出了贡献。当然,同时也不可避免地存在着一些不足。

一、对马克思主义经济学消灭私有制理论的创新性理解和发展

在《共产党宣言》中,马克思恩格斯指出:"共产党人可以把自己的理论概括为一句话:消灭私有制"①,并且强调:"共产党人到处都支持一切反对现存的社会制度和政治制度的革命运动。在所有这些运动中,他们都强调所有制问题是运动的基本问题,不管这个问题的发展程度怎样。"②

所有制之所以成为无产阶级革命的基本问题,就在于它是作为社会的经济基础而存在的。资本主义私有制,是资本主义社会经济运行的基础,也是资产阶级实现剥削和压迫的条件。正如马克思在《资本论》第1卷所说:"凡是社会上一部分人享有生产资料垄断权的地方,劳动者,无论是自由的或不自由的,都必须在维持自身生活所必需的劳动时间以外,追加超额的劳动时间来为生产资料的所有者生产生活资料"③。可见,私有制是一切存在着阶级和阶级对立的社会共同的所有制形式,一个阶级利用对生产资料的独占,形成了对另一个阶级的剥削和压迫,并通过对政权的控制形成了一个维护私有制的社会制度体系。因此,无产阶级要消灭一切剥削,最终解放自己,就不但要消灭资本主义社会存在的资产阶级私有制,而且要消灭一切私有制。而消灭私有制,只有在政权掌握在无产阶级手上时才可以开展。所以,"工人革命的第一步就是使无产阶级上升为统治阶级,争得民主。无产阶级将利用自己的政治统治,一步一步地

---

① 《马克思恩格斯选集》第1卷,人民出版社2012年版,第414页。
② 《马克思恩格斯选集》第1卷,人民出版社2012年版,第435页。
③ 《资本论》第1卷,人民出版社2004年版,第272页。

夺取资产阶级的全部资本，把一切生产工具集中在国家即组织成为统治阶级的无产阶级手里"①。

夺取资产阶级的全部资本，意味着对资本主义经济的改造。这种改造，是通过暴力的方式来实现的。无产阶级是在获得政权的基础上，利用自己的政治统治，来挖掉资本主义制度的经济基础的。把资本主义的全部生产资料，如土地、原来资本主义的国有资产、国有金融机构和基础设施等，直接剥夺过来，变为无产阶级国家亦即工人自己的财产。这些措施，在《共产党宣言》中都作了明确宣示。

但是，现在来看，我们党当时对马克思主义经济理论消灭私有制的认识，并没有像后来那样深刻，或多或少地、自觉不自觉地犯有教条主义和简单化的毛病。以至于"三大改造"进行得过快过急，原定 10 年到 15 年的时间，只用了 1/3 不到。一些工作比较粗糙，带来了不应有的消极影响。

譬如，我们对私有制经济积极作用的认识是不足的，较多地看到了它不利于经济发展，会导致两极分化的弊病，而忽视了马克思对劳动者私有制的另一种评价。他认为："劳动者对他的生产资料的私有权是小生产的基础，而小生产又是发展社会生产和劳动者本人的自由个性的必要条件。"②社会主义社会既要发展社会生产，同时要发展劳动者的自由个性。《共产党宣言》明确指出："代替那存在着阶级和阶级对立的资产阶级旧社会的，将是这样一个联合体，在那里，每个人的自由发展是一切人的自由发展的条件。"③因此，"共产主义并不剥夺任何人占有社会产品的权力，它只是剥夺利用这种占有去奴役他人劳动的权力"④。因为个体性劳动没有雇佣关系，并不奴役他人劳动，所以，并不一定在我们的消灭之列。《共产党宣言》中虽然用"消灭私有制"的口号来概括无产阶级政党的理论和目标，但是也明确地指出了消灭的是资产阶级私有制，而不是泛指一切私有制。对于小生产的私有制能不能一下子就废除，恩格斯在《共产

---

① 《马克思恩格斯选集》第 1 卷，人民出版社 2012 年版，第 421 页。
② 《资本论》第 1 卷，人民出版社 2004 年版，第 872 页。
③ 《马克思恩格斯文集》第 2 卷，人民出版社 2009 年版，第 53 页。
④ 《马克思恩格斯文集》第 2 卷，人民出版社 2009 年版，第 47 页。

主义原理》中曾经明确回答不能,"正像不能一下子就把现有的生产力扩大到为实行财产公有所必要的程度一样。因此,很可能就要来临的无产阶级革命,只能逐步改造现今社会,只有创造了所必需的大量生产资料之后,才能废除私有制"①。这样来看,我们对农业和手工业的社会主义改造,是过急过快了一点。虽然目标是正确的,但没有充分考虑中国整个生产力水平和农业、手工业的落后现状,没有在生产力发展到一定水平的基础上,水到渠成地向集体经济自然过渡,而是通过政治性动员方式进行合作化改造。这就难免出现一些超越群众觉悟的行政强迫行为,而不利于生产力的长远持久发展。

在对资产阶级私有制的改造上,不直接采用行政的或暴力的剥夺办法,而是采用和平赎买方式进行改造,这是我们党对马克思主义经济理论的创造性运用和发展。经典作家不是没有设想过这种办法,恩格斯在《共产主义原理》中回答"能不能用和平的办法废除私有制"问题时就说过:"但愿如此,共产主义者当然是最不反对这种办法的人。"②马克思同样有这样的思想,恩格斯晚年在《法德农民问题》中披露:"我们决不认为,赎买在任何情况下都是不容许的;马克思曾向我讲过(并且讲过好多次!)他的意见:假如我们能赎买下这整个匪帮,那对于我们最便宜不过了。"③但是他们同时指出,这不是一厢情愿的事情,资产阶级是不会配合的。他们看到"几乎所有文明国家的无产阶级的发展都受到暴力压制,因而是共产主义者的敌人用尽一切力量引起革命"④。所以,对资产阶级的暴力剥夺是迫不得已的事情。列宁曾经想过对资产阶级实行和平赎买,却得不到俄国资产阶级的响应,最后只能采取暴力剥夺的方法。

中国共产党并没有照搬俄罗斯的方式,而是根据中国的实际,成功实现了对资产阶级的和平赎买,把马克思恩格斯的设想,变成了现实。在没有较大社会反对、较少社会震荡、不影响生产力发展的情况下,较好地解决了资本主义工商业的社会主义改造问题,这当然是对马克思主义经济

① 《马克思恩格斯文集》第1卷,人民出版社2009年版,第685页。
② 《马克思恩格斯文集》第1卷,人民出版社2009年版,第684页。
③ 《马克思恩格斯文集》第4卷,人民出版社2009年版,第529页。
④ 《马克思恩格斯文集》第1卷,人民出版社2009年版,第685页。

理论的创新和发展。

二、对马克思主义计划经济理论的创新性理解和发展

在进行社会主义改造时,中国共产党确立的目标,就是要使旧的经济制度逐渐向新的完善的社会主义经济制度转变。马克思等经典作家对社会主义经济制度的设想,主要体现在三个方面:一是实行生产资料公有制,解除人剥削人的物质基础;二是实行按劳分配制度,保证劳动面前人人平等的公平目标的实现;三是实行计划经济,按照社会的需求合理配置资源,克服生产无政府状态,避免无序竞争和浪费,加快发展经济。俄国十月革命胜利以后,在列宁、斯大林领导下,逐步走上了这样的道路。世界反法西斯战争胜利后,几乎所有的社会主义国家也都这样做了,并显示了巨大的优越性。新中国成立后,当然也以此为目标,试图通过社会主义改造,使自己的经济制度与之相符合。

社会主义经济制度以何种方式进行运行,是一个比所有制更为复杂的问题。马克思恩格斯设想,消除私有制以后,社会经济的运行就不再是资本主义的市场方式。因为,在他们设想的公有制条件下,全社会只有一个单一的经济主体,不再有利益互相独立的商品生产者,不再需要利用市场来组织产品的生产和交换。"当人们按照今天的生产力终于被认识了的本性来对待这种生产力的时候,社会的生产无政府状态就让位于按照社会总体和每个成员的需要对生产进行的社会的有计划的调节。"[①]因此,社会主义的经济运行,包括资源配置方式和产品生产、交换和分配方式,都将纳入计划经济的轨道。然而,马克思恩格斯等经典作家都只是提出计划经济的设想,并没有系统、具体地提出如何制订和实施计划,以及如何处理同属公有制的不同地域、不同行业、不同生产单位的劳动者之间的关系。列宁也没有来得及思考和解决完全公有制条件下的这些问题,是斯大林领导苏联共产党把马恩的设想变成了现实,建立了一个高度集中统一的计划经济体制。

从理论上说,社会主义计划经济取代资本主义市场经济,是合乎经济

[①] 《马克思恩格斯选集》第 3 卷,人民出版社 2012 年版,第 667 页。

学逻辑的结论。马克思主义经济学揭示了资本主义市场竞争带来的危害。私有制条件下无数利益独立的商品生产者,生产什么不生产什么都是从赚钱的目的出发的,而不考虑社会的真正需要。这势必导致生产的无政府状态,引发经济的周期性波动,从而影响生产力的发展,证明了资本主义经济制度及其运行机制的不合理。因此,超越资本主义经济的,只能是公有制条件下的计划经济体制,通过计划来控制经济活动,达到整个社会经济的有序增长。"生产资料的全国性的集中将成为由自由平等的生产者的各联合体所构成的社会的全国性的基础,这些生产者将按照共同的合理的计划进行社会劳动。"①

生产资料的全国性集中,斯大林的理解就是"恩格斯在他的公式中所指的,不是把一部分生产资料收归国有,而是把一切生产资料收归国有,即不仅把工业中的生产资料,而且也把农业中的生产资料都转归全民所有"②。这意味着在一个单一的经济主体中,整个社会资源可以统一由国家来支配。因此,是不存在交换和市场的。社会主义国家要满足全社会成员的物质文化需要,实现经济发展战略目标,就必须编制整体经济发展计划,通过计划来调节生产和需求的矛盾,以保证经济目标的实现。计划经济与全社会单一的公有制,就成为经济体制的两个相互作用、相互依存的有机结合体。由于资源和生产由国家计划来控制,最终的消费品分配也是按照国家计划,通过按劳分配来实现。

然而,经典作家设想的单一的全社会所有制,是在高度发达的资本主义社会化大生产基础上建立的。"历史走的是奇怪的道路:一个落后的国家竟有幸走在伟大的世界运动的前列。"③相对落后国家的社会主义实践,只能从本国的实际出发,尽可能地去接近经典作家关于社会主义经济体制的设想,不可避免地产生误差。苏联就没有形成全国统一的全社会所有制,而是在城市实行了单一经济主体的全民所有制,农村实行了一个个利益相对独立、以集体农庄为核算单位的集体所有制。那就不得不承认两种所有制之间的商品交换关系,从而也就有了某种意义上的市场存

---

①　《马克思恩格斯选集》第 3 卷,人民出版社 2012 年版,笫 178 页。
②　《斯大林文集》,人民出版社 1985 年版,第 604 页。
③　《列宁全集》第 35 卷,人民出版社 1985 年版,第 345 页。

在。但是如前所说,斯大林完全排斥了市场条件下价值规律对生产的调节作用,把利益相对独立的集体所有制经济也完全纳入了国家计划的控制之下,形成了高度集中统一的计划经济,某种程度上剥夺了农民的生产经营自主权,甚至直接侵犯过农民利益。正如毛泽东在《论十大关系》中所说:"苏联的办法把农民挖得很苦。他们采取所谓义务交售制等项办法,把农民生产的东西拿走太多,给的代价又极低。他们这样来积累资金,使农民生产积极性受到极大的损害。"①其实,毛泽东批评的苏联人所犯的错误,在后来的很长时期内,也被他领导下的中国人重犯了。从而证明这并不是人的觉悟或认识的问题,而是体制的问题。在计划经济体制下,完全排斥价值规律的作用,必然会违背等价交换的原则。但也必须承认,这种经济体制显示出了一定程度的优越性,表现在苏联的迅速崛起上。诞生于第一次世界大战结束前后的苏维埃社会主义共和国联盟,原来是一个被列宁称为军事封建帝国主义的落后农业国,直到20世纪初,基本上还是靠输出谷物换取外国工业品,各项经济指标明显落后于其他资本主义国家。但到了第二次世界大战之前,苏联的综合国力已大大提升,不但经受住了二战的严峻考验,成为世界反法西斯的主力,而且趁战争胜利之势,解放了东欧等一大批小国,把他们也带上了社会主义道路,建立起包括中国在内的社会主义阵营,苏联也成为唯一能与美、英、德、法等发达资本主义国家相抗衡的社会主义强国。

既然苏联老大哥作出了榜样,中国共产党当然义无反顾,也要在社会主义改造取得成功的基础上,选择建立计划经济体制。这一方面是受马克思主义经济理论指导的必然结果;另一方面也是落后国家生产力发展要赶超资本主义国家的迫切要求,需要通过计划集中调配资源,进行工业化和现代化建设。但是,大量集体所有制经济的存在,和生产力普遍落后的状况,又必然要求保留商品货币关系。这种必然性和迫切需要,要求我们不能教条地理解和执行马克思主义经济学关于计划经济的论述,也不能照搬苏联高度集中、统得过多过死的经济体制模式。否则只能抹杀各方面的积极性、主动性和创造性,而带来经济发展的低效率,最终不仅不

---

① 《毛泽东文集》第七卷,人民出版社1999年版,第29—30页。

能促进生产力快速发展,甚至还会背离社会主义的基本目标,使其优越性不能充分发挥,而阻滞生产力的发展。

应该说,在革命时期就懂得了要把马克思主义普遍真理与中国具体实践相结合的中国共产党,在这方面的认识还是比较清醒的。社会主义改造尚未结束,第一个五年计划还在执行之中,以毛泽东同志为核心的党的第一代中央领导集体,就已发现苏联体制的不少弊病,并力图在中国的实践中加以克服和改善。如前所述,毛泽东批评了苏联违背等价交换的价值规律剥夺农民的经济政策,致使苏联粮食产量长期达不到革命前最高水平;还指出了东欧一些国家由于计划本身的不严密,而产生的轻重工业发展太不平衡的严重问题。而我们则比较注意缩小剪刀差,采取了等价交换或者近乎等价交换的政策,所以总体上保持了经济的稳定和产品供应的丰富。更为重要的是,毛泽东等人触及了苏联计划经济体制的要害之处,在于过度集中,不利于各种积极因素的调动。因此提出:"我们不能像苏联那样,把什么都集中到中央,把地方卡得死死的,一点机动权也没有。"[1]为此而明确了我国经济建设的基本方针,是"把国内外一切积极因素调动起来,为社会主义事业服务"[2]。这既是对苏联经济体制弊病的深刻批判,也是对马克思主义经济理论的创新性理解和发展。

三、对马克思主义过渡时期理论的创新性理解和发展

马克思在《哥达纲领批判》中,较为完整地提出了他的过渡时期理论。他认为:"在资本主义社会和共产主义社会之间,有一个从前者转变为后者的革命转变时期。同这个时期相适应的也有一个政治上的过渡时期,这个时期的国家只能是无产阶级的革命专政。"[3]应当肯定,与这个政治上的过渡时期相对应,也存在着一个经济上的过渡时期。在他后面的论述中,就把共产主义社会区分为"第一阶段"和"高级阶段",并从经济上描述了各自主要的不同特征。他强调:第一阶段"不是在它自身基础上已经发展了的,恰好相反,是刚刚从资本主义社会中产生出来的,因此

---

① 《毛泽东文集》第七卷,人民出版社 1999 年版,第 31 页。
② 《毛泽东文集》第七卷,人民出版社 1999 年版,第 23 页。
③ 《马克思恩格斯文集》第 3 卷,人民出版社 2009 年版,第 445 页。

它在各方面,在经济、道德和精神方面都还带着它脱胎出来的那个旧社会的痕迹"①。譬如在消费资料的分配方面,虽然不再有剥削,实行了人人平等的按劳分配原则,但是"这个平等的权利总还是被限制在一个资产阶级的框框里"。因为,"这种平等的权利,对不同等的劳动来说是不平等的权利",从而带来了事实上不平等的弊病。而这些弊病,"在经过长期阵痛刚刚从资本主义社会产生出来的共产主义社会第一阶段是不可避免的"。而"在共产主义社会高级阶段,在迫使个人奴隶般地服从分工的情形已经消失,从而脑力劳动和体力劳动的对立也随之消失之后;在劳动已经不仅仅是谋生的手段,而且本身成了生活的第一需要之后;在随着个人的全面发展,他们的生产力也增长起来,而集体财富的一切源泉都充分涌流之后,——只有在那个时候,才能完全超出资产阶级权利的狭隘眼界,社会才能在自己的旗帜上写上:各尽所能,按需分配!"②

这样来看,马克思界定的共产主义第一阶段,可以说是向共产主义高级阶段转变的过渡时期。为共产主义高级阶段的到来创造条件,成了这一阶段的主要任务。单一的公有制,人与人之间不仅没有阶级的差别,而且还没有能力和分工的差别,生产力高度发达,社会产品极大丰富,这样才有可能实现按需分配。因此,在所有制问题解决后,必须集中全力,在计划经济体制下努力促进生产发展,逐步向共产主义迈进。这里不存在与资本主义经济成分并存的问题,也不存在通过无产阶级专政对资本主义经济成分进行改造的问题,更不存在是否要利用资本主义的问题。

应当指出,马克思恩格斯都认为革命只能在发达资本主义国家发生,而且他们除了经历过巴黎公社的失败尝试之外,并没有见到真正意义上的从资本主义社会向共产主义社会的革命转变。因此,他们提出的过渡时期,也只是一种设想中的从发达资本主义向共产主义社会第一阶段的转变。虽然在各方面都还带着它脱胎出来的那个旧社会的痕迹,但是公有制、按劳分配以及经济运行的计划调节,与资本主义相比,毕竟发生了翻天覆地的变化。尽管他们也曾经设想,经济较落后国家进入社会主义,

---

① 《马克思恩格斯文集》第3卷,人民出版社2009年版,第434页。
② 《马克思恩格斯文集》第3卷,人民出版社2009年版,第435—436页。

有个如何处置土地私有基础上的农业小生产的问题,要求把他们的私人生产和私人占有,变为合作社的生产和占有,但这也是变私有制为公有制的革命性转变,而不要求保留或利用私有制经济。

列宁继承发展了马恩的过渡时期理论,认为可以在经济相对落后的国家,取得无产阶级革命胜利,并且建立了苏维埃政权,从而开始了向社会主义的过渡。他把共产主义社会的"第一阶段",正式界定为社会主义社会,从而与高级阶段的共产主义社会相区别。因为列宁是在一个资本主义不发达的国家,领导社会主义革命取得成功的。因此,他所领导的国家,并不是从发达资本主义向社会主义过渡。他所认定的过渡时期,也不同于马恩所说的过渡时期。他明确指出:"这个过渡时期不能不兼有这两种社会经济结构的特点或特性。这个过渡时期不能不是衰亡着的资本主义与生长着的共产主义彼此斗争的时期。"①他在《论粮食税》中说得更明确:"过渡"这个词的意思就是说,在经济制度内既有着社会主义的,也有着资本主义的成分、部分和因素。在他列举的 5 种经济成分中,除社会主义经济外,还有宗法式农民经济、小商品经济、私人资本主义和国家资本主义经济,"社会经济结构中的所有这些不同的类型都互相错综地交织在一起"②。

苏维埃政权建立后,列宁也试图尽快地实行社会主义改造,建立社会主义制度。按他的说法,"我们原打算(或许更确切些说,我们是没有充分根据地假定)直接用无产阶级国家的法令,在一个小农国家里按共产主义原则来调整国家的生产和产品分配。现实生活说明我们犯了错误"③。战时共产主义是行不通的,直接导致了产品短缺,粮食危机甚至影响了政权的存续。因此,列宁提出了新经济政策,认识到在一段时间里利用私有制和资本主义的力量,对于经济发展和人民生活改善是有利的。这就使马克思主义者开始思考和探索,在共产党执政时期,也可以利用资本主义来发展经济,并由此推动社会主义经济成分的增长。过渡性阶段的经济体制,不能是完全的社会主义,也不应该马上就消灭资本主义,而

①　《列宁选集》第 4 卷,人民出版社 1995 年版,第 59 页。
②　《列宁选集》第 4 卷,人民出版社 1995 年版,第 490 页。
③　《列宁全集》第 33 卷,人民出版社 1957 年版,第 39 页。

是容许其存在和发展。实行社会主义公有制与私有制经济的共存,并通过商品、货币、自由贸易等市场机制,来促进经济发展。这些都不会影响和干扰共产党的执政地位和执政目标,相反可以补充公有制经济的不足,可以提供社会需要的产品,提供就业和国家税收,壮大社会主义的力量。

但是可惜的是,列宁没有进行较长时间的实践就不幸去世了,他的过渡时期理论和新经济政策没有来得及进一步探索。当经济形势好转后,私有制经济存在的必要性,市场存在的必要性,就都受到了怀疑。在斯大林的领导下,苏联很快就结束了过渡时期,建立了以公有制、按劳分配和计划经济为支柱的社会主义经济体制。

列宁的新经济政策的实践,及其对马恩过渡时期理论的创新发展,为后来的社会主义国家包括中国提供了宝贵的经验和理论指导。中国共产党所面临的情况,与列宁所说的情况基本相似。我们也不是从发达资本主义直接向社会主义转变,而是从新民主主义经济形态向社会主义转变。从新民主主义革命在全国取得胜利,中国共产党完全掌握了国家政权开始,实际也就进入了过渡时期。在这一点上,我们党的认识是清醒的。如毛泽东所说:国民党反革命政权的灭亡和中华人民共和国的成立,"标志着新民主主义革命阶段的基本结束和社会主义革命阶段的开始"[1]。过渡时期头几年,即三年经济恢复时期,我们在农村进行了民主主义的土地改革,在城市接受官僚资本主义企业并使之变为社会主义企业,建立社会主义国家银行,对私人资本主义企业实行国家资本主义措施,为全国规模的社会主义改造做好了准备。1952 年下半年,毛泽东代表党中央正式提出了党在过渡时期的总路线和总任务,并系统、完整地规定了社会主义改造的各项方针政策,指引全党成功地实现了对农业、手工业和资本主义工商业的社会主义改造。已如前述,我们在社会主义改造的方式上采取的是和平的方式,而没有采取暴力的剥夺方式;在社会主义改造的步骤上是稳妥的逐步递进,而不是一步到位的盲目冒进;在社会主义改造与经济运行机制的转轨以及工业化的关系上,是有机结合、同步推进,而不是互不联系、另起炉灶。正是由于以上多方面的创新,所以我们才能取得巨大的

---

① 《毛泽东文集》第六卷,人民出版社 1999 年版,第 315 页。

成功。《关于建国以来党的若干历史问题的决议》是这样评价的："从一九四九年十月中华人民共和国成立到一九五六年,我们党领导全国各族人民有步骤地实现从新民主主义到社会主义的转变,迅速恢复了国民经济并开展了有计划的经济建设,在全国绝大部分地区基本上完成了对生产资料私有制的社会主义改造。在这个历史阶段中,党确定的指导方针和基本政策是正确的,取得的胜利是辉煌的。"①当然,《关于建国以来党的若干历史问题的决议》也指出了存在的缺点和偏差,"但整个来说,在一个几亿人口的大国中比较顺利地实现了如此复杂、困难和深刻的社会变革,促进了工农业和整个国民经济的发展,这的确是伟大的历史性胜利"②。

从缺点和偏差方面说,主要是 1955 年夏季以后,农业合作化以及对手工业和个体商业的改造要求过急、工作过粗、改变过快,形式也过于简单划一,以致在长期内遗留了一些问题。1956 年资本主义工商业改造基本完成以后,对于一部分原工商业者的使用和处理也不很适当。之所以会出现这些问题,是因为我们对从新民主主义经济形态向社会主义经济形态过渡的长期性、艰巨性和复杂性,缺乏充分的认识和估计。原来我们打算用大约 15 年左右的时间,完成社会主义改造,过渡到社会主义国家。但实际上只用了 4 年左右的时间,到 1956 年 9 月党的八大,就宣布了社会主义制度的基本建立。

第四节　近年来关于社会主义改造若干争议的讨论

从 1978 年党的十一届三中全会开始,我国进入了改革开放时期。随着中国特色社会主义理论的确立,我们确认了中国处于社会主义的初级阶段。通过 40 多年坚持不懈的改革开放,确立了以公有制为主体、多种所有制经济长期并存、共同发展的基本经济制度,以及按劳分配和按生产

---

① 中共中央文献研究室编:《十一届三中全会以来重要文献选读》(上),人民出版社 1987 年版,第 304 页。

② 中共中央文献研究室编:《十一届三中全会以来重要文献选读》(上),人民出版社 1987 年版,第 307 页。

要素分配并存的分配制度，市场对资源配置起决定性作用的社会主义市场经济体制也基本建立。当初经过社会主义改造而形成的以公有制、按劳分配、计划经济为基本特征的社会主义经济制度，已发生了巨大变化。因此，社会上主要是学术界出现了一些对社会主义改造进行"反思"的文章，对其必要性、合理性和过程、方式等提出了一些新的观点和认识。其中有的涉及了社会主义革命与建设的方向与目标问题，也涉及如何坚持和发展马克思主义经济学的问题。因此，有必要从马克思主义经济学中国化的视角，对一些问题进行回应，以加深对我们党在马克思主义经济学中国化方面贡献的认识。

一、关于社会主义改造的必要性问题

有人认为，中国的社会主义改造没有必要，因而是错误的。其依据是中国经济落后，根本不具备建立社会主义制度的条件，应该在充分发展资本主义之后，再进行社会主义改造。事实上，在我国社会主义改造的任务提出时，就有人对改造的时间和方式产生了疑问。疑问正是来自对中国历史条件和环境的认识。认为新中国成立后，我国还处于相对落后的状态，没有较为发展的资本主义经济，没有充分的社会化大生产，不完全具备马克思主义关于社会主义建设的基本条件，社会主义的建设也就成为一种空想。今天，也有些论者用改革开放后发展民营经济的实践，来说明当年社会主义改造是错误的。早知今日何必当初？既然今天容许私人资本的存在，当年就不应该也没有必要对私人资本进行改造。

应当说，这种观点都没有站在历史的角度去理解社会主义改造的必然性和必要性。从马克思主义经济学的理论和无产阶级革命的逻辑来说，无产阶级政党一旦获得政权，就应当努力实现消灭私有制，建立社会主义制度的目标，这是其历史使命的要求。所有制是生产关系的核心，在制度建设中被赋予了决定性的地位。社会主义革命，当然要从所有制改造入手。但在落后的半殖民地半封建国家，当无产阶级和资产阶级的矛盾不是主要矛盾，无产阶级政党也没有掌握全国政权的情况下，为团结各方力量，容许乃至鼓励私人资本发展是必要的。但是，无产阶级一旦成为执政党，无产阶级和资产阶级的矛盾，就上升为主要矛盾，进一步推进社会主义革命,改造乃至消灭其私有制,就成为党领导人民继续前进的应有之义,不存在停留于资本主义的理论和逻辑依据。从当时的实践方面看,苏联的社会主义应该说是成功的,仅用了 30 年左右的时间,就走过了资本主义几百年的发展道路,显示出了社会主义巨大的优越性。这在此前已有叙述,不再重复。这里需要讨论的是,落后国家是否就不具备建立社会主义制度的条件? 是否一定要在充分发展资本主义之后,才能进行社会主义改造?

其实,这并不是什么新鲜问题,而是我们党的历史上陈独秀"二次革命论"在新的历史条件下的翻版。陈独秀当年就是以中国的资本主义没有充分发展,而反对中国共产党积极参加并领导新民主主义革命的。只要看一下当初列宁是怎样批判第二国际机会主义分子考茨基和俄国小资产阶级民主派的,就知道这种观点是完全站不住脚的。考茨基就曾经跟在俄国的孟什维克马尔托夫后面重复说,俄国还没有成熟到实行社会主义的地步,俄国的生产力和文化水平没有达到能够实行社会主义的程度,宣称布尔什维克不懂马克思的经济理论,因而不顾俄国经济的落后力图实行社会主义革命。列宁辛辣地嘲讽了考茨基,说他还没有成为叛徒时,曾强调不能害怕革命为时过早,谁因害怕失败而拒绝革命,谁就是叛徒,现在他自己成了叛徒。① 列宁认为,经济落后国家在摆脱了帝国主义压迫并建立了人民政权以后,在先进国家取得胜利的无产阶级帮助下,完全可以越过资本主义阶段而过渡到社会主义。他在口授的《论我国革命》一文中明确指出:"世界历史发展的一般规律,不仅丝毫不排斥个别发展阶段在发展的形式或顺序上表现出特殊性,反而是以此为前提的。"②他尖锐地反问:"既然建立社会主义需要有一定的文化水平(虽然谁也说不出这个一定的'文化水平'究竟是什么样的,因为这在各个西欧国家都是不同的),我们为什么不能首先用革命手段取得达到这个一定水平的前提,然后在工农政权和苏维埃制度的基础上赶上别国人民呢?"接着又问:"你们说,为了建立社会主义就需要文明。好极了。那么,我们为什

---

① 《列宁选集》第 3 卷,人民出版社 1995 年版,第 620 页。
② 《列宁选集》第 4 卷,人民出版社 1995 年版,第 776 页。

么不能首先在我国为这种文明创造前提,如驱逐地主,驱逐俄国资本家,然后开始走向社会主义呢? 你们在哪些书本上读到过,通常的历史顺序是不容许或不可能有这类改变的呢?"①他还预言:"在东方那些人口无比众多、社会情况无比复杂的国家里,今后的革命无疑会比俄国革命带有更多的特殊性。"②

这似乎正是对着我们中国讲的,而且已在实践中得到证明。在经济文化发展水平不高的国家,当革命的主客观条件已经具备的时候,完全可以先进行革命夺取政权,然后创造实现社会主义所必需的物质文化条件。经济文化比俄罗斯还要落后的中国,既然能在中国共产党领导下,制定出正确的革命路线,较好地发动工农群众,胜利地开展武装斗争,在半封建半殖民地国家率先摆脱帝国主义压迫并建立人民政权,那么,为什么不能利用人民政权的内部优势和先进国家帮助的外部条件,立即开展社会主义革命,也率先进入社会主义社会呢? 何况社会主义革命和实现社会主义还不是一回事,它是两个既有联系又有区别的问题。革命是经济、政治、文化、军事和阶级力量对比等多种因素综合作用的结果,并不是单单取决于经济和文化发展程度。实现社会主义,的确需要发达的经济文化,但它是可以在革命之后来建设的。这也在苏联的实践中得到了证明。因此,中国的社会主义革命及其对私有制的改造,不存在条件不具备和为时过早的问题。

至于用改革开放后发展民营经济的现实,来说明当年的社会主义改造没有必要,是多此一举,这更是错误的。因为,我们今天的民营经济,是不能与当年的资本主义工商业同日而语的。虽然我们现在的经济理论引入了资本范畴,民营经济使用的是私人资本,但私人资本并不等同于私人资本主义经济,正如国有资本不能等同于国家资本主义经济一样。因为国有资本的公有制性质没有变,所以使用国有资本的国有企业,仍是社会主义企业。我们现在只不过是把资本范畴一般化了而已,这应当看成是马克思主义经济学中国化的成果之一。资本从过去专指能够为资本家带

---

①　《列宁选集》第 4 卷,人民出版社 1995 年版,第 778 页。
②　《列宁选集》第 4 卷,人民出版社 1995 年版,第 778 页。

来剩余价值的价值，变成了一般的能够实现价值增殖的价值。而不论在资本主义还是社会主义条件下，只要在原有价值的基础上加进劳动，价值就能实现增殖。在我国目前的经济结构中，只有外资企业具有剥削剩余价值的资本主义性质，但它是我们可以控制并规定其活动方向的资本主义，即国家资本主义经济。而民营经济只要它在生产经营、财务税收、劳动工资、社会保障、生态环境等各方面都遵守国家法律，就不能把它归入资本主义行列。因为，整个大环境变了，它同占优势的公有制经济相联系，并受其巨大影响。如马克思所说："在一切社会形式中都有一种一定的生产决定其他一切生产的地位和影响，因而它的关系决定其他一切关系的地位和影响。这是一种普照的光，它掩盖了一切其他色彩，改变着它们的特点。"①其实，如我们前面已经指出的，毛泽东在三大改造过程中，就通过算账的方法，指出了资本主义工商业性质的这种变化。在他看来，既然资本家利润的3/4都被国家和工人拿走，对工人和国家有利，那么就应该说，这种新式国家资本主义经济，是带着很大的社会主义性质的。他这种思考问题的角度和方法，对我们今天正确认识民营经济的性质，是很有启示意义的。我们不应该把我国新时期开放搞活产生出来的民营经济，简单地等同于资本主义经济，而认为我们现在走了回头路。

当然，从总结经验教训方面来看，中国的社会主义改造存在着过快过急的问题。但从总体上说，社会主义改造还是基于马克思主义经济学的理论和革命逻辑展开的，是在对社会发展客观规律深刻认识和理解基础上开展的行动。我们不能因为其进行得过快过急就否定其必要性。党的十一届六中全会通过的《关于建国以来党的若干历史问题的决议》已经明确肯定："社会主义制度的建立，是我国历史上最深刻最伟大的社会变革，是我国今后一切进步和发展的基础。"而且高度评价："在一个几亿人口的大国中比较顺利地实现了如此复杂、困难和深刻的社会变革，促进了工农业和整个国民经济的发展，这的确是伟大的历史性胜利。"这些结论，都是以历史事实为依据的，其权威性不是可以轻易否定得了的。我们今天关于历史问题的讨论，是不能忽视党的已有决议的指导意义的。

---

① 《马克思恩格斯选集》第2卷，人民出版社1995年版，第24页。

二、关于社会主义改造的过快过急问题

中国的社会主义改造,虽然有逻辑与历史的必然性,但不等于就不可以进行深入的讨论,不等于改造就不需要选择适当的时机和方式。目前个别论者认为我国社会主义改造进行得过早,如果我们不过早进行这一改造,让小资产阶级和民族资产阶级再进行一段时间的发展,可能对整个经济有好处。从今天改革开放的经验来看当时的社会主义改造,得出过早的结论,当然是不奇怪的。但历史是不能假设的,社会主义改造是不是早,要从当时的历史环境和条件来看,我们只能实事求是地来总结这段历史的经验教训。

已如前述,中国的社会主义改造事实上存在着过快过急的问题。因此,如《关于建国以来党的若干历史问题的决议》中所说,带来了工作中的"缺点和偏差"。主要是"在一九五五年夏季以后,农业合作化以及对手工业和个体商业的改造要求过急,工作过粗,改变过快,形式也过于简单划一,以致在长期间遗留了一些问题。一九五六年资本主义工商业改造基本完成以后,对于一部分原工商业者的使用和处理也不很适当。"①放到现在来看,农业、手工业的小私有制经济和资本主义工商业,其实都可以让它们再发展一段时间,让它们的积极作用发挥得更充分一些。因为新中国成立后,工人农民掌握了政权,官僚资本和外国资本收归国有,已经奠定了社会主义制度的政治和经济基础,加上国家对金融和市场的控制,已经实现了对整个国民经济的掌控。现实中存在的私有制特别是私人资本,总体上不会对国家发展产生决定性影响。毛泽东在新中国成立前后曾反复强调,私人资本只要不影响国计民生,不在关键领域占主导地位,就不会构成对社会主义制度的根本影响。甚至在三大改造基本完成之后,毛泽东还说"可以消灭了资本主义,又搞资本主义"②。他认为,俄国的新经济政策结束得旦了,只搞了两年退却就转为进攻,致使社会物资一直不充足。针对上海出现的地下工厂,他说:"只要社会需要,地下

---

① 中共中央文献研究室编:《十一届三中全会以来重要文献选读》(上),人民出版社 1987 年版,第 306 页。

② 《毛泽东文集》第七卷,人民出版社 1999 年版,第 170 页。

工厂还可以增加。可以开私营大厂,订个协议,十年、二十年前不没收。华侨投资的,二十年、一百年不要没收。可以开投资公司,还本付息。可以搞国营,也可以搞私营。"①

刘少奇等党和国家领导人也强调了新中国成立后不急于进行社会主义改造,先利用私有制和私人资本的优点,着力恢复和发展经济。由此可以看出,对于社会主义改造,我们党的本意并不想搞得过快过急。原定十五年左右的对私改造,结果五年时间不到就完成,也是不以人的意志为转移,而是由当时国内外的各种条件和因素决定的。当时新中国经济建设的第一个五年计划,尤其是工业现代化建设铺开了宏伟蓝图,需要通过社会主义改造集中全国经济力量付诸实施。但是,正如《关于建国以来党的若干历史问题的决议》中所说:"资本主义工商业的发展也必然出现不利于国计民生的一面,这就不能不发生限制和反限制的斗争。在资本主义企业和国家的各项经济政策之间,在它们和社会主义国营经济之间,在它们和本企业职工、全国各族人民之间,利益冲突越来越明显。打击投机倒把、调整和改组工商业、进行'五反'运动、工人监督生产、粮棉统购统销等一系列必要的措施和步骤,必然地把原来落后、混乱、畸形发展、唯利是图的资本主义工商业逐步引上社会主义改造的道路。"②特别是"三反五反"中揭露出的一些私人资本家的不法行为,引起了基层民众对资本家经营利润的正当性,及其在社会主义制度下存在的意义和价值的疑问,从而出现了不尊重资本家、漠视其正当的利益诉求的各种现象。这些都反映了当时社会上,在对私改造问题上已经出现了不可忽视的"左"的倾向。但全党对此重视不够,没有形成反"左"的强烈政治气氛和舆论环境,没有要求严格执行总路线规定的任务完成时限。相反,迁就了群众运动中自发产生的过快过急倾向。而民族资本家迫于形势压力,出于自保心理,也就半自愿半不自愿地"敲锣打鼓",一夜之间宣布实行公私合营,将企业财产经营权上交给了国家。

同样如前所述,对农业、手工业、小商业等个体经济的社会主义改造,

---

① 《毛泽东文集》第七卷,人民出版社1999年版,第170页。

② 中共中央文献研究室编:《十一届三中全会以来重要文献选读》(上),人民出版社1987年版,第305页。

也存在过快过急的问题。其实在当时生产力条件下,私有制基础上的小生产,最容易调动农民和其他小生产者的生产积极性,较为适合农村经济和城乡手工业、小商业的发展。而我们当时把小私有制经济的两极分化问题看得过于严重,怕个体农民和手工业者,特别是在土地改革中新获得土地而缺少其他生产资料的贫农下中农,为了生产或生存,重新借上高利贷,甚至典让和出卖土地而陷于破产。同时也考虑到分散经营的小私有制经济,既无力从事较大规模的兴修水利,改善农业生产条件,抗御自然灾害能力较弱,也无力实行机械化生产,推广各种新技术。因此,从党的高层领导到基层领导,对合作化大都产生了一种宁快毋慢,反所谓"小脚女人"的"左"的倾向。原定到 1960 年左右"逐步地分批分期地由半社会主义发展到全社会主义",在社会经济制度方面彻底地完成社会主义改造,①结果到 1956 年底就已基本完成,不可避免地带来了简单粗糙等毛病,留下了不利于持续发展的后遗症。

我们讨论和反思这一段历史,不是要否定而是要从更深广的历史和理论角度,来总结我党在社会主义革命过程中的经验教训,深刻理解马克思主义经济学中国化的必要性和现实价值。我国社会主义改造之所以发生过快过急的问题,是有其历史原因的。由于当时有利的历史条件和环境,我国新民主主义革命的胜利,来得出乎意料的快。这也决定了作为下篇文章的社会主义革命的提前到来,尽管我们党对此还是有着一定的思想准备的。如在党的七大上,毛泽东就强调,每个共产党员心目中都必须悬着"为现在的新民主主义革命而奋斗和为将来的社会主义和共产主义而奋斗这样两个明确的目标"②。在解放战争即将取得最后胜利时,毛泽东明确指出:在全国范围内推翻国民党反动统治,建立无产阶级领导的以工农联盟为主体的人民民主专政的共和国之后,就可以使中华民族和中国人民来一个大翻身、大解放,"从而造成由农业国变为工业国的先决条件,造成由人剥削人的社会向着社会主义社会发展的可能性"③。在党的七届二中全会上,为了保证胜利后能站住脚而不失败,毛泽东告诫全

---

①　《毛泽东文集》第六卷,人民出版社 1999 年版,第 438 页。
②　《毛泽东选集》第三卷,人民出版社 1991 年版,第 1059 页。
③　《毛泽东选集》第四卷,人民出版社 1991 年版,第 1375 页。

党,要坚持党的新民主主义路线方针政策,并特别强调要警惕和防止犯"左"或右的错误。他明确指出:"在今后一个相当长的时期内,我们的农业和手工业,就其基本形态说来,还是和还将是分散的和个体的","谁要是忽视或轻视了这一点,谁就要犯'左'倾机会主义的错误"①;在对私人资本主义经济限制和反限制的斗争中,"如果认为应当对私人资本限制得太大太死,或者认为简直可以很快地消灭私人资本,这也是完全错误的,这就是'左'倾机会主义或冒险主义的观点"②。正因为新民主主义革命的胜利来得快了,全党对这样一些重要的思想,还没有来得及进行充分的讨论、研究和消化,就迎来了中国历史上前所未有的社会主义改造。

的确,在对社会主义改造时机的选择上,党内的深入讨论是不够的,而且受到了不正常的干扰。新中国成立前后,刘少奇根据马克思《资本论》中阐发的思想,结合党的新民主主义的路线方针政策,从生产力发展的角度出发,提出了巩固"新民主主义秩序"的口号,并对私人资本的存在和发展提出了一些看法。如1949年四五月间的"天津讲话"和1951年中南海春藕斋讲话,都反映了刘少奇希望借用私有制和私人资本发展社会经济的思想。他把马克思主义经济理论与中国具体实际相结合,认为应该历史地看待私人资本的作用,不能简单地把私人资本看作祸害。他指出:"今天在我国资本主义的剥削不但没有罪恶,而且有功劳。封建剥削除去以后,资本主义剥削是有进步性的。今天不是工厂开得太多,剥削的工人太多,而是太少了。你们有本事多开工厂多剥削一些工人,对国家人民都有利,大家赞成。你们当前与工人有很多共同利益。资产阶级在历史上是有功劳的。马克思恩格斯在《共产党宣言》里就说过,近一百年中,资本主义将生产力空前提高,比有史以来几千年创造的全部生产力还要多。今天中国资本主义是在年轻时代,正是发挥它的历史作用、积极作用和建立功劳的时候,应赶紧努力,不要错过。今天资本主义剥削是合法的,愈多愈好。"③针对当时东北地区农村新富农的产生,刘少奇提出不要

---

① 《毛泽东选集》第四卷,人民出版社1991年版,第1430、1431页。

② 《毛泽东选集》第四卷,人民出版社1991年版,第1432页。

③ 中共中央文献研究室编:《刘少奇论新中国经济建设》,中央文献出版社1993年版,第107页。

急于限制,认为党员也可以发家致富,有剥削也可以做社会主义者,说党员不能有剥削是一种教条主义。① 后来,有人把刘少奇的这些观点概括为"剥削有功论。"

应当说,刘少奇的讲话,是在对马克思主义经济理论深刻理解基础上的具体运用,完全符合党的七大和七届二中全会精神,与毛泽东的多次讲话精神也是完全一致的。如关于资本主义剥削的历史必然性和进步性,毛泽东在党的七大报告中讲得很清楚:"拿资本主义的某种发展去代替外国帝国主义和本国封建主义的压迫,不但是一个进步,而且是一个不可避免的过程。"②马克思对资本主义剥削的正面评价,就只有读过《资本论》的人才知道了:"资本的文明面之一是,它榨取这种剩余劳动的方式和条件,同以前的奴隶制、农奴制等形式相比,都更有利于生产力的发展,有利于社会关系的发展,有利于更高级的新形态的各种要素的创造。"③再如关于资本家的历史功绩,《共产党宣言》中关于资产阶级在不到一百年的阶级统治中所创造的生产力,要比过去一切世代创造的全部生产力还要多还要大的论断,是大家所熟知的。而马克思关于资本家历史贡献的论述,就没有多少人知道了。马克思在《资本论》中,不止一次地指出:"发展社会劳动的生产力,是资本的历史任务和存在理由。资本正是以此不自觉地创造着一种更高级的生产形式的物质条件"④。他认为资本家作为人格化资本具有历史的价值,并可以受到尊敬,因为"作为价值增殖的狂热追求者,他肆无忌惮地迫使人类去为生产而生产,从而去发展社会生产力,去创造生产的物质条件;而只有这样的条件,才能为一个更高级的、以每一个个人的全面而自由的发展为基本原则的社会形式建立现实基础"⑤。刘少奇的"剥削有功论",正是从马克思这里来的。

还有资本主义剥削对工人是否有利的问题,如前所述,毛泽东早在党的七大报告中就说过:"它不但有利于资产阶级,同时也有利于无产阶

① 转引自卫兴华、洪银兴主编:《中国共产党经济思想史论》,江苏人民出版社1994年版,第244—245页。

② 《毛泽东选集》第三卷,人民出版社1991年版,第1060页。

③ 《马克思恩格斯文集》第7卷,人民出版社2009年版,第927—928页。

④ 《马克思恩格斯文集》第7卷,人民出版社2009年版,第288页。

⑤ 《资本论》第1卷,人民出版社2004年版,第683页。

级,或者说更有利于无产阶级。"①到 1950 年 5 月,他还是说:今天的资本主义工商业对社会是需要的、有利的,"因为适应了人民的需要,改善了工人的生活。当然,资本家要拿走一部分利润,那是必需的"②。毛泽东和刘少奇的这些认识,一是依据客观事实,二是来自马克思对资本主义实事求是的辩证分析。马克思包括恩格斯,对资本主义的基本态度就是"决不用玫瑰色描绘资本家和地主的面貌"③,也就是说,不把他们看成天生的十恶不赦的妖魔鬼怪,他们只是经济范畴的人格化,是一定的阶级关系和利益的承担者。资本主义剥削是历史规定的生产关系的表现,是不能要个人对这种关系负责的。资本主义剥削的确给工人带来了痛苦,造成了社会的两极分化,一极是贫困的积累,一极是财富的积累。但马克思同时指出,工人的贫困同他们所受的劳动折磨"成反比"④。也就是说,一部分工人变成了经常失业的产业后备军,为资本家劳动少了,贫困反而加剧了。而他们所受劳动折磨多时,"自己所生产的日益增加的并且越来越多地转化为追加资本的剩余产品中,会有较大的部分以支付手段的形式流回到工人手中,使他们能够扩大自己的享受范围,有较多的衣服、家具等消费基金,并且积蓄一小笔货币准备金"⑤。虽然在《资本论》法文版中,马克思把"成反比"改成了"成正比",但这两者都说得通。因为工人劳动越多,"为他人生产的财富越多,他们的劳动生产力越是提高,他们连充当资本增殖的手段的职能对他们来说也就越是没有保障"⑥,从而也就越是贫困。不管是成正比还是成反比,只要工人失去了就业岗位,就会陷入绝对贫困之中。因此,在就业岗位不多的不发达国家,工人"不仅苦于资本主义生产的发展,而且苦于资本主义生产的不发展"⑦。毛泽东、刘少奇正是从工人阶级整体的角度,来说明资本主义剥削对工人有利或有功的。

---

① 《毛泽东选集》第三卷,人民出版社 1991 年版,第 1060 页。
② 《毛泽东文集》第六卷,人民出版社 1999 年版,第 61 页。
③ 《资本论》第 1 卷,人民出版社 2004 年版,第 10 页。
④ 《资本论》第 1 卷,人民出版社 2004 年版,第 742 页。
⑤ 《资本论》第 1 卷,人民出版社 2004 年版,第 713—714 页。
⑥ 《资本论》第 1 卷,人民出版社 2004 年版,第 737 页。
⑦ 《资本论》第 1 卷,人民出版社 2004 年版,第 9 页。

　　不过,包括毛泽东、刘少奇在内的党和国家领导者的一些思考,未能在党内进行广泛深入的讨论,因而缺乏理论上的深入研究和支撑,其中所蕴含的理论价值就被忽视了。这些观点,如果成为全党乃至社会普遍理解的共识,是可以大大提高全党的马克思主义理论水平,加深对党在过渡时期总路线的认识和理解,从而避免社会主义改造过程中过快过急毛病的。刘少奇关于"剥削有功"的观点今天看并没有违背马克思主义经济学和历史唯物主义的观点,而且也有特定的历史环境与条件,但是在当时社会的马克思主义经济学水平和普遍的政治氛围下这样的观点就很难接受,甚至被党内的一些干部用来作为攻击刘少奇的主要依据。刘少奇在党内因为这些言论受到了非议,这些观点不仅没有成为党内的共识,相反却被高岗等人拿来作为证据,用来证明刘少奇等人犯了右倾机会主义的错误。而邓小平同志当时对这个观点的评价最为客观,1954年2月邓小平在党的七届四中全会上说:"我认为少奇同志的那些讲话是根据党中央的精神来讲的。那些讲话对我们当时渡江南下解放全中国的时候不犯错误是起了很大很好的作用的。虽然在讲话当中个别词句有毛病,但主要是起了好作用的。当时的情况怎么样呢? 那时天下还没有定,半个中国还未解放。我们刚进城,最怕的是'左',而当时又确实已经发生了'左'的倾向。在这种情况下,中央采取坚决的态度来纠正和防止'左'的倾向,是完全正确的。我们渡江后,就是本着中央的精神,抱着宁右勿'左'的态度去接管城市的,因为右充其量丧失几个月的时间,而'左'就不晓得要受多大的损失,而且是难以纠正的。所以,我认为少奇同志的那个讲话主要是起了很好的作用的"①。毛泽东尽管也不赞同高岗等人的观点,当时也保护了刘少奇,却过度重视了对高岗等人所谓分裂党、阴谋夺取党和国家最高权力的罪行的批判,而放过了对其中包含的与过渡时期总路线相抵触的"左"的倾向的批判,反而纵容甚至助推了党内加快推进社会主义改造的急躁冒进情绪。因此,社会主义改造的时间进度,就不可能如原先设想的那样进行了。

　　社会主义改造进度的加快,也使我们提前进入了社会主义社会。而

---

　　① 《邓小平文选》第一卷,人民出版社1994年版,第205—206页。

新中国成立后,我们对马克思主义经济学关于社会主义社会的设想,如经济制度、运行方式、生产结构、收入分配等等,也没有来得及展开充分的讨论。在苏联等社会主义国家的样板面前,自然地认为他们的模式就是马克思主义的经典模式,我们直接搬用就行。直到在实践中发现了问题,才认识到苏联的模式也是有缺点和错误的,我们对社会主义的理解,不可过于教条和简单化,不能认为社会主义只有苏联一种模式,而丢掉走中国自己道路的勇气和决心。从这方面说,社会主义改造的过快过急,的确不利于我们正确地解决什么是社会主义,以及怎样建设社会主义的问题。以至于到了改革开放后,我们还要重新提出并花大力气来解决这一问题。

三、关于社会主义改造如何评价的问题

如前所述,中国的社会主义改造,作为我国的一项制度转型性变革,不存在过早的问题,尽管实施的过程没有按照规定的时限,显得过快过急了一点,但总体上说还是成功的,对我国社会历史的影响及其意义,是十分巨大而深远的。然而,有学者认为:"如果从社会主义改造本身能不能取得胜利这种就事论事的观点来看问题,从中华人民共和国成立时起,只经过七年就完成了一个六亿人口的大国的社会主义改造,的确是伟大的胜利。可是从社会主义改造胜利后造成社会主义生产关系与社会生产力不相符合从而造成社会经济的停滞不前来看,实行这样的社会主义改造并且完成这样的社会主义改造是一个多么严重的失误。历史的教训就应该这么写。"

笔者认为,评价社会主义改造的维度不是一个,而是多个。单一角度对中国社会主义改造的肯定或否定,都是不客观和不准确的。以我国社会主义改造胜利后,因工作指导上的失误而造成的经济停滞不前为据,断言社会主义生产关系与我国社会生产力不相符合,实行并完成社会主义改造是一个严重的失误。这种评价,既不符合历史事实,在逻辑上也是说不通的。诚然,社会主义改造胜利之后,由于我们党领导社会主义事业的经验不多,对社会主义生产关系需要不断完善、经济管理体制需要不断改革重视不够,经济建设的指导上发生了急躁冒进的错误,加之党的领导者对形势的分析和对国情的认识有主观主义的偏差,党的工作重点发生了

转移,阶级斗争被扩大化,后来,又发生了"文化大革命"这样全局性的、长时间的严重错误,这就使得我们没有取得本来应该取得的更大成就。但是,我们不能把社会主义改造胜利之后发生的错误,归之于社会主义改造本身;也不能因为生产关系中存在着某些与生产力发展要求不相适应的部分,经济管理体制中存在着比较严重的问题,以及工作指导上存在着某些失误,就从总体上说生产关系与生产力不相符合;更不能无视甚至抹杀社会主义改造和第一个五年计划实施所取得的辉煌成就,而把它说成一个严重的失误。笔者的观点与此相反,认为社会主义改造总体上说是新中国历史发展中的巨大成功,而不是严重失误,主要有以下三点理由。

其一,从社会主义制度的建立来看,在一个六亿人口的大国,七年时间比较顺利地从新民主主义制度和平过渡到社会主义制度,实现了如此复杂、困难和深刻的社会变革,这是十分伟大的胜利。当时我国新政权刚刚建立,国民经济正在恢复,内部反动分子尚未肃清,帝国主义又在我们家门口挑起了战争。在这样的内外大环境下,取得这一胜利是相当不容易的。与其他社会主义国家相比,涉及如此众多的个人利益,完成如此巨大的财产转移,没有使用暴力手段,也没有遇到大的反抗,不能不说是一个奇迹。在改造过程中,人民政权得到了充分的巩固,基层政权对社会的控制力基本实现。政治宣传、行政发动和经济手段的综合运用,一方面说服教育被改造对象,认清了社会主义改造的目标和方向,从政治上支持了社会主义改造;另一方面,在实践中尊重了私有制经济主体的相应权利,通过各个方面政策的落实,较好地体现了公私兼顾、各得其所、劳资两利、适当安排的方针,使被改造对象认识到在国有经济主导和社会主义计划经济体制下,他们也可能融入社会主义经济,获得持久的生存和发展。这些都促使被改造对象,主动放弃了原有的财产所有权与生产经营权。尤其值得称道的是对资本家和平赎买的成功,在尊重他们原有所有权的基础上,给予他们一定的利益补偿,从而实现了从私有制向公有制的转化。对这种成功,毛泽东说:"我们在世界上是走在前面的",因此,"不仅有全国的意义,还有国际的意义"[1]。在农业合作化方面,我们避免了斯大林

---

[1] 《毛泽东文集》第六卷,人民出版社 1999 年版,第 502 页。

过于僵化的做法,没有按照苏联模式实行土地国有化,建立集体农庄,而是明确了土地的集体所有制,允许农民有自留地和家庭副业,体现了集体化中一定的灵活性。

其二,从整个社会经济发展来看,社会主义改造与经济建设"一五"计划相重合,取得了较好的经济效果,为中国今后的进步和发展奠定了良好的基础。当时之所以要搞公私合营,要搞社会主义,毛泽东的考虑"就是为了便于把国家发展起来,社会主义比私有制度更有利于发展国家的经济、文化,使国家独立"①。通过社会主义改造,就可以使中国经济从农业、工业到商业,从生产资料、劳动力和各种资源的配置,到产品的生产、流通和分配,都纳入国家计划范围,国家全面支配整个社会的生产与生活,强化国家的控制力。这样做显然有利于经济计划的制定和执行,也有利于集中一切资源和力量办大事,迅速建立起独立的比较完整的工业体系和国民经济体系。事实也正是如此,如《关于建国以来党的若干历史问题的决议》所说:我国社会主义改造和经济建设第一个五年计划完成之后,"一批为国家工业化所必需而过去又非常薄弱的基础工业建立了起来。从一九五三年到一九五六年,全国工业总产值平均每年递增百分之十九点六,农业总产值平均每年递增百分之四点八。经济发展比较快,经济效果比较好,重要经济部门之间的比例比较协调。市场繁荣,物价稳定。人民生活显著改善"②。实践证明,党提出的过渡时期总路线是完全正确的,通过社会主义改造建立的新的生产关系,促进了工农业和整个国民经济的发展,这不能不说是生产关系适应生产力发展要求的结果。

其三,从经验教训的积累方面看,我们党在探索适合我国国情的社会主义革命和建设道路上,迈开了实质性步伐。

首先,中国的社会主义革命同新民主主义革命一样,也是在自己的探索中实现创新不断前进的。中国的社会主义改造是前无古人的事情,而且中国的国情又不同于苏联、东欧等已经搞成社会主义的国家。因此,把马克思主义的普遍真理,同中国的具体实践相结合,既是对党的优良传统

---

① 《毛泽东文集》第七卷,人民出版社 1999 年版,第 177 页。

② 中共中央文献研究室编:《十一届三中全会以来重要文献选读》(上),人民出版社 1987 年版,第 307 页。

的继承,也是中国社会主义改造取得成功的基本经验。我们党创造性地开辟了一条适合中国特点的社会主义改造的道路。对资本主义工商业,我们创造了委托加工、计划订货、统购包销、委托经销代销、公私合营、全行业公私合营等一系列从低级到高级的国家资本主义的过渡形式,最后实现了马克思和列宁曾经设想过的对资产阶级的和平赎买。对个体农业,我们遵循自愿互利、典型示范和国家帮助的原则,创造了从临时互助组和常年互助组,发展到半社会主义性质的初级农业生产合作社,再发展到社会主义性质的高级农业生产合作社的过渡形式。对于个体手工业的改造,也采取了类似的方法。针对社会主义改造实施过程中出现的强迫命令、单纯求快等不良倾向,党中央及时发出指示,强调"实行国家资本主义,不但要根据需要和可能(《共同纲领》),而且要出于资本家自愿,因为这是合作的事业,既是合作就不能强迫"[1];农村互助合作也是要坚持自愿原则,强调要尊重和团结单干农民,"要耐心地等待他们的觉悟,不要违反自愿原则,勉强地把他们拉进来"[2],不要讥笑他们,不要骂他们落后,更不允许用威胁和限制的方法打击他们;在合作化进度上要反对"左"右两种倾向,明确指出"搞猛了也不行,那是'左'倾"[3],强调"必须一开始就注重合作社的质量,反对单纯地追求数量的偏向"[4],等等。所有这些,都为我国今后生产关系的不断完善提供了宝贵的经验教训。

其次,在社会主义建设方面,我们不但在实践中胜利实现了第一个五年计划,而且初步总结了我国社会主义建设的经验,为我国后来经济管理体制的改革和对外开放开启了大门。

新中国成立前夕,我们党就承认:"严重的经济建设任务摆在我们面前。我们熟悉的东西有些快要闲起来了,我们不熟悉的东西正在强迫我们去做。这就是困难。"[5]因而要求全党用极大的努力学习如何管理生产,学习同生产有密切联系的商业工作、银行工作和其他工作,学会自己

---

① 《毛泽东文集》第六卷　人民出版社 1999 年版,第 292 页。
② 《毛泽东文集》第六卷　人民出版社 1999 年版,第 428 页。
③ 《毛泽东文集》第六卷　人民出版社 1999 年版,第 280 页。
④ 《毛泽东文集》第六卷　人民出版社 1999 年版,第 425 页。
⑤ 《毛泽东选集》第四卷　人民出版社 1991 年版,第 1480 页。

原来不懂的东西。实践证明,我们党是一个不怕困难善于学习的党,"我们能够学会我们原来不懂的东西。我们不但善于破坏一个旧世界,我们还将善于建设一个新世界"①。尽管第一个五年计划是在苏联的帮助下制定和实施的,但是我们很快就进入了角色,如毛泽东所说,对社会主义工业化"有许多人是钻进去了,就是有一点内行的味道了"②。

而且,我们还在实践中很快就发现了苏联模式的缺点和问题,从理论的高度进行了剖析,并结合中国的国情,提出了纠正的方法。这集中体现在毛泽东1956年4月发表的《论十大关系》的讲话中。这篇讲话直击要害,指出了苏联模式的最大问题,就是权力过于集中。在中央和地方关系上,"把什么都集中到中央,把地方卡得死死的,一点机动权也没有"③;在国家、生产单位和生产者个人关系上,一切都由国家说了算,"不给工厂一点权力,一点机动的余地,一点利益"④,对农民则是把他们"挖得很苦",用所谓义务交售制的办法,拿走太多,给的代价极低,不按等价交换原则办事。其结果,就是地方、生产单位和生产者没有了独立性,积极性"受到极大的损害"而不利于经济发展。其突出表现就是苏联的粮食产量长期达不到革命前的最高水平,市场上的货物不够,货币不稳定。鉴于苏联模式的经验教训,毛泽东代表我们党提出了社会主义建设的基本方针:"就是要把国内外一切积极因素调动起来,为社会主义事业服务。"⑤并为此提出了正确处理十大关系的方针政策。

事实证明,我国社会主义改造带来的生产关系重大变革,促进了社会生产力的发展,而且为我国今后的发展,无论是在物质上,还是在理论指导上,都奠定了良好基础。从而也显示了社会主义生产关系与生产力发展总体上的适应性和社会主义制度的优越性。因此,把我国社会主义改造说成严重失误是站不住脚的。

---

① 《毛泽东选集》第四卷,人民出版社1991年版,第1439页。
② 《毛泽东文集》第六卷,人民出版社1999年版,第395页。
③ 《毛泽东文集》第七卷,人民出版社1999年版,第31页。
④ 《毛泽东文集》第七卷,人民出版社1999年版,第29页。
⑤ 《毛泽东文集》第七卷,人民出版社1999年版,第23页。

第　五　章

改革开放前社会主义经济建设的曲折探索

"三年准备、十年计划经济建设"，是毛泽东1951年对新中国经济发展战略的基本设想。[①] 三年准备就是经济恢复，而之后的十年建设，就是要按照中国共产党的战略目标和经济计划进行全面建设。中共中央当时下达的文件指出："对于经济建设有计划的领导，乃是新民主主义和社会主义国家经济优越性的集中的表现。我们必须根据计划经济的原则，来组织我们的生产。而为了加强计划性，又必须加强中央的统一和集中的领导，以便及时了解各方面的情况，确保各个经济环节之间的应有的合作。"[②]

从1953年开始，在进行社会主义改造的同时，实施了经济建设的第一个五年计划，标志着中国逐步朝着符合经典作家设想的社会主义经济制度迈进。在其后的20多年中，中国经济建设经历了曲折的道路，中国共产党领导中国人民进行了艰苦的探索，不仅力求实现经典作家共产主义第一阶段的设想，还曾经试图"跑步进入共产主义"。但是，脱离现实生产力状况和经济发展水平的做法，不仅欲速则不达，还造成了经济社会发展巨大的起伏和困难。在经历了挫折并作出调整时，中国共产党总结了经济建设中的教训，以马克思主义经济理论为指导，希望寻求符合中国

---

① 《毛泽东文集》第六卷，人民出版社1999年版，第143页。

② 中共中央文献研究室编：《建国以来重要文献选编》第3册，中央文献出版社1992年版，第425页。

实际的经济发展道路。但是，由于不适当的政治运动对经济工作的严重影响，和没有从根本上肃清对马克思主义的教条化理解，因而未能产生理论和实践上真正创新。虽然在各种场合也强调了对马克思主义经济学的运用，产生了一些有创造性的真知灼见，但往往会根据政治需要进行取舍，而带上实用主义倾向。特别是在"文化大革命"期间，更是把经典作家论著中的只语片言，当作放之四海而皆准的真理，不顾现实经济状况和人们的实际需要，片面理解甚至曲解马克思主义经济理论，作为所谓"无产阶级专政下继续革命"的理论根据。马克思主义经济学没有充分发挥其对经济建设应有的指导作用，也削弱了其社会影响。这段曲折从反面证明，要使马克思主义经济学真正得到弘扬，其中国化的进程不至于被中断，就必须始终不渝地坚持理论与实际相结合，在社会主义经济建设的实践中不断加以创新和发展。

第一节　马克思主义经济学指导下计划经济体制的建立

毛泽东在 1960 年所作的《十年总结》讲话中提到，新中国成立的"前八年照抄外国的经验。但从一九五六年提出十大关系起，开始找到自己的一条适合中国的路线"①。我国社会主义建设初期，由于没有经验，模仿和照搬苏联社会主义经济建设的经验，这是不可避免也可以理解的。中国既然确定要走社会主义道路，迅速改变"一穷二白"的落后面貌，就只能通过学习苏联"老大哥"的成功经验来缩短建设周期，加快社会主义建设步伐。当时，毛泽东就指出："我们现在也面临着和苏联建国初期大体相同的任务。要把一个落后的农业的中国改变成为一个先进的工业化的中国，我们面前的工作是很艰苦的，我们的经验是很不够的。因此，必须善于学习。要善于向我们的先进者苏联学习"②。苏联通过社会主义改造，实行全面的计划经济，经济发展取得了巨大成就。因此，学习苏联

---

① 《建国以来重要文献选编》第 13 册，中央文献出版社 1996 年版，第 418 页。
② 《毛泽东文集》第七卷，人民出版社 1999 年版，第 117 页。

的经验建立社会主义制度，实行计划经济，加快工业化建设，是中共执政后在经济建设上的必然之举。虽然也认识到，"一切国家的好经验我们都要学，不管是社会主义国家的，还是资本主义国家的，这一点是肯定的"①。但是，主要的还是学苏联。

一、计划经济的理论依据和经济计划的重点内容

社会主义实行计划经济，是马克思主义经典作家对社会主义经济体制的基本设想。马克思从现代社会化大生产的角度指出："要想得到与各种不同的需要量相适应的产品量，就要付出各种不同的和一定量的社会总劳动量。这和按一定比例分配社会劳动的必要性，决不可能被社会生产的一定形式所取消，而可能改变的只是它的表现方式。"②不同部门、不同行业，不过是社会化分工的一个组成部分，而整个社会生产和相应的资源分配，应该是相互依存和相互影响的，相互之间在一定时期内形成了一定的比例关系。因此，社会应该是按一定比例来安排生产。这正是马克思对社会基本经济规律的认识。自觉地按客观规律办事，现代社会就应该是有计划按比例地组织社会生产。也就是说，"社会必须预先计算好，能把多少劳动、生产资料和生活资料用在这样一些产业部门而不致受任何损害"③。但是，资本主义社会的私有制导致市场竞争无序化，与现代社会化生产按比例的要求严重背离，出现周期性经济危机。在资本主义制度下无法解决这一矛盾，因此，社会主义应该实行不同于资本主义的公有制经济制度，这才可能由社会来考虑"它所支配的资料能够生产些什么，并根据生产力和广大消费者之间的这种关系来确定，应该把生产提高多少或缩减多少"④。也就是说，未来社会的生产，是根据社会所有人的需要和现实的生产力水平，按照一定的计划来进行的。这正是社会主义计划经济的理论来源。恩格斯强调指出："在这个全新的社会组织里，工业生产将不是由相互竞争的单个的厂主来领导，而是由整个社会按照

---

① 《毛泽东文集》第七卷，人民出版社 1999 年版，第 242 页。
② 《马克思恩格斯选集》第 4 卷，人民出版社 2012 年版，第 473 页。
③ 《马克思恩格斯选集》第 2 卷，人民出版社 2012 年版，第 379 页。
④ 《马克思恩格斯选集》第 1 卷，人民出版社 2012 年版，第 37 页。

确定的计划和所有人的需要来领导。"①这种计划经济,将促使社会生产力比过去有更大的发展:"只有一种有计划地生产和分配的自觉的社会生产组织,才能在社会方面把人从其余的动物中提升出来,正像一般生产曾经在物种方面把人从其余的动物中提升出来一样。历史的发展使这种社会生产组织日益成为必要,也日益成为可能。一个新的历史时期将从这种社会生产组织开始,在这个时期中,人自身以及人的活动的一切方面,尤其是自然科学,都将突飞猛进,使以往的一切都黯然失色。"②

　　从实践方面看,在全面公有制条件下,计划经济符合经典社会主义经济运行模式的要求。社会主义国家普遍实行了公有制,虽然内部存在集体所有制与全民所有制的差别,在不同所有制内部也存在相对独立的不同组织和主体,利益上也存在一定的差别。但是,社会主义国家代表着大家的共同利益,并能对利益差别进行适当的调节。因此,相互之间不存在根本性的利益矛盾。因为大家都是按计划生产,计划调节供给与需求的矛盾,所以,生产者之间基本不存在市场竞争。这样的计划经济体制,是在苏联首先建立起来的。列宁虽然没有看到,但他在苏维埃政权建立后就提出了这样的要求:"把全部国家经济机构变成一架大机器,变成一个使亿万人都遵照一个计划工作的经济机体,——这就是落在我们肩上的巨大组织任务。"③公有制经济的各个主体,在资源调配、人员安排、生产计划和产品销售等方面,都要服从国家和政府的计划安排,否则各个环节的相互衔接、相互协调难以得到有效保障。列宁认为:"没有一个使千百万人在产品的生产和分配中严格遵守统一标准的有计划的国家组织,社会主义就无从设想。"④

　　马克思、恩格斯、列宁的计划经济思想,只是强调各个经济部门和环节的相互协调,尤其是社会生产第一部类与第二部类的协调,从而体现社会化生产按比例的内在要求。他们对计划工作的具体内容并没有作过论述,如计划的制订者是谁,又如何制订相关计划,计划编制的依据和主要

① 《马克思恩格斯选集》第1卷,人民出版社2012年版,第302页。
② 《马克思恩格斯选集》第3卷,人民出版社2012年版,第860页。
③ 《列宁选集》第3卷,人民出版社1995年版,第437页。
④ 《列宁选集》第3卷,人民出版社1995年版,第525—526页。

目标是什么,又如何保证计划目标的实现,等等,这些都是社会主义国家建立后具体实践中的问题,也只能在实践中去探索如何解决,而不能苛求于经典作家们给出现成答案。

一般而言,经济计划的重点内容包括经济目标、比例安排、增长速度、生活保障等主要方面。首先是确定经济目标。经济落后国家进行社会主义建设,首要经济目标就是工业化,这是与发达国家进行竞争和赶超的主要指标。工业化一般又是优先发展重工业。李富春是我国社会主义经济建设的奠基者和组织者之一,他从1954年9月起担任国务院副总理兼国家计委主任,他在《关于发展国民经济的第一个五年计划的报告》中是这样说的:"社会主义工业化是我们国家在过渡时期的中心任务,而社会主义工业化的中心环节,则是优先发展重工业。只有建立起强大的重工业,即建立起现代化的钢铁工业、机器制造工业、电力工业、燃料工业、有色金属工业、基本化学工业等等,我们才可能制造现代化的各种工业设备,使重工业本身和轻工业得到技术的改造;我们才可能供给农业以拖拉机和其他现代化的农业机械,供给农业以足够的肥料,使农业得到技术的改造;我们才可能生产现代化的交通工具,如火车头、汽车、轮船、飞机等等,使运输业得到技术的改造;我们也才可能制造现代化的武器,来装备保卫祖国的战士,使国防更加巩固。同时,只有在发展重工业的基础上,我们才能够显著地提高生产技术,提高劳动生产率,能够不断地增加农业和消费品工业的生产,保证人民的生活水平的不断提高。由此可见,优先发展重工业的政策,是使国家富强和人民幸福的唯一正确的政策,实行这个政策,将为我国建立起社会主义的强大的物质基础。"[①]

经济计划的第二个重点内容,是国民经济各主要部门的比例安排。在计划安排时必须考虑供给与需求的衔接,考虑生产目标与各种资源供给的关系,考虑不同行业的分工与相互之间的合作和衔接问题,同时还要注意考虑各方利益,要协调各方资源,实行总量平衡。这些都涉及计划编制原则,也涉及各种资源产出的持续性,不进行有效综合平衡,就会导致

---

① 李富春:《关于发展国民经济的第一个五年计划的报告》,《经济研究》1955年第3期。

整个计划出现问题。

第三是保持经济增长的一定速度。速度是显示社会主义制度优越性的主要标志。列宁说过："当无产阶级夺取政权的任务解决以后，随着剥夺剥夺者及镇压他们反抗的任务大体上和基本上解决，必然要把创造高于资本主义的社会结构的根本任务提到首要地位，这个根本任务就是：提高劳动生产率"①。因此，必须要在计划安排上体现并保证经济总体增长有较高的速度，创造出比资本主义更高的劳动生产率。

第四是保障基本生活。社会主义经济建设的最终目的，就是要"大规模地出产各种工业和农业产品，满足人民日益增长着的需要，提高人民的生活水平"②。后来，我国政治经济学把满足人民群众日益增长的物质文化需要，规定为社会主义的生产目的，并将其纳入社会主义基本经济规律之中。如果违背了基本经济规律，造成人民生活水平的停滞或下降，将会严重影响社会成员参与社会主义经济建设的积极性，从而影响国民经济计划的执行。

以上经济计划四个方面的内容，是相互联系、相互影响的有机整体。经济目标本身就包含着经济发展的比例、速度是否恰当，人民生活水平是否提高在内。其中工业化目标尤其是重工业发展目标，在一定历史发展阶段会对经济的总量平衡、人民生活产生重大影响。毛泽东在《论十大关系》中深刻地指出："重工业是我国建设的重点。必须优先发展生产资料的生产，这是已经定了的。但是决不可以因此忽视生活资料尤其是粮食的生产。如果没有足够的粮食和其他生活必需品，首先就不能养活工人，还谈什么发展重工业？所以，重工业和轻工业、农业的关系，必须处理好。"③他认为，多发展一些农业、轻工业，反而"会使重工业发展得多些和快些，而且由于保障了人民生活的需要，会使它发展的基础更加稳固"④。这里不仅涉及了国民经济各部门的比例问题，而且突出地强调了人民生活与经济目标实现的关系。

①　《列宁选集》第 3 卷，人民出版社 1995 年版，第 490 页。
②　《毛泽东文集》第六卷，人民出版社 1999 年版，第 316 页。
③　《毛泽东文集》第七卷，人民出版社 1999 年版，第 24 页。
④　《毛泽东文集》第七卷，人民出版社 1999 年版，第 25 页。

　　经济增长速度恰当与否,对经济目标的实现、总量的平衡、人民生活水平的提高,也会产生重大影响。一国经济增长速度不是可以随意确定的,而要根据国家的综合国力来考虑。如果超过了国家综合国力提供的可能,就会在国民经济的积累和消费、资源的需求和供给、不同行业与部门以及中央与地方的关系上发生失衡,计划的科学性和可执行性就会大打折扣,甚至不能实现。

　　列宁说过:"经常的、自觉地保持的平衡,实际上就是计划性"①。而计划的目的就是为了实现平衡,使经济内在的各种比例关系不被破坏。制订计划就是要把综合国力提供的可能与经济发展的预期目标统一起来。所以,从计划经济的出发点来看,计划有其自身的价值。而价值实现的关键,是必须考虑经济活动的各种关系和联系,搞好国民经济的综合平衡。

　　综合平衡,是苏联在社会主义计划经济实践中形成的编制国民经济与社会发展计划的方法,在苏联第三个五年计划制订中形成并得到完善。② 从1939年开始,苏联国家计划委员会制订了国民经济平衡表,涵盖了国民经济各个部门和各种社会经济成分的整个社会产品、国民收入、固定基金、财务、劳动力等各种要素。综合平衡法不仅要反映和协调不同生产部门及经济各环节之间的相互关系,以及人、财、物等资源的配置关系,还要解决价值形成与实物形态的相互平衡关系,实现单项、部门与整个社会总体经济发展的速度、比例、效益三个主要指标之间的平衡,最终达到整个社会经济的有计划按比例协调发展。如果完全按照经济变化的客观规律来编制各种关系的平衡表,将大大提高经济计划的可行性和科学性,保证经济计划对经济发展的引导和促进作用。

　　然而,人的主观认识能力与客观经济规律之间,也是一对矛盾。计划作为人的认识的产物,与复杂变动的现实之间,永远存在着矛盾。人是不可能完全准确把握现实的变动情况的,所以常常说计划赶不上变化,这就是计划经济的局限性。不管是谁,不管多先进的方法和技术,都不可能制

　　① 《列宁选集》第3卷 人民出版社1995年版,第566页。
　　② 苏联科学院经济研究所编:《苏联社会主义经济史》第五卷,生活·读书·新知三联书店1984年版,第15—16页。

订出完全符合客观实际的计划。毛泽东十分深刻地指出:"事物的发展总是不平衡的,因此有平衡的要求。平衡和不平衡的矛盾,在各方面、各部门、各个部门的各个环节都存在,不断地产生,不断地解决。有了头年的计划,又要有第二年的计划;有了年度的计划,又要有季度的计划;有了季度的计划,还要有月计划。一年十二个月,月月要解决平衡和不平衡的矛盾。计划常常要修改,就是因为新的不平衡的情况又出来了。"①但是,这不等于说计划就不重要,或者说计划就不需要相对稳定,社会经济活动仍然需要依赖计划的指导来进行。"凡事预则立,不预则废",战争年代毛泽东曾多次引用我国儒家经典《礼记·中庸》中的这句话,来说明计划指导对作战获胜的重要性。经济建设的成功同样离不开计划的指导。只不过计划的制定不能脱离经济活动的客观现实,不能不进行必要的综合平衡,以保证计划的可行性和科学性。如果破坏或漠视综合平衡,就失去了计划的可行性和科学性,也就难以体现计划经济的优势。面对错综复杂的经济变化,综合平衡既要提高经济信息获取的全面性、准确性和及时性,又要深入研究和把握客观经济规律,才能使计划更好地反映经济发展的客观要求,从而实现计划的科学性和指导性。苏联当初正因为对待计划有着严格科学的态度,才保证了经济的快速增长并且没有出现较大的波动,从而成为能与美国相抗衡的两个超级大国之一。后来也正是因为违背了经济规律,破坏了计划的科学性,导致了苏联经济内部的巨大失衡,人民群众日常生活必需品长期不能保证供应,生产积极性受到严重影响,党和政府的号召力、凝聚力急剧下降,最终给世界留下了苏联解体、共产党解散的惨痛教训。

二、我国计划经济体制的建立及其运作

新中国成立之前,中国共产党在探索和设计新中国的未来管理体制时,就认为新民主主义经济也是有计划的经济。在党的七届二中全会上,毛泽东谈到对私人资本主义采取限制政策,但又不能限制得太大太死时说道:"必须容许它们在人民共和国的经济政策和经济计划的轨道内有

---

① 《毛泽东文集》第八卷,人民出版社 1999 年版,第 121 页。

存在和发展的余地。"①由此可见,不仅国有经济理所当然地要按计划生产经营,非国有经济也要纳入经济政策和经济计划的管理轨道。为此,必须在新民主主义的国家政府里,建立起一套计划经济的管理体制和组织机构。

新中国成立后,政务院作为中央人民政府下属的国家政务最高执行机关,下设了政治法律、财政经济、文化教育、人民监察四个委员会。财政经济委员会负责总体经济的管理和协调,为此专门设立了财经计划局,下设了 14 个处,分别对财政金融、物资供应、基建、贸易、重工业、燃料电力、轻工业、地方工业、农业和交通运输等各个领域实行计划管理,初步形成了按行业或产品来设置经济管理部门的组织管理模式。1952 年 11 月,在经济恢复任务基本完成,国家进入大规模经济建设之初,即参考苏联经验,设立了直属中央人民政府,与政务院平行的国家计划委员会,其内设机构和工作内容也都参考了苏联做法。1953 年 2 月,中共中央发布了《关于建立计划机构的通知》,要求中央一级各国民经济部门和文教部门都要加强计划工作,并指导下属企业和基层单位,建立相应的计划机构,使计划管理从中央一直延伸到基层,形成以国家计划委员会为中心的全社会计划制定和管理体制。② 在这种体制下,基层生产和流通组织都成了计划管理和监督部门的下属,只是一个生产的组织单位。由于各种资源的分配,都需要通过计划部门来统筹,从原料、设备的生产和采购,资金、土地、劳动力、电力等生产条件的配给,以及最终产品的销售等等,都需要通过政府计划部门审批,所有的资源要依赖于计划部门的调拨。因此,各级计划部门成了最大的资源掌握者,整个经济活动的组织者和管理者。国有企业没有自己的独立利益,生产的产品也不能自行销售。从领导干部到员工的工资福利、岗位安排等等,统统纳入计划管理之内。计划部门由于要了解、汇总和上报各种经济信息,编制并监督计划的执行,掌握并配置人、财、物各种资源,必然需要一个庞大的机构。1955 年 9 月

---

① 中共中央文献研究室、中央档案馆编:《建党以来重要文献选编(1921—1949)》第26册,中央文献出版社 2011 年版,第 164 页。

② 中共中央文献研究室、中央档案馆编:《建国以来重要文献选编》第4册,中央文献出版社 1993 年版,第 62 页。

时,光是国家计委的工作人员就将近 2200 人,①成为当时所有中央部门中少数人多权大的机构之一。

但是即便如此,也不能保证计划经济的完美无缺。从整个体制的运作来看,我国当时还不是完全的公有制经济,非公有制经济还占着一定的比重。即使实行了完全的公有制,还有着全民所有制和集体所有制的不同。从中央到基层一贯到底的计划经济,所要求的各方面信息的完全获取和准确传达、计划的科学编制、有效执行和严密监督,都是不容易做到的。在基层,全民所有制经济中虽然不存在利益独立的经济主体,但存在着国家、企业和职工个人的利益分配问题。集体经济组织都有着自己独立的经济利益,同样有着国家、集体和个人利益的划分。因此,涉及资源使用、人员安排、经济收益获取和分配等经济信息的上报,基层都会从有利于自己的角度出发,而难以保证其全面、准确、及时。政府计划部门尽管是出于社会公共利益来编制计划的,但由于编制者自身的认识局限,以及少数工作人员的利益偏好,也可能出现由于经济信息的失真而使计划偏离了实际的需要和可能。而且,当国家计划部门把长期计划和年度计划、中央计划和地方甚至基层的计划都揽在手里统统要管时,往往导致计划的滞后而失去了它的预期性。新中国第一个五年计划(1953 — 1957年),从 1951 年开始编制,前后历时五年,一直到 1955 年 7 月才交付全国人民代表大会审议,正式通过公布时计划已经实施了二年半。中长期计划如此,年度计划更是如此。曾任政务院财经委员会秘书长、国家计委副主任的薛暮桥回忆说:"计委不断应各地各行业要求修改计划,有些部门和地区,直到当年 12 月,还在修改这一年的年度计划。人们戏称为'一年四季编计划,春夏秋冬议指标'。"②也有戏称年度计划的制定是"一年计划计划一年"的,等到下达时一年已过去了一半,甚至到了七八月份,计划的指导性作用已大大削弱。为了解决这一问题,1956 年 5 月,第一届全国人大常委会第四十次会议决定设立国家经济委员会,学习苏联做法,由国家计委负责中长期计划,国家经委负责年度计划。经委既是年度计

---

① 刘国光:《中国十个五年计划研究报告》,人民出版社 2006 年版,第 25 页。

② 《薛暮桥回忆录》,天津人民出版社 2006 年版,第 176 页。

划的制定者,又是计划实施的管理者。国家经委负责年度计划的制定和实施,但也同样遇到了过去国家计委时期制定计划时出现的下达迟,变化快和多变动等问题。

三、我国改革开放前经济建设五年计划的制定与实施

我国改革开放前,共制定和实施了 4 个经济建设五年计划。实践证明,计划工作必须建立在全面了解国家经济实际状况、自觉运用客观经济规律的基础之上。对经济实际状况了解得越清楚,对按比例分配社会劳动的客观规律把握得越准确,制定的经济计划就越科学,对实际工作的指导性就越强。当然,计划制定后也不是一成不变的,需要根据实际情况的变化而不断调整,而且不能片面要求基层不顾客观条件的变化,去完成不可能完成的任务。如果计划的制定脱离了实际条件所提供的可能,违背了按比例发展的客观经济规律,破坏了整个计划所要求的各部门的平衡,那么,其结果就不仅是计划不能按时完成的问题,而且将对整个经济造成严重的破坏。这在我国改革开放前,有着正反两方面的经验教训。

应当说,我国"一五"计划总体上还是比较成功的。在计划编制时,尽管难度较大,既缺乏经验,又无精确统计资料,但在时任政务院总理周恩来、副总理兼财经委员会主任陈云的主持下,综合了各方意见,向苏联专家进行了多次请教和商讨,前后修改了 5 次,使计划总体上达到了各部门各主要产品比例关系的协调,以及人力、物力、财力的综合平衡。李富春在《关于发展国民经济的第一个五年计划的报告》中对"一五"计划的基本任务作了说明:"集中主要力量,进行以苏联帮助中国设计的 156 个建设单位为中心、由限额以上 694 个建设单位组成的工业建设,建立中国社会主义工业化的初步基础;发展部分集体所有制的农业生产合作社和手工业生产合作社,建立对农业和手工业的社会主义改造的初步基础;基本上把资本主义工商业分别纳入各种形式的国家资本主义轨道,建立对私营工商业的社会主义改造的基础。"[①]并以此为主要目标,从财政、信贷、市场三个方面进行平衡和安排人民生活。计划规定工业总产值每年

---

① 李富春:《关于发展国民经济的第一个五年计划的报告》,《经济研究》1955 年第 3 期。

平均增长速度为 14.7%,农业总产值每年平均增长速度为 4.3%,基本建设投资总额 427.4 亿元,1957 年农村入社户数达到总户数的 1/3 左右,钢产量 412 万吨,粮食产量 1.9 亿吨等。这些指标既符合实际,积极可靠,又留有余地。

　　从实际执行的结果来看,到 1956 年底,我国就宣布提前完成了计划规定的任务。到 1957 年底,一些重大项目相继建成投产,主要经济建设指标都有了较大幅度超额完成。社会总产值年均增长 11.3%,其中工农业产值年均增长 11.1%,国民收入年均增长 8.9%,城乡居民消费年均增长 4.2%。当然在经济结构上的变化更大,工业总产值在整个工农业总产值中的比重从 1949 年的 30%增加到 1957 年的 56.7%,初步实现了向社会主义工业化既定目标的迈进。[1] 美国学者费正清也说:"从经济增长的数字看,'一五'计划相当成功。……与 20 世纪前半叶中国经济的增长格局相比……第一个五年计划具有决定性的加速作用。就是同 50 年代大多数新独立的,人均年增长率为 2.5%左右的发展中国家相比,中国的经验也是成功的。"[2]

　　然而,第二个五年计划(1958—1962 年)的制定和实施,却遇到了波折。由于"一五"计划的巨大成功,农业合作化和私人工商业社会主义改造步伐的加快,都有点出乎意料,加之当时十分有利的国际形势,我们党内一些同志特别是党的领袖人物,开始滋长了骄傲情绪,认为经济建设也不过如此,并不像以前预想的那么难。因此,在讨论新的发展计划和经济建设方针时,他们的注意力开始放到反右倾保守方面。1955 年 12 月,毛泽东在他亲自编辑的《中国农村社会主义高潮》一书"序言"中说:"中国的工业化的规模和速度,科学、文化、教育、卫生等项事业的发展的规模和速度,已经不能完全按照原来所想的那个样子去做了,这些都应适当地扩大和加快"[3],认为不断地批判那些确实存在的右倾保守思想是完全必要的。刘少奇、周恩来等党和国家领导人,开始也是赞同反右倾保守的。在 1955 年 12 月中央政治局召开的各省、自治区、直辖市和中央党政军各

---

①　张辉、丰雷:《中华人民共和国史述评(3)经济卷》,济南出版社 2010 年版,第 36—38 页。

②　费正清:《剑桥中华人民共和国史》,上海人民出版社 1990 年版,第 164—165 页。

③　《建国以来毛泽东文稿》第 5 卷,中央文献出版社 1991 年版,第 485 页。

部门负责人座谈会上,刘少奇提出:"八大"的中心思想是反对右倾保守主义,以前反盲目冒进是对的,但出了毛病,把干部群众的积极性也反掉了。周恩来也说:最近政府各方面工作或多或少地存在着保守倾向,现在的情况是客观的可能赶过了主观的认识,主观的努力落后于客观的需要,原来设想的在三个五年计划内基本完成的工业化,有可能加快速度提前完成。[①]应当说,当时对右倾保守思想的批判,出发点和目的都是促进我国社会主义建设事业的大发展,在工业上、科学技术上尽快赶上发达资本主义国家,迅速改变我国一穷二白的落后面貌。

按照毛泽东批评右倾保守思想的精神,1956年元旦,《人民日报》发表题为《为全面地提早完成和超额完成五年计划而奋斗》的社论,明确提出了"又多、又快、又好、又省"的口号,在社会主义建设问题上急于求成的思想已经十分明显。一些省份开始不顾经济条件和生产可能,提出了一些过高的经济指标。国务院各部也纷纷修改1955年提出的长期计划指标,把许多原定"三五"计划实现的指标,提前到"二五"计划来实现。在实际工作中,各省市、各部门纷纷要求增加1956年的基建投资规模,比1955年预计完成数增加一倍多。投资的大幅度增加,必然导致国家的财政赤字,同时还使钢铁、水泥、煤炭等原材料供不应求,造成国民经济的全面紧张。

这种情况引起了周恩来、陈云等经济工作直接领导者的警觉。在1956年初召开的一系列会议上,周恩来多次强调:搞计划要实事求是,不能超过客观可能,没有根据地乱提计划;认为勉强去做那些客观上做不到的事情,就要犯盲目冒进的错误;要求计委、财政部压一压各省以及各专业部门打得过高的计划。这必然与注意力集中于反右倾保守的毛泽东发生冲突。在1956年4月召开的中共中央政治局会议上,毛泽东主张追加20亿元基建投资,但与会的大多数人不赞成。在周恩来的坚持下,国务院开展了一系列工作,针对经济建设急躁冒进所带来的种种矛盾和不平衡,决定压缩高指标,继续削减财政支出和基建投资,并提出了既反保守又反冒进,在综合平衡中稳步前进的经济建设方针。周恩来在党的八大

---

① 罗平汉:《1956年的冒进与反冒进》,《党史文苑》2014年第17期。

《关于发展国民经济的第二个五年计划的建议的报告》中强调:应该根据需要和可能,合理地规定国民经济的发展速度,把计划放在既积极又稳妥可靠的基础上,以保证国民经济比较均衡地发展。陈云提出了建设规模必须和国家的财力物力相适应的观点。

这样的指导思想必然反映到"二五"计划的编制中来。"二五"计划的制定,一开始沿用了"一五"计划的做法,经过了认真细致的核算和平衡,并根据苏联政府和专家的意见,降低了原本过高的增长速度和过大的生产建设规模。1956年,在周恩来总理主持下,《关于发展国民经济的第二个五年计划的建议》编制出台,对五年内的主要经济指标作了明确:"在第二个五年计划期间,在财政收入增加的基础上,国家的基本建设投资在全部财政收入中所占的比重,将由第一个五年的百分之三十五左右增加到百分之四十左右,因而第二个五年的基本建设投资额,就将比第一个五年增长一倍左右。在工农业生产方面,初步计算,一九六二年比一九五七年,工业总产值将增长一倍左右,其中,生产资料和消费资料的产值都会有很大的增长,但是生产资料产值增长的速度将会更快一些;农业总产值将增长百分之三十五左右。到一九六二年,我国工农业总产值将比第一个五年计划规定的一九五七年的数字增长百分之七十五左右。"[①]这一建议,于当年9月交党的八大讨论通过。

然而,党内经济建设上急于求成的思想并没有从根本上得到克服。在1956年11月召开的党的八届二中全会上,会议的主调仍然是反冒进,周恩来在《关于一九五七年国民经济计划的报告》中提出了"重点发展,适当收缩"的方针,反复强调要保持计划的平衡。刘少奇的报告也强调,要把工业建设的速度放在稳妥可靠的基础上。毛泽东尽管同意了"保证重点,适当收缩"的方针,也没有反对把计划指标减下来,却在总结讲话中借讲哲学,说平衡是暂时的、有条件的,批评"净是平衡,不打破平衡,那是不行的";并把项目的上马下马,提到了是当促进派还是促退派的高度。到了1957年,更是掀起了"反反冒进"的高潮,说反冒进伤了许多人

---

① 中共中央文献研究室编:《建国以来重要文献选编》第9册,中央文献出版社2011年版,第158页。

的心,泄了六亿人的气,把一些同志抛到距右派 50 米远的地方。周恩来被迫在党内作了检讨,并承担了所谓"错误"的主要责任。在 1957 年 11 月召开的莫斯科共产党和工人党代表会议上,赫鲁晓夫在会上提出,要用 15 年时间赶上和超过美国。作为当时苏联同盟国的中国,毛泽东也提出了钢铁产量 15 年赶赶英国的设想。12 月,刘少奇向全国宣布,中国要在 15 年内在钢铁和重工业方面赶上英国。这样,已经在制定过程中的"二五"计划,就不得不重新考虑了。

1958 年 8 月,中共中央政治局扩大会议讨论并批准了国家计划委员会党组的《关于第二个五年计划的意见》,提出:"一九六二年的工业总产值约为五千七百亿元,将比一九五七年增长七点四倍左右,平均每年增长百分之五十三左右(比一九五八年预计数增长四点三倍左右,平均每年增长百分之五十一左右)。一九六二年农业总产值约为二千四百亿元左右,将比一九五七年增长二倍半到二点八倍,平均每年增长百分之三十左右(比一九五八年预计数增长一点二倍左右,平均每年增长百分之十七左右)。在一九六二年工农业的总产值中,工业的比重将达到百分之七十左右。"①这样的目标是试图用一些重要产品的产量指标来与西方资本主义发达国家进行比较,想要"赶英超美",要建成完整独立的强大工业体系,完成我国的社会主义建设,为向共产主义过渡创造条件。

这样的计划,虽然反映了广大人民迫切要求改变国家经济落后状况的普遍愿望,但是却背离了实事求是的科学态度。在实际执行期间,更是遇到了国内外各种因素的干扰。1958 年的"大跃进"和"人民公社化",1959 年的"反右倾"运动;国际上中苏关系的持续恶化,苏联政府背信弃义地撕毁合同,不仅中止了全部经济技术援助项目,撤走了所有专家,而且逼还主要是由抗美援朝期间军事支援形成的债务。所有这些,给我国经济建设造成了极大困难。国民经济中一些主要比例关系出现严重失调,过高投资率只能导致财政赤字和通货膨胀,再加上粮食缺乏,主要农

---

① 中共中央文献研究室编:《建国以来重要文献选编》第 11 册,中央文献出版社 2011 年版,第 375—376 页。

产品和人民日常生活所都需要的轻工业产品的生产被挤占,人民生活水平下降,一些地方甚至出现了饿死人的现象。经济建设已不能按照第二个五年计划继续发展,党中央、国务院被迫决定对国民经济实行坚决的全面调整,主要是缩小基本建设规模,尤其是控制以钢铁工业为重心的重工业发展,协调工农业之间、轻重工业之间、积累与消费之间的关系,把投资与人民生活统筹安排好。从1962年开始,经济建设工作有了较大的恢复转机,说明全面调整工作有了明显成效。1963年2月召开的中央工作会议要求坚持"调整、巩固、充实、提高"方针,决定继续用二三年时间调整和改善国民经济比例关系。到1965年,我国国民经济整个局面有了显著改善,调整工作的各项任务顺利完成。

正是由于有了"二五"时期的惨痛教训,所以我国"三五"计划的制定和实施,尽管受到后来"文革"的巨大冲击,但从计划工作本身来说,相比于"二五"时期要顺利一些了。1964年初,开始研究和编制"三五"计划,标志着中国计划经济在被迫中断后重新走上轨道。由于当时国际形势比较严峻,计划的指导思想也发生了变化。中苏、中印边界频频爆发战事,美国对越南的战争规模升级,不仅直接派兵作战而且开始对北越轰炸袭击,又一次把战火烧到我们家门口。因此,毛泽东提出的"备战备荒为人民"被确定为国家重要的战略方针。当年5月,中央工作会议讨论并原则上同意了国家计委提出的《第三个五年计划(1966—1970年)的初步设想》。9月国家计委重新草拟了《关于第三个五年计划安排情况的汇报提纲》,明确提出:"第三个五年计划必须立足于战争,从准备大打、早打出发,积极备战,把国防建设放在第一位,加快三线建设,逐步改变工业布局。……突出三线建设,集中国家的人力、物力、财力,把三线的国防工业,原料、材料、燃料、动力、机械、化学工业,以及交通运输系统逐步地建设起来,使三线成为一个初具规模的战略大后方。这是关系着第三个五年计划的全局、关系国家安危、关系世界人民革命运动的一个大问题,也是解决长远和当前战略任务的一个根本问题。我们在第三个五年计划期间,一定要把建设重点放在三线,在这个问题上如果不采取坚定的态度,那末,就会犯方针性的错误。从长远来说,把三线建设起来,就能从根本上改变我国经济建设上的战略布局,就既可以适应战争的需要,又能够为我国经济的发展,创造更好的条件。"①在实际执行过程中,由于受到1966年开始的"文革"的干扰和破坏,尽管工农业总产值年均增长达到了9.6%,与预期目标比有所超过,但发展速度与"一五"等相对发展较好时期相比还是有所降低,而且中间还出现了1967年和1968年国民收入和社会总产值下降的情况,"1967年社会总产值比上年下降9.9%,1968年再降4.7%,国民收入,1967年下降7.2%,1968年再降6.5%"②,经济因政治原因的起伏十分明显。

"四五"计划(1971—1975年)于1970年开始进行编制。当年2月,全国计划会议讨论了计划纲要(草案)。计划编制初期仍以战备为中心,同时受到"文革'"左"的思想影响,在经济建设和计划具体执行过程中,急躁冒进的高指标、高速度等特点表现依旧突出。1973年之后,由于中美关系转折,中苏关系也有所缓解,国际形势发生了变化,"四五"计划在中共中央层面上又进行了两次讨论修改。计划修改中注意强调经济效益,提出要协调沿海和"三线"地区的关系,调整以战备为中心的战略,对其中存在的一些过高指标进行了修改,最终在当年7月公布了《第四个五年计划纲要(修正草案)》。通过对计划指标的修改,最终到1975年基本完成了修三草案中提出的主要指标,整个"四五"期间,国民经济年均增长7.76%。但同样由于政治因素的影响,经济出现了较为严重的波动起落,1974年社会总产值只增长了1.9%,而1975年为11.5%。③

第二节 计划经济实践中对经济平衡目标的追求和对经济失衡的矫正

苏联《政治经济学教科书》认为:"在资本主义制度下,合乎比例是偶

---

① 中共中央文献研究室编:《建国以来重要文献选编》第20册,中央文献出版社2011年版,第321页。

② 李成瑞:《十年内乱期间我国经济情况分析——兼论这一期间统计数字的可靠性》,《经济研究》1984年第1期。

③ 李成瑞:《十年内乱期间我国经济情况分析——兼论这一期间统计数字的可靠性》,《经济研究》1984年第1期。

然的,经济是通过周期性危机循环地发展的;与此相反,社会主义经济没有经济危机,它在社会主义国家根据社会主义基本经济规律和国民经济有计划发展规律的要求而规定的比例的基础上不断地高速度地向上发展。"①实践证明,他们的这个论断过于理想化了。社会主义国家计划经济体制下实现经济按比例协调发展不但在苏联未能实现,在我们中国也未能实现。我国社会主义改造完成后,国家不仅在生产资料的所有权上,而且在生产、交换、分配和消费等各个环节上,都基本实现了对社会经济生活的全面控制。应该说可以较好地实现马克思主义经典作家对社会主义的设想,从整个社会需要出发安排生产,达到生产与消费的平衡,避免资本主义经济的生产过剩和周期性波动,实现社会经济的较快发展。这正是社会主义计划经济的目标,也是中国共产党和全国人民的共同追求,是整个国民经济保持增长的主要动力之一。但是,在力求通过综合平衡实现按比例发展的计划经济的实践中,中国并没有消除经济结构的失衡问题。它显然不同于市场经济条件下的失衡,同时还引发出了一些难以解决的社会问题。1961 年,我国著名经济学家刘国光基于我国第一、第二个五年计划的实践,对我国社会主义经济建设的规律作出了初步探索,明确提出:社会主义经济发展和经济增长存在着波浪式的运动,"波浪式前进、螺旋形上升,是我国国民经济发展必然经历的过程,也是社会主义扩大再生产的一个极其重要的特征"。并且指出:"产生波浪式运动的根本原因,并不是人们主观安排,是前述各种客观经济因素的不均衡的变化结果。但是人们在认识客观规律的基础上所进行的主观能动活动,能够在一定程度上影响波浪式的变化幅度。"②在我国社会主义经济建设的初期,人们并没有充分认识和注意到社会主义经济也会出现结构性失衡问题,缺乏对其原因的深入研究,解决的办法也缺乏科学论证。③ 这不能不说是我国计划经济实践中的一大缺憾。因此,深入研究并解决计划经济

①　苏联科学院经济研究所编:《政治经济学教科书》下册,人民出版社 1960 年版,第 162 页。

②　刘国光:《关于社会主义再生产发展速度的决定因素的初步探讨》,《经济研究》1961 年第 3 期。

③　杜辉:《计划体制下经济周期研究的三大学派评介》,《北京大学学报(哲学社会科学版)》1990 年第 2 期。

中的失衡问题,努力保持各种经济结构的平衡,成为中国共产党在社会主义经济建设中不断探索的基本问题。

一、优先发展工业尤其是重工业带来的经济失衡

在我国计划经济实践中,经济失衡的一个重要表现,是重工业的片面发展,与轻工业和农业的比例关系处理不当。轻工业和农业主要是提供消费资料的,属于社会生产的第二部类。马克思对社会生产两大部类生产结构和比例关系,进行了独到精辟的分析。他认为:社会资本的扩大再生产,需要增加生产资料和劳动力两类生产要素的供给,劳动力供给的增加离不开消费资料的增长,消费资料的增长要求第二部类扩大生产,又势必要求第一部类向第二部类提供更多的生产资料。因此,第一部类需要首先进行扩大生产,才能满足整个社会扩大再生产的需要。列宁在马克思再生产理论的基础上,加进了技术进步和资本有机构成提高的因素,首次把生产资料优先增长作为一个规律提了出来。所以,在"一五"期间,我们党明确地把工业尤其是重工业作为我国经济建设的重点,是有其合理性的,反映了中国工业化进程的必然要求。但是,重工业的发展存在着两方面的问题,一是其发展也要依据其自身规律,在不断追求技术进步和产品质量的基础上扩大规模,而不是单纯地强调规模扩张;二是其发展必须注意与其他产业和行业以及社会整体的关系,而不是单纯强调重工业的孤军独进。在产业结构上,我们应该以农业为基础,注意农轻重的安排顺序。

"一五"期间,我们这两方面的关系都处理得比较好。中国自古以来就有重视农业的传统,懂得"民以食为天"的道理。毛泽东在《论十大关系》讲话中,认为我们当时在处理农轻重关系上没有犯原则性的错误,"我们比苏联和一些东欧国家作得好些。像苏联的粮食产量长期达不到革命前最高水平的问题,像一些东欧国家由于轻重工业发展太不平衡而产生的严重问题,我们这里是不存在的。他们片面地注重重工业,忽视农业和轻工业,因而市场上的货物不够,货币不稳定。我们对于农业、轻工业是比较注重的。我们一直抓了农业,发展了农业,相当地保证了发展工业所需要的粮食和原料。我们的民生日用商品比较丰富,物价和货币是

稳定的"①。

　　然而,随着形势的变化,特别是当国内政治经济形势比较好,国际形势也十分有利时,人们的认识就会发生变化。我国 1957 年时就是这种情形,国内"一五"计划提前完成,国际上苏联赶在美国之前把第一颗人造卫星送上了天,头脑发热地宣布即将进入共产主义。于是,中国也想"跑步进入共产主义",提出了急于"赶英超美"的口号,主要又是着眼于重工业,尤其是钢铁工业的产量指标。在党的八大二次会议上,毛泽东大力倡导破除迷信,强调不要把工业化看得很神秘,认为在钢铁指标上 7 年超过英国、15 年赶上或超过美国是可以办到的。② 计划部门被迫一再追加钢产量指标。党的八大二次会议以后的中央政治局扩大会议,要求 1958 年的钢产量在 1957 年 535 万吨的基础上,增加到 800 万至 850 万吨。1958 年 8 月,中央政治局扩大会议通过《全党全民为生产 1070 万吨钢而奋斗》的决议,从此掀起轰轰烈烈的全民大炼钢铁运动。一时间,为了指标的实现,在"总路线、'大跃进'、人民公社"所谓"三面红旗"下,提出了"以钢为纲,确保钢铁元帅升帐"的口号,城市、农村、机关、学校等各行各业都搞起了大炼钢铁的"小高炉"、"土高炉",农业、轻工业统统被挤到了一边,以至于出现了 1958 年全国农业"丰产不丰收",第二年就闹饥荒的悲剧。到 1961 年,全国农村每人平均的口粮只有 300 斤左右,比 1957 年大约减少 130 斤左右,减少幅度达 30%。③

　　强调发展重工业,大炼钢铁,虽然出发点是为了促进中国工业化水平的提高,缩小与发达国家的差距,但是,只注意了短时间内钢铁产量的增加,却没有考虑到如何缩小生产技术和产品质量的差距,更没有考虑与其他行业的比例关系和社会的真实需求。虽然有了短期内数量规模上的突破,但是增加的却是无效产出,浪费了社会大量的人力物力资源,同时加剧了不同产业和行业之间及其内部的不平衡。1962 年,中央财经小组给中央的报告,就曾分析过重工业内部的不平衡。当时钢的综合生产能力

---

　　① 《毛泽东文集》第七卷,人民出版社 1999 年版,第 24 页。

　　② 刘国光:《中国十个五年计划研究报告》,人民出版社 2006 年版,第 142 页。

　　③ 《中央财经小组关于讨论 1962 年调整计划的报告》,载《中共中央文件选集(1949.10—1966.5)》第 40 册,人民出版社 2013 年版,第 172 页。

已经达到 1200 万吨,与之配套的铜铝综合生产能力只有 15 万吨,大体只能适应 600 万吨钢的生产要求。而铜铝实际生产量只能达到 9.9 万吨,只能适应 400 万吨钢的生产要求。[①] 而且,在工业化的大目标下,事关温饱问题的农业遭到了冷落,满足人民日常生活消费需求的轻工业,也只能让位于大炼钢铁。1958 年的国民总收入中,重工业占比由 1957 年的45% 上升到 52.1%,而轻工业所占比重由 1957 年的 55% 下降到 26.1%,农业只占 21.8%。1960 年的工业总产值中,重工业比重为 66.6%,轻工业只占 33%。[②] 1958—1960 年,重工业平均增长 49.4%,轻工业只增长13.7%,轻重工业比例关系严重失调。在社会人力、物力和财力资源十分有限的情况下,三年平均积累率高达 39.3%,所需大量投资很大一部分来自工农业产品剪刀差。大量资源被挤出了与人们日常生活直接相关的农业轻工业之外,产品生产背离了社会群众的消费需求,市场供应紧张,物价上涨,人民生活水平下降。事实上重工业的单兵独进,不可能真正提高国家的工业发展水平。当时投产的许多项目都是低水平的,走的是高投入低产出、高消耗低质量、高浪费低效益的粗放式发展道路,对整个经济增长的拉动和贡献率十分有限。

片面发展重工业的状况,在“三五”和“四五”时期虽有所改善,但是轻视农业和轻工业的问题,并没有从根本上解决。1970—1978 年,我国工业总产值平均每年增长 11.4%,其中重工业增长 13.2%,轻工业增长9.3%,前者增速高于后者近 4 个百分点;在工业总产值中,重工业占比由1969 年的 49.7%,上升到 1978 年的 56.9%;轻工业占比却由 1969 年的50.3% 下降到 1978 年的 43.1%。积累率居高不下,“四五”期间仍达33%,日用消费品仍然短缺,手表、自行车、半导体收音机都要靠票证供应,人民生活长期得不到改善。[③] 社会需求无力引导资源的配置,大多数资源都被效益和效率不高的重工业所占用。尽管经济总量规模在不断增

---

① 《中央财经小组关于讨论 1962 年调整计划的报告》,载《中共中央文件选集(1949.10—1966.5)》第 40 册,人民出版社 2013 年版,第 178 页。

② 参见刘国光:《改革开放前的中国的经济发展和经济体制》,《中共党史研究》2002 年第4 期。

③ 姜巍:《关于轻重工业比例关系的初步研究》,《计划经济研究》1983 年第 8 期。

长,但结构改善和技术进步的步伐缓慢,最终影响了整个国民经济的健康协调发展。

二、工农、城乡关系的失衡和二元结构的固化

工业和农业、城市和乡村的差别,是人类社会分工和商品经济发展的产物。马克思主义经济理论要求最终消灭工农和城乡差别,"把农业和工业结合起来,促使城乡对立逐步消灭"①。但在社会主义社会,生产力水平还没有达到能够彻底消灭差别的程度,因此,还必须承认差别的存在。但是,无产阶级一旦掌握了政权,就应该把逐步消灭工农、城乡差别提上议事日程,而不能继续扩大差别。新中国成立后,实现社会主义工业化,建立一个现代化国家,始终是中国共产党和广大人民群众心目中的主要目标。经过四个"五年计划"近三十年的发展,我国在自力更生的基础上初步建设了较为完整的工业体系,成为国家工业化和现代化的坚实基础,这是我们发挥计划经济体制集中力量办大事的优点而取得的成就。但是,计划经济在我国并没有也不可能处理好工业与农业、城市与乡村的关系,反而造成了工农、城乡关系的失衡,也带来了长期影响我国经济社会发展的城乡二元结构。

本来计划经济作为一种资源配置方式,就要求将农村土地和劳动力等主要经济资源纳入国家的控制之下。在我国,与计划经济相伴随的农业合作化,以及国家对农产品的统购统销,使我国工农、城乡关系逐渐紧张,差别逐渐拉大,加上后来推行的户籍制度,使我国特有的城乡隔离的二元结构最终形成。应当说,我们一开始进行的土地改革,出发点是让农民成为土地的主人,提高其政治经济地位,从而与工人阶级一起当家作主。经过土改,对于农民来说,确实改善了生产生活条件,调动了生产积极性,促进了生产发展。但分散的个体经营,却不利于计划经济在农村的推行。所以,土改一结束,我们党就有了"把分散的小农经济纳入国家计划建设的轨道之内"②的考虑。经过合作化运动,从互助组、初级社、高级

---

① 《马克思恩格斯文集》第2卷,人民出版社2009年版,第53页。
② 《中共中央文件选集(1949.10—1966.5)》第14册,人民出版社2013年版,第131页。

社直至人民公社,土地和劳动力集中化程度越来越高,形成了生产资料集体所有基础上的联合劳动、统一经营、统一分配的农村经济体制,加上国家对农产品实行统购统销,从而与计划经济取得了直接联系。虽然人民公社化运动盲目追求"一大二公",改革超越了农村生产力水平,但后来经过调整,实行了"三级所有,队为基础"的经营体制,下放了经营核算权,恢复了自留地和农贸市场,情况有所改善。但从总体上说,这种合作化尤其是人民公社形式的农村生产关系还是超越了当时农村生产力水平。广大农民虽然是土地的主人,但计划经济体制下的集体经营、统一分配,农民没有多少生产经营自主权,个人劳动贡献与农产品产量及收益也没有多少直接联系,干多干少、干好干坏一个样的"大锅饭"体制和平均主义分配,破坏了农民的生产积极性。工农之间的经济关系,在国家统购统销制度下,成了一种不平等交换关系。农产品除了口粮等自留外,只能交给国家,农民没有支配剩余农产品的权利,不能以此来与工业品进行自由交换,通过市场来体现其生产成本和真实价值。连中央长期主管经济工作的陈云也不得不承认:"农民的粮食不能自由支配了,虽然我们出钱,但他们不能待价而沽,很可能会影响生产情绪。但是,回过头来想一想,如果不这样做又怎么办? 只有把外汇都用于进口粮食。那么办,就没有钱买机器设备,我们就不要建设了,工业也不要搞了。"[1] 自 1953 年底实行统购统销之后,直到 1978 年农村改革之前,26 年中只调整过两次收购价,1961 年上调了 26.5%,1966 年上调了 14.1%。[2] 严重的工农业产品价格剪刀差,把本来应该归于农民的收入,变成了国家投资于工业的积累。有学者估算,实行农产品统购统销的 1953—1985 年间,国家通过剪刀差无偿从农民手里拿走了 6000 亿—8000 亿元资金。[3] 这种做法,直接拉大了农民与工人的收入差距。我国农民问题专家陈锡文的研究指出:"自实行高级社的统一分配制度以来,农村人口平均从集体经济组织分配的年收入,从 1957 年的 40.5 元,提高到了 1978 年的 73.8 元,20 年间,来自集体的人均分配收入,只增加了 33.3 元,年均只增加 1.67 元。而从

---

① 《陈云文选(1949—1956 年)》,人民出版社 1984 年版,第 207—210 页。

② 陈锡文:《中国农村改革:回顾与展望》,天津人民出版社 1993 年版,第 32 页。

③ 巴志鹏:《建国后我国工农业产品价格剪刀差分析》,《临沂师范学院学报》2005 年第 2 期。

集体得到的分配收入中,现金收入只从 1957 年的 14.2 元增加到 1978 年的 18.97 元,20 年间只增加 4.77 元,平均每年增加 0.24 元。到 1977 年,年人均分配收入水平在 50 元以下的生产队,有 180 万个,占全国生产队总数的 39%。农民人均分配到的口粮(原粮),1957 年为 203 公斤,到 1977 年,只增加到 208 公斤,20 年间平均每年只增加 250 克。农民的人均粮、油消费水平,折成贸易粮和食用植物油之后,实际是下降的。"①农村集体也缺少积累,很难对农村公共事业进行投资,无法改善农民生产生活条件和居住环境,农村与城市的差别越来越大。而严格控制城市人口增长的户籍制度,把农村劳动力紧紧束缚在土地上,只有在国家征用农村土地、大学和中专生毕业分配、现役军人退伍转业时,原来出生于农村的人口才有可能进入城市,城乡二元结构在长时期内趋于固化。

另外,在计划经济体制下,"一五"期间和"二五"初期,工业大发展带来城市人口不断增加。在城市中,人们的上学、就业、住房、医疗、主副食品供应等等,全都纳入计划基本可以得到保证。即使遭遇"大跃进"之后的三年严重困难,粮食供应全面紧张,也是通过一方面缩减城市人口,让几千万人下放重新变为农村人口,而把负担转嫁给农村集体经济;另一方面降低供应标准,以保证城市所有人都能维持低水平的生存需要而渡过难关。这里发生的人口流动,不是按照经济规律,而是在人为的计划安排下,在城乡和工农业之间被动地流动。"大跃进"年代大炼钢铁,大量农村人口被安排进入城市,进行工业生产。一方面导致工业内部比例结构失衡,没有那么多的铁矿石和焦炭,钢铁也炼不出来;另一方面对农业生产造成了巨大破坏,粮食供给出现严重困难。于是不得不压缩工业生产,精减城市人口,又要求城市职工下乡种地。1962 年中央财经小组提出建议,然后中央作出进一步精减职工和减少城镇人口的决定,要求"全国职工人数应当在一九六一年年末的四千一百七十万人的基础上,再减少一千零五十六万人至一千零七十二万人。"②指标分到了各工业部门、单位,甚至文教卫生、公用事业和国家机关、党派团体。把城里人下放到农村,

---

①　陈锡文:《中国农村改革:回顾与展望》,天津人民出版社 1993 年版,第 51 页。

②　《中共中央文件选集(1949.10—1966.5)》第 40 册,人民出版社 2013 年版,第 211 页。

谁来解决他们的吃饭和就业问题呢？国家只给了少量的安置费，而其他一切都要靠农村自行解决。无形中增加了同农民抢饭吃的人口，加重了农村集体经济的负担，工农之间和城乡之间的差距只会越来越大。由此可见，这样的工农和城乡关系，是单向的农业对工业、农村对城市的补贴，必然导致工农、城乡之间经济关系的失衡，农村经济陷于长期停滞甚至倒退的困境。

通过以上对计划经济下主要经济关系失衡和城乡二元结构的分析，可以看出，本来社会主义计划经济的优势，是可以集中资源，统筹协调好工业内部以及工业和农业、城市和乡村的发展，处理好工农和城乡关系的。但是，在计划的制定和执行中，由于受到违背经济规律的政治口号，以及离开以经济建设为中心的政治运动干扰，导致整个计划应有的系统性、协调性和平衡性发生错乱，某些经济指标变得不切实际而难以实现。以这样的计划作为指导，比起一般的市场周期性波动，带来的危害更大。据我国经济学家刘树成的研究，从 1953 年到 1978 年"文革"结束，我国经济经历了五个周期，具有波动幅度大（落差达 50%）、波动深度高（波底经常是负增长）和波动周期时间短等特点。[①] 如果是一般市场经济，市场主体可以根据市场供求变化来主动调整，而在计划经济中，社会资源完全在计划控制之下，计划编制中的问题就会打乱整个经济关系，而经济自身又无法自主进行修复和调整，并且是要等到问题非常突出明显时才能得到重视，整个计划调整需要很长周期。因此，在我国社会主义经济建设过程中，虽然经济工作领导者和计划制定者，都试图贯彻按比例发展的客观经济规律，实现经济社会协调均衡发展的目标，但在国内外政治经济形势和政治运动的影响下，加上计划制定过程中经济信息获取的不充分，计划经济体制固有的弊端，对经济发展的负面影响，日益明显地暴露出来。

三、计划经济条件下对经济失衡的调整

计划经济作为社会主义国家国民经济管理的模式，其根本要求是实

---

① 刘树成：《新中国经济增长 50 年曲线的回顾与展望——兼论新一轮经济周期》，《经济学动态》2009 年第 10 期。

现国民经济的综合平衡。在我国国民经济管理实践中,逐渐形成了自己的综合平衡理论,其核心是要求保持财政、信贷、物资和外汇的四大平衡。① 在经济不够开放时期,外汇收支平衡的意义不是太大;而到了开放条件下,地位也就与其他三大平衡一样重要了。四大平衡的目标,过去主要是通过行政的计划手段来实现的。在计划经济的实践中,如果不能有效地衔接和处理各方面的供求关系,实现四大平衡,必然带来整个国民经济的总量和结构的失衡。

一般来说,在经济增长的计划目标确定后,必然要通过投资来拉动。马克思在分析资本主义的生产和再生产时,把资本的投入称之为"发动整个过程的第一推动力",也是"每一个新开办的企业的第一推动力和持续的动力"②。在社会主义条件下也是这样,没有投资的拉动,就不可能有经济的增长。计划经济中整个社会的投资需求,取决于国家的经济增长目标,而投资的供给,是与财政和银行信贷联系在一起的。因为各经济单位的投资,除了有限的自有资金外,主要来源于国家财政拨款或银行信贷。因此,投资的需求要根据国家财力和银行储蓄的多少来定,首先要求财政收支和银行信贷的平衡。然后是物资的供给,不仅要保证生产资料的供给,还必须保证生活资料的供给。因此不仅要有数量关系上的平衡,还必须考虑结构的平衡。由投资到建设,由建设到生产,由生产到消费,要经过一定的时间周期,供给和需求在不断发生变化,不光要有静态的平衡,还必须保持动态的平衡。如果不注意经济内在的结构关系和时间因素,就可能带来严重的经济和社会问题。如果等到严重的经济和社会问题出现,才来进行计划调整,就会加大经济波动的幅度和危害。

我国"一五"计划之所以能够较好完成,是因为综合平衡工作做得比较好。当时国家对基本建设实行了有效的集中统一管理,大中型项目的投资,尤其是156项重点工程,都经过了充分的论证和准备,严格审批严格管理,突出了重点,保证了按期完成。总体投资虽然与当时

---

① 樊苗江:《论公有制宏观经济运行中的总量失衡与结构失衡》,《天津社会科学》1993 年第6 期。

② 《资本论》第 2 卷,人民出版社 2004 年版,第 393 页。

的国力和财力相比有所超前,但超前不多,加上有苏联"老大哥"的支持,因此取得了良好的效果,显示了计划经济的优越性。但是在计划实施中,借鉴和学习苏联经验较多,把什么权力都集中到中央,管得过多过死,不给地方和企业一点机动权的问题已经有所体现。毛泽东在《论十大关系》讲话中,既对苏联也对我们自己出现的问题进行了批评。

在"二五"计划制定和实施的过程中,为了充分调动地方和企业积极性,管理体制方面进行了一些改革。伴随着"大跃进"和"人民公社化"运动,中央向地方下放了企业管理权、计划制定权、财权、基建审批权和劳动管理权。这样做的好处是激发了地方和企业的活力,充分挖掘内部潜力,利用一切可利用的资源,干成了许多过去想干而不能干的事情,促进了经济社会发展。但带来的问题是地方的分散主义,破坏了全国范围内的综合平衡,违背客观经济规律,盲目追求经济发展的高速度和高指标,不切实际地乱提口号自行其是。各地竞相放出所谓"经济卫星":农村出现了亩产万斤甚至十几万斤的粮田,机关、学校的"土高炉"、"小高炉"也炼出了钢铁,全国汇总上来的粮食产量,竟然让党和国家领导人担心粮食多得无处存放,因此鼓励城乡大办食堂,让全国人民"放开肚皮吃饱饭"。计划经济所要求的所有平衡都遭到了破坏,经济计划已不复存在。普遍性的饥饿而导致的农业人口非正常死亡现象,正是对这种违背经济规律行为的惩罚。农民自己种粮食却出现一部分农业人口非正常死亡,这说明计划经济中的农民,不仅生产中的经营自主权、流通中的产品定价权而且农产品的自主分配权,都没有受到应有的尊重,从而加剧了工农关系和城乡关系的失衡。

为了缓解紧张的工农和城乡关系,在1961年到1965年的经济调整期间,采取的一个重要举措,就是把生产队作为农村基本的核算单位,直接组织生产并自负盈亏,有些地方还试行了"包产到户"等做法;国家提高农副产品收购价,减轻农业税负担,运用经济杠杆增加农民收入;同时恢复合作化时就有的农民的自留地和农村集市贸易,容许农民在自留地上自由种植,并可将农副产品作为商品进入市场自由交易。以上种种措施,都促进了农业的恢复和发展。从1963年到1965年,农业产值平均增长 11.2%,农民收入增长 15%左右,①在一定程度上缓解了农民的生存压力,也帮助国家度过了三年严重困难时期。但是,权力过于集中的计划经济体制没有从根本上得到改变,依赖工农业产品价格剪刀差进行积累发展工业的做法也基本没有改变,因此,这些调整并没有从根本上解决工农和城乡关系失衡的问题。而且由于"文革"的爆发,极左思潮的兴起和泛滥,对经济调整中适合农民要求的政策形成了巨大冲击。对刘少奇等人提倡的"三自一包"(指自留地、自由市场、自负盈亏和包产到户)和"四大自由"(指对雇工、贸易、借贷和租地不加限制)开展了批判。有些地方不切实际地搞出了扩大核算单位的所谓"穷过渡",把自留地和农村集市贸易当作所谓"资本主义尾巴"而加以取消。农村的工分制分配方式,本来就难以精确计量各人付出的实际劳动量,后来又强行推行所谓"大寨式"记工方法,更加大了平均主义倾向,使农民的个人收益与其实际付出的劳动,以及农业收成之间没有直接关联。本来农业生产技术水平就落后,劳动生产率不高,如果农民的生产积极性再不高,农业的落后面貌就更难改变了。所以,一直到 20 世纪 70 年代末,我国人民的温饱问题仍没有解决好,工农关系和城乡关系的失衡也始终没有解决好。

同样,我国工业经济中重工业与轻工业的失衡问题,也没有得到有效矫正,与人民生活息息相关的工业消费品,长期短缺而不得不靠发票证维持供应。作为生活必需的工厂生产出的消费品,票证发到每个家庭限量供应。如布票,取消票证之前每人每年的标准是一丈六尺。对于一个人来说,是做了棉衣就做不了单衣,做了被褥就做不了衣服。为了维持全家人的衣着需要,家长们不得不精打细算,一般每件衣服都要"新三年、旧三年、缝缝补补再三年";子女多的家庭则是"新老大、旧老二、缝缝补补给老三"。至于非必需品,就只有少数人才能获得照顾的票证。如年轻人结婚所需要的"三大件",当时不过是手表、自行车和收音机,没有票证就买不到。许多年轻人因为得不到票证,而不得不延迟婚期。经济的增长不能充分满足人民群众的需求,由此可见一斑。日用消费品短缺,不仅

---

① 国家经济体制改革委员会历史经验总结小组编:《我国经济体制改革的历史经验》,人民出版社 1983 年版,第 94 页。

是中国计划经济体制下的问题,也是其他社会主义国家的共同问题。匈牙利著名经济学家亚诺什·科尔奈,就把以往社会主义国家的经济概括为"短缺经济"。苏联《政治经济学教科书》也承认:从1925年到1958年,苏联的全部生产资料生产增加了103倍,消费品生产只增加了18.8倍;1958年同1940年相比,在整个工业中生产资料生产增加了4.4倍,消费品生产只增加1.7倍;消费品生产已经达到的水平和增长的速度,还不能适应居民日益增长的需要。① 这种情况,在苏联整个计划经济时期都是如此。

对于计划经济带来的经济失衡,是不可能像市场经济那样,由经济的内生力量,即价值规律自发作用的力量来调整的,它只能依赖于计划制定者行政手段的力量来调整。已如前述,我们对"大跃进"中造成的工农和城乡关系严重失衡,是通过大量下放城市人口来进行调整的。这样的调整,光靠思想政治工作的说服动员是难以奏效的,必须将下放人口的计划指标,以行政命令的方式下达到地方和基层,要求各单位坚决执行,基本没有回旋的余地。后来"文革"中动员知识青年上山下乡,也是对经济运行失衡的一种调整。一方面,城市经济的发展没有创造出足够的就业岗位;另一方面,城市人口的增长产生出了过多的劳动力供给,加之农业经济的发展缓慢,粮食、蔬菜等农副产品也难以满足城市人口的消费需求。这样的经济失衡,使决策者不得不以"接受贫下中农再教育"的名义,号召城市知识青年到农村去。其实,相当一部分青年是不愿意下乡的。农村劳动力本来就多,农民也是不欢迎知识青年到农村来的。但是来自政治的和计划经济固有的行政的压力,使这种调整照样能够畅行无阻。而付出的代价,则是工农、城乡关系的长期紧张和城乡二元结构的日益固化。

此外,对于国民经济发展中地区结构的失衡,我们也是用计划经济的行政手段来进行调整的。毛泽东在《论十大关系》讲话中,提出了正确的指导方针,强调充分利用沿海的工业基地,同时大力发展内地工业,以平衡我国工业发展布局。"三五"、"四五"时期得到加强的"三线"建设,就

① 苏联科学院经济研究所编:《政治经济学教科书》下册,人民出版社1960年版,第146页。

是对中国经济地区结构失衡的一种调整。这一调整,虽然更多是从备战和国防建设的需要考虑的,但对解决我国东中西部地区发展不平衡,特别是在帮助中西部落后地区发展方面,作出了很大的贡献。据有关统计资料,改革开放前30年,我国东中西部地区年均国民生产总值增长速度之比,为6.81:6.78:7.25,西部地区比东部地区高出0.44个百分点。[①]这主要得益于"三五"和"四五"时期,西部"大三线"的基本建设投资,分别占了全国的52.7%和41.1%。大量的投资对当地的工业发展、劳动就业、人口流动和城市化都产生了积极影响,而且在改革开放后,依旧对当地经济发展发挥了强有力的带动作用。[②] 当然,行政手段的调整,不可避免地存在着一些不尊重经济规律的现象,如"三线"建设的选址,许多项目选在交通不便的深山和偏僻之处,生活设施配套也不足,建设和生产成本较高,没有充分考虑项目之间以及与当地产业之间的生产协作。在改革开放后,这些项目大多都搬迁到城市和沿海地区,说明当初的选择过多地考虑备战而忽视了其经济性。

总体上说,改革开放前对经济失衡的调整,因为没有触及计划经济体制的固有弊端,而只是就事论事地解决国民经济运行中的突出问题,因此,难免"头痛医头、脚痛医脚",有的调整有效,而有的调整则不能从根本上解决问题,尤其是深层次的结构失衡问题,不但没有得到扭转,反而使整个社会生产受到严重影响。如"三五"期间的1967年和1968年,国民经济出现了连续两年的负增长。这固然是因为"文革"政治运动的严重冲击,造成了国民经济不能正常运行。但根本的原因还在于,计划经济体制以其仅有的行政手段,已无力调整经济运行中各种比例的严重失衡,经济规律只能以破坏的形式,"强制地为自己开辟道路"[③]。

四、应当全面客观地评价改革开放前的经济建设

改革开放前"大跃进"和"文革"中发生的经济比例失衡,对中国经济造成了极为严重的破坏。但是,从马克思主义经济学的角度进行全面反

---

① 刘芳:《对我国区域经济发展差异的分析》,《湖南商学院学报》2001年第2期。
② 靖学青:《改革开放前30年中国经济宏观布局及评价》,《中国经济史研究》2004年第1期。
③ 《资本论》第1卷,人民出版社2004年版,第92页。

思,就会发现问题不能简单地归咎于计划经济体制,还应该从生产关系与生产力的内在矛盾、中国经济与世界经济的关系等方面去进行分析。如果从总体上评价我国改革开放前的经济建设,就更需要从历史的角度加以全面的认识。

客观地看,包括中国在内的所有社会主义国家,对经济建设都没有经验,尤其是在中国这样落后的发展中大国如何发展,除了苏联作为当时的成功案例外,并没有其他更好的参照系。第二次世界大战后,西欧和日本现代化的成功发展,基本得益于美国的扶持和对其市场的开放。而作为人口大国的印度,虽然与西欧、日本一样,实行了资本主义市场经济体制,经济长期内却并没有显著发展。发展中国家大多刚刚摆脱殖民统治,也都有着城乡二元结构的沉重包袱,不仅政治上要求独立,经济上也在寻求独立。把重工业摆在优先发展位置,逐步建立完整的国民经济体系,是保证经济独立的必然要求。因此,我们党在新中国成立后,选择了苏联计划经济道路,将资源优先投向重工业,并试图以较快的速度赶超先进的资本主义国家,而没有花大力气去缩小工农和城乡差距,改变城乡二元结构,也是迫不得已和情有可原的。在经济建设中犯下一些错误,在发展的过程中经历一些困难和曲折,也都是难以避免的。

应该说,以毛泽东同志为核心的党的第一代中央领导集体在社会主义建设方面,还是进行了许多有益探索,在许多问题上提出了非常有意义的想法,在波折和困难出现后也尽可能地做了调整和补救。因此,经济建设虽然在一些年份出现下降,但是在大部分年份还是保持了增长。据经济学家刘树成的研究,我国1953年开始第一个五年计划的建设,当年固定资产投资规模较大,经济增长率高达15.6%。经济增长过快,打破了经济正常运行的平衡关系,高增长难以持续。1954年、1955年进行了调整,增速回落至4%和6%左右,1956年再次加速上升到15%,1957年调整后又回落到5%左右,这一年被称为新中国成立以来经济效果最好的年份之一。整个"一五"期间虽有两次较大起伏,但计划完成得最好,经济发展比较快,经济面貌变化最大,经济效果比较好,重要经济部门之间的比例比较协调。市场繁荣,物价稳定。人民生活显著改善,初步奠定了我国工业化的基础。否则,也不会有后来的"大跃进"。1958年经济增长率一下子冲高到 21.3%,紧接着 1960 年、1961 年和 1962 年大幅回落为负增长。其中降幅最大的 1961 年为-27.3%。高峰与谷底之间的落差近 50个百分点。① 经济运行一下子就陷入极度危险之中。好在我们党及时发现和纠正了自己的错误,经过党和人民团结一心、同甘共苦的努力调整,到 1963 年就又恢复了增长。

即使是在"文革"十年动乱期间,经济建设受冲击最为严重,虽然遭到巨大损失,但我国国民经济仍然取得了进展。据"文革"后国家统计局公布的数字,1967 年至 1976 年,我国社会总产值年平均增长率仍达到6.8%,国民收入年平均增长率为 4.9%,工农业总产值年平均增长率为7.1%。1976 年与 1966 年相比,工农业总产值增长 79%,社会总产值增长77.4%,国民收入总额(按当年价格计算)增长 53%。按年份看,社会总产值只是在 1967 年、1968 年两年,工业产值只是在 1968 年、1972 年两年出现负增长,而其他年份都是正增长。主要产品产量 1976 年和 1966 年相比,钢增长 33.5%、原煤增长 91.7%、原油增长 499%、发电量增长146%、农用化肥增长 117.7%、塑料增长 148.2%、棉布增长 20.9%、粮食增长 33.8%、油料增长 61.6%。② 有人怀疑以上数字的准确性,原国家统计局局长李成瑞指出:"尽管有若干估算成分,但数字来之有据,又经过反复核对,可以说是基本可靠的。"③当然,如果不仅仅用数据来说明我国社会发展和经济成就,一些重大项目和基础设施建设取得的成就也是值得充分肯定的,如南京长江大桥、氢弹试验、人造卫星发射回收等成果都是民族的骄傲。

如果再看新中国成立后的社会发展,如教育、卫生、社会就业,尤其是妇女地位提升等方面,我国整体发展水平在发展中国家的综合排名并不低,应当说取得了相当不错的成绩。④ 急于求成的盲目冒进和偏离经济建设中心的政治运动,虽然干扰了经济建设的正常开展,影响了经济计划

---

① 刘树成:《新中国经济增长 60 年曲线的回顾与展望——兼论新一轮经济周期》,《经济学动态》2009 年第 10 期。

② 《中国统计年鉴(1993)》,中国统计出版社 1994 年版,第 57、50、33、444—447、364 页。

③ 李成瑞:《十年内乱期间我国经济情况分析——兼论这一期间统计数字的可靠性(摘要)》,《中国统计》1984 年第 1 期。

④ 李媛、任保平:《改革开放前中国经济社会发展绩效评价》,《经济学家》2015 年第 1 期。

的科学制定和有效执行,但并没有造成生产力的过多破坏和经济的持续下滑,人们的基本生存总体上得到了保障,经济社会也得到了一定程度的发展。正如《关于建国以来党的若干历史问题的决议》中所说:从新中国成立到"文革"结束,"我们取得的成就还是主要的,忽视或否认我们的成就,忽视或否认取得这些成就的成功经验,同样是严重的错误"。因为这些成就,是中国共产党领导广大人民努力奋斗的结果,"是党和人民创造性地运用马克思列宁主义的结果,是社会主义制度优越性的表现,是全党和全国各族人民继续前进的基础"①。如果没有这样的基础,我们就不可能取得今天这样辉煌的成就。当然,如果没有当年"大跃进"对经济规律的严重破坏,没有"文革"政治运动对经济建设的严重干扰,我们党如果能够始终坚持实事求是的思想路线,坚持以经济建设为中心不动摇,坚持按比例发展的客观经济规律,搞好计划工作的综合平衡,对存在和发现的问题及时进行调整处理,中国的经济增长和社会发展本来可以更好,人民生活也可以得到更多改善,而不至于使经济发展受到严重挫折,使人民的生活水平长期在低水平徘徊,尤其是使几亿农民连自己的温饱都没有解决好,从而使人们对社会主义的优越性发生了怀疑。是后来的拨乱反正和改革开放,才使我们党对整个社会主义的认识,以及对社会主义经济建设的领导,重新回归马克思主义的正确轨道,使我国综合国力和人民生活取得突破性进展,才重新展示了社会主义制度的巨大优越性。

今天我们全面客观地评价改革开放前经济建设的成就,并不是要粉饰或者掩盖过去曾经犯过的错误。《关于建国以来党的若干历史问题的决议》指出:"忽视错误、掩盖错误是不允许的,这本身就是错误,而且将招致更多更大的错误。'坚持真理,修正错误',这是我们党必须采取的辩证唯物主义的根本立场。过去采取这个立场,曾使我们的事业转危为安、转败为胜。今后继续采取这个立场,必将引导我们取得更大的胜利。"②我们党正是这样做的,在党的十一届六中全会上,已经对过去领导

---

①　中共中央文献研究室:《〈关于建国以来党的若干历史问题的决议〉注释本》,人民出版社1985年版,第14页。

②　中共中央文献研究室:《〈关于建国以来党的若干历史问题的决议〉注释本》,人民出版社1985年版,第14—15页。

社会主义建设过程中的错误,作了认真的检讨和深刻的分析。党的十一届六中全会通过的决议实事求是地指出:"由于我们党领导社会主义事业的经验不多,党的领导对形势的分析和对国情的认识有主观主义的偏差,'文化大革命'前就有过把阶级斗争扩大化和在经济建设上急躁冒进的错误。后来,又发生了'文化大革命'这样全局性的、长时间的严重错误。这就使得我们没有取得本来应该取得的更大成就。"①这里既有"对社会主义建设经验不足,对经济发展规律和中国经济基本情况认识不足的问题,更重要的是由于党的领袖毛泽东以及中央和地方不少领导同志,在胜利面前滋长了骄傲自满情绪,急于求成,夸大了主观意志和主观努力的作用,没有经过认真的调查研究和试点,就轻率地发动了'大跃进'运动和农村人民公社化运动,使得以高指标、瞎指挥、浮夸风和'共产风'为主要标志的'左'倾错误严重地泛滥开来"②,而破坏了经济的正常运行。实践证明,任何脱离实际,蔑视经济规律,简单地用政治口号和行政命令来强制推行的经济计划,都不能保证经济结构的平衡和经济的持续高速增长。而偏离了经济建设中心,把阶级斗争扩大化的政治运动,更会搞乱人心,直接干扰和破坏经济建设。据统计,在以江青为首的"四人帮"兴风作浪的 1974 年到 1976 年,全国大约损失工业总产值 1000 亿元,钢产量 2800 万吨,财政收入 400 亿元,整个国民经济的运行,陷入了混乱之中。③ 如果没有改革开放前如此沉痛的教训,我们后来要放弃旧的做法,进行全面改革的决心也就不会有那么大。

第三节　改革开放前我们党对马克思主义经济学中国化的探索和贡献

从社会主义改造一直到改革开放以前,我国社会主义经济建设取得

---

① 中共中央文献研究室:《〈关于建国以来党的若干历史问题的决议〉注释本》,人民出版社 1985 年版,第 14 页。

② 中共中央文献研究室:《〈关于建国以来党的若干历史问题的决议〉注释本》,人民出版社 1985 年版,第 23 页。

③ 转引自张卓元:《新中国经济学史纲(1949—2011)》,中国社会科学出版社 2012 年版,第 103 页。

的巨大成就不容否认,出现的失误与挫折也不可能一笔勾销。而成就与失误,都与我们党对马克思主义经济学的研究和理解有直接关系。马克思主义经济学的中国化,不只是需要总结革命和建设顺利发展时提供的正面经验,同时还需要从失误和挫折中获取反面教训。我们党在这一时期,总体上坚持了把马克思主义经济学的普遍原理与中国经济建设的实际相结合,在正反两方面的经验教训中,努力探索中国社会主义建设的正确道路,把马克思主义经济学中国化继续推向前进。

一、毛泽东《论十大关系》对中国社会主义建设道路的探索

改革开放前,中国社会主义建设道路探索中最重要的理论成果,是毛泽东的《论十大关系》。《论十大关系》是毛泽东在社会主义改造基本结束后,经过一个多月调查研究,在中央政治局会议上的一个讲话。讲话反映了党对社会主义建设经验教训的总结,以及对中国特色社会主义建设之路的探索。讲话之所以能在社会主义建设的基本原则和方法上提出具有超越时代的科学思想,就在于毛泽东的尊重实践和注重调研。从1956 年 2 月 14 日到 4 月 25 日,他先后听取了国务院 35 个部门的汇报,对经济建设中存在的问题和矛盾进行了深入了解。① 各方面的汇报并没有一个统一的调子,不同部门从不同角度对社会主义建设中的各种关系提出了不同的看法。正是这些不同的甚至相互矛盾的认识,促使他思考并提出了如何正确处理社会主义建设中的一系列重大关系的思想,涉及社会主义经济体制以及经济管理的基本原则和方法。又经过中央政治局的多次讨论,从而形成了系统完整的关于社会主义建设的指导方针。这些方针政策,主要体现在对与经济建设直接相关的七大关系的论述之中。

(1)关于重工业和轻工业、农业的关系。毛泽东强调要防止片面地注重重工业,而忽视农业和轻工业;提出如果真想把重工业作为建设重点,就要注重农业、轻工业;农业、轻工业发展了,粮食和轻工业原料就会更多,投到重工业方面的资金也就会更多,重工业发展的基础就会更

---

① 毛泽东回忆说:"那个十大关系怎么出来的呢? 我在北京经过一个半月,每天谈一个部,找了三十四个部的同志谈,逐渐形成了那个十条。如果没有那些人谈话,那个十大关系怎么会形成呢? 不可能形成。"(转引自逄先知、金冲及:《〈论十大关系〉发表前后》,《百年潮》2003 年第 12 期。)

稳固。

（2）关于沿海工业和内地工业的关系。他强调必须充分利用沿海的工业基地，但为了平衡工业发展的布局，必须大力发展内地工业；认为只有好好利用和发展沿海的工业老底子，才能使我们更有力量来发展和支持内地工业；如果以国际形势紧张为理由，而对发展沿海工业采取消极态度，就会妨碍内地工业的迅速发展。

（3）关于经济建设和国防建设的关系。他强调我们要不受人家欺负，就不能没有国防建设；认为只有经济建设发展得更快，国防建设才能够有更大的进步；如果真想有更多的飞机、大炮、原子弹，就必须精简国家机构，减少军政费用，以便抽出更多的资金多开些工厂，多造些机器，生产出更多的飞机、大炮甚至原子弹。

（4）关于国家、生产单位和生产者个人的关系。他强调必须兼顾国家、集体和个人三方面关系，更多地注意解决生产者在劳动和生活中的迫切问题；认为我们虽然历来提倡艰苦奋斗，反对把个人物质利益看得高于一切，但同时也历来提倡关心群众生活，反对不关心群众痛痒的官僚主义；因此，工人的劳动生产率提高了，就需要逐步改进他们的劳动条件和集体福利，适当增加工资；强调要更多地注意处理好国家同农民的关系，在增加农业生产的基础上增加农民收入，采取缩小剪刀差、等价交换或者近乎等价交换的政策，不让农民吃亏。

（5）关于中央和地方的关系。他强调在巩固中央统一领导的前提下，扩大一点地方的权力，给地方更多的独立性，让地方办更多的事情；必须充分发挥地方的积极性，提倡同地方商量办事的作风；省市也要注意发挥地、县、区、乡的积极性，都不能够框得太死，让他们具有正当的独立性和正当的权利。

（6）关于汉族与少数民族的关系。他指出汉族人口众多，少数民族地大物博，因此，要好好研究少数民族地区的经济管理体制和财政体制，诚心诚意地积极帮助少数民族发展经济文化；认为天上的空气、地上的森林、地下的宝藏都是建设社会主义的重要因素，而一切物质因素只有通过人的因素才能加以开发和利用，所以，必须搞好汉族和少数民族的关系，巩固各民族的团结，来共同努力于建设伟大的社会主义国家。

（7）关于中国和外国的关系。他指出我们的方针是：一切民族、一切国家的长处都要学，政治、经济、科学、技术、文学、艺术的一切真正好的东西都要学；但是，必须有分析有批判地学，不能盲目地学，不能一切照抄、机械搬用；强调特别要努力学习外国的科学技术；认为坚决抵制和批判外国资产阶级的一切腐败制度和思想作风，并不妨碍我们去学习资本主义国家先进的科学技术和企业管理方法中合乎科学的方面。对苏联和其他社会主义国家的经验，也应当采取分析的态度，不要学他们的短处和缺点。

其他三大关系是政治领域的党与非党、革命与反革命、是与非的关系，与经济建设也有密切联系。毛泽东强调：要改善中国共产党同民主党派的关系，团结一切善意地向我们提意见的民主人士，尽可能地把他们的积极性调动起来为社会主义建设服务；反革命尽管是消极因素，但也可以化消极因素为积极因素，让他们给人民办点有益的事情；是与非的关系更是如此，对犯错误的同志要帮助他们改正错误，允许他们继续革命。总之，"一定要努力把党内党外、国内国外的一切积极的因素，直接的、间接的积极因素，全部调动起来，把我国建设成为一个强大的社会主义国家"①。

毛泽东《论十大关系》讲话的发表，既是对新中国成立以来社会主义革命和建设成功经验的初步总结，也是在新的历史条件下，对马克思主义经济理论的具体运用和创新发展，在马克思主义中国化的发展史上，具有深远的历史影响。在20世纪60年代中期第三个五年计划开始执行时，刘少奇认为讲话对现在的工作仍有很重要的指导作用，建议党中央把讲话作为内部文件印发全党学习。到了70年代中期，邓小平复出主持中央工作期间，又一次强调讲话太重要了，对当前和以后都有很大的针对性和理论指导意义，建议公开发表，作为全党学理论的重要文献。② 现在来看，《论十大关系》作为马克思主义经济学中国化的重要成果，应特别重视其在理论和实践上实现的两个方面的重大突破。

---

① 《毛泽东文集》第七卷，人民出版社1999年版，第44页。
② 刘金田：《邓小平与毛泽东〈论十大关系〉的发表》，《党的文献》2007年第3期。

　　一是突破了对苏联经济体制和苏联社会主义经济理论的教条化认识。

　　学习苏联社会主义建设的经验，是当时所有社会主义国家的普遍做法。但如果认为苏联模式一切都好，苏联的社会主义经济理论一切都对，将其作为社会主义建设的样板和指导一切照搬，那就势必脱离各国实际，给各国社会主义建设带来负面影响。毛泽东正是在反思苏联体制问题的基础上提出了《论十大关系》。他开宗明义地指出："最近苏联方面暴露了他们在建设社会主义过程中的一些缺点和错误，他们走过的弯路，你还想走？过去我们就是鉴于他们的经验教训，少走了一些弯路，现在当然更要引以为戒。"①中国共产党敢于对苏联的缺点错误进行反思，是有历史渊源的。在新民主主义革命时期，实际是由斯大林和苏联共产党领导的共产国际，曾对中国革命进行过许多不适当的干预，以毛泽东同志为代表的中国共产党人，是在对这些不适当干预的抵制中成长起来的。而在20世纪50年代中期，苏联共产党二十大开始了他们自己对斯大林的批判和否定，这一方面标志着苏共对自己道路的重新选择；另一方面，也确实有助于人们破除对苏联模式的迷信。而且我们中国社会主义建设的实践，确实有与苏联不同的一些做法，避免了苏联的一些缺点和错误。前面第四章已根据毛泽东的《论十大关系》作了介绍，如："在处理重工业和轻工业、农业的关系上，我们没有犯原则性的错误。我们比苏联和一些东欧国家作得好些。像苏联的粮食产量长期达不到革命前最高水平的问题，像一些东欧国家由于轻重工业发展太不平衡而产生的严重问题，我们这里是不存在的。他们片面地注重重工业，忽视农业和轻工业，因而市场上的货物不够，货币不稳定。"②"苏联的办法把农民挖得很苦。他们采取所谓义务交售制等项办法，把农民生产的东西拿走太多，给的代价又极低。他们这样来积累资金，使农民的生产积极性受到极大的损害。你要母鸡多生蛋，又不给它米吃，又要马儿跑得好，又要马儿不吃草。世界上哪有这样的道理！我们对农民的政策不是苏联的那种政策，而是兼顾国家和

---

① 《毛泽东文集》第七卷，人民出版社1999年版，第23页。
② 《毛泽东文集》第七卷，人民出版社1999年版，第24页。

农民的利益。"①这些对比和反思,说明我们党已经认识到,在社会主义建设上同样不能盲目迷信和照搬苏联的做法,必须寻求和探索符合中国实际的社会主义经济建设道路。因此,毛泽东在另一次讲话中要求全党:"不要再硬搬苏联的一切了,应该用自己的头脑思索了。应该把马列主义的基本原理同中国社会主义革命和建设的具体实际结合起来,探索在我们国家里建设社会主义的道路了。"②他《论十大关系》讲话的发表,标志着中国共产党对适合我国国情的社会主义建设道路的探索的开始。

二是突破了对计划经济体制以及苏联《政治经济学教科书》所谓"有计划按比例规律"的迷信。

根据马克思恩格斯的设想,未来社会已经是一个"自由人联合体",在那里,"劳动时间的社会的有计划的分配,调节着各种劳动职能同各种需要的适当的比例"③。社会物质生产过程"作为自由联合的人的产物,处于人的有意识有计划的控制之下"④。他们认为,未来社会已经取消了商品货币,因此,原来只是作为一种"内在的、无声的自然必然性起着作用"⑤的价值规律不再存在,"问题就简单地归结为:社会必须预先计算好,能把多少劳动、生产资料和生活资料"用在某些生产部门,而不致使另一些部门受任何损害。"只有在生产受到社会实际的预定的控制的地方,社会才会在用来生产某种物品的社会劳动时间的数量和要由这种物品来满足的社会需要的规模之间,建立起联系。"⑥而"在资本主义社会,社会的理智总是事后才起作用,因此可能并且必然会不断发生巨大的紊乱"⑦。现在,"社会化的人,联合起来的生产者,将合理地调节他们和自然界之间的物质变换,把它置于他们的共同控制之下,而不让它作为一种盲目的力量来统治自己;靠消耗最小的力量,在最无愧于和最适合于他们

①　《毛泽东文集》第七卷,人民出版社 1999 年版,第 29—30 页。
②　《毛泽东年谱(1949—1976)》第二卷,中央文献出版社 2013 年版,第 550 页。
③　《资本论》第 1 卷,人民出版社 2004 年版,第 96 页。
④　《资本论》第 1 卷,人民出版社 2004 年版,第 97 页。
⑤　《资本论》第 1 卷,人民出版社 2004 年版,第 412 页。
⑥　《资本论》第 3 卷,人民出版社 2004 年版,第 208 页。
⑦　《资本论》第 2 卷,人民出版社 2004 年版,第 349 页。

的人类的本性的条件下来进行这种物质变换"①。

苏联的计划经济体制,正是依据马恩的这些设想建立起来的,在实践中力求把社会生产置于人的有意识有计划的控制之下,并且在一定时期内取得了比资本主义更快的发展速度和令人羡慕的成就,显示了社会主义计划经济的优越性。斯大林在总结苏联实践经验的基础上,把"国民经济有计划发展"确定为社会主义特有的经济规律,认为"国民经济有计划发展的规律,是作为资本主义制度下竞争和生产无政府状态的规律的对立物而产生的。它是当竞争和生产无政府状态的规律失去效力以后,在生产资料公有化的基础上产生的。它之所以发生作用,是因为社会主义的国民经济只有在国民经济有计划发展的经济规律的基础上才能得到发展"。不过他紧接着又说:"国民经济有计划发展的规律,使我们的计划机关有可能去正确地计划社会生产。但是,不能把可能同现实混为一谈。这是两种不同的东西。要把这种可能变为现实,就必须研究这个经济规律,必须掌握它,必须学会熟练地应用它,必须制定出能完全反映这个规律的要求的计划。"②也就是说规律并不是直接能够实现的,需要人们通过掌握和应用,才能在实践中加以实现。通过苏联《政治经济学教科书》,这一规律得到理论上的确认和传播。在实践中,计划的行政指令性,被赋予一种控制和约束资源配置的权威,成为与资本主义经济相区分的根本标志。

然而,苏联以及所有社会主义国家计划经济的实践,也同时证明了斯大林所说的现实与可能的矛盾,国民经济有计划并不能保证马恩所要求的"各种劳动职能同各种需要的适当的比例"的实现。也就是说,"有计划"与"按比例"之间常常发生矛盾。苏联和东欧社会主义国家的经济发展都是有计划的,然而如毛泽东所说,他们经常处理不好重工业、轻工业和农业之间的比例关系,所以才发生了"粮食产量长期达不到革命前最高水平"、"市场上货物不够、货币不稳定"等现象。这就说明计划不是万能的,国民经济有计划发展,只是人们想按客观经济规律办事的一种行为

---

① 《资本论》第3卷,人民出版社2004年版,第928—929页。

② 《斯大林文集》,人民出版社1985年版,第602页。

和意愿。而经济规律是经济现象、经济过程内在的、本质的、必然的联系，与行为和意愿并不是一回事。而且，按计划发展的行为是否真的按客观规律办事，还有待于实践结果的检验。因此，对国民经济计划，以及所谓有计划发展规律，都不能抱有迷信。不能以为有了计划，就一定能保证国民经济的按比例发展；更不能以为社会主义经济天生就优越于资本主义，不会发生危机和紊乱。在制定计划时，必须坚持从实际出发，注意经济发展水平和经济条件之间的协调平衡关系。执行计划时，必须从全局的角度考虑不同产业之间的协调，注重不同经济因素之间的动态平衡。毛泽东的《论十大关系》，正是破除了这样的迷信，在借鉴苏联经验教训的基础上，强调要"按自然发展规律，按社会发展规律"办事，①力求从全局角度来理解和分析中国社会主义建设面临的各种关系和矛盾，在运动发展中把握经济建设的辩证规律和正确方向，而不是简单地理解经济规律和一般政策原则。

　　《论十大关系》反映了以毛泽东同志为核心的党的第一代中央领导集体，把马克思主义经济理论与中国社会主义建设实际相结合所做的探索。如习近平同志所说：他们"在探索社会主义建设道路过程中对发展我国经济提出了独创性的观点，如提出社会主义社会的基本矛盾理论，提出统筹兼顾、注意综合平衡，以农业为基础、工业为主导、农轻重协调发展等重要观点。这些都是我们党对马克思主义政治经济学的创造性发展"②。遗憾的是，后来形势的变化，使毛泽东对社会主义建设的注意力有所转移。在1957年9月党的八届三中全会上，修改了党的八大的正确认识，重新把无产阶级和资产阶级的矛盾视为社会主义社会的主要矛盾。在1957年整风"反右"运动中，搞了阶级斗争扩大化。随后1958年的"大跃进"，虽然注意力回到了经济建设上，还提出要把党和国家的工作重点转到技术革命和社会主义建设上来，但是，毛泽东没能坚持他自己总结形成的正确思想和理论。对国民经济发展的协调与平衡关注少了，对经济建设的调研也不够深入了，更多关注用政治方式解决经济问题，过分

---

①　逄先知、金冲及：《〈论十大关系〉发表前后》，《百年潮》2003年第12期。

②　习近平：《在中共中央政治局第二十八次集体学习时强调立足我国国情和我国发展实践发展当代中国马克思主义政治经济学》，《人民日报》2015年11月25日。

注重发挥广大群众的主观能动性,而忽视了按客观经济规律办事;对从实践中得到的正确认识,没有作进一步研究和深层次探讨;对其中的一些原则性内容,未能充分拓展;还有一些重大的理论和实践问题,如经济发展速度与经济运行质量的关系、经济发展与环境生态的关系等等,还没有进入思考和讨论的范围。加上他一直认为这个讲话还不够成熟,不同意公开发表,也就没能在社会上形成广泛影响。如果《论十大关系》提出的指导方针和各项政策,能够得到充分贯彻落实,中国的社会主义建设,就不会出现"大跃进"所带来的那种挫折和损失,也不会出现"文革"那样政治上的"十年内乱"。当然,历史不能假设,这样讲的目的不过是想说明,《论十大关系》对社会主义建设道路的探索,已经达到相当高的水平,把它作为社会主义时期马克思主义经济学中国化的开篇之作,应该说是恰如其分的。

二、中国共产党对社会主义经济体制的初步探索

毛泽东《论十大关系》讲话的发表,标志着中国共产党对社会主义经济体制进行探索的开始。自斯大林《苏联社会主义经济问题》发表和苏联《政治经济学教科书》传入中国后,人们对社会主义就形成了一种刻板的印象。按苏联《政治经济学教科书》的定义:"社会主义就是以生产资料公有制(国家的即全民的所有制和合作社所有制)为基础的制度,在这种制度下,人剥削人的现象已经消灭,生产在高度技术的基础上不断地有计划地扩大,以便不断地增进人民的福利,同时,在社会主义制度下实现各尽所能、按劳分配的原则。"[①]公有制、计划经济和按劳分配,成为社会主义经济体制的三大支柱,而资本主义经济体制,则作为社会主义的对立面被全盘否定。

其实,就一般意义而言,经济体制的核心是资源配置问题。公有制、计划经济和按劳分配,表明生产资料和生活资料这些最重要的经济资源,都是由公众即联合起来的生产者共同配置的。按照马克思的理论,公有

---

① 苏联科学院经济研究所编:《政治经济学教科书》下册,人民出版社1960年版,第84页。

制就是"联合起来的社会个人的所有制"①，"联合起来的个人对全部生产力总和的占有，消灭着私有制"②。因此，社会主义否定了资本主义之后，"不是重新建立私有制，而是在资本主义时代的成就的基础上，也就是说，在协作和对土地及靠劳动本身生产的生产资料矛盾共同占有的基础上，重新建立个人所有制"③。在这种个人所有制中，每个劳动者对生产资料和生活资料，都有实实在在的个人所有权。马克思高度评价巴黎公社"曾想把现在主要用作奴役和剥削劳动的工具的生产资料、土地和资本变成自由集体劳动的工具，以实现个人所有权"④。认为"在无产阶级的占有制下，许多生产工具应当受每一个个人支配，而财产则受所有的个人支配"⑤。在公有制的实践中，社会主义国家成为社会公众的当然代表者，通过计划掌管和控制着一切生产资料和生活资料，基本排斥了劳动者的个人所有权。就是在我国劳动者集体所有制中，集体对主要生产资料如土地的所有权也是残缺不全的，就更不用说个人了。这种状况，一直到改革开放实行了土地的家庭联产承包责任制后才得到改善。

作为社会主义经济体制集中表现的计划经济，是马克思批判资本主义自由市场经济而得出的必然结论，其依据是社会经济内在的自然规律。他说连小孩子都知道："要想得到与各种不同的需要量相适应的产品量，就要付出各种不同的和一定量的社会总劳动量。这种按一定比例分配社会劳动的必要性，决不可能被社会生产的一定形式所取消，而可能改变的只是它的表现方式，这是不言而喻的。自然规律是根本不能取消的。在不同的历史条件下能够发生变化的，只是这些规律借以实现的形式。"⑥私有制基础上的资本主义经济，按比例分配劳动是通过商品经济条件下，价值规律在市场上的自发作用来实现的。在那里，"彼此独立进行的、但作为自然形成的社会分工部分而互相全面依赖的私人劳动，不断地被化

---

① 《马克思恩格斯全集》第43卷，人民出版社1985年版，第21页。
② 《马克思恩格斯选集》第1卷，人民出版社1972年版，第75页。
③ 《资本论》第1卷，人民出版社2004年版，第874页。
④ 《马克思恩格斯选集》第2卷，人民出版社1972年版，第378页。
⑤ 《马克思恩格斯选集》第1卷，人民出版社1972年版，第75页。
⑥ 《马克思恩格斯选集》第4卷，人民出版社2012年版，第473页。

为它们的社会的比例尺度,这是因为在私人劳动产品的偶然的不断变动的交换比例中,生产这些产品的社会必要劳动时间作为起调节作用的自然规律强制地为自己开辟道路"①。自由市场经济中劳动的分配、资源配置的决策,以个体的利益最大化为目的,这与社会化大生产所要求的按比例分配社会劳动必然发生矛盾,成为资本主义经济波动与危机的根源。正是这种破坏生产力发展的波动与危机,强制着资本主义经济内部比例关系的重新平衡。马恩认为公有制基础上的社会主义社会不再需要商品生产和商品交换,价值规律对资源配置的调节作用当然也就不复存在,社会应该自觉地按比例分配社会劳动和经济资源,实现经济持续健康增长。列宁说:"经常的、自觉地保持的平衡,实际上就是计划性。"②于是,计划代替了市场,一切经济资源包括土地、资本和劳动力,一切经济活动包括生产、流通、分配和对外交往,统统纳入国家计划的管控之中。但是,在计划制定过程中,如果不能正确处理主观和客观之间的关系,在执行过程中如果不能正确处理中央和地方,政府、企业和生产者个人,以及各经济部门等之间的关系,权力过于集中,地方和企业缺乏自主权,也就失去了活力,经济必然会发生问题。毛泽东的《论十大关系》,已经触及了这些问题。当时我国经济学界也对有计划按比例发展规律产生了怀疑,知道在计划制定中需要按照客观要求的比例关系进行综合平衡,但在实际执行中却往往会忽视比例关系的平衡。因此,计划只是力求实现经济按比例发展的方法和手段,而不是必然结果。在这种比例关系遭到严重破坏的1959 年,薛暮桥就曾经指出:"如果我们所规定的国民经济发展速度大大地超过了客观的可能性,或者我们所规定的比例关系根本不合国民经济发展的客观要求,那末我们的计划就一定不能实现,甚至还会引来我们所没有预料的恶果。"③在当时,如何从经济体制上来认识和解决这些问题,已经现实地提到了全党面前。

应当说,我们党对社会主义经济体制的探索,就是从计划和市场的关系开始的。马克思恩格斯设想的社会主义社会不存在商品经济,也不存

---

① 《资本论》第 1 卷,人民出版社 2004 年版,第 92 页。
② 《列宁全集》第 3 卷,人民出版社 1959 年版,第 566 页。
③ 薛暮桥:《客观经济规律和人的主观能动性》,《前线》1959 年第 5 期。

在价值规律发生作用的市场机制。列宁、斯大林创建的社会主义国家,接受了商品经济的存在。列宁把它视为资本主义的残余,从苏维埃政权刚建立时的敌视,转变为新经济政策实施时的利用。斯大林承认了公有制基础上商品生产和商品交换的社会主义性质,肯定它不会把国家引向资本主义发展;同时承认价值规律在流通领域要发生作用,而在生产领域则不能起生产调节者的作用;尽管也说它是一个很好的学校,但至多只能促使企业加强成本核算,而不可能再发挥分配社会劳动或调节资源配置的作用;因为,这方面的作用已完全被国家计划所取代。我们党就是在这样的理论背景下开始自己的探索的。毛泽东的《论十大关系》,通过苏联东欧国家经济运行中发生的问题,实际上指出了社会主义经济体制中计划调节在生产领域的失灵,以及在流通领域对价值规律的违背。因此,需要重新探索价值规律在社会主义经济条件下的作用机制。这种探索,不仅是出于实践的需要,而且有马克思主义经济学的充分的理论根据。马克思早就指出:"事实上价值规律所影响的不是个别商品或物品,而总是各个特殊的因分工而互相独立的社会生产领域的总产品;因此,不仅在每个商品上只使用必要的劳动时间,而且在社会总劳动时间中,也只把必要的比例量使用在不同类的商品上。"①而且,"在资本主义生产方式消灭以后,但社会生产依然存在的情况下,价值决定仍会在下述意义上起支配作用:劳动时间的调节和社会劳动在不同的生产类别之间的分配"②。

正因为有这样的理论支撑,我党著名的马克思主义经济学家孙冶方,在 1956 年第 6 期《经济研究》上,发表了《把计划和统计放在价值规律的基础上》一文,率先提出了在计划经济中发挥价值规律作用的问题。他在我国 20 世纪 50 年代的经济实践中,看到了不按价值规律办事问题的严重性,企业单位不注重节约成本和提升效率,造成整个经济不惜工本的严重浪费,生产发展缺乏有效激励。他立足于现实,力求从经济学的资源有效配置和节约的视角,认识社会主义经济的发展动力。因此他提出应该学习和运用价值规律,发挥价值规律的作用,对社会主义经济进行充分

---

① 《资本论》第 3 卷,人民出版社 2004 年版,第 716 页。
② 《资本论》第 3 卷,人民出版社 2004 年版,第 965 页。

核算,要按价值来进行交换,用经济利润指标来衡量和考核企业,实现优胜劣汰,激励企业提高生产水平。他认为:"不仅在不同所有制之间的商品交换,要讲等价交换,要尊重价值法则;就是在全民所有制内部,各部门之间,各国营企业之间的产品交换,也要讲等价交换,也要尊重价值法则。"[①]针对苏联价值规律在生产领域不起作用的观点,他强调:各生产部门之间的联系或比例关系,归根到底是价值的比例关系,如果不讲等价交换,不尊重价值法则,就会破坏国民经济的按比例发展。价值规律在社会主义乃至共产主义社会还起着马克思所说的劳动时间的调节和社会劳动在各类不同生产间的分配的作用。他认为:"在社会主义制度下,我们把这个盲目自发的规律变成为我们自觉掌握的规律,因而也就排除了它的消极破坏的一面,而保留并且发扬了它的积极建设的一面。"并明确指出:"价值规律同国民经济的计划管理不是互相排斥的,同时也不是两个各行其是的并行的规律。国民经济的有计划按比例发展必须是建立在价值规律的基础上才能实现。"[②]在他看来,离开价值法则来谈所谓有计划按比例规律,把有计划按比例规律绝对化,只会走到其反面;那些无视价值规律,凭主观意图行事的经济政策和经济计划,结果也只会脱离实际,打乱一切比例关系,妨碍国民经济的迅速发展。

在 1956 年 9 月党的八大前后,受毛泽东《论十大关系》的启发,周恩来、刘少奇、陈云等党和国家领导人,也纷纷对权力过于集中、管理控制过严的计划经济体制进行了深入的研究和探讨。周恩来强调:中央过于集权会滋生官僚主义,反而削弱中央权力,最集权就等于无权;适当分权给地方,就会更好地集权于中央,变无权为有权;中央有权,地方也有权,真正有利于社会主义建设。[③]刘少奇在党的八大政治报告中指出:"不可能设想,在我们这样大的国家中,中央能够把国家的各种事务都包揽起来,而且样样办好。把一部分行政管理职权分给地方,是完全必要的。"认为国家的很多工作中央只应提出一般的方针政策和大体的规划,具体工作应当交由地方因地制宜、因时制宜地去部署办理。在毛泽东提出让地下

---

① 孙冶方:《社会主义经济的若干理论问题》,人民出版社 1979 年版,第 328 页。
② 孙冶方:《把计划和统计放在价值规律的基础上》,《经济研究》1956 年第 6 期。
③ 转引自《党的文献》1988 年第 6 期,第 27 页。

私营工厂和雇工合法化,"可以消灭了资本主义,又搞资本主义"之后,刘少奇提出:可以让资本家用定息盖工厂,不怕有百分之几的资本主义同百分之九十几的社会主义作比较,可以作为社会主义经济的一个补充。周恩来则以煤矿为例,说大的国家办,小的合作社和私人都可以开,主流是社会主义,小的给些自由,除了铁路其他都可以采取这个办法,这样可以帮助社会主义发展。陈云主张长期保留自负盈亏的个体小商店、小商贩、小手工业和服务业,在社会主义的工商经营中,国家和集体是主体,个体经营是补充;农村许多副业生产应该放手让农民分散经营。

在计划和市场的关系问题上,刘少奇在党的八大政治报告中明确提出:应当在统一的社会主义市场的一定范围内,允许国家领导下的自由市场的存在和一定程度的发展,作为国家市场的补充。他第二年先后在上海干部会和对中央党校负责人的谈话中进一步指出:社会主义经济既要有计划性,又要有多样性和灵活性;我们一定要比资本主义经济搞得更要多样,更要灵活,如果还不如资本主义的灵活性、多样性,而只有呆板的计划性,哪还有什么社会主义的优越性呢?[1] 灵活性、多样性的实现,必须依赖市场机制的作用。周恩来在党的八大上提出:"要在适当的范围内,更好地利用价值规律,来影响那些不必要由国家统购包销的、产值不大的、品种繁多的工农业产品的生产,以满足人民多样的生活需要。"[2]陈云在党的八大上的发言,更为明确地提出了计划调节与市场调节相结合的思想。他说:"全国工农业产品的主要部分是按照计划生产的,但是同时有一部分产品是按照市场变化而在国家计划许可范围内自由生产的。计划生产是工农业生产的主体,按照市场变化而在国家计划许可范围内的自由生产是计划生产的补充。"[3]针对当时国家对日用百货、手工业品、小土产等也下达了指令性产值和利润计划,结果导致货不对路,既不能满足社会需求,又经常造成"工厂报喜、商业报忧、财政虚收"的状况,陈云提出:"我们应该把国家计划中对这些产品的各项指标只作为一种参考指标,让生产这些日用百货的工厂,可以按照市场情况,自定指标,进行生

---

① 转引自《党的文献》1988 年第 6 期。
② 转引自《新华半月刊》1956 年第 20 期。
③ 《陈云文选》第三卷,人民出版社 1986 年版,第 13 页。

产,而不受国家参考指标的束缚。"①这种参考指标,也就是我们现在所说的指导性计划,而按照市场情况自定指标进行生产,实际就是市场调节下的生产。陈云的主张在党的八大上受到全党重视,被大会决议所采纳。党的八大后不久,就受国务院委托代为起草了关于改进工业、商业和财政三个管理体制的规定,要求把计划管理的重点转到国民经济的宏观管理上来,减少指令性指标,把过去国有企业的12个指令性指标缩减为4个,其余都变为指导性指标,并从多方面扩大地方和企业内部的管理权限。由此可以看出,党的八大前后我们党对社会主义经济体制卓有成效的探索,确确实实冲破了苏联模式及其经济理论的束缚,显示了我们党发扬优良传统,坚持从中国国情出发,把马克思主义经济学中国化继续推向前进的理论勇气和坚定信念。

三、社会主义经济理论探索中的曲折

1958年开始的"大跃进",严重背离了按比例发展国民经济的客观规律,给经济建设带来极大破坏。而作为"大跃进"产物的人民公社化运动,又试图超越阶段,"跑步进入共产主义",严重搞乱了生产关系,同样给经济建设带来极大破坏。这一时期我们党在指导思想上发生的错误,主要来自毛泽东急于求成盲目冒进的"左"的倾向。1958年9月,在他的主导下,中共中央北戴河会议通过了《关于在农村建立人民公社问题的决议》,认为"共产主义在我国的实现,已经不是什么遥远将来的事情了,我们应该积极地运用人民公社的形式,摸索出一条过渡到共产主义的具体途径"。决议把建立人民公社,说成是指导农民加速社会主义建设,提前建成社会主义,并逐步过渡到共产主义所必须采取的基本方针。

在各地的自发实践中,超越阶段最突出的表现,就是盲目追求"一大二公"、大搞"一平二调"的"共产风",完全违背了等价交换的价值规律。人民公社的组织形式是政社合一,工农商学兵(民兵)互相结合,农林牧副渔全面发展,规模是原来高级社的十多倍、几十倍。据当时中央农村工

---

① 《陈云文选》第三卷,人民出版社1986年版,第12页。

作部发布的通报，每社农户平均 4797 户，5000 户以上、一两万户的也为数不少。在河南、山东、河北、吉林等 13 个省，甚至出现了 94 个以县为单位的人民公社或县联社。1958 年 9 月，河南省遂平县的多个人民公社合并为一个遂平卫星公社，实行一县一社。当时以"人有多大胆，地有多大产"而闻名全国的山东省寿张县，原有的 129 个高级社被合并为 8 个公社，不久又将 8 个公社合而为一，命名为寿张人民公社。范县也紧接着将 10 个公社合并为一个大社，县委也就成了公社党委，县人民委员会成了公社管理委员会。有些地方把农村中原属全民的银行、商店和其他企业下放公社管理，集体经济中有了全民成分。农民的自留地、家庭副业和家禽家畜被收归社有，消除了所谓私有制的残余。在农村实行了供给制和半供给制，让农民组织军事化、生活集体化、行动战斗化，拆掉了各家各户的灶台，搞起了吃饭不要钱的公共食堂，以及学校、幼儿园、托儿所、养老院等免费公共福利。公社范围内平均分配，无偿调用原来各高级社的资金、财产和劳动力，砍树挖矿大炼钢铁，建库筑路兴修水利。当时河北省徐水县以县为单位的人民公社制定了 1963 年进入共产主义社会规划。作为过渡试点，该社所有干部都取消了工资，按级别发给每月 2—8 元的津贴，社员不再按劳取酬，实行吃饭、穿衣、住房、医疗等 15 项免费供给制。山东寿张县根据山东省委的要求，更是提出到 1960 年即可建成共产主义。

　　人民公社试图"跑步进入共产主义"，明显混淆了阶段，违背了经济和社会的发展规律，却一度获得了毛泽东的赞赏。在他看来，人民公社兴修水利大协作，农民自带工具和粮食，不计报酬，工人不要计件工资和加班费，这些都是共产主义的萌芽；而等级制、薪金制以及相应的地位、待遇、工资差别等等，都是所谓"资产阶级法权"。过去工资评级时他曾批评一些人为争级别而哭鼻子，说"男儿有泪不轻弹，只是未到评级时"，这是对革命传统的破坏；过去搞军队，没有薪水，实行供给制，没有星期天，没有八小时工作制，上下一致，官兵一致，军民打成一片，过共产主义生活，二十二年战争都打胜了；我们进城后却后退了，因此要考虑取消薪水制，恢复供给制，认为这不是倒退而是进步；不要提倡马上废除工资制度，但是将来要取消；现在要恢复进步，把六亿人民带成共产主义作风，并希望加以宣传造成舆论。① 他的这些激进思想，明显脱离了当时中国的实际，带有强烈的乌托邦色彩，并且错误地理解了马克思对所谓"资产阶级法权"的批判，在经济理论的探索中陷入了误区。

现在我国对"资产阶级法权"的准确翻译是"资产阶级权利"，它出自马克思的《哥达纲领批判》，针对的是他设想中"刚刚从资本主义社会中产生出来，在经济、道德和精神方面都还带着它脱胎出来的那个旧社会的痕迹"②的社会主义按劳分配。在那里，人们以一种形式给予社会的劳动量，又以另一种形式领回来。因此，马克思说："这里通行的是商品等价物的交换中通行的同一原则，即一种形式的一定量劳动同另一种形式的同量劳动相交换"，所以"在这里平等的权利按照原则仍然是资产阶级权利"③。之所以被称为资产阶级权利，因为它与资产阶级社会商品交换中平等权利的原则相同。而马克思恩格斯设想的社会主义社会，不存在商品交换，所以它是旧社会的痕迹。这种要求等价交换的权利是资产阶级特有的权利吗？不是。资产阶级特有的权利是凭借生产资料所有权，无偿占有工人创造的剩余价值。马克思说"商品是天生的平等派"④，而"商品本性的规律通过商品占有者的天然本能表现出来"⑤，每一个商品生产者和交换者，都有要求等价交换的权利。这种权利是资产阶级法律赋予的吗？也不是。等价交换作为经济交易人共同意志的表示，可以表现在法律形式上，但"法律形式作为单纯的形式，是不能决定这个内容本身的。这些形式只是表示这个内容"⑥。由此可见，毛泽东所深恶痛绝的导致人们争名争利、一切向钱看，丢掉光荣传统的所谓"资产阶级法权"，与马克思批判的按劳分配中的"资产阶级权利"，根本就不是一回事。

马克思批判按劳分配中的"资产阶级权利"，并不是要否定它，只是指出它是旧社会的痕迹。也不是要求马上消除它，因为，这"在经过长久

---

① 参见卫兴华、洪银兴主编：《中国共产党经济思想史论》，江苏人民出版社 1994 年版，第417—428 页。

② 《马克思恩格斯选集》第 3 卷，人民出版社 2012 年版，第 363 页。

③ 《马克思恩格斯文集》第 3 卷，人民出版社 2009 年版，第 434 页。

④ 《资本论》第 1 卷，人民出版社 2004 年版，第 104 页。

⑤ 《资本论》第 1 卷，人民出版社 2004 年版，第 105 页。

⑥ 《资本论》第 3 卷，人民出版社 2004 年版，第 379 页。

阵痛刚刚从资本主义社会产生出来的共产主义社会第一阶段,是不可避免的。权利决不能超出社会的经济结构以及由经济结构制约的社会的文化发展"①。而且,马克思同时又从二者的区别上肯定了它的历史进步性:"按照原则仍然是资产阶级权利,虽然原则和实践在这里已不再互相矛盾。而在商品交换中,等价物的交换只是平均来说才存在,不是存在于每个个别场合。"②在这一点上,毛泽东还是比较清醒的,所以他不主张马上废除工资制。而时任中共上海市委宣传部部长的张春桥却迎合了毛泽东的需要并投其所好,在1958年第6期上海《解放》半月刊上发表了《破除资产阶级的法权思想》一文,不适当地颂扬供给制,批判薪金制。他认为:薪金制以及与之相联系的物质利益原则是"钱能通神"的旧思想,刺激不出共产主义思想觉悟;而在供给制条件下,没有谁发工资,却取得了几十年武装斗争的胜利。他还把人们对恢复供给制的怀疑,上升为资产阶级为了保护不平等的资产阶级的法权,为了打击无产阶级的革命传统,而对正确处理劳动人民内部相互关系的共产主义原则的攻击。认为现在虽不能立即取消资产阶级法权,但不能将它制度化、系统化、更加向前发展,而应该从政治上、思想上、道德上加强共产主义的教育,为彻底破除资产阶级法权而斗争。③ 其实,这本来是属于经济领域,也只能通过发展生产力的方法来解决的问题。因为马克思说得很清楚:只有在共产主义社会高级阶段,生产力增长起来,集体财富的一切源泉充分涌流之后,"才能完全超出资产阶级权利的狭隘眼界,社会才能在自己的旗帜上写上:各尽所能,按需分配!"④现在却被张春桥变成了资产阶级要保护不平等的资产阶级法权,无产阶级要为彻底破除资产阶级法权而斗争的政治问题。毛泽东不但没有发现张春桥文章的严重错误,反而对其大加赞扬,说是鲜明地提出了这个问题,引人注意,观点基本正确,只是有一些片面性,对历史过程解释得不完全。他让《人民日报》加上他亲自撰写的编

---

① 《马克思恩格斯文集》第3卷,人民出版社2009年版,第435页。
② 《马克思恩格斯文集》第3卷,人民出版社2009年版,第434页。
③ 参见《中共党史教学参考资料》第22册,中国人民解放军国防大学党史党建政工教研室1986年编,第538页。
④ 《马克思恩格斯文集》第3卷,人民出版社2009年版,第436页。

者按,在 1958 年 10 月 13 日给予转载。这就把他自己对所谓资产阶级法权理解上的迷误,推向了全国,为超越阶段盲目冒进,违背经济规律大刮"共产风",提供了理论基础。不但使我国社会主义经济建设走了弯路,也给我们党马克思主义经济学中国化的进程带来了曲折。

四、纠正错误过程中对马克思主义经济学的重新学习和不懈探索

"大跃进"和人民公社化运动的盲目冒进和超越阶段,带来愈演愈烈的"浮夸风"、瞎指挥和"一平二调"的"共产风",引起了党中央和毛泽东对"左"倾错误及其危害的关注。从 1958 年 11 月起,召开了一系列会议,开始纠正"左"的错误。其中包括:1958 年 11 月先后召开的中央工作会议(第一次郑州会议)、政治局扩大会议(武昌会议)和八届六中全会,1959 年 2 月的政治局扩大会议(第二次郑州会议)、3 月的政治局扩大会议(上海会议)、4 月的八届七中全会、7 月的政治局扩大会议(庐山会议)前半段。在第一次郑州会议上,他写信建议中央、省、地、县四级党委委员阅读斯大林的《苏联社会主义经济问题》和《马恩列斯论共产主义社会》以及苏联编的《政治经济学教科书》。毛泽东指出:现在很多人有一大堆混乱思想,对于社会主义经济问题还不大了解,不懂得经济发展规律,特别是有些号称马克思主义经济学家的同志,"他们在读马克思主义政治经济学的时候是马克思主义者,一临到目前经济实践中某些具体问题,他们的马克思主义就打了折扣了。现在需要读书和辩论,以期对一切同志有益"。因此,"要联系中国社会主义经济革命和经济建设去读这两本书,使自己获得一个清醒的头脑,以利指导我们伟大的经济工作"①。1959 年 6 月,他再次提出:"有鉴于去年许多领导同志,县、社干部,对于社会主义经济问题还不大了解,不懂得经济发展规律,有鉴于现在工作中还有事务主义,所以应当好好读书。"②在第一次郑州会议上,他和与会同志一起阅读讨论《苏联社会主义经济问题》,并联系实际提出了许多精辟

---

① 《毛泽东文集》第七卷,人民出版社 1999 年版,第 432 页。
② 《毛泽东文集》第八卷,人民出版社 1999 年版,第 75 页。

见解。他认为,要摆脱事务主义,为了我们的事业和当前工作来研究政治经济学,这比平时离开实际专门看书要好得多。在他的示范带领下,刘少奇、周恩来等中央领导,会后也都组织了读书小组,采取边读边议的方式,加深对马克思主义经济学和社会主义经济规律的理解,为纠正"左"倾错误,寻找符合中国国情的社会主义建设道路,进行了不懈探索,取得了马克思主义经济学中国化的一些重要成果。但是,正如毛泽东当时所说:客观过程的发展是不断前进的,人们的认识也是不断提高的,客观过程中的矛盾不发展到一定时候,不会充分暴露,还不能完全反映到人们的头脑中来,就不能很好地认识和理解它。因此,这种探索是瑕瑜互见,不可能一次完成、十分完美,主要体现在以下几个方面。

第一,对社会主义经济规律客观性的认识。"大跃进"、人民公社化运动错误的实质,是无视和违反经济规律。在读书过程中,毛泽东肯定了斯大林关于经济规律客观性的论述,强调社会主义经济规律是客观的必然性,要研究它;客观规律独立于人们的意识之外,和人们的主观认识相对立;人们通过实践认识了规律,就能熟练地运用和驾驭规律,达到改造客观世界的目的。"对于建设社会主义的规律的认识,必须有一个过程。必须从实践出发,从没有经验到有经验,从有较少的经验,到有较多的经验,从建设社会主义这个未被认识的必然王国,到逐步地克服盲目性、认识客观规律、从而获得自由,在认识上出现一个飞跃,到达自由王国。"① 他肯定了斯大林把人们制定的计划与国民经济有计划按比例发展的客观经济规律区分开来的观点,认为还不能说过去的计划完全反映了客观规律的要求,"实际上是,有些计划合乎规律,或者基本上合乎规律,有些计划不合乎规律,或者基本上不合乎规律"②。还不能说我们已经认真研究、充分掌握、熟练运用了客观规律,而"不以规律为计划的依据,就不能使有计划按比例发展的规律的作用发挥出来"③。

他联系中国的实际指出:"搞社会主义有两条路线,一条是轰轰烈烈、高高兴兴,一条是冷冷清清、慢慢吞吞。凡是主观客观条件许可能够

---

① 《毛泽东文集》第八卷,人民出版社 1999 年版,第 300 页。
② 《毛泽东文集》第八卷,人民出版社 1999 年版,第 118 页。
③ 《毛泽东文集》第八卷,人民出版社 1999 年版,第 119 页。

办到的事,就要鼓足干劲、力争上游、多快好省地去办;主观客观条件不许可的事,就不要勉强去办。"在这里,既有对"大跃进"中唯意志论的批评,也有对党的八大二次会议提出的社会主义建设总路线的附加限制。他强调,我们过去提出的一套包括总路线、"大跃进"和人民公社,是否符合社会主义经济规律,是否还会栽跟头,需要继续在实践中得到检验,时间要几年、十年甚至更长。但同时毛泽东又再次批评了"反冒进",对"大跃进"中过分强调主观能动作用的错误,认识并不充分。[①] 说明他在经济建设上,实际还是偏爱充分发挥主观能动作用的"轰轰烈烈、高高兴兴",而对尊重客观经济规律的"反冒进",认为是对群众运动"泼冷水","泄了六亿人民的气"。这就决定了他反"左"纠"左"的不彻底,以至于在后来的"庐山会议"上,前半段还是反"左",后半段却又变成了反右,酿成了我党历史上所谓彭德怀右倾机会主义反党集团的一大冤案。

第二,对社会主义商品货币必要性的认识。"大跃进"和人民公社化运动中"左"倾思想的突出表现,就是否认社会主义的商品货币,否认等价交换,大刮"一平二调"的"共产风"。同年5月刚就任新创刊的中共中央机关刊物《红旗》杂志总编辑的陈伯达,是鼓吹取消商品货币的始作俑者。1958年10月,他参与了河南省遂平县嵖岈山人民公社"共产主义新村"的试验,提出共产主义社会就是各取所需按需分配,钱成了无用的东西,货币交换将逐步消亡。他还参与设计了一种没有面值代替货币的交换券,确定了交换标准,用于共产主义新村内部的物物交换。由于物资紧缺,没几天的工夫,供销社的物品就被交换一空,试验也就不了了之。但是,他取消商品货币的理论却流毒全党全国。毛泽东在组织读书的过程中,肯定并发展了斯大林的社会主义商品货币思想,对陈伯达等人否定商品货币的观点进行了严肃的批判。

首先,在商品货币存在的原因上,他同意斯大林的观点,由于存在着全民和集体两种所有制,商品生产和商品交换就不可避免。他指出:当劳动力、土地及其他生产资料统统都是农民集体所有的时候,产品也是集体

---

① 参看《中共党史教学参考资料》第22册,中国人民解放军国防大学党史党建政工教研室1986年编,第561页。

所有的。国家能够调拨的产品，只是全民所有制企业生产的产品。农民只愿意用他们生产的商品来换取他们需要的商品，"国家不给它东西，不进行等价交换，它的产品也不会给你"①。你不给他货币，不用买卖的形式同他们进行交换，"把陕西的核桃拿来吃了，一个钱不给，陕西的农民肯干吗？把七里营的棉花无代价地调出来，会马上打破脑袋。这是不认识五亿农民，不懂得无产阶级对农民应该采取什么态度"②。他认为：无偿地占有别人的劳动，是马克思主义所绝对不能允许的。你的就是我的，拿起就走，从古以来没有这个规矩，一万年以后也不能拿起就走。只有土匪强盗、青红帮才这样做。我们怎么能剥夺劳动人民的财产呢？即使把农民组织进了人民公社，还是集体所有制。只要两种所有制没有变成单一的社会主义全民所有制，商品生产和商品交换就不能废除。

其次，对发展商品生产和商品交换的意义给予了高度评价。毛泽东认为，现阶段在中国只有发展商品生产和商品交换，才能满足社会日益增长的物质文化需要，才能使农民尽快富裕起来，才能团结广大农民，巩固工农联盟。他指出：如果人民公社只搞自给性生产，不搞商品生产，不进行商品交换，不拿粮食等农产品同工人生产的工业品相交换，那么工人怎么能有饭吃，农民怎么能有衣穿，怎么能够得到拖拉机等农业生产资料？如果公社不把自己多余的产品卖给国家、卖给其他公社，怎么能够得到货币收入，哪里有钱分给社员？他以京、津、沪郊区为例，说这些地方之所以富裕，就是因为商品生产和商品交换比较发达。认为社会的需要是多种多样的，因此公社的生产不可太单调，"每个公社在生产粮食以外还要发展能卖钱的东西，发展社会主义的商品生产和商品交换"③。不能只生产自己需要的东西，在发展自给性生产的同时，要多搞商品生产，尽可能多地生产能够交换的东西，向全省、全国、全世界交换。他还把搞不搞商品生产和商品交换，提到无产阶级对农民采取什么态度的高度来认识，认为从新中国成立到社会主义改造完成，我们利用商品生产和商品交换来团结几亿农民，在社会主义改造完成以后，我们还要利用它来团结几亿农

---

① 《毛泽东文集》第七卷，人民出版社 1999 年版，第 437 页。
② 《毛泽东文集》第七卷，人民出版社 1999 年版，第 438 页。
③ 《毛泽东文集》第七卷，人民出版社 1999 年版，第 436 页。

民,决不能像土匪强盗、青红帮那样剥夺劳动人民的财产。在有人公然提出废除商品货币,似乎是要带领中国农民走向更加美满幸福的共产主义"天堂"的时候,毛泽东的这些认识,无疑更显示出了他的理智和清醒。

再次,充分肯定了现阶段商品生产和商品交换的社会主义性质。针对有些人把商品经济混同于资本主义经济的错误认识,毛泽东肯定了斯大林的正确思想,指出:不能把商品生产和资本主义生产混为一谈,不能孤立地看待商品生产,而要看它与什么经济相联系。和资本主义经济相联系,是资本主义商品生产;和社会主义经济相联系,则是社会主义商品生产。我们已经建立了社会主义制度,在商品生产和商品交换领域,占统治地位的是国家和人民公社,同资本主义商品生产和商品流通有本质差别。"现在,我们有些人大有要消灭商品生产之势。他们向往共产主义,一提商品生产就发愁,觉得这是资本主义的东西,没有分清社会主义商品生产和资本主义商品生产的区别,不懂得在社会主义条件下利用商品生产的作用的重要性。"①并指出:"商品生产不能与资本主义混为一谈,为什么怕商品生产? 无非是怕资本主义。"②既然商品生产不是资本主义的东西,是社会主义可以利用的工具,还有什么好怕的呢? 承认了商品货币在现阶段的积极作用,就不应该马上取消它,不能在人民公社中搞供给制和"一平二调"。他尖锐地批判了党内以陈伯达为代表的一些假马克思主义者,说他们"马克思主义太多了",主张现在就消灭商品生产,实行产品调拨,违反了客观规律。他们"没有区分社会主义商品生产和资本主义商品生产的本质差别,不懂得在社会主义制度下利用商品生产的重要性,不懂得在社会主义的现阶段,价值、价格和货币在商品生产和商品流通中的积极作用"③。

第四,对社会主义经济理论的创新和发展。毛泽东等党和国家领导人,联系中国实际对社会主义经济理论进行的探索,某些方面超越了斯大林和苏联《政治经济学教科书》的理论,为社会主义政治经济学的发展提

---

① 《毛泽东文集》第七卷,人民出版社 1999 年版,第 437 页。
② 《毛泽东文集》第七卷,人民出版社 1999 年版,第 438 页。
③ 中华人民共和国国史学会:《毛泽东读社会主义政治经济学批注和谈话》,1998 年版,第 38—39 页。

供了一些新观点。如对商品生产历史命运的认识。斯大林认为两种所有制的存在,是商品生产存在的原因,毛泽东认为这种解释不完整,商品生产的命运最终取决于生产力的发展。即使过渡到了单一的全民所有制,如果产品还不很丰富,某些范围内的商品生产和商品交换就仍有可能存在。"必须在产品充分发展之后,才可能使商品流通趋于消失。"而且,"只有当国家有权支配一切产品的时候,才可能使商品经济成为不必要而消失"①。在这里,他实际上已认识到,在单一的全民所有制经济条件下,也会存在商品交换关系。这已接近于我们现在的观点,认为我国全民所有制经济内部,实际存在着一个个利益相对独立,可以自主经营、自负盈亏的经济主体,它们之间也是商品经济关系,并且要保留一个相当长的历史时期。因此,商品经济关系不仅存在于两种所有制之间,而且覆盖全社会。刘少奇在这方面也有类似认识,认为没有了两种所有制,但只要还存在着按劳分配,消费资料和生产资料就还需要计算价值,商品生产就不能取消。② 因为如前所述,按劳分配通行的原则,与商品交换的原则是同一的,劳动者给予社会的劳动量,会以等量劳动的另一种形式领回去。而等量劳动的比较,无疑要通过价值的计算来进行。所以,作为价值载体的商品货币就仍要存在。

再如对商品范围的认识。斯大林把商品的范围局限于个人消费品,不卖拖拉机等生产资料给集体农庄,不让农民办工业。毛泽东认为这些都是不妥当的,既然要利用商品生产来发展社会主义经济,发展社会生产力,对商品货币关系就不应有过多限制。他说,在这方面我们比斯大林胆大,商品生产的活动范围不限于个人消费品,拖拉机等生产资料就属于商品;我们不仅把拖拉机卖给公社,而且为了公社办工业,把一部分工业生产资料也卖给他们。

又如对价值规律作用的认识。斯大林认为价值规律在生产领域不起作用,毛泽东不同意,认为既然是商品生产,价值规律还是要起作用的。他说:谷贱伤农,你粮价那么便宜,农民就不种粮食了,这就是价值规律在

---

① 《毛泽东文集》第七卷,人民出版社1999年版,第440页。
② 参见卫兴华、洪银兴主编:《中国共产党经济思想史论》,江苏人民出版社1994年版,第433页。

起作用。尽管他又说这种作用不是决定性作用,在计划经济条件下是"计划第一、价格第二",但毕竟承认了价值规律在生产领域有一定的调节作用,为陈云在党的八大上提出的计划生产是主体、自由生产是补充,即后来所概括的"计划经济为主、市场调节为辅"的政策主张,提供了理论依据。在斯大林承认价值规律是一个很好的学校的基础上,毛泽东进一步给予高度评价,说:价值法则"是一个伟大的学校,只有利用它,才有可能教会我们的几千万干部和几万万人民,才有可能建设我们的社会主义和共产主义。否则一切都不可能"①。

此外,毛泽东在带领全党读书,特别是读苏联《政治经济学教科书》的过程中,还就社会主义经济的其他问题进行了较为全面系统的探讨,提出了一系列重要观点,对创新发展马克思主义政治经济学社会主义部分的理论作出了贡献。如在社会发展动力问题上,他认为:"在社会主义时代,矛盾仍然是社会运动发展的动力。"②这种矛盾,主要是生产关系与生产力的矛盾。他指出:"一切革命的历史都证明,并不是先有充分发展的新生产力,然后才改造落后的生产关系,而是要首先造成舆论,进行革命,夺取政权,才有可能消灭旧的生产关系。消灭了旧的生产关系,确立了新的生产关系,这样就为新的生产力的发展开辟了道路。"③

生产关系主要包括所有制、分配和劳动生产中的人与人关系等内容。在所有制问题上,他认为所有制是有一个发展过程的,不能超越阶段,误认社会主义为共产主义,误认按劳分配为按需分配,误认集体所有制为全民所有制,从而否认价值法则,否认等价交换。在人民公社范围内搞平均分配,贫富拉平,无代价地上调生产队的某些财产和劳动力,搞"一平二调三收款",都是对农民集体所有权的侵犯,实际上无偿占有了别人的劳动成果,必然引起农民很大恐慌,破坏生产力的发展。他严厉批评"一平二调"的"共产风"是劫财,不是善财,是"我们剥夺了农民,这是马列主义完全不许可的。平调农民的劳动果实,比地主、资本家剥削还厉害,资本

---

① 《毛泽东文集》第八卷,人民出版社1999年版,第34页。
② 《毛泽东文集》第八卷,人民出版社1999年版,第133页。
③ 《毛泽东文集》第八卷,人民出版社1999年版,第132页。

家还要花点代价,只是不等价,平调却什么都不给"①。

为了让所有制形式与生产力发展要求相适应,他在第一次郑州会议上就强调:"公社应当实行权力下放,三级管理,三级核算,并且以队的核算为基础。在社与队、队与队之间要实行等价交换。"②他亲自为郑州会议起草了纪要,为整顿和建设人民公社规定了"14 句话"方针:"统一领导,队为基础;分级管理,权力下放;三级核算,各计盈亏;分配计划,由社决定;适当积累,合理调剂;物资劳动,等价交换;按劳分配,承认差别"③。后来他又明确指出:"社会主义社会里面的按劳分配、商品生产、价值规律等等,现在是适合于生产力发展的要求的"④。

在生产过程中的人与人关系方面,毛泽东提出了加强和改善管理的问题。他说:"所有制问题基本解决以后,最重要的问题是管理问题",即全民所有制企业和集体所有制企业如何管理的问题。认为"这也就是人与人的关系问题。这方面是大有文章可做的"⑤。他认为,管理国家、军队、各种企业和文化教育的权利,是"社会主义制度下劳动者最大的权利,最根本的权利。没有这种权利,劳动者的工作权、休息权、受教育权等等权利,就没有保证"⑥。因此,"对企业的管理,采取集中领导和群众运动相结合,工人群众、领导干部和技术人员三结合,干部参加劳动,工人参加管理,不断改革不合理的规章制度,等等。这些方面都是属于劳动生产中人与人的关系。这种关系是改变还是不改变,对于推进还是阻碍生产力的发展,都有直接的影响"⑦。后来他将以上内容概括为"鞍钢宪法",以与苏联管理领域的"马钢宪法"相对立,并在国际上产生了很大影响。西方一些管理学家就认为,"鞍钢宪法"中强调的"两参一改三结合",实际上就是"团队合作"精神,而这种做法是对西方长期以来资本主义企业内通过垂直命令的福特式分工管理理论的一个挑战,实质是一种"后福

---

① 《毛泽东文集》第八卷,人民出版社 1999 年版,第 227 页。
② 《毛泽东文集》第八卷,人民出版社 1999 年版,第 12 页。
③ 《毛泽东文集》第八卷,人民出版社 1999 年版,第 14 页。
④ 《毛泽东文集》第八卷,人民出版社 1999 年版,第 137 页。
⑤ 《毛泽东文集》第八卷,人民出版社 1999 年版,第 134 页。
⑥ 《毛泽东文集》第八卷,人民出版社 1999 年版,第 129 页。
⑦ 《毛泽东文集》第八卷,人民出版社 1999 年版,第 135 页。

特主义"。美国麻省理工学院管理学教授 L.托马斯明确指出:"鞍钢宪法"是"全面质量"和"团队合作"理论的精髓,它弘扬的"经济民主"恰恰是增进企业效率的关键之一。①

　　企业管理,还涉及中央、地方和企业的关系,企业内部国家、集体和劳动者个人的利益关系,毛泽东进一步阐发了他在《论十大关系》中的基本观点。他指出:在体制下放、分级管理、企业自治权等问题上,"只要一个积极性还是要两个积极性,这是个很大的问题,是整个社会主义时期进行社会主义建设过程中要经常注意解决的很关重要的问题"。对企业来说,"有没有这种自治权,对促进生产的发展,还是阻碍生产的发展,关系很大"②。在利益关系的处理上,毛泽东肯定了"物质利益是一个重要原则",认为"要保证人们吃饱饭,然后人们才能继续生产。没有这一条是不行的"③。他还看到了物质需要的满足与生产发展之间相互促进的关系,指出:"人们生活的需要,是不断增长的。需要刺激生产的不断发展,生产也不断创造新的需要。"④但他强调物质利益原则不是唯一的,还有精神鼓励原则。而且"物质利益也不能单讲个人利益、暂时利益、局部利益,还应当讲集体利益、长远利益、全局利益,应当讲个人利益服从集体利益,暂时利益服从长远利益,局部利益服从全局利益"⑤。说到底,就是公私关系的处理问题,"我们历来讲公私兼顾,早就说过没有什么大公无私,又说过先公后私。个人是集体的一分子,集体利益增加了,个人利益也随着改善了"⑥。

　　在社会主义建设的目标及其实现方面,毛泽东提出了"四个现代化"的远景规划。他说:"建设社会主义,原来的要求是工业现代化,农业现代化,科学文化现代化,现在要加上国防现代化。"并指出,在我们这样的国家,完成社会主义建设是一个艰巨任务。应该把社会主义分为不发达和比较发达两个阶段,后一阶段可能要比前一阶段需要更长的时间,不要

---

① 　新华网:《重温"鞍钢宪法"》。
② 　《毛泽东文集》第八卷,人民出版社 1999 年版,第 138 页。
③ 　《毛泽东文集》第八卷,人民出版社 1999 年版,第 133 页。
④ 　《毛泽东文集》第八卷,人民出版社 1999 年版,第 137 页。
⑤ 　《毛泽东文集》第八卷,人民出版社 1999 年版,第 133 页。
⑥ 　《毛泽东文集》第八卷,人民出版社 1999 年版,第 134 页。

把建成社会主义讲得过早了。他认为："任何事物的发展都不是直线的，而是螺旋式地上升，也就是波浪式发展"①，说社会主义经济的发展一点波浪也没有是不可能设想的。原因在于社会主义社会也存在自发性和自流性，"我们对规律的认识，不是一开始就是完善的"②。因此，"社会主义经济发展过程中，经常出现不按比例、不平衡的情况"③，平衡不平衡、按比例不按比例的矛盾是经常的、永远存在的。在他看来，"社会主义社会里，有可能经过计划来实现平衡。但是也不能因此就否认我们对必要比例的认识要有一个过程"④。认为不要有个过程，不要经过成功和失败的比较，不要经过曲折的发展，就能认识比例关系，那是形而上学的看法。他把计划归之于意识形态，是对实际的反映，又反作用于实际。不能认为计划都是合乎规律的，合乎规律或者不合乎规律的计划，对经济的发展或者不发展，对经济发展的快慢，都有着巨大的反作用。

　　关于现代化目标的实现，毛泽东强调了普遍规律与具体特点相结合的问题，对苏联《政治经济学教科书》提出的每一个国家都探索"具有自己特别的具体的社会主义建设的形式和方法"表示赞同。⑤ 对生产资料优先增长，认为是一切社会扩大再生产的共同规律，他又一次批评斯大林过分强调重工业的优先增长，提出我们应该具体化为："在优先发展重工业的条件下，工农业同时并举"⑥。要求注意工业化过程中城乡、工农和地区结构的平衡问题，他提出："在社会主义工业化过程中，随着农业机械化的发展，农业人口会减少。如果让减少下来的农业人口，都拥到城市来，使城市人口过分膨胀，那就不好。从现在起，我们就要注意这个问题。要防止这一点，就要是农村的生活水平和城市的生活水平大致一样，或者还好一些。"⑦他强调"在农业区，我们也要搞工业"⑧。在工业化发展速

① 《毛泽东文集》第八卷，人民出版社 1999 年版，第 120 页。
② 《毛泽东文集》第八卷，人民出版社 1999 年版，第 118 页。
③ 《毛泽东文集》第八卷，人民出版社 1999 年版，第 119—120 页。
④ 《毛泽东文集》第八卷，人民出版社 1999 年版，第 118 页。
⑤ 《毛泽东文集》第八卷，人民出版社 1999 年版，第 116 页。
⑥ 《毛泽东文集》第八卷，人民出版社 1999 年版，第 121 页。
⑦ 《毛泽东文集》第八卷，人民出版社 1999 年版，第 128 页。
⑧ 《毛泽东文集》第八卷，人民出版社 1999 年版，第 122 页。

度上,他认为原来工业基础薄弱,而又迫切需要发展的地区问题更尖锐,国家投资速度应该增长得更快一些。① 他十分重视劳动生产率的提高,当时苏联的工农业劳动生产率还落后于美国,我们差得更远,因此,他要求:"紧张地努力若干年,分几个阶段,把我们的国家搞强大起来,使我们的人民进步起来。"②他认为要实现劳动生产率的提高,就要从物质技术、文化教育和政治思想工作三个方面着手,要像资本主义各国和苏联那样,"靠采用最先进的技术,来赶上最先进的国家"③。

最后,毛泽东还对社会主义政治经济学教材的编写提出了自己的看法,认为现在要写出一部系统反映社会主义经济规律的政治经济学教科书十分困难,"这也是有客观原因的,因为社会主义经济本身还没有成熟,还在发展中。一种意识形态成为系统,总是在事物运动的后面。因为思想、认识是物质运动的反映"④。他认为:社会主义政治经济学应该从生产力和生产关系、经济基础和上层建筑的矛盾来研究社会主义政治经济学,要把问题的研究放到历史发展和逻辑演进中去形成结论,而不能仅仅从概念、定义和规律原则等抽象角度进行归纳演绎。他强调要学习马克思《资本论》的研究方法,"研究问题,要从人们看得见、摸得到的现象出发,来研究隐藏在现象后面的本质,从而揭露客观事物的本质的矛盾"⑤。要从现象出发,找出本质,然后又用本质来解释现象。他还强调,教科书的写法,要高屋建瓴、势如破竹,要有说服力、吸引力,让人们读起来有兴趣,一是要把理论和实践结合起来,二是要有哲学家的头脑,有辩证法这个武器。他的这些观点,实际上也为马克思主义经济学中国化,指明了方向和道路。

在当时社会主义实践经验还不丰富的历史条件下,毛泽东对社会主义经济问题进行了卓有成就的研究和探索,与新民主主义革命时期一样为全党树立了榜样。他提出的一些超越前人的真知灼见,的确是十分难

---

① 参见《毛泽东文集》第八卷,人民出版社1999年版,第124页。
② 《毛泽东文集》第八卷,人民出版社1999年版,第124页。
③ 《毛泽东文集》第八卷,人民出版社1999年版,第126页。
④ 《毛泽东文集》第八卷,人民出版社1999年版,第105页。
⑤ 《毛泽东文集》第八卷,人民出版社1999年版,第139页。

能可贵的。同样由于历史条件所限,他的一些认识还不彻底,还有待继续研究探索,有些认识还不够准确,甚至还存在一些误区。如在发展社会主义商品生产的目的上,他明确提出不是为了利润,而是为了满足社会需要,为了五亿农民,为了巩固工农联盟,为了引导农民从集体所有制向全民所有制过渡。把利润与其他目的对立起来是不妥当的。因为商品生产和交换需要货币、价值、利润这些范畴,利润是价值的增殖部分,反映着经济效益。一般情况下,利润越多说明生产搞得越好,越能满足社会需要,越能富裕五亿农民,越能巩固工农联盟。毛泽东也知道人民公社的商品生产发展了,钱可以分得多了,农民可以富裕起来。既如此就不应该把利润排除在发展商品生产的目的之外。这是一个矛盾,而且最后导致了他把商品生产发展过程中追求利润的正当行为,当作所谓"修正主义"的"利润挂帅"来批判,也导致了我国经济工作中长期存在的所谓只算"政治账",不算"经济账"的不良倾向。把所有制过渡也纳入发展商品生产的目的,这与他当初把人民公社作为集体所有制向全民所有制过渡、社会主义向共产主义过渡的最好形式是相联系的,表明毛泽东没有完全摆脱当时全国范围内急于过渡的"左"倾思想,也导致了我们长期以来在所有制问题上,难以摆脱"一大二公"的情结,忽视了对适应生产力发展要求的各种所有制形式的探寻。

再如对劳动力是不是商品的认识。毛泽东完全赞同斯大林劳动力不是商品的观点,斯大林认为承认劳动力是商品,就等于说工人被雇佣,说占有生产资料的工人阶级自己被自己雇佣,把自己的劳动力出卖给自己,因而是十分荒谬的。斯大林犯了一个简单的逻辑错误,把工人阶级整体与单个工人混为一谈。其实在社会主义条件下,劳动力仍归单个工人所有,工人阶级共同占有生产资料,单个工人必须参加一个劳动集体才能劳动。当国家不再对劳动力实行统包统配时,单个工人必须把自己的劳动力作为商品进入市场,与某一个劳动集体通过双向选择达成协议,才能实现劳动。所以,劳动力商品化,是社会主义市场经济的正常现象,完全可以兼容于社会主义生产关系之中。在当时历史条件下,是不能苛求毛泽东也达到现在这样的认识水平的。

还如对价值规律作用的认识。毛泽东虽然高度重视和评价了价值规律的积极作用,但并未完全摆脱斯大林的影响,始终认为计划才是调节生产、配置资源的决定性力量,也就使我们党长期跳不出计划经济与商品经济、计划调节与市场调节的对立思维,难以得出社会主义市场经济的崭新认识。直到改革开放新时期,在邓小平一而再、再而三的倡导下,才冲破重重思想障碍,确立起社会主义市场经济的理论范畴。

又如对所谓"资产阶级法权"的认识。尽管他在批判的同时又承认:"资产阶级法权有一部分在社会主义时代是有用的,必须保护,使之为社会主义服务。把它打得体无完肤,会有一天我们要陷于被动,要承认错误,向有用的资产阶级法权道歉。"①但是他始终没有弄清楚所谓"资产阶级法权"到底是怎么回事,总把它与资产阶级的唯利是图、个人利益至上、争名争利等混到一起,片面强调共产主义思想的引领教育作用,否定物质刺激和计件工资制。到了"文革"期间,又说商品货币、八级工资制、按劳分配,都是和旧社会差不多的"资产阶级法权",要在无产阶级专政下加以限制。

应当说,当毛泽东以极大的热情,关注着中国社会生产力的发展,关注着国家综合国力的增强和人民生活水平的提高,甚至关注着每一个人民公社有没有钱分给社员时,他就能做到不脱离群众,不脱离实际,重视调查研究,重视来自人民群众的各种意见和反映,就能把马克思主义经济学的基本原理同中国的具体实践相结合,为创新和发展马克思主义经济学作出贡献。而当他注意力发生转移,从关注经济建设转到关注阶级斗争和党内路线斗争,防止资本主义复辟上,他就把商品货币、物质刺激、利润挂帅当作引发资本主义的土壤和基础,而离开了他原来的正确认识,这确实是一个沉痛的历史教训。

在党和国家领导人的引领和推动下,我国经济理论界在这一时期也对社会主义制度下的商品生产和商品流通、价值规律及其作用、货币和金融、经济核算和经济效果、物质利益和按劳分配、劳动力和人口控制以及生产力发展等一系列社会主义经济理论进行了探讨,提出了许多有创造性的主张和观点,丰富了我们党这一时期的经济思想,同样为马克思主义

---

① 《毛泽东文集》第七卷,人民出版社 1999 年版,第 449 页。

经济学中国化作出了贡献。如前所述,我国经济学界杰出代表孙冶方,1956年就提出了要把计划建立在价值规律的基础上的重要观点。针对着"大跃进"、人民公社化运动中的错误,他在1959年又发表了《论价值》、《要用历史观点来认识社会主义社会的商品》等文章,进一步阐发了他关于商品经济、价值规律的理论观点,要求按客观经济规律办事。20世纪60年代初,适应着当时经济体制调整的要求,他大胆地提出了计划经济体制中的分权问题,认为经济管理体制中的中心问题,是作为国民经济细胞的国有企业与国家之间权力和责任的划分,明确了企业的责任和权力,才能调动起企业的积极性。为此,他提出:国家应该管的是扩大再生产范围内的"大权",企业应该管的是简单再生产范围内的"小权",有没有追加投资是其唯一界限。企业应该承担的责任,是在不要国家追加投资的前提下,管好用好企业的折旧基金,主动扩大生产能力,力求资金的保值增值,提高资金效率和劳动生产率,按有偿占用原则向国家上缴利润。他还设计了国家宏观经济计划与企业微观经济的衔接方法,把指令性计划与指导性计划结合起来,以提高计划的科学性和权威性,实现管而不死、活而不乱。这些思想在当时传统计划经济体制下,对探索如何搞活经济是有积极意义的,这些思想在当时学术界和基层实际工作部门中引起了热烈讨论,但没有得到中央决策部门重视。后来形势的变化,在批判苏联"现代修正主义"的斗争中,陈伯达把孙冶方定为"中国经济学界最大的修正主义分子",以《红旗》编辑部名义组织了对孙冶方经济理论的批判。直到党的十一届三中全会以后,孙冶方才获得平反,其理论也得到了全党的重视。

著名经济学家马寅初先生人口理论的研究,也在我国社会主义经济学发展史上留下了浓重墨迹。1953年全国第一次人口普查的数据,显示了中国人口出生率过高,引起了社会关注,也促使了马寅初的思考,并写出了研究人口与经济发展关系的著作《新人口论》。他提出了实行计划生育,统筹人口与经济发展的主张,并获得了党内众多领导包括毛泽东的肯定。但是在"大跃进"的普遍狂热下,粮食生产能力被"浮夸风"无限扩大,有人认为人多不再是负担而是优势。党内号称马克思主义理论权威的康生,1959年在北京大学发起了对马寅初的批判,称马寅初是"中国的马尔萨斯",还在全国报刊上组织了 100 多篇批判文章,给马寅初扣上了攻击"三面红旗"的大帽子,否定其经济学研究的科学性。[①] 一个关于节制生育、降低我国人口增长速度的好建议被打入冷宫,[②]导致了我国一度时期人口增长的无序状态,影响了经济发展和人民生活水平的提高,也给我们留下了深刻的教训。

---

① 李文:《陈云、马寅初与中国二十世纪五十年代的计划生育——兼谈毛泽东的人口观》,《中共党史研究》2009 年第 5 期。

② 孙冶方:《经济学界对马寅初同志的一场错误围攻及其教训》,《经济研究》1979 年第 10 期。

第 六 章

经济体制改革与社会主义
市场经济体制的确立

　　改革开放是中国社会从传统计划体制向市场体制转型的开始,从农村到城市,从民营经济发展到国有企业改革,改革开放触及的不仅是经济领域,还包括人的观念和社会思想。从实践看,改革开放是对旧有体制的改革,是不断推进经济发展的实践过程。但是,旧有体制的形成有着深刻的思想根源,改革不仅是体制和结构调整,而且是思想解放和理论创新过程。在改革开放中,对改革目标即社会主义应该建立何种经济体制是理论争议的焦点。大多数争议都来自传统马克思主义经济学观点无法解释的实践问题,实践迫使理论进行创新发展,而理论创新也是在实践成果基础上不断形成的。可见,实践是推动理论创新的动力,也是理论创新成果是否正确的检验标准。马克思主义经济学在中国改革开放中不断参与这一争论,在争论中推动了理论自身发展,在经济建设中很好地发挥了指导作用,得到了更大范围的传播。社会主义经济体制的改革探索与理论讨论对中国全面改革发挥了重要的引领作用,充分体现了马克思主义经济理论在新的历史时期回应现实问题并不断发展的科学追求。

　　社会主义应该如何建设,社会主义经济有何规律,对于这些问题,经典作家只是在对资本主义批判的基础上,根据对资本主义制度的观察、分析和批判提出了一些关于社会主义经济条件与运行的设想。但是,这些设想只能是观念上的,是可能性的设想而不是现实性的运行,因为经典作家没有亲见社会主义的建立和面临的各种问题、挑战和困境,当然也就不可能对社会主义经济的具体形态和运行提出详尽的说明和设想。这是经典作家实事求是的科学态度的体现,也就需要后来的社会主义建设者不能过多地把经典作家从批判和分析的逻辑上得出的关于社会主义经济的一些设想看作是社会主义的本质,不能把经典作家的论述教条化。社会主义建设者应该从社会主义现实条件和实践出发,从社会主义建设中去寻求经济建设的规律,不断推动社会主义发展。社会主义市场经济理论正是中国共产党从中国社会主义经济建设实际出发提出的一个创新理论,这一理论是马克思主义社会发展和制度演变理论的新发展,社会主义初级阶段理论的新内涵,社会主义经济规律理论的新表达,马克思主义社会影响的新提升,对马克思主义经济学创新和发展具有历史性意义。

第一节　经济建设中心论与"三步走"发展战略

传统马克思主义经济学对社会主义经济理论的贡献除了公有制、计划经济体制和按劳分配以及更为抽象的生产力决定生产关系等理论的基本论述外,在具体的经济建设方面缺乏深入阐述和研究,这也是造成我们在社会主义经济建设的探索中出现挫折与失误的重要原因。社会主义政治制度和基本经济制度建立后,长期没有厘清经济与政治关系,经济建设的基本目标和评价体系不明确,使社会主义经济建设未能摆脱政治运动,经济建设无法遵循自身规律。"文革"结束后,要想实现社会主义建设的新发展,就不仅要在政治上对"文革"进行反思和清理,而且要在思想上明确社会主义经济建设的地位,才能促进社会主义经济建设的新发展。

一、"以经济建设为中心"的确立

对于社会主义经济建设,马克思恩格斯除了在批判资本主义的基础上提出了社会主义实行公有制、计划经济体制和按劳分配外,并没有更具体深入的论述。在社会主义取代资本主义制度变革上,经典作家论述了由于资本主义生产关系阻碍生产力发展,在生产力发展的推动下,资本主义生产关系最终解体并被社会主义制度取代,社会主义制度可以更加充分实现生产力发展的需要。这些论述为社会主义国家加快经济建设提供了信心，促使社会主义国家强化经济建设，甚至为了证明比资本主义制度优越而不断追求经济增长速度。新中国成立后，把中国建成现代化的社会主义强国一直是中共执政的主要目标。社会主义改造和计划经济体制的建立，以致经济建设中一些过于追求速度的做法其出发点也是为了达到现代化目标的。但是，经典作家的论述只是说明社会主义制度比资本主义制度更有利于生产力发展，并没有说社会主义国家的生产力就必然比资本主义国家发展快。在社会主义建设中，我们片面强调社会主义政治制度对生产力发展的决定作用，把生产关系、上层建筑对生产力的影响看作是决定性的。"各级领导同志和工作队的同志，都必须懂得，阶级斗争，革命运动，是促进生产发展的动力，是为生产斗争服务的。只有解决了阶级斗争中的问题，正确处理了人与人之间的关系，群众的生产积极性才能真正地发挥出来，生产才有广阔发展的余地。"[1]这些认识和相应的做法导致了社会主义建设中重视政治思想和政府作用而忽视社会需求和经济建设内在要求。

同时，在改革开放前我们对"生产力发展"、"经济建设"和"现代化"三者之间的关系也未能深入研究和探讨。新中国成立后，我们一段时间里片面强调和追求经济增长速度和技术装备的现代化，以此理解生产力发展的内涵，却对经济活动的本质和发展规律缺乏了解。技术装备进步和企业产品数量增加所代表的生产力发展与现实群众的物质生活需求相脱节，必然会出现把生产力发展或现代化工业化作为政治目标和精神追求，不再研究和探索经济建设具体领域的规律和发展方式，而是寻求在思想政治领域挖掘经济发展的动力。"马克思主义认为，政治与业务、政治与军事、政治与经济、政治与技术的关系，政治总是第一，政治总是统帅……政治与业务这一矛盾中，主要矛盾方面是政治，把政治抽去了就等于把灵魂抽去了。没有灵魂就会迷失方向，就会到处碰壁，所以政治第一，政治统帅业务，不能平起平坐。如果把它们并列起来，就是折衷主义。"[2]经济建设依赖甚至依

---

① 《中共中央文件选集(1949.10—1966.5)》第 47 册，人民出版社 2013 年版，第 45 页。

② 转自李义凡：《论毛泽东"抓革命、促生产"治国方略的形成》，《马克思主义与现实》2010 年第 6 期。

附于政治,政治运动取代了经济内在发展,形成了"文革"时期"以阶级斗争为纲"的政治挂帅纲领。虽然马克思主义强调了经济基础对上层建筑的决定性,但是,并没有把经济活动完全归结为政治,尤其是经济活动与政治的关系要经过多个层面才能形成相互影响。经济决定论把经济与政治完全等同,任何经济活动中的自利追求都与所有制并直接与政治立场和政治制度相联系,经济就不会有一个自主发展机制。传统体制中思想政治与经济联系过多,在政府充分控制经济的情况下,经济规律就无法发挥正常作用,反而引起了经济巨大起伏,造成经济停滞。"文革"对中国经济的直接破坏使正常经济活动让位于政治活动,正常生产不能开展,社会物资匮乏。由于产品始终短缺,民众只能通过计划分配获得基本生活必需品,经济困境十分明显。

从"四人帮"垮台到改革开放,中间还经历了一个过渡时期。粉碎"四人帮",从政治上结束"文革"容易,要在思想上和体制上解决经典理论的教条理解则是困难的。"文革"结束后,华国锋等领导者提出要集中精力搞现代化建设,实现工作重心的转移。但是,在"两个凡是"口号下,对经济规律依旧缺乏认识,认为经济困难不过是过去不重视,政治运动冲击了生产活动,只要重视生产就可以很快实现这一目标。1977 年 8 月,党的十一大重申并进一步明确了党在新时期的根本任务是 20 世纪内实现四个现代化,中央确定由李先念和余秋里等同志负责重新修订《1976—1985 年发展国民经济十年规划纲要(草案)》,希望加快发展,到20 世纪末实现四个现代化目标。这些做法虽然为改革开放营造了氛围和环境,但是不顾现有生产条件和状况,过多引进西方设备,要求大幅度提高产量,依旧是在旧的思维和行事方式下开展经济工作。① 长期以来,经济建设的基本做法就是在五年计划上安排产品生产,计划不过是在各种指标下进行的一种行政安排或政治安排。计划是根据对产品重要性的

---

① 参见王成诚:《华国锋与中共工作重点的转移》,《当代世界社会主义问题》2012 年第 3 期。为什么我们在经济上始终难以走出新的道路,在传统模式下不能解决根本问题呢? 这里的关键是我们在经济建设上缺乏科学思想和方法的指导,只能继续在原有体制中打滑。马克思主义经济学中只有经典作家当年一些关于社会经济制度的原则性设想,社会主义经济建设缺乏系统充分的理论研究,社会主义经济建设所需要的经济理论资源十分稀缺。

判断来决定资源分配的先后和数量,如果一些中间环节出现问题再作安排。如根据人口总量,尤其是城市人口数量和基本粮食定量确定粮食产量,层层分解作为国家计划硬性下达给农村生产队,农民种粮后也只能按工分分配一定口粮和余粮。计划,尤其是指令性计划体制造成的经济联系不是经济主体之间的内在联系和相互促进,而是计划者在其中确定的相互关系,这是一种缺乏经济主体内在联系的经济活动。计划模式使经济内在联系被人为割裂和控制了,不能反映经济主体之间的相互内在联系。要把经济建设作为中心工作,就需要解决政治与经济之间长期被颠倒的关系,恢复经济在社会主义建设中的中心地位。这一历史使命是由邓小平同志在党的十一届三中全会前后完成的。在党的十一届三中全会前后,邓小平从政治经济关系角度论述了以经济建设为中心的必要性和紧迫性,实现了社会主义建设思想的拨乱反正。

第一,邓小平强调了生产力发展和经济建设的政治内涵,认为社会主义政治的中心任务就是要发展生产力。"我们是社会主义国家,社会主义制度优越性的根本表现,就是能够允许社会生产力以旧社会所没有的速度迅速发展,使人民不断增长的物质文化生活需要能够逐步得到满足。按照历史唯物主义的观点来讲,正确的政治领导的成果,归根结底要表现在社会生产力的发展上,人民物质文化生活的改善上。如果在一个很长的历史时期内,社会主义国家生产力发展的速度比资本主义国家慢,还谈什么优越性?"①把经济建设作为政治工作的中心,认为经济建设就是最大的政治,这一思想是对社会主义建设理论的一个创新和发展。把政治不再理解成政权斗争和阶级斗争,而是经济领域的发展,使政治脱离了空泛的思想领域而进入现实的经济领域。阶级斗争本身不是目的,也不是目标,人们现实生活的改善才是政治革命的目标。

政治与经济的关系是我们长期没有解决的问题,我们总是用经济决定政治,因此要保证政治上的正确就要千方百计地控制经济的做法来解决这一问题,实际上还是政治至上的观点而不是经济发展的思想。在思想上和行动上否定"文革"的根本做法就是确立以经济建设为中心的基

---

① 《邓小平文选》第二卷,人民出版社1994年版,第128页。

本路线。邓小平从革命的目的和社会主义制度优越性等政治目标与立场角度论述了社会主义中心任务是发展生产力。"我们革命的目的就是解放生产力,发展生产力。离开了生产力的发展、国家的富强、人民生活的改善,革命就是空的。我们反对旧社会、旧制度,就是因为它是压迫人民的,是束缚社会生产力发展的。这个问题现在是比较清楚了。过去'四人帮'提出宁要贫穷的社会主义,也不要富裕的资本主义,那是荒谬的。当然我们不要资本主义,但是我们也不要贫穷的社会主义,我们要发达的、生产力发展的、使国家富强的社会主义。我们相信社会主义比资本主义的制度优越。它的优越性应该表现在比资本主义有更好的条件发展社会生产力。"①这些论述不仅批驳了"四人帮"混淆马克思主义基本原理,把发展生产力批判为"唯生产力论"的错误观点,而且从根本目标上指出了社会主义与资本主义制度之间的差异和优越性所在,排除了片面强调社会主义政治和伦理上的优越感。"我们的生产力发展水平很低,远远不能满足人民和国家的需要,这就是我们目前时期的主要矛盾,解决这个主要矛盾就是我们的中心任务。"②

第二,他从人民现实生活角度论述了以经济建设为中心的迫切性。他反复强调,贫穷不是社会主义,不能让人民生活改善就不能称之为社会主义。"'四人帮'时期对共产主义的理解,用他们的话说,就是宁要贫穷的共产主义,不要富裕的资本主义。简直荒谬得很!马克思主义又叫共产主义,马克思主义的基本原则是,在社会主义阶段实行'各尽所能,按劳分配',在共产主义阶段实行'各尽所能,按需分配'。按需分配要物资的极大丰富,难道一个贫穷的社会能够按需分配?共产主义能够是贫穷的吗?我们在总结这些经验的基础上,提出了整个社会主义历史阶段的中心任务是发展生产力,这才是真正的马克思主义。就我们国家来讲,首先是要摆脱贫穷。要摆脱贫穷,就要找出一条比较快的发展道路。贫穷不是社会主义,发展太慢也不是社会主义。否则社会主义有什么优越性呢?社会主义发展生产力,成果是属于人民的。"③这样就把抽象原则性

---

① 《邓小平文选》第二卷,人民出版社 1994 年版,第 231 页。
② 《邓小平文选》第二卷,人民出版社 1994 年版,第 182 页。
③ 《邓小平文选》第三卷,人民出版社 1993 年版,第 254—255 页。

的社会主义理解为现实的可以为人民直接感受的社会主义，即社会主义就是要实现改善人民的生活。而要改善人民生活，只能把经济建设作为中心任务，才能达到和实现这一目标。"今后，政治路线已经解决了，看一个经济部门的党委善不善于领导，领导得好不好，应该主要看这个经济部门实行了先进的管理方法没有，技术革新进行得怎么样，劳动生产率提高了多少，利润增长了多少，劳动者的个人收入和集体福利增加了多少。各条战线的各级党委的领导，也都要用类似这样的标准来衡量。这就是今后主要的政治。离开这个主要的内容，政治就变成空头政治，就离开了党和人民的最大利益。"① 邓小平把政治内涵从阶级斗争和政权斗争转为经济发展，把经济建设从产值速度转为经济利润和物质生活，从根本上解决了社会主义时期经济与政治关系，把空泛的政治目标与现实的物质生活相结合，使社会主义建设有了更加明确而具体的目标与任务，恢复了人民群众物质生活作为经济主要内容的基本思想，使经济建设与现实的生活改善息息相关。"革命是在物质利益的基础上产生的，如果只讲牺牲精神，不讲物质利益，那就是唯心论。"②

第三，他从人心向背和政权稳定角度论述了以经济建设为中心的必要性。"我们当前以及今后相当长一个历史时期的主要任务是什么？一句话，就是搞现代化建设。能否实现四个现代化，决定着我们国家的命运、民族的命运。……你不抓住四个现代化，不从这个实际出发，就是脱离马克思主义，就是空谈马克思主义。社会主义现代化建设是我们当前最大的政治，因为它代表着人民的最大的利益、最根本的利益。"③ 中国共产党已经在政治上获得了执政地位，社会主义国家就应该把经济建设作为中心任务，因为这才是人心向背和政权稳定的基础，也是体现社会主义本质及与资本主义竞争的根本所在。

第四，他指明了经济建设与社会主义其他工作之间的关系。在以经济建设为中心的指导思想下，社会主义的政治、文化、军事和外交等建设都要围绕和服务于经济建设。"现代化建设的任务是多方面的，各个方

---

① 《邓小平文选》第二卷，人民出版社 1994 年版，第 150 页。
② 《邓小平文选》第二卷，人民出版社 1994 年版，第 146 页。
③ 《邓小平文选》第二卷，人民出版社 1994 年版，第 162—163 页。

面需要综合平衡,不能单打一。但是说到最后,还是要把经济建设当作中心。离开了经济建设这个中心,就有丧失物质基础的危险。其他一切任务都要服从这个中心,围绕这个中心,决不能干扰它,冲击它。"①邓小平强调经济建设的中心地位,并不是认为其他工作不重要。在改革开放过程中,邓小平反复强调了坚持四项基本原则的重要性,把"一个中心"与"两个基本点"作为党的基本路线。邓小平之所以始终强调把经济建设作为中心,正是吸取了党的历史上"左"倾错误的影响尤其是"文化大革命"的错误,认为只有把经济建设搞上去,才能体现社会主义目标。改革开放是为了经济建设,思想、组织和政治路线都要服务于经济建设。"要加紧经济建设,就是加紧四个现代化建设。四个现代化,集中起来讲就是经济建设。国防建设,没有一定的经济基础不行。科学技术主要是为经济建设服务的。"②

第五,他强调经济建设中要尊重经济规律,用经济方法来管理经济。新中国成立后,党也多次强调发展生产力,但是,这些追求产量速度的做法更多的是政治任务,而不是尊重经济发展规律的做法。除了苏联《政治经济学教科书》所指的那些所谓的社会主义经济规律之外,对于认识经济活动规律的基本经济学知识缺乏认识和研究,当然更没有学习和借鉴西方经济管理思想来开展经济工作的做法。只有到了党的十一届三中全会决定把经济建设作为中心工作之后,才有了对外开放和学习借鉴西方经济与管理经验和做法。"现在经济建设的摊子铺得大了,感到知识不够,资金也不足。党的十一届三中全会决定把工作重点转移到社会主义现代化建设上来。过去耽误的时间太久了,不搞快点不行。但是怎样做到既要搞得快点,又要不重犯一九五八年的错误,这是个必须解决的问题。"③正是在对历史经验教训的总结基础上,邓小平重视并强调要尊重经济规律,使用经济手段和方法来解决经济问题。"我们要学会用经济方法管理经济。自己不懂就要向懂行的人学习,向外国的先进管理方法学习。不仅新引进的企业要按人家的先进方法去办,原有企业的改造也

---

① 《邓小平文选》第二卷,人民出版社1994年版,第250页。
② 《邓小平文选》第二卷,人民出版社1994年版,第240页。
③ 《邓小平文选》第二卷,人民出版社1994年版,第156页。

要采用先进的方法。"①'要用经济方法管理经济,从商业角度考虑签订合同,有利润、能创汇的就签,否则就不签。应该排除行政干扰。所谓全权负责,包括用人权。只要是把社会主义建设事业搞好,就不要犹豫。"②

以经济建设为中心是新中国成立后党的治国方略的一次重大调整,这次调整恢复了马克思主义关于经济与政治关系的科学理解,把党和国家的工作重心从以阶级斗争为中心转为以经济建设为中心,真正实现了从革命党向执政党的转变。马克思主义经济学所设想社会主义经济建设的目标不仅有建立公有制等革命目标,而且还有解放生产力、促进生产力更快发展的内容。从革命目标来看,社会主义制度要比资本主义更加公平、更体现人的全面发展,且从执政和建设的角度来看,公平与全面发展是一个历史渐进过程,是一个不断探索和实践过程。公平与全面发展要与社会生产力发展水平相联系,要在社会生产力不断发展的基础上加以实现。无产阶级通过暴力革命可以在短时间内实现政权更替,但社会主义经济建设却不能背离经济发展规律,不会仅因为社会政权变革就可以自发实现。生产力发展才是经济发展的核心,因此回到生产力发展的中心任务上来,这才是对科学社会主义理论的一次真正回归和发展。邓小平提出了"三个有利于"的标准,这个标准正是从中国经济发展和人民生活水平的角度说明了以经济建设为中心和改革开放的重要性。"他强调,要把是否有利于发展社会主义社会的生产力、是否有利于增强社会主义国家的综合国力、是否有利于提高人民的生活水平作为判断一切工作是非得失的标准。正是因为具有这种彻底的求真务实精神,邓小平同志果断从容处理了党和国家面对的一系列重大问题,指导党和人民劈波斩浪开创了党和国家事业新局面。"③

二、"三步走"经济发展战略

邓小平主政中央推行改革开放后,中国经济如何发展,如何定位,发

---

① 《邓小平文选》第二卷,人民出版社 1994 年版,第 150 页。
② 《邓小平文选》第二卷,人民出版社 1994 年版,第 157 页。
③ 习近平:《在纪念邓小平同志诞辰 110 周年座谈会上的讲话》,人民出版社 2014 年版,第 14 页。

展的阶段和衡量指标等问题就摆在了领导者面前。这个问题之所以十分重要，就在于如果没有明确的目标和步骤，就无法凝聚民心，也不能真正把各级干部的注意力转移到经济建设上来。没有指标就无法考核干部政绩，无法向人民群众直接展现共产党执政的目标和成绩。

实现现代化是新中国成立后我国社会主义建设的一个主要发展目标。1964年三届人大一次会议就曾提出要在20世纪内"全面实现农业、工业、国防和科学技术的现代化，使我国经济走在世界的前列"①。这一目标曾经鼓舞了无数人，但是当时对四个现代化目标缺乏更加具体的经济指标和实施步骤，经济建设与政治目标容易混淆。在计划制定工作中，五年计划的短期目标与现代化的长期战略目标不能有效衔接，产生了过于强调现代化政治目标的急躁冒进问题。在"文革"政治挂帅下，四个现代化的经济建设目标被政治追求所忽视。改革开放后，国家政治走上正确轨道，能否实现、如何实现、实现何种标准的现代化就成为以邓小平同志为核心的党的第二代中央领导集体思考的中心问题。

邓小平"三步走"的中国现代化战略是他在对中国未来发展的思考中逐步形成的。他在1975年恢复工作时就十分关注现代化建设，强调"到二十世纪末，也就是说，从现在算起还有二十五年时间，把我国建设成为具有现代农业、现代工业、现代国防和现代科学技术的社会主义强国。全党全国都要为实现这个伟大目标而奋斗。这就是大局"②。在1978年5月7日会见马达加斯加客人时，邓小平说："我们实现四个现代化是有可能的。当然也不那么容易。世界上先进技术发展很快，发展速度不是用年来计算，而是用月、用日来计算的，叫做'日新月异'。我们就是实现了四个现代化，工农业产品的产量和国民收入按人口平均来算，还是比较低的。"③这反映了邓小平对中国现代化道路有了更加现实的考虑。中国应该有一个现代化目标，中国要实现现代化，但是，目标必须要现实，要能够逐步实现，而不是过高过远的目标，否则就会成为空想，这是

---

① 中共中央文献研究室编：《建国以来重要文献选编》第19册，中央文献出版社1998年版，第483页。

② 《邓小平文选》第二卷，人民出版社1994年版，第4页。

③ 《邓小平文选》第二卷，人民出版社1994年版，第111—112页。

邓小平经受"大跃进"等空想性运动的教训而得出的实事求是做法。

同时，邓小平还看到了中国发展与世界的差距。中国不能孤立发展，而是要加强与世界的联系。中国现代化既是自己的现代化，也是世界现代化的组成部分，应该有世界标准，这样才能为中国现代化树立一个真实目标。1978年10月，他在会见德意志联邦共和国新闻代表团时就进一步说，"由于受林彪、'四人帮'的干扰，我们国家的发展耽误了十年。六十年代前期我们同国际上科学技术水平有差距，但不很大，而这十几年来，世界有了突飞猛进的发展，差距就拉得很大了。同发达国家相比较，经济上的差距不止是十年了，可能是二十年、三十年，有的方面甚至可能是五十年。到本世纪末还有二十二年，二十二年以后，世界是什么面貌？包括你们在内的发达国家，在七十年代的基础上再向前发展二十二年，将是什么面貌？我们的四个现代化，要在本世纪末达到你们现在的水平已不容易，要达到你们二十二年后的水平就更难了"[①]。

所以，邓小平在了解了中国与世界发达国家之前存在的差距后，调整了中国现代化的目标，提出了中国式的现代化标准。他在1979年3月的《坚持四项基本原则》的讲话中明确提出了这一概念，在当年10月与各省自治区第一书记座谈中又更加全面地对这一概念作了解释，"我们开了大口，本世纪末实现四个现代化。后来改了个口，叫中国式的现代化，就是把标准放低一点。特别是国民生产总值，按人口平均来说不会很高。据澳大利亚的一个统计材料说，一九七七年，美国的国民生产总值按人口平均为八千七百多美元，占世界第五位。第一位是科威特，一万一千多美元。第二位是瑞士，一万美元。第三位是瑞典，九千四百多美元。第四位是挪威，八千八百多美元。我们到本世纪末国民生产总值能不能达到人均上千美元？……现在我们力量不行。现在我们的国民生产总值人均大概不到三百美元，要提高两三倍不容易。我们还是要艰苦奋斗。就是降低原来的设想，完成低的目标，也得很好地抓紧工作，要全力以赴，抓得很细，很具体，很有效。四个现代化这个目标，讲空话是达不到的"[②]。

---

① 《邓小平文选》第二卷，人民出版社1994年版，第132页。
② 《邓小平文选》第二卷，人民出版社1994年版，第194—195页。

　　关于中国式现代化在经济上的指标,邓小平既提出了可与世界相比较的人均 GDP 这一公认的指标,又用了中国人比较熟悉和喜欢的词汇。他在 1979 年 12 月会见日本首相大平正芳时说:"我们要实现的四个现代化,是中国式的四个现代化。我们的四个现代化的概念,不是像你们那样的现代化的概念,而是'小康之家'。到本世纪末,中国的四个现代化即使达到了某种目标,我们的国民生产总值人均水平也还是很低的。要达到第三世界中比较富裕一点的国家的水平,比如国民生产总值人均一千美元"①。他在后来会见外宾时对人均一千美元的指标还作了调整,认为达到八百美元是可行的,这些做法都反映了邓小平同志实事求是的工作作风。邓小平在 1987 年 8 月会见意大利共产党领导人时说:"我国经济发展分三步走,本世纪走两步,达到温饱和小康,下个世纪用三十年到五十年时间再走一步,达到中等发达国家的水平。这就是我们的战略目标,这就是我们的雄心壮志。"②这是他对"三步走"战略的全面论述。他不用不切实际的目标作为国家发展战略,而是用解决温饱、达到小康这样更容易为人们所理解的词汇,用可以度量的经济指标来测度,这样就使现代化目标具有可操作性和吸引力。因为不仅我们在进步,发达国家也在进步,现代化就是要赶上发达国家,而这是一个长期过程。因此,邓小平在"三步走"战略中还设定了一个到 21 世纪中叶基本实现现代化、达到中等发达国家水平的目标。

　　"三步走"战略是中国改革开放和经济发展的战略设想,既有短期目标,又有长期目标;既有数据目标,又有主观感受;既有自己的横向变化,又有国际比较。这一战略规划立足中国现实,是全面系统的中国经济发展战略规划,成为中国改革开放的主要目标和凝聚力所在。邓小平在"三步走"战略中创造性地采用了经济指标,包括数据和描述性指标。经济指标,尤其是数据指标的使用,使经济建设更具有可操作性,不同于抽象的政治目标,可以充分发挥对干部的考核激励作用。

　　"三步走"战略本质上也是中国现代化战略,把现代化建设的政治意

---

①　《邓小平文选》第二卷,人民出版社 1994 年版,第 237 页。
②　《邓小平文选》第三卷,人民出版社 1993 年版,第 251 页。

义和社会价值提到了前所未有的高度,为中国现代化建设铺平了道路,奠定了社会主义初级阶段理论基础。"邓小平为我国经济发展制定的'三步走'战略,是在科学分析和全面估量我国国情的基础上对我国现代化建设的发展进程作出的具有深远意义的战略决策。它既反对了无视或者低估我国具有的许多带根本性的有利条件,对现代化建设前途持消极悲观的态度,又反对了脱离我国基本国情和实际可能,企求在短期内实现现代化的急躁冒进倾向。'三步走'战略是积极而富于挑战性的战略,它要求在不太长的历史时期内走完世界上许多发达国家用了一二百年走过的现代化路程;同时它又是切合实际的战略,是经过努力完全可以实现的。"①

第二节　农村经济改革与争议

中国社会主义经济体制改革肇始于农村,选择农村作为我国改革的初始突破口,一方面是由于农村经济在长期计划经济体制下十分困难,农民作为中国最主要的人口却连温饱问题都还没有解决;另一方面,农村主要生产资料是土地,土地是不动产,不能隐匿和转移,因此所有权可以虚化,通过分离所有权与生产经营权,在保证土地集体所有权下让农民掌握生产经营权和收益分配权,可以达到激励生产的作用。广大农民迫切需要解决基本生存的温饱问题,而整个社会也有增加农产品尤其是粮食产量的迫切要求。正是上下共同追求,以家庭联产承包责任制为核心的农村经济体制改革成为经济体制改革的首选方向,通过农民自发创造和中央肯定推广得到了有效实施,使农村面貌发生了翻天覆地的变化。农产品产量大幅增加,农民收入较大提升,这些都激励和鼓舞了改革者推动社会经济体制全面改革的决心和信心。家庭联产承包责任制不是领导者思想产物而是实践产物,是中国农民在现有体制下对经济运行方式变革的一种探索。这说明,经济体制变革要按照经济规律加以推进和发展。农

---

① 贺耀敏:《邓小平对中国经济发展战略的积极探索——兼论邓小平"三步走"战略的时代意义》,《教学与研究》2004 年第 9 期。

村经济体制改革虽然看似简单,但是对传统观念的触及和改变依旧是一个长期过程,这其中也有马克思主义经济学观点与现实经济活动的矛盾与冲突。实践突破不断推动理论发展,最终实现了马克思主义经济理论的发展与创新。

一、农村经济改革的起因

农村是传统体制影响较为严重的一个领域。社会主义改造后,农村土地从私有转为集体所有,再经过人民公社,农民不仅没有土地所有权,也没有生产经营权和收益分配权。农民个体除了家庭很少的生活资料可以支配外,生产劳动、产品收益和流动迁徙都失去了自主权,人民公社的政社合一管理体制使农村的"一大二公"达到了顶峰。这表明,农村从社会获得的保障少于城市,但是传统体制对农民的控制却多于城市。这就造成,农民虽然从事农业生产,但却无法通过劳动成果的增加而改善生活。农村经济的长期困境反映了传统体制对生产力发展的严重阻遏。"1957年农村人均消费贸易粮204.5公斤、食用植物油1.85公斤,但20年后的1977年,农村人均消费贸易粮为187.5公斤、食用植物油为1.0公斤,分别降低了8.3%和45.9%。农民和非农业居民之间的年平均消费水平差距也在扩大。1957年,农民人均消费水平为79元,非农业居民为205元,两者的比例为1∶2.6;到1977年,农民人均消费水平为124元,非农业居民为361元,两者的比例扩大为1∶2.9。"[1]农村有着广阔土地和勤劳群众,大多数农民却连温饱问题都没有得到解决。如果发展的首要目标是民生,那么就需要把改革首要目标放在解决中国占大多数人口的农民温饱和生存问题上。党的十一届三中全会决定以经济建设为中心,还通过了《中共中央关于加快农业发展的若干决定(草案)》,从1979年3月至10月陆续调整农产品收购价格,平均提高幅度达24.8%。此后,国家又逐年提高农产品收购价格,大大激发了农民种粮积极性,推动了农村经济发展和体制改革。较大幅度提升了农产品收购价格虽然不是体制改革的直接动作,但是反映了中央对农民生产生活的重视和关心,也

---

① 陈锡文、赵阳、罗丹:《中国农村改革30年回顾与展望》,人民出版社2008年版,第46页。

愿意通过经济手段来解决农村经济发展问题,摆脱了传统依赖农业积累来促进工业化的做法。同时,这种通过经济手段和措施推动经济发展的做法带来了明显效果,也为经济体制改革的衡量标准奠定了基础,为此后社会各项改革的最终目标树立了榜样。

农村改革的另一个重要原因是农民长期以来在现有体制下尝试着进行变革。社会主义改造使农村土地从私有转化为集体所有,人民公社则是政社合一,既是政府组织、又是经济组织,而且在"一大二公"下,人民公社往往一乡一社,规模很大,不仅是土地,而且还包括农具等生产资料都是集体所有,实行"组织军事化、行动战斗化、生活集体化"。生产资料完全公有、生产劳动完全统一,必然导致收入分配严重平均化,这些做法违背了经济规律,不适应中国农业生产方式的阶段特点。干多干少一个样,干好干坏一个样,这种在城市机关和企业中的现象在农村也普遍出现了,而带来的直接后果就是农民农业生产积极性受到打击,农业生产受到严重影响。中国农业生产还是以农民个体为主,集体农场式的劳动既没有大幅提高生产率,也没有提升农民收益,当然不会受到农民的拥护和支持。虽然中央根据农村情况对人民公社统一生产经营体制进行了调整,实行"三级所有,以队为主"的方式,但是,以生产队为主的经营核算依旧存在激励不足和管理成本过高问题。"包产到户"就是把生产经营核算单位缩小到农户家庭,使农户家庭收益与农户生产投入相挂钩,这种方式从20世纪50年代高级社开始时就有所出现,经历了"三上三下"。承包制不是领导者或思想家的设想,而是农民在现有体制下的一种尝试。留足国家和集体的,剩下的是自己的。在保证国家与集体利益情况下,农民希望能够获得自己劳动剩余的部分分享权。农民对于生产情况十分清楚,在保证前面两项收益下农民还可以有收益,可以改善自身状况。在不损害或减少他人利益情况下还能改善自己状况,正是这一制度性调整的经济意义才使这种制度改革的效果得到真正实现。

农村改革的另一个重要原因是土地的不可转移性。土地承包之所以能够较好实现,就在于农村生产经营方式适合这种方式。统分结合,就是土地所有权没有变化,或者说土地集体权或公有性质没有变化,而由家庭为主体承担的农业生产是个体经营活动。因此,只要在最后分配环节进行控制,就不用担心农户对非权属的土地资产滥用。因此,承包制是与农村经济特点相适应的一种成功改革方式,而这种形式的出现是农民在现有体制上寻求自身利益的一种创新。

二、农村改革的突破和争议

农村家庭联产承包责任制作为改革最初的一种尝试,是中国渐进式改革探索和尊重人民意愿的具体体现。家庭联产承包责任制起始于 20世纪 50 年代农村社会主义改造中的高级社普及时期,农民因为集体劳动和统一分配无法体现劳动付出与收益关系而作出了这种尝试。但是,家庭联产承包责任制被多次叫停并受到批判,就因为这种形式与传统社会主义农村经济理论不吻合。传统社会主义农村经济理论下的农村经济应该是苏联集体农场模式,生产资料完全公有、统一劳动、统一分配,农业生产与工业生产并没有本质区别,只是分工不同,整个社会生产都是在计划体制下统一安排,是要消除工农差别和城乡差别。中国农村在社会主义改造过程中虽然并没有照搬苏联集体农场模式,但是最初指向也是要实现农村生产资料全部公有化并实行统一劳动和统一分配,目标与苏联模式并没有本质区别,在"大跃进"的"共产风"下甚至想超越苏联集体农场而向共产主义按需分配模式过渡。从互助组到初级社、从高级社再到人民公社的政社合一,不断削减农民可支配资源,取消农民自留地和自发的集市交易等,都是传统社会主义经济理论在中国社会主义农村建设中的体现。

从高级社开始,中国农民就发现这种集中劳动、统一分配模式存在问题。农业劳动是强体力劳动和长周期性生产,生产经营核算单位越大,劳动付出与收益越无法挂钩,生产积极性就越会弱化。因此,许多农村在高级社后就发现这种集中劳动不适应中国农业生产特点,尝试着包产到队、组乃至到户的做法。但是,1957 年中央发出的《关于向全体农村人口进行一次大规模的社会主义教育的指示》,把这种包干模式定性为企图引导农民走资本主义道路的倒退行为,从这样的政治高度来界定这种模式的性质,当然不可能得到广泛实施。中国农村的实际状况和这种教条理解社会主义的做法带来了严重经济后果,"大跃进"后农村经济出现的巨大问题迫使领导者不得不调整初期对农村经济体制的设想,对农村统一的公有经济方式有所放宽。1959 年后在农村又出现了农民试图改变人民公社"大锅饭"、"大呼隆"体制的做法,一些地区把生产经营核算到生产小队,也有包产到户的。但是中央将其作为党内右倾的一种表现,在1959 年中央转发江苏省委的通知时明确说,包产到户"实际上是在农村中反对社会主义道路而走资本主义道路的做法"。[①] 因此,改革开放初期,农村一些地方尝试包产到户依旧存在着巨大的观念和体制障碍。

家庭联产承包制责任之所以受到长期批判,就因为思想上认为这种体制变化涉及生产关系调整,触及公有私有的制度性质问题。联产承包使农业生产由以集体劳动为主转变为以家庭为主,承包当然会使承包人关注最后收益,他们根据最后收益水平决定劳动投入。由于传统社会主义经济理论总是把能够促进个人利益的做法作为资本主义经济体现,而把舍弃个人利益的做法作为社会主义经济内容。家庭联产承包责任制被归为资本主义生产关系内容,因为是由集体劳动变为家庭承包劳动,是从社会主义向资本主义的倒退。因此,家庭联产承包责任制在改革开放前被反复批判和否定正是因为这一体制承认并可能助长个人对自身利益的关注,而个人私利思想的增长会使人们放弃社会主义信仰。应该说,长期以来农村各项工作很大一部分是针对如何消除农民的小生产私有观念,但是,人民公社体制并没有从根本上消除这一思想观念的土壤,因为在温饱都不能解决的情况下让农民放弃私有观念是不可能的。而在这一点上,邓小平同志有句话是深刻的:"不重视物质利益,对少数先进分子可以,对广大群众不行,一段时间可以,长期不行。革命精神是非常宝贵的,没有革命精神就没有革命行动。但是,革命是在物质利益的基础上产生的,如果只讲牺牲精神,不讲物质利益,那就是唯心论。"[②]传统社会主义经济理论把个人利益观念乃至个人在诚实劳动下获得个人收益等都与资本主义制度相联系,试图从思想观念到经济活动上全部消除个人利益,这实际上是对人的个体存在性的漠视,并不是真正的社会主义思想。农村

---

① 《中共中央文件选集(1949. 10—1966. 5)》第 32 册,人民出版社 2013 年版,第 210 页。

② 《邓小平文选》第二卷,人民出版社 1994 年版,第 146 页。

改革的主要突破就是承认农民的主体地位和合法追求个体利益的合理性。追求个人利益与资本主义制度本身并没有直接联系,社会主义制度更多是政权性质和生产资料所有制,这与个人利益并不矛盾。邓小平强调的是,共产主义的追求对于共产党来说是应该的,但是对于人民群众还是应该努力去满足其物质利益要求,而不是完全剥夺其物质利益。

家庭联产承包责任制的第二大障碍是家庭联产承包责任制可能带来的贫富差距和农村分化。由于勤劳程度和经营能力不同,家庭联产承包责任制后农户收入出现差异是必然的,这就会在农村形成一定的分化。一些经营能力强的农户很快就可能摆脱生活困境,不断积累财富并且寻找新的获利机会。农村社会主义改造、实行统一经营和分配的出发点就是要消除传统小农生产可能出现的贫富分化和土地兼并。社会主义要实行共同富裕,而共同富裕只能是在国家统一分配下共同走向富裕,传统社会主义经济理论和实践中也没有通过个体分散经营而实现共同富裕的相关论述和先例。因此,人们自然会将家庭联产承包责任制这种方式与旧的小生产相联系,认为家庭联产承包责任制会带来社会分化,出现新的富裕阶层或新的富农,而这正是土地公有制所要避免的。因此,如何解决家庭联产承包责任制带来的收入分配差距问题也是社会主义经济理论的一个难题。邓小平同志的一句名言就是,让一部分人先富起来,先富带动后富,最终实现共同富裕。"在经济政策上,我认为要允许一部分地区、一部分企业、一部分工人农民,由于辛勤努力成绩大而收入先多一些,生活先好起来。一部分人生活先好起来,就必然产生极大的示范力量,影响左邻右舍,带动其他地区、其他单位的人们向他们学习。这样,就会使整个国民经济不断地波浪式地向前发展,使全国各族人民都能比较快地富裕起来。"①在这里,个人的"富"与集体的"富"并没有对立,社会富裕不是集体同步过程,而是先部分再全部的逐步发展过程,个人收入增加与社会整体发展是相互促进而不是对立的。个人富裕不仅仅表现为个人对财富的占有,而是体现为对整个社会生产的贡献和促进,是社会生产改善的新提法。此时的富裕并不仅仅表现为国家财力和人均可支配财富的增加,

---

① 《邓小平文选》第二卷,人民出版社1994年版,第152页。

而是直接体现在个体收入和生活改善上,这是经济发展思维方式而不是政治意识形态思维方式。因此,只有通过邓小平这样的相关论述,才突破了传统对家庭联产承包责任制的观念障碍,推进了这一方式在全国农村的广泛施行。

家庭联产承包责任制的第三大障碍是担心家庭联产承包责任制会损害国家或社会的公共利益,其核心是担心农民不愿意向社会提供余粮。传统人民公社体制存在的一个重要理由是保障粮食生产和供应,为工业化提供一定的积累。如果农民将多出的粮食不交给国家而用于自身消费和贮藏,那么就可能导致社会粮食供给的不足。实际上这一担心也是多余的,因为我国计划体制下粮食实行的是统购统销而不是余粮收缴制,农民多生产的部分除了用于自己消费外,只要可以增加其收入,还是愿意通过一定的交换手段进入社会。问题不在于粮食能不能进入社会,而在于能不能增加生产并以何种方式进入社会。只要生产有所增加,社会粮食供给是可以保障的。至于逗过农业积累方式增加工业投入,这本身就存在着比例和方式问题。在改革开放初期,为了改善农民生活,我们就主动提高粮食收购价格,压缩工业投资规模,其改善人民生活、促进人民对社会主义改革拥护的社会效果十分明显。

总之,农村家庭联产承包责任制之所以三起三落,最关键的还是传统社会主义经济理论对人们的影响问题。这些思想观念把个人对自己正当利益的追求看作是资本主义的因素,脱离中国农业生产水平和发展阶段,片面强调要保证社会主义公有制模式。这些观念存在于那些长期接受传统政治教育的领导干部思想中。在几次否定家庭联产承包责任制的运动中,那些敢于挑战突破这些教条的干部受到了处理,这进一步强化了这些观念。此时,这些教条的马克思主义经济学教育对实践不是指导而成了束缚,干部面对农村实践时政治上的担心要大于经济上的追求。所以,邓小平反复强调,改革的关键是解放思想。改革的最大阻力并不直接来自体制上的障碍,而是人们长期形成的对农村社会主义建设的一些教条理解,这些教条理解脱离中国农村现实,片面强调社会要按传统观念和模式去运行。改革就是要破除人们思想中的这些教条,大胆地去试。邓小平秉承他在新中国成立初期一贯的实事求是作风,认为"生产关系究竟以什么形式为最好,恐怕要采取这样一种态度,就是哪种形式在哪个地方能够比较容易比较快地恢复和发展农业生产,就采取哪种形式;群众愿意采取哪种形式,就应该采取哪种形式,不合法的可以使它合法起来"①。

中国农民在生存和发展追求下,在现有体制下摸索和创新出家庭联产承包责任制模式,这一模式没有对农村土地集体所有权制度提出挑战,以调整经营权和收益权方式进行农村经济改革,而此改革的实质是收入分配改革,从而调动了农民生产与经营积极性。家庭联产承包责任制是一种产量分成制,在价格一定下产量增加带来农民收入增加是可见的。包产到户适应了中国农村生产力发展水平,把生产劳动与个人收益直接联系,大幅提升了农产品产量,使农民生活得到很大改善。以大包干最著名的安徽小岗村为例,"凤阳县梨园公社小岗生产队严俊昌、严宏昌等18户农民在实行包产到组责任制后又改为包产到户,第一年(1979年),就获得大丰收,总产量为上年的4倍,第一次向国家贡献粮食3万斤、油料2.4万斤,农民平均收入311元"②。这样的事例当然给邓小平这样的改革领导者极大鼓舞,他说:"安徽肥西县绝大多数生产队搞了包产到户,增产幅度很大。'凤阳花鼓'中唱的那个凤阳县,绝大多数生产队搞了大包干,也是一年翻身,改变面貌。有的同志担心,这样搞会不会影响集体经济。我看这种担心是不必要的。我们总的方向是发展集体经济。实行包产到户的地方,经济的主体现在也还是生产队。这些地方将来会怎么样呢?可以肯定,只要生产发展了,农村的社会分工和商品经济发展了,低水平的集体化就会发展到高水平的集体化,集体经济不巩固的也会巩固起来。关键是发展生产力,要在这方面为集体化的进一步发展创造条件。"③在这里,他把集体经济的发展看作是方向和目标,是经济发展的必然产物,而不是人为设定的某种形式。他从人民生活水平提升和产品产量增加来具体丰富地理解生产力发展,而不是单纯地从生产关系角度理解生产力发展,从而为改革的衡量标准提供了更加具体的指标。"我们改革开放的成功,不是靠本本,而是靠实践,靠实事求是。农村搞家庭联

---

① 《邓小平文选》第一卷,人民出版社1994年版,第323页。
② 中共中央文献研究室编:《回忆邓小平》(下),中央文献出版社1998年版,第175页。
③ 《邓小平文选》第二卷,人民出版社1994年版,第315页。

产承包,这个发明权是农民的。农村改革中的好多东西,都是基层创造出来,我们把它拿来加工提高作为全国的指导。实践是检验真理的唯一标准。"①因此,在 1983 年中央一号文件《关于印发〈当前农村经济政策的若干问题〉的通知》中对家庭联产承包责任制给予了明确地肯定,从马克思主义理论的高度认为,"这是在党的领导下我国农民的伟大创造,是马克思主义农业合作化理论在我国实践中的新发展"②。

农村改革在短期内的巨大成功增强了改革者推动经济体制改革的决心和信心,为从农村向城市,从农业向整个社会经济领域全面改革作了很好的开端。"农村改革见效非常快,这是我们原来没有预想到的。当然,开始的时候,并不是所有的人都赞成改革。有两个省带头,一个是四川省,那是我的家乡;一个是安徽省,那时候是万里同志主持。我们就是根据这两个省积累的经验,制定了关于改革的方针政策。"③在改革的具体措施方面,邓小平主张积极尝试和试点,只要出效果,促进了经济发展,他就支持和鼓励,这充分反映了他对实践优先的理解和认识。"农村改革的成功增加了我们的信心,我们把农村改革的经验运用到城市,进行以城市为重点的全面经济体制改革。"④

三、粮食流通与农村管理体制改革

农村家庭联产承包责任制适应了中国农业生产状况和水平,在农村改革中取得了巨大成效。这种形式不仅促进了农业生产,而且开创了一个新的相对独立经营的经济主体——农户家庭,使中国出现了不同于传统计划体制的新的经济活动主体。农户独立经营,追求自身利益,必然导致社会分工与财产积累、要素组合和流动等新变化,而且这些变化不再受制于传统体制,需要新的体制去适应。农民通过联产承包后手中有了可以支配的余粮,就存在着卖不卖、何价卖、卖给谁等一系列问题。家庭联

---

① 《邓小平文选》第三卷,人民出版社 1993 年版,第 382 页。
② 中共中央文献研究室编:《十二大以来重要文献选编》(上),人民出版社 1986 年版,第 253 页。
③ 《邓小平文选》第三卷,人民出版社 1993 年版,第 238 页。
④ 《邓小平文选》第三卷,人民出版社 1993 年版,第 238—239 页。

产承包责任制使中国农村经济从封闭走向了开放，从计划走向了市场，粮食流通体制和农村管理体制的改革就不断地被提出，农村改革需要进一步深入。因此，农村家庭联产承包责任制是农村改革的关键突破口，对推动整个社会改革具有重要意义。

农村家庭联产承包责任制虽然从表面看还是"包工、包产、包干，主要是体现劳动成果分配的不同方法。包干大多是'包交提留'，取消了工分分配，方法简便，群众欢迎"①。但是，在农村家庭联产承包责任制不断深入下，农户必然不是只是包工、包产，而是直接地包干，就是除了国家计划统购的任务外，农民要寻求自己劳动产品的自由处置权，这就形成了农户独立经营、自负盈亏的大包干制，而这种形式必然与传统人民公社政社合一、粮食统购统销的体制发生冲突。

人民公社"政社合一"就是人民公社不仅是一级政府，而且是经济组织，代表社内所有成员掌握生产资料、组织生产并对外进行产品交换和收入分配。这种政社合一实际上把农村与城市企业等同起来，把农民经济生活与政治生活完全统一，是计划体制的直接体现。而家庭联产承包责任制下农民的生产经营活动只对国家和集体任务承担有限责任，而在生产经营尤其是剩余产品支配上就不再愿意和可能接受人民公社的限制和领导。因此，人民公社体制就受到了影响，过去承担的大量经济组织工作责任不断减少，这种体制已经不适应形势。1983年10月12日，中共中央、国务院发出了《关于实行政社分开，建立乡政府的通知》，针对农村家庭联产承包责任制后的新情况，果断决定取消人民公社体制，实行政社分离。

粮食流通体制改革较之人民公社体制改革面临着更大的挑战。粮食既关系到农民收入，又关系到整个社会基本生活问题，粮食流通体制改革关系到生产、流通和价格等一系列因素，历来受到特殊重视。粮食统购统销的主要目的是保障粮食供给和价格稳定，但这种体制必然使农民收益稳定增长无法得到保障。家庭联产承包责任制解决了农民生产积极性问

---

① 《中共中央国务院关于"三农"工作的一号文件汇编（1982—2014）》，人民出版社2014年版，第4页。

题,却没有完全解决农民收入问题,农民收入持久增长依旧是一个问题。家庭联产承包责任制施行一段时间后,农村出现了粮食增产不增收现象,原因在于统购统销使粮价始终处在一个较低位置,粮食价格不能体现粮食生产成本和价值。没有粮食市场,粮食价格的形成就无法体现需求与供给关系,也就不能有效地对生产和市场流通进行引导。长期以来,政府把粮食作为特殊战略性商品对待,既想保障供给,又想稳定价格。但是,没有市场对粮食价格的发现,就既不能保证供给,也难以稳定价格。农民是粮食生产主体,自然要追求粮食合理价位,以此提升自己的收益。这一要求不是简单地希望政府提高收购价或在低价下给予农民直接补贴,而是要求粮食价格能够符合生产成本和内在价值。实际上,如果不能让粮食真正市场化,对农民种粮的补贴,名义上是补贴农民,增加农民收入,实际上是补贴了粮价,补贴了城市居民的粮食消费。

因此,在农村实行家庭联产承包责任制后,提高农产品收购价,改革农产品收购体制,逐渐放开粮食购销,由市场决定粮食价格,这些成了农村改革的重点。党的十一届三中全会在提高农产品收购价时,还明确允许农民在完成国家任务后通过集市进行交易。此后,国家进一步压缩统购指标,对计划外粮食需求主要通过市场来调节解决。1985年,国务院还决定用合同定购的方式对主要粮食品种进行调控,取消粮食统购。但在粮食合同定购中出现了价格波动和农民惜售等问题,影响了粮食流通,政府在1986年又恢复粮食定购,农民卖粮以国家定购为主,定购任务完成后才可以在市场上自主消售。这就是粮食购销双轨制,造成国家计划内价格与市场出现较大差距,成为整个社会价格改革的一个关键领域。一直到党的十四大确立社会主义市场经济体制后,粮食购销双轨制全面改革,在1992年放开粮油经营,使粮食价格随行就市,形成了国家宏观调控,以市场为主体的多渠道和多主体经营格局,活跃了粮食流通市场,使粮食生产、流通与消费通过市场连接为一个整体。

但是,粮食市场化只能保证在粮食量价有一方上升时农民有所增收,而农民收入问题的另一个方面是减负。长期以来,农村公共事业支出主要由农民负担,农民不仅要缴纳农业税,还要通过农业提留等方式承担农村教育、水利、道路等基础设施建设,农民还没有享有养老、医疗等社会保障,农民基本上是在为自己的生存支付了所有成本。随着经济发展和工业现代化,农业在整个经济中的比重不断下降,农业作为弱势产业的状况越发明显,这种弱势产业却要承担社会中大多数人的收入来源,自然难以实现农民收入较快增长,农民整体生活水平始终处在社会底层,无法在农业上获得更多收益的农民只能离开土地进入城市打工,形成世界上最大的独特的农民工群体。

为减轻农民负担,增加农村社会保障,政府作出了巨大努力。改革开放以来,中国政府不断推动农村收入分配改革。为了保证粮食价格基本稳定和激发农民种粮积极性,国家通过保护价托底收购,对农民种粮进行直补,这些措施有效地保障和提高了农民收入。同时,相继采取取消农业税、粮食生产补贴、教育费统筹、城乡统一居民养老保险等举措,加大政府转移支付力度和农村公共产品供给,为农民提供与城市居民相同的社会保障。农村改革已经由传统内部机制转向外部保障,不仅进一步减轻了农民负担,还保障农民与城市居民享有平等权利,促进了社会公平分配。

农村改革的经验说明,不围绕所有权的改革也有成功的可能,农村改革始终是围绕收入分配体制进行的,迄今为止还没有在土地所有制上作出根本性调整。交换与分配方式的调整可以更好地适应生产力发展的需要,而分配更应该是多层次、多领域协调推进的过程。今后的农村改革可能会触及土地所有制问题,但是,农村改革中最重要的是实现城乡居民平等的社会福利权和发展权,只有这样,才能实现农民城乡之间自由流动,推进城镇化进程。

四、农地确权与三权分置

长期以来,农村土地在集体所有制下存在着权利归属不清、无法充分行使和收益分配不合理等问题。一方面,农民或者以集体名义存在的农民只是在名义上享有土地所有权;另一方面,农地对农民只是承包意义上的使用与收益权,农民无法直接参与和决定农地处置、转让的收益分配。农地的调整、农作物生产品种,尤其是流转和出让,农民的直接话语权和最终决定权往往被忽视,其根源在于没有明确界定农村土地权利的归属。为了进一步明确土地在农民中的各项权益,当然首先要准确了解农村土地在农民中的分布情况,当前的农村土地确权发证工作就是一项基础性工作。但是,农户、农村基层工作者和社会都对农村土地确权发证产生疑问:确权是确什么权? 农民在土地确权发证中能得到农地的何种权利? 如果在确权后不能确定农户在土地上与集体、国家的关系,那么确权所支付的巨大成本和代价就没有什么意义。而如果能够通过确权发证明确农户对土地的产权归属,进一步激发农民在土地投入、经营收益和转让中的积极性,才能充分实现农村土地价值,使社会加大对农村土地的投入,实现农民利益的最大化。

农地确权首先是对农地所有权的明确和界定。长期以来,农村土地的现实状况并不清楚。农地大部分以承包的方式掌握在农户手中,但是也有一部分土地是以宅基地、公共设施用地、建设性用地等存在,也有一部分过去未开垦的荒地或边坡地被农户以各种方式耕作,这些都没有得到明确划分和统计。因此,农地确权工作表面看是对现有农户承包地的丈量和确认,但其背后也有对农村现有土地整体情况的确认,只有全面掌握农村土地整体情况,才能进一步为农地所有权的确立打下基础。

农地确权的另一任务应该是进一步明确土地的所有权主体问题。农地在法律上明确为集体所有,在政治上明确为公有。但是,农地的实际所有权主体并不清晰。一方面,"集体"的外延在法律上还没有界定,这种产生于"一化三改"时期的抽象集体所有制与集体所有权,在市场经济下迫切需要明确所有权的主体范围。所谓的"集体"到底包括哪些成员,拥有的土地面积到底有哪些,这些都需要明确界定。虽然在过去承包中,以村集体形式对集体土地面积有所明确。但是,由于政府管理需要,许多村集体也有合并分拆现象,一些经济条件好的村把相邻村合并过来,但合并村的村民发现,自己与原有条件好的村民不能享有同等的待遇和权利,合并原因不过是经济条件好的村对土地有需求,在上级政府安排下进行合并。没有明确的集体土地所有权主体,就会使土地处置中所有权无法落实。

另一方面,农地集体所有权的内涵也需要明确界定。集体在所拥有的土地所有权包括哪些方面,如何行使都没有相应规定。集体可以在农地上行使建设、出租、经营和转让并获得收益等所有权应该拥有的权利吗？虽然农地的用途可以限定在一定范围内，或者按功能进行划分和限定。但是，所有权不能在国家划定用途范围内自由行使，不能进行转让等交易，其所有权是否存在就值得怀疑。可见，现有农地集体所有权具有许多模糊性，这些模糊性使农地的价值无法得到实现。模糊性只带来一个好处，就是政府在处置农地时有了更大空间可以分配其用途和收益，而不管是集体还是农户都不能维护自己的应有权利。①

当然，实践证明，所有权并不是产权的全部，模糊的所有权只要不影响资产的使用、转让和收益，这种所有权可以作为一种抽象意义的所有权而存在，不会影响现实的资产资源配置。农村家庭联产承包责任制就是在不触动所有权情况下对产权的其他权利进行了再分配，一样可以提升农地资产经营效率。但是，当土地资产不再局限于农业经营时，土地价值也就不再以土地产出作为衡量标准，土地价值越来越依赖于社会市场的需要，土地流转乃至转让所带来的价值效益日益凸显，土地所有权对土地交易的作用越来越突出，因此单就传统承包经营权来谈论农民的土地资产权利就远远不够。保证农村土地集体所有这一公有制性质并不是不可以，但是，要落实农村土地集体所有权的主体范围和内涵，才能使农地的市场化配置有明确的权利主体和利益归属对象，促进农地规范有效地配置。

农户土地承包经营权在传统上就是一个承包经营的剩余分配权。"交够国家的，留足集体的，剩下的都是自己的"，所以这种承包权不过是剩余分配权。后来由于农业弱势地位不断显现，农民又要承担自己的社会保障，国家与集体的剩余分配权才不断退让，农民基本享有了生产经营所需要的占有、使用和产品收益权，后来又增加了流转收益权。但是，农户现有承包权根本不能等同于土地所有权，目前在承包权上衍化出的经营权、流转权等都是在没有明确农地权利下农户与政府在土地资产博弈

---

①　从所有权来说，所有权代表的是对资产的最终权利，即占有、处置和收益权。虽然所有权在行使中可能将这些权利部分转让，但是所有权毕竟还是有最终的决定权的，否则就没有所有权的意义了。我国农地集体所有中规定的"三级所有，队为基础"，把所有权说成是三级所有，实际上没有三个主体都可以拥有一项资产的所有权，所有权也不能划分主辅。这种集体所有权不过是模糊了的所有权，是为政府对农地的最终所有权留了空间。这是政府的有意之为。（参见黄砺、谭荣：《中国农地产权是有意的制度模糊吗?》，《中国农村观察》2014年第6期。）

下产生的各种形态,这些权利形态并不是正常经济权利的产物,而是制度设置扭曲的产物。

土地确权后,农户有了土地权属证明,虽然不是所有权证,但是应该是使用权证。正如房产证一样,房产所依附的国有土地也只是使用权证,但是个人房产可以进行交易、抵押和收益。农地权证可否实现同样功用,关键是这种权证不能被赋予使用权之外的其他约束。农户可以凭借权证进行与流转有关的各项交易,可以用权证作为合同履约的保证,这样才能实现权证的价值,避免土地权属争议问题,实现土地价值和农户利益的真正保证。

因此,三权分置就是要把所有权、承包权与经营权分设,三者既有联系,也可以在一定条件下分离。所有权体现的是集体的最终处置权,在土地从集体向国有转让中才体现;而承包权则是一种身份权,即农户对于农地生产经营权,这个权利既可以自己行使,也可以在一定条件下分离出经营权,通过流转方式将生产经营权流转给他人行使。这样,土地经营权就相对独立地存在并可以在实际土地生产中得到行使,从而实现经营权抵押和转让,为农业规模化和产业化创造了条件。"三权分置,是在不触动承包经营权身份化制度的情况下,为突破身份的限制,而从承包经营权中分离出经营权,实现了土地权利的去身份化,从而为土地的融资和自由流转打开制度变革之门,有助于实现土地的资本化和市场化,为农业产业升级和农民自由发展奠定了基础,终将实现农村的繁荣。这是农村土地制度的第二次伟大变革。"[1]这是在现有制度总体框架上适应形势发展需要进行的对我国农村社会制度的一次创新和发展。

第三节　非公经济发展与所有制结构改革

个体经济,也就是小商品经济,传统社会中主要是农民和小生产者以个体劳动为主的商品生产与交换行为。斯大林说:"小商品农民经济又是什么呢?它是站在资本主义和社会主义间的十字路口的经济。"[2]这是

---

① 李凤章、张玉:《三权分置:农村土地制度的第二次伟大变革》,《国土资源》2016年第12期。
② 《斯大林选集》上卷,人民出版社1979年版,第448页。

因为个体经济还是以个体劳动为主,可以走合作经济向社会主义过渡,也可能在资本积累中发展为私人资本的企业。而对于有一定规模的私人资本企业,则是传统马克思主义理论中的资本主义企业,也是资本主义制度的基础。因此,传统社会主义经济理论中没有民营经济的地位,长期以来民营经济被看作唯利是图,与国、与公争利,还是剥削的载体。因此,从马克思主义经济学角度如何面对现实经济问题,认识民营经济的地位和作用,是从实际出发创新和发展马克思主义经济学的重要领域。

一、非公经济出现的条件和环境

中国传统经济以农业与个体工商业为主,个体私营经济占有绝对比重。新中国成立初期,除了没收官僚资本和帝国主义资本建立的国有经济之外,个体民营经济依旧占有主要比重。社会主义改造针对的正是经济中的私人经济成分,通过改造使民营经济中的私人资本退出或转化为集体和国有经济。虽然在经济建设特定时期和特定范围内也曾经容许过个体和民营经济的存在,但是在政治上对私人利益的批判使个体民营经济生存发展面临着巨大障碍,个体民营经济始终处于地下隐蔽状态,在"割资本主义尾巴"的经常性运动中难以生存,到 1978 年全国只有 14 万户个体工商户,公有经济占整个经济比重接近百分之百。

党的十一届三中全会提出把经济建设作为中心工作,在推动农村经济发展时提出:"社员自留地、家庭副业和农村集市贸易,是社会主义经济的必要补充部分,任何人不得乱加干涉"①。不管是家庭承包经营,还是集市贸易、家庭副业等,都是要增加农民收入,提高生活水平。既然容许农民承包经营土地,那就应该容许农民经营副业、在集市出售产品,也应该容许城市中没有正常固定职业的人员通过个体劳动改善生活。容许个人通过自己劳动改善生活,个体经济不是人为设计和预想存在的,而是人民群众追求改善生活的结果。

个体民营经济的存在是由现有生产力水平和人的生存状况所决定的,生产力发展水平和人的生存状况决定了人的思想观念还不可能完全

---

① 《中国共产党第十一届中央委员会第三次全体会议公报》,人民出版社 1978 年版,第 9 页。

摆脱私有观念,社会也不可能完全消除民营经济。只要有需求,有生产条件,生产动机的激发和商品生产交换就是必然的,而不是人为可以消灭的,这就是经济规律。而问题在于我们是承认其存在并认识和利用之,还是漠视其存在而使其不能发挥作用。对于改革开放初期而言,首先是要解决和改善人民生活。这种改善不可能是一次性和全面的,而只能是部分和逐步的。传统计划观念认为,就业和福利都应由政府来解决,但是,改革开放初期我们已经不能再做到这一点。知青回城,大量"文革"中受冲击人员要恢复工作,在经济不能持续增长情况下,体制内不可能再安排更多的人就业,让人们自谋出路才是个体民营经济得到承认和发展的主要动机。党的十二大报告里就提出,"在农村和城市,都要鼓励劳动者个体经济在国家规定的范围内和工商行政管理下适当发展,作为公有制经济的必要的、有益的补充。只有多种经济形式的合理配置和发展,才能繁荣城乡经济,方便人民生活"①。此时,个体经济的发展不仅从政治上作为社会主义公有经济的"必要的、有益的补充",而且还从方便人民生活和繁荣城乡经济的经济角度对个体民营经济的存在作了肯定。同年,国务院还通过了《个体工商户管理暂行办法》,从法律上承认个体工商户的合法地位,通过法律保障个体经济的发展。

当然,个体经济主要的经营活动还是依赖劳动者的个人劳动,虽然是个人追求自己的利益,但是总体上还属于劳动所得,不存在理论上的难题。只要我们从改善人民群众生活出发,从解决就业、方便群众生活角度来看,个体经济发展还是可以理解的,邓小平提出"让一部分人先富起来"就是这种思想的体现。但是,从个体生产劳动到规模经营,从个体劳动收入到雇佣劳动的经营性收入,这是生产发展的必然。而要实现社会对雇佣劳动获取收入的认可,则需要突破传统的马克思主义经济理论。国家工商行政管理局在 1979 年 2 月召开的局长会议提出准许有正式户口的闲散劳动力开展修理、服务等主要是个体劳动和手工业的个体经营,但明确要求不能雇工。② 但是,随着经营的持续发展,一些个体经营者必

---

① 中共中央文献研究室编:《十一届三中全会以来重要文献选读》上册,人民出版社 1987 年版,第 483 页。

② 邵伟生:《民营经济 30 年回顾》,《人民论坛》2008 年第 2 期。

然要求扩大生产规模,要求增加人手。1981 年 10 月,中共中央、国务院作出的《关于广开门路,搞活经济,解决城镇就业问题的若干问题》里规定个体工商户可以有 2 个帮手,有特殊技艺的可以带 5 个学徒,这是适应个体经营的需要,但是不容许增加更多雇佣人员,因为这就涉及雇佣剥削的传统马克思主义经济理论问题。所以,即便后来容许私营企业登记,但是还是以雇工人数作为个体工商户与私营企业的划分,这从根本上来说还是一种政治意识形态上的划分,因为传统观念认为雇工 8 人以上的雇主主要收益来源于剥削,民营经济的发展始终存在着观念障碍。①

二、非公经济发展引发的社会争议

按经典作家设想,社会主义应该实行公有制。虽然马克思恩格斯没有说社会主义实行的公有制到底是何形态,是不是实行全部全民所有制或国有制,在社会主义中会不会有私有制形式的存在,以及以何种形态存在。但是,努力使社会主义成为完全的公有制社会是社会主义革命的一个基本目标。社会主义革命就是要实现所有制变革,由私有制转入公有制,当然公有制成分越多越好。公有制成分越多,越能消灭私有制中的矛盾和问题。因为私有制不仅带来分配差距和矛盾,而且在人的思想观念中形成以个人利益为中心的个人主义,有悖社会主义强调的集体主义。民营经济以个人趋利为动力,在经营活动中获得的收益远远大于劳动收益,自然使接受传统理论教育的人们怀疑这种经营收益的正当性。

容许民营经济存在,民营经济就会依照自己的方式复制和发展。在计划体制和公有制占主导的情况下,民营经济生存空间不大,政治上没有地位,处处被限制。但是,民营经济对市场需求敏感,善于把握时机,有较强的风险意识和强烈的利益追求,这些都使其更适应市场变化而能不断

---

① "记得改革开放初期,有部门领导同志在布置工作时说:雇工 8 人以上者是私营企业,雇工 7 人以下者是个体户,这是马克思定的标准。随后不久,有多个文件规定个体经济的标准,一般是一人经营或家庭经营,必要时请一至两个帮手,技术性较强的可以带两三个最多不超过 5 个学徒。这样两个帮手加 5 个学徒,最多共 7 人,正好与上述同志所说的雇工标准相同。这就是后来一段时期里,在一些人的认识和工商管理中,把是否达到雇工 8 人作为划分私营经济和个体经济标准的来由。这不是马克思的标准,而是对马克思《资本论》第 1 卷第九章论述的明显误解。"(张井:《破解"雇工 8 人"阶级划线之谜》,《江南论坛》2001 年第 12 期。)

发展,逐渐成为市场重要力量,对社会就业、税收和经济增长的贡献日益增长。不过,正如马克思在《资本论》中分析的那样,非公经济发展也存在许多问题,引起社会广泛争议。

中国广阔市场的巨大需求决定了只要私营业主经营得法,其经济收入要远远大于一般劳动性工资收入。民营经济的资本来源即"第一桶金"和经营中利用政商关系都使社会置疑民营经济收入的正当性。

中国改革开放之初从事的个体私营经济只是摆摊做点小买卖和小加工,不需要也没有多少资本积累。借助市场商品短缺,通过个体经营或挂靠集体经营才积累了一定资本,中国民营经济的"第一桶金"比较微小,是在经营中积累的。虽然这一过程很难说如何光彩,但是这个时期的经济发展水平决定了资本形成和积累是历史产物,没有根本性的道德问题。在这一过程中,一些人利用体制改革和转轨机会,将国有或集体改制企业经营资产转为个人控制,扩大了资本占有量,并把经营领域渗透到原公有制企业领域。同时,资本市场发展也使民营企业通过发行和购买股票等方式扩大企业规模和资本量。这些情况都说明,不管民营企业资本来源如何,在中国现存的民营企业总体上不存在通过欺诈、暴力掠夺等所谓资本来源的"原罪"问题。即便一些经营者存在着不守法现象,如假冒伪劣、偷逃税收、低价收购公有资产等不正当行为,但只要法律没有追究,也只能承认这些资本来源正当合法。民营资本来源是否合法要看其时的法律规定和法治条件,过时不究是法治社会的共同要求。

此外,民营经济经营中利用政商不规范关系获利也引起人们的怀疑。人们说,民营经济如果依靠勤劳致富是没有问题的,但是言下之意是,民营经济如果不是依靠勤劳致富而是依靠政府关系进行获利就是不正当的。在法律制度不健全的大环境下,民营经济发展需要和政府官员打交道,尤其从政府掌握的垄断资源中获得收益更需要获得政府官员支持,不能简单地将这种民营企业与政府关系看作是用社会资源获取个人收益。政商关系不规范问题是民营经济自身无法克服的问题,而是应该在政策和法律方面进行规范。实际上,不管是民营企业还是外资企业,在整个市场秩序不完善、法律制度不健全、规则意识不充分情况下,企业获得非市场收益就难以避免。

民营企业最终收益归个人所有,这种以追逐个人利益为目的的经营活动在道德上被作为不正当行为,实际上是用收入分配差距来判断经营活动的合理性。但是,收入分配差距是生产经营活动的结果而不是根源。市场容许并且鼓励各种利益主体追求利益,最终分配是生产与经营的产物,而不是预定的。没有生产经营活动就没有最终分配,虽然资本初始出发点是为了收益,不能抹杀民营资本在生产经营活动中的贡献而只追究其在分配差距上产生的问题。"我决不用玫瑰色描绘资本家和地主的面貌。不过这里涉及的人,只是经济范畴的人格化,是一定的阶级关系和利益的承担者。我的观点是把经济的社会形态的发展理解为一种自然史的过程。不管个人在主观上怎样超脱各种关系,他在社会意义上总是这些关系的产物。同其他任何观点比起来,我的观点是更不能要个人对这些关系负责的。"①分配差距可以通过社会政策和法律加以调节,不能将这一问题归咎于民营经济的非公性质,如果这样只会从根本上消除人们追求自己利益的现实性和市场运行所需要的各种主体利益关系。

改革开放以来,众多民营企业家在市场化改革中获得了发展,也积累了大量财富,成为社会瞩目之人,但社会却缺乏财富分配的有效调节措施,社会差距扩大引发了一部分人的仇富心理。一些社会有影响力的企业家由于各种原因落马,加深了社会对民营企业不守法经营、其收入来源不正当的认识。人们在追逐利益时可能因为环境和主观意识偏差出现违法行为,这些只能通过法律手段惩戒。民营企业在市场经营中获得大量财富,社会可以通过经济、法律乃至慈善道德途径调整收入差距。如果一方面承认或强调民营资本所有收入都是不正当的,另一方面又对民营业主收入差距不进行调节和规范,当然就会产生这样的结局。

如果把民营经济看作是体制外以获取个人或企业利益为目标的经济活动,民营经济实际上一直都存在,只不过表现方式不同,存在的名义不同。发展民营经济与引进外资的目的是一样的。外国资本进入中国,目的当然是为了赚钱,外国资本是资本主义国家的私人资本,可以说是完全的资本主义。吸引外资是为了吸引国外技术、管理和资本,是为了中国的

---

① 《马克思恩格斯选集》第2卷,人民出版社1995年版,第101—102页。

经济建设。既然这样的理由可以用于外国资本,为什么不能用于国内民间资本?对外开放而不对内开放,不是充分发展经济的做法。

基于马克思主义劳动价值论,如果个体民营经济没有雇佣劳动者,或者说雇佣不到8人时民营业主不能完全依赖剩余价值,而一旦雇佣8人以上,民营业主就完全靠雇用劳动来获利。同时,流通领域的经营活动也不创造价值,只是利用市场机会将生产领域的剩余价值让渡实现。民营企业在生产与流通领域获得的价值远远超过劳动创造的价值,主要依赖雇佣劳动创造的剩余价值,这就是传统的剥削理论。在这种理论下,不管民营企业如何努力,在解决就业、增加商品供给、发展经济等贡献都在收益不合理这一观点下而不能得到政治与道德上的认可。从实践来看,民营资本收益是否合理,关键还是看民营经济的收益是否合法,只要合法经营,民营经济收益就是合法也是合理的。当然,合法与否的前提还取决于法律对马克思主义经济学理论的理解问题。在需要民营经济发展经济的时候,法律可以宣布民营经济收益是合理的并给予保护,但是一旦法律基于马克思主义经济学的原则而宣布民营经济收益是剥削的,这样民营经济收益就是不合理甚至是不合法的,因此剥削问题始终是悬在民营经济头上的"达摩克利斯之剑"。① 民营经济在社会主义理论和道德上得不到真正承认,不仅民营经济发展受限,而且整个社会经济发展也会受到阻

---

① 中共中央党校的陈文通认为:"不少人有这样的担心:如果我们明明白白地指出社会主义初级阶段仍然存在剥削和阶级,确认我国现阶段的私营企业和外资企业同外国的同类企业没有质的区别,都属于资本主义生产方式,资本所有者和企业主是资本的人格化,那就势必会造成,一方面资本所有者不敢投资办企业,另一方面,诱发工人和企业主之间的对抗,甚至还有可能再来一次社会主义改造或'文化大革命'。""其实,我国企业主所害怕的,并不是工人说他无偿占有了剩余价值,也不是因为人们称他们为资本家或资产阶级,而是害怕制度和政策的改变,害怕他们的财产和利益得不到法律的保护,害怕哪天早晨又来一次'共产'。"(见陈文通:《如何科学认识我国现阶段的剥削和阶级(下)——兼论现阶段私有资本和私营经济的性质》,《南方经济》2003年第10期。)他说出了改革开放后发展私营经济在社会中引起的困惑。而这一困惑按陈文通的说法是只要立法保护私有财产就可以消除私营业主的疑虑。但是,没有理论的澄清,光靠法律上的规定依旧不能消除这些人的担心,因为法律的制定要证明发展私营经济不是策略而是社会主义经济的组成部分,只有这样才能把私营经济真正成为社会经济的一部分。要解决剥削问题和私营与国有的对立问题。在我国现阶段,经济理论工作者既不应当以阶级斗争的口号鼓励工人同资本家进行政治斗争,也不应当故意掩盖资本对雇佣劳动的剥削,而是着重揭示现实经济发展对资本与劳动等各种资源充分利用发展经济的规律性东西,从这种揭示中使工人和企业主都认识到自己的历史责任和未来趋势。就未来说,经济理论应当反映工人阶级的根本利益和要求;从当前来说,经济理论应当更多地反映劳动生产率发展的利益,并实现劳资两利。

碍。理论问题没有解决,必然引起人们怀疑民营经济和民营资本的性质和地位,也导致这些资本不仅要寻求增殖,还要寻求安全。因此,这一问题始终是民营经济发展最大的思想和政治障碍。

对于剥削的性质和是否存在,改革开放后,学术界对剥削问题进行了大量讨论。继续坚持和承认这一理论,并认为民营经济的所得基本来自剥削,坚持马克思主义经济学的传统理论并不难。马克思《资本论》主要是剩余价值理论,也就是论证资本家收益来源于剥削。《资本论》体系严密完整,因此,资本剥削的秘密很难从马克思主义经济学本身被证伪。但是,不赞同传统理论,却面临着政治上和理论上的难题。理论上论证民营经济收益不是剥削,或主要不是剥削,就需要突破劳动价值论和剩余价值论的理论,这方面的讨论至今还没有形成共识。而在当前的情况下,只能是证明民营经济是适应社会主义初级阶段现有生产力状况的经济形式,民营经济的存在不仅有其必要性,还有其合理性。

邓小平在"傻子瓜子"事件上的态度就体现了他在处理理论与实践矛盾时坚持从实际出发的革命勇气和智慧。改革开放初期,"傻子瓜子"的经营者年广久通过经营发现雇佣工人、集中采购、低价营销、连续生产等规模生产降低成本的方法,他在 20 世纪 80 年代初期就已经雇工几十人,赚取利润达百万元。虽然当时的《芜湖日报》对他的经营作了肯定性报道,但他的这一做法还是被看作是靠剥削起家,有人在芜湖市委大门口贴大字报,说"傻子瓜子呆子报,呆子报道傻子笑,四项原则全不要,如此报纸实胡闹"①。这一事件清晰地反映了改革开放初期人们对发展私营经济的不理解,产生了民营经济姓"社"姓"资"的争论。邓小平同志在1980 年谈到"傻子瓜子"问题时认为要"放一放"和"看一看",他虽然没有从理论上对民营经济在社会主义中的地位作出回应,但是主张姓"社"姓"资"问题不是争论出来的,而是要在实践中去探索和检验。1984 年他在中顾委第三次全体会议上又说:"前些时候那个雇工问题,相当震动呀,大家担心得不得了。我的意见是放两年再看。那个能影响到我们的大局吗?如果你一动,群众就说政策变了,人心就不安了。你解决了一个

---

① 姜英爽:《"傻子"三度被邓小平点名》,《南方都市报》2008 年 3 月 24 日。

'傻子瓜子',会牵动人心不安,没有益处。让'傻子瓜子'经营一段,怕什么? 伤害了社会主义吗?"①邓小平同志坚持不从姓"社"姓"资"角度对民营经济进行界定,不从民营经济的资本性质判断这一经济形式的存在价值,不把民营经济发展与社会主义政权相提并论,而是从社会主义经济发展的大局看待民营经济发展。邓小平在 1992 年初南方谈话中更进一步说明了这一观点:"农村改革初期,安徽出了个'傻子瓜子'问题。当时许多人不舒服,说他赚了一百万,主张动他。我说不能动,一动人们就会说政策变了,得不偿失。像这一类的问题还有不少,如果处理不当,就很容易动摇我们的方针,影响改革的全局。"②民营经济的价值不能仅从民营资本的私有性来判断,还要看民营经济发展是否有利于改善人民生活、是否有利于生产力发展,这只能由实践来检验,而不能由经典作家的论述来界定。

民营经济初期是在公有经济,尤其是国有经济不经营或经营不充分的领域存在和发展的。借助市场力量和对社会需求的把握,民营经济把公有经济不愿意做或做不好的领域做下去,积累了资本,不断扩大和延伸经营范围和领域。当然,民营经济不断向公有经济原有领域延伸发展,一些原有公有企业在竞争中难以维系,人们产生疑虑,认为民营经济侵蚀了公有经济,动摇了社会主义经济基础。近些年关于"国进民退"还是"国退民进"所引起的各方讨论和争议,说明社会上把公有经济与民营经济看作是一个零和博弈的竞争关系,还没有跳出姓"社"姓"资"的传统争论框架。对待民营经济的正确态度,我们应该是"要允许闯、允许试,敢于闯、敢于试,善于闯、善于试,继续保持不争论,通过发展,不辩自消,不争自明。……支持大企业集团发展,国有企业和民营企业要一视同仁。谁真正能够做大做强就扶持谁,谁对经济社会发展贡献大就鼓励谁。"③

三、非公经济在整个国民经济中的定位

从经营决策的灵活性和经营目标的唯一角度看,在竞争性领域,民营

---

① 《邓小平文选》第三卷,人民出版社 1993 年版,第 91 页。
② 《邓小平文选》第三卷,人民出版社 1993 年版,第 371 页。
③ 习近平:《民营经济是浙江活力之所在》,《政策瞭望》2003 年第 3 期。

经济以利润为导向的决策和管理使企业生产经营受到成本预算的严格约束，形成了企业面向市场的灵活机制。而国有企业缺乏严格的成本预算约束，经营目标受到政府各种指示影响，利润指标在经营决策中难以充分发挥作用。民营经济的快速发展在实践中证明了民营经济在市场竞争上的效率优势，给民营企业带来了一定的社会地位，但是也让一些人怀疑公有制企业存在的必要性，进一步怀疑传统社会主义理解的正确性。

民营经济与公有制企业孰优孰劣不是理论证明就可以解决的，从根本上说要由实践来证明，效率或效益不是分析两种所有制企业效率的唯一标准。社会对企业的选择不能仅从效益角度出发，公共产品和服务型企业就不能从赢利角度考虑企业经营。即便是竞争性赢利领域，也不能完全用利润高低来衡量企业经营水平，不同竞争阶段企业赢利水平不同。民营企业在改革开放的初期社会负担少，经营成本低，民营企业灵活快速的决策机制也使其能够很好地应对市场变化，因而才在竞争中获得了较大优势。公有制企业缺乏灵活的市场经营机制，并不是公有制不应该有，而是传统体制改革不到位使公有制企业难以具备这样的环境和条件。因此，对民营经济与公有制经济的评价应该是历史的和全面的，而不能单纯用利润这一指标。这就是为什么在经济发展中虽然民营经济作出了许多贡献，但是社会对其评价还没有充分认可。

传统马克思主义经济理论认为私有资本是资本主义经济的基础，是社会主义批判和否定的对象。非公经济如果只存在于少数领域，规模和影响小，人们就不担心其对社会主义制度的影响，但是大量存在就会引发这种担心。社会主义制度下的非公经济是资本主义性质还是社会主义性质，这关系到非公经济与社会主义制度的融合和存续的合法性问题。改革开放后，非公经济发展使人们对非公经济的认识突破了传统理论的教条理解，从国民经济的地位与贡献角度重新审视非公经济的性质和价值，适应生产力发展需要，不断调整所有制结构，推动了经济发展和马克思主义经济学的创新。

在改革开放初期，我们将容许和发展非公经济作为解决经济问题的一种手段，并没有设想作为整个经济的组成部分。我们希望非公经济只存在少数流通领域和小生产中，不能影响整个国民经济的运行，也不能获得过多收益。传统认为,政府可以做得到的事就不能交给非公经济去做,因此要限制民营经济的经营范围,使民营经济受政府控制。

随着非公经济的发展,非公经济逐渐成了公有制经济的补充,承担了公有经济不愿意承担或承担不了的任务,如就业、普通商品尤其是一般消费品供给和劳动服务等,非公经济在市场方面显现了灵活多样的经营模式和充分有效的服务意识,发挥着独特作用,使非公经济成为公有制经济的必要和有益的补充。党的十三大提出:"私营经济一定程度的发展,有利于促进生产,活跃市场,扩大就业,更好地满足人民多方面的生活需求,是公有制经济必要的和有益的补充。"①但是,这一认识还是把民营经济看作是只在部分领域可以发挥作用而不是能够成为市场主要部分,还是把民营经济看作是整个公有经济的辅助。

当社会进入改革并以生产力发展为目标时,打开国外市场并吸引外国投资就成为一种必然之举。外资企业的强大竞争力给国内国有企业、私人企业都带来了巨大冲击,也给政府管理带来新课题。引进外国资本一方面是为了弥补国内建设资金的不足。虽然我们是社会主义国家,资本本身好像不存在问题,但是社会建设所需要的资金依旧不足。要想提高经济增长率,必须要有大量资金投入,而旧体制内的资金不仅流动慢,而且效率低,要进一步推动经济增长所需要的资本十分缺乏,引进外资就成了一个选择。20 世纪 80 年代我国建立了第一家中外合资企业,目前已经成为发展中国家中吸收外资最多的国家。外商投资企业促进了我国社会固定资产投资,推动了进出口贸易尤其是出口贸易的快速增长。

另一方面,外商投资也带来了技术和管理,推动了中国技术进步和管理现代化,促进了产业结构调整和升级。技术、管理和结构调整是较之资本更加深层次的经济发展因素,而这些方面我们长期以来与西方发达国家有着巨大差距,这些差距不是用资金就可以在短时间内解决的。通过引进外资,这些深层次的经济发展因素在较短时间内可以得以解决,是经济发展的一条有效途径。虽然有人担心外资对中国利益掠夺和市场控

---

① 中共中央文献研究室编:《十三大以来重要文献选编》(上),人民出版社 1991 年版,第 32 页。

制,但是,没有利益哪有资本进入和技术输入。况且许多利益,生产利润和出口利润只有在这些活动进行后才可能得到体现。没有外资的进入,生产经营没有开展,哪有利润可谈。外资企业在社会主义国家所承担的角色既是一个赢利角色,又是一个示范角色,证明了市场化经营和科学化管理的意义。

经济增长、就业与财政收入增加、技术创新和管理水平提升,这些都是社会发展的目标,而实现这一目标必须充分调动社会各种力量。容许与鼓励社会资本加入,才能形成社会生产力发展的强大动力,跳开国家投资的单一经济增长模式,促进社会各种要素共同参与产品生产和价值创造,推动经济社会进步。不管是私营资本还是外国资本,都是经济发展的需要,社会主义为私有资本生存发展提供空间不仅有理论依据,还有现实需要。

非公经济按照自己的发展模式不断发展,经营范围越来越多,涉及领域不断扩大,非公经济形成了市场,发展了市场,在国民经济中的比重越来越大。非公经济与市场是一个相辅相成的关系,非公经济在经济中就不再是可有可无的部分,而是重要的组成部分。目前,"非公有制经济创造了我国60%的国内生产总值、50%的税收和70%以上的就业岗位,成为经济发展不可或缺的重要力量"[1]。这些都说明,非公经济成了社会经济的重要组成部分,发挥着不可替代的作用。

党的十八届三中全会提出:"公有制经济和非公有制经济都是社会主义市场经济的重要组成部分,都是我国经济社会发展的重要基础。……公有制经济财产权不可侵犯,非公有制经济财产权同样不可侵犯。……坚持权利平等、机会平等、规则平等。"[2]这是对公有制与非公经济关系的新表述,反映了中央对于非公经济发展的坚定不移的政策取向。"两个都是"、"两个同样"和"三个平等"都是从市场主体的平等地位和同样发挥作用的角度来论述的,反映了整个社会对非公经济发展认识的新高度。进一步说明非公经济也是市场经济的主体,不只是社会主义经

---

① 韩俊、任兴洲:《建设统一开放竞争有序的市场体系——学习领会党的十八届三中全会精神》,《人民日报》2013年11月20日。

② 《中共中央关于全面深化改革若干重大问题的决定》,人民出版社2013年版,第8—11页。

济的补充,而且是社会主义经济的重要组成部分。

实践证明,在生产力发展相对落后阶段实行单一公有制并不能立刻实现马克思设想的社会主义理想,也不能彻底解决分配差距问题。人为的单一所有制模式不能适应社会主义国家经济发展要求,而要建立起多元化的所有制结构。社会主义初级阶段的存在就是要说明社会主义也是一个发展过程,也有一个初级到高级的不同阶段。而在初级阶段,由于生产力落后、发展不平衡,为了适应多层次生产力发展,必然要求建立不同的所有制结构。公有制、私人所有制、外资所有制、股份制以及混合所有制,这种所有制结构的形成既有历史原因,也有生产力原因。形成一个相互配合的多层次所有制结构,共同构成适合相应历史阶段和生产力发展状况的所有制结构,这是社会主义初级阶段的必然要求。

一个社会由于生产力的多样性,当然会有不同的所有制结构。不同所有制的存在,正是说明这些所有制适应了不同层次生产力发展的需要,促进不同层次生产力共同发展才能对整个经济发展具有促进作用。对待不同所有制,应该结合生产力发展需要,结合不同所有制在经济发展中的表现,根据其自身发展条件加以客观对待,而不是主观设定各种所有制与整个社会制度之间的关系。一个社会可以有各种所有制,其中主导的所有制决定社会制度,但是也可以存在其他所有制形式,这些所有制与社会制度之间没有直接对应关系。社会主义初级阶段要大力发展私人所有制,实行股份制,促进混合所有制发展,各种所有制都可以在社会主义事业目标下利用自身条件和资源进行联合,发挥不同所有制优点,加快经济发展速度和提高经济发展质量。

第四节　国有企业改革的理论与实践

改革开放后,民营经济得到了较快发展,社会整体经济也面貌日新,但是公有制企业却面临着生存困境,这是改革者在改革开放初期没有想到的。计划体制下公有制企业也存在着效率不高、冗员严重等问题,但是并没有出现大面积生存问题。而改革开放后,公有制企业在民营经济和外商投资企业的竞争下却出现了明显经营问题,如何提高公有制企业效率,实现国有资产保值增值,成了国有企业改革的核心问题。国有企业是社会主义经济的主体,承担社会政治与经济责任,要在市场竞争中实现自身发展,如何从企业自身与社会经济体制方面促进国有企业健康发展是经济体制改革成功与否的关键。"国有企业改革,是中国经济体制改革最重要的领域,也是困难最大、争议最多的改革。"①

一、国有企业改革的原因与难点

在传统体制中,公有制企业(或称全民企业和集体企业)不过是计划经济下一个生产单位,其人、财、物以及产品销售都不由企业决定。因此,公有制企业缺乏面对市场机制,也没有经济效益核算和考核的必要。国有企业虽然负责生产与流通等业务,但是没有独立的成本和利润核算,没有经营自主权,只是作为政府职能延伸的一个组成部分,企业性质不明确。除了生产经营之外,国有企业还要举办学校、医院等社会机构,负责职工住房、医疗和养老等各种社会职能。国有企业职工与其他机关事业单位职工没有本质区别,管理者也与其他部门领导干部一样。

但是,大量冗员和不计成本的生产方式在经济效益上存在很多问题,给国家带来巨大负担。改革开放后,公有制企业逐渐进行经济核算,参照农村承包经营实行企业承包经营,出现了短期行为和"内部人控制"等问题。加上民营经济和外资经济不断发展壮大,处于竞争领域的国有企业生产经营出现了普遍亏损局面。"1997 年底,国有及国有控股大中型工业企业为 16874 户,其中亏损的为 6599 户,占 39.1%。"②如果不对出现亏损的国有企业进行改革,政府必须进行越来越多的补贴,最终政府也无法承担面广量大的国有企业亏损问题。

国有企业改革的难点主要有三个方面:一是如何定位国有企业的政治职能和主体地位,理顺政府与国有企业之间的关系。国有企业是企业还是一个政府组织,是政治载体还是营利组织? 社会主义国家性质要求

---

① 张卓元:《中国国有企业改革三十年:重大进展、基本经验和攻坚展望》,《经济与管理研究》2008 年第 10 期。
② 张卓元:《中国国有企业改革三十年:重大进展、基本经验和攻坚展望》,《经济与管理研究》2008 年第 10 期。

公有制占主体,社会主义改造也使社会形成了公有制主体地位,这种主体地位必须得到保证。如果强调国有企业的这种主体角色,国有企业就是一个政治载体,它为社会目标付出的成本必须要由政府和社会来承担,不能用经济指标考核国有企业。政府投资不是资本投资性质而是政府政治职责。但是,如果政府把国有企业当作一个营利组织,政府对国有企业承担的是投资者责任,就要让国有企业回归企业本质,政府对国有企业只能承担国有资本出资人的有限责任,不能承担企业经营和职工保障的无限责任。当然,国有企业也不能承担超出企业应该承担的社会职责。政治角色与市场经营角色的目标不同,让同一个企业承担不同目标,必然会出现对国有企业定位的矛盾,引发管理与企业经营的冲突,使处在市场竞争性经营领域的公有制企业由于竞争面临困难,国有企业要从市场中退出,这种退出方式和国有资产价值如何界定,用何标准评价国有企业改革的成败?

二是如何剥离国有企业原来承担的社会职能。传统国有企业与政府职能不分,国有企业过去承担了众多的社会职责,如教育、医疗、住房、养老等,但在市场竞争下继续由国有企业承担这些职责不仅国有企业处于竞争弱势,这些应该由社会或国家承担的职责需要从国有企业转回到政府,政府需要支付更多的费用,保证有效充分地履行社会责任。大量竞争性领域国有企业因亏损倒闭或出售退出,企业职工下岗失业,这些社会转型代价和成本也需要政府承担。

三是如何理顺国有企业内部分配体制。总体上看,虽然长期以来国有企业强调的是所有制层面改革,但是除了改制转手退出的企业外,国有企业改革并不彻底,不管是人事制度、分配体制还是国有资产管理制度等都还没有能够与市场接轨。尤其是垄断行业的国有企业,垄断带来的良好业绩掩盖了企业内部存在的管理问题和矛盾。垄断行业国有企业的收入分配上存在着两大矛盾:一个是管理层与普通员工之间的差距。管理层以市场化经营面临的风险和压力为由,使自己收入水平向民营企业管理者看齐,获得了市场化薪酬,但国有企业的领导者并不是通过市场聘用来的职业经理,而是依旧具有官员身份。另一个是体制内职工与体制外职工之间的差距。有编制的职工享受着体制带来的各种福利与待遇,工资收入与福利待遇明显高于企业内无编制的普通职工,而没有编制的员工工资收入是以市场名义而与企业编制内同样工种的员工实行不同待遇,这些都反映了国企内部双重体制的冲突。国有企业内部分配体制改革还是要以国有企业整体改革为出发点,只有国有企业在整个国民经济中的性质和地位得到了进一步明确,国有企业内部分配体制才能根据企业的性质和工作特点来实行真正改革。

二、国有企业改革设想和过程

国有企业是传统全民所有制企业,作为社会主义经济主体,长期以来承担着整个社会主义制度的经济基础角色。在计划经济体制下,公有制企业按政府指示生产,不用考虑经营效益问题。改革开放后,伴随着市场竞争,国有企业管理松散、效益低下的问题日益突出,国有企业改革也不断推进。

党的十一届三中全会提出以经济建设为中心的目标,企业改革就是调整企业与国家之间的关系,扩大企业自主权,实行厂长经理负责制,激活国有企业发展意识,改变过去政府包办企业,把企业作为政府附属的关系。不过,这次改革没有突破国有企业管理的总体体制,企业自主权虽然有所增加,但是国有企业的管理部门依旧存在,政府管理和指挥没有减少,企业难以获得自主经营独立决策权,企业的发展环境没有得到根本性改善。

党的十二届三中全会通过的《中共中央关于经济体制改革的决定》提出:"要使企业真正成为相对独立的经济实体,成为自主经营、自负盈亏的社会主义商品生产者和经营者,具有自我改造和自我发展的能力,成为具有一定权利和义务的法人。"[①]为了实现这一目标,达到所有权与经营权"两权分离",推出了承包经营、租赁、资产经营责任和税利分流等办法,使企业经营更加适应社会发展需要,取得了一定的效果。由于农村家庭联产承包责任制给农村经济带来了巨大活力,而城市中国营企业却经

---

① 中共中央文献研究室编:《十二大以来重要文献选编》(中),人民出版社1986年版,第565—566页。

营困难,使中央设想引入农村改革的成功经验来改革国有企业。家庭联产承包责任制让承包人在承包期拥有经营自主权,可以根据承包目标灵活决策。但是,国有企业生产性资产与农村土地资产不同,土地承包经营不会损害土地价值,而企业生产经营性资产在承包后却可能出现承包人过度使用资产而导致所有人利益受损。因此承包经营在短期内可以取得一定效益,但是承包期的短期性使其难以实现所有人持久收益,容易出现国有资产流失和"富了和尚穷了庙方丈"的现象。承包期结束后,企业经营又恢复到原有体制,也没有从根本上改变政企不分问题。

党的十四大确定"我国经济体制改革的目标是建立社会主义市场经济体制",而市场经济体制的主要原则是市场每一个主体能够平等竞争,自主决策,共同按照市场利润目标来经营,而国有企业存在的问题正是长期以来无法解决的政企关系问题。只有促进计划、财税和价格、金融等体制改革,减少这些宏观经济部门对国有企业的管理和控制权,才能促进国有企业进入市场。党的十四届三中全会作出的《中共中央关于建立社会主义市场经济体制若干问题的决定》第一次提出"建立现代企业制度,是发展社会化大生产和市场经济的必然要求,是我国国有企业改革的方向",现代企业制度也就是"产权清晰、权责明确、政企分开、管理科学"①。为了实现这一目标,我国先后颁布了《中华人民共和国公司法》和《中华人民共和国劳动法》,通过法律手段赋予国有企业经营管理权,把长期束缚国有企业自主经营的用工权和经营决策权交给企业,使企业真正向现代企业制度迈进。

但是,随着对外开放扩大和民营企业的发展,国有企业面临更加激烈的竞争环境,国有企业也出现了较大分化,一些优势企业有了较好发展,但也有不少企业陷入困境,说明国有企业需要进一步改革和发展。针对这一问题,党的十五大提出"要从战略上调整国有经济布局。对关系国民经济命脉的重要行业和关键领域,国有经济必须占支配地位。在其他领域,可以通过资产重组和结构调整,以加强重点,提高国有资产的整体

---

① 中共中央文献研究室编:《十四大以来重要文献选编》(上),人民出版社 1996 年版,第 523、520 页。

质量"，"调整和完善所有制结构"，"要着眼于搞好整个国有经济，抓好大的，放活小的。对国有企业实施战略性改组"，"实行鼓励兼并、规范破产、下岗分流、减员增效和再就业工程，形成企业优胜劣汰的竞争机制"。① 党的十五届四中全会进一步提出对国有企业布局进行战略性调整，"坚持有进有退，有所为有所不为"②。通过重组上市提高优势企业竞争力，而对长期亏损且无望解决的企业退出市场。

党的十六大提出对国有资产管理体制进行重大改革，建立符合市场经济要求的国有资产管理体制。党的十六届三中全会提出要"大力发展国有资本、集体资本和非公有资本等参股的混合所有制经济，实现投资主体多元化，使股份制成为公有制的主要实现形式"，"需要由国有资本控股的企业，应区别不同情况实行绝对控股或相对控股"；"坚持政府公共管理职能和国有资产出资人职能分开"。"建立归属清晰、权责明确、保护严格、流转顺畅的现代产权制度，是构建现代企业制度的重要基础"③。这些改革措施和理论创新成为整个社会市场经济体制建立的重要组成部分。

应该说，国有企业改革也与其他领域改革一样，遵循的也是渐进式改革方式，目标是解决国有企业发展中出现的各种问题，结合企业改革推动经济管理体制改革，形成了宏观体制与微观主体相互协调的改革模式。

三、国有企业效率与改革评价

近些年，学界对公有制效率问题进行了大量的讨论，许多马克思主义学者出于维护公有制主体地位的目的，从经济效益、资产利润率和社会贡献度等方面比较和分析了公有制企业与私有制企业的差别，认为公有制企业并不存在根本性的效率问题。④ 这些研究对深入了解和认识公有制

---

① 中共中央文献研究室编：《十五大以来重要文献选编》（上），人民出版社 2000 年版，第 21、20、23 页。

② 中共中央文献研究室编：《十五大以来重要文献选编》（中），人民出版社 2001 年版，第 1008 页。

③ 中共中央文献研究室编：《十六大以来重要文献选编》（上），中央文献出版社 2005 年版，第 466、467 页。

④ 李济广：《公有制经济的高效率研究述评》，《马克思主义研究》2006 年第 2 期。

企业价值具有重要意义,也对国有企业改革评价具有重要价值。但是,在国有企业效率问题上,不管是支持者还是反对者的研究中都存在着混淆国有企业在不同领域存在不同价值目标和衡量标准的问题,泛论公有制效率高低,把所有者目标简单与经营者的目标等同或对立,没有充分考虑体制对公有制企业经营的影响,没有看到即便同一性质同一领域的企业也会因为管理水平不同产生不同的效率。对国有企业效率评价必须从现实出发,研究竞争性领域的国有企业能否在市场中保持效率,才是考验国有企业生存与发展、发挥公有制主体地位的首要问题。

(一)不同领域国有企业效率不同

在评价国有企业效率时,学界有一种泛论公有制是否有效的观点。不管是认为公有制有效率还是无效率的学者都没有区分国有企业在公共领域和竞争领域的不同角色和目标。西方产权理论认为公有制企业产权结构分散,没有清晰对应的产权所有人;同时,公有产权的交易是非市场性的,其剩余索取权没有明确界定,而是指向社会所有人,这样的公有产权制度存在效率缺陷。因此,他们认为,只有通过私有化,使公有产权结构从不确定的持有人变为私人持有,才会达到产权交易的市场化和剩余索取权的明确归属,达到产权结构优化和效率提升。H.登姆塞茨认为,判断一种产权结构是否有效率的关键是这种产权能否提供比外部性更大的内在激励。与公有产权相比,私有产权把公有产权的外部性转化为内部的激励,从而使私有产权可以通过市场达到提高经济效率的目的。[①]实际上,西方经济学家,尤其是产权经济学家如此分析有一个前提假设,认为只有完全的私有产权制度才是唯一的最有效率的制度,其逻辑推理必然是公有产权是低效率的,没有产权细分缺乏受益人对产权存续和增殖的关心。

应该说,西方学者对产权制度的研究揭示了产权运作机制的复杂性和多样性,公有产权在经营中必须考虑这些复杂情况,而不是简单地用公有制的社会目标掩盖产权运作问题。但是,西方产权理论也存在一个矛

---

① ［美］H.登姆塞茨:《关于产权的理论》,转引自［美］R.科斯等:《财产权利与制度变迁——产权学派与新制度学派译文集》,刘守英等译,生活·读书·新知三联书店1991年版,第97页。

盾,就是没有认识到不同领域的公有制企业有着不同的目标,因此应该有不同的评价标准。效率,尤其是经营指标,更适用于市场竞争性领域,而在公共产品和服务供给领域的公有制企业不能用经营效益指标来评价。公共领域的公有制企业不是作为政府投资获利的工具和手段,而是要承担政府的部分社会职责,政府与企业的关系也就不可能只是经济关系。政府赋予公共领域公有制企业非经济任务,当然不能用经济效益指标衡量公共产品领域的公有制企业。

不过,当公有制企业进入市场竞争领域,企业的产权清晰界定是企业走向市场并独立承担市场主体责任所必需的。由行政管理企业走向以资本管理企业,产权明晰是企业性质界定和管理的第一步。但是,界定产权并不等于解决了公有制企业与政府的责任关系,必须从根本上明确竞争性领域中公有制企业和政府各自承担的角色和责任。

如果是用经营指标来要求竞争领域的国有企业,那就应该按市场要求来管理国有企业。国家只作为出资人,对出资要求保值增值,国有资本可进可退,国有企业也应该与其他所有制企业一样地位平等,不享有特殊待遇,也不要求其承担一般企业承担责任之外的其他社会责任。这样才能促进企业竞争力的提升,保证市场效率和市场秩序。在竞争性领域必须用经营指标来考核和评价企业,因为经营指标反映的正是企业的市场竞争力和可持续发展能力。没有领先的利润率指标,企业就很难在市场竞争中生存下去。市场主体是平等的,只能用统一的指标即市场效益指标来评价。任何非市场化的指标,如果不是对市场所有企业都适用,只会给指标适用企业带来成本和发展障碍,最终导致这些企业竞争力下降。目前国内学界对竞争性领域国有企业经济效益较低的解释总是说这些企业是因为为员工提供了较高的工资和福利、为社会承担了教育等职能,还由于没有削减冗员而承担了社会转型成本等因素导致了企业整体效益不如民营企业。这些都是把国有企业的非市场目标作为评价指标,把竞争性领域的国有企业依旧看作是一种公共产品供给组织的传统做法。传统的国有企业与政府之间的关系不是出资人与经营主体的关系,而是上下级的关系,国有企业是政府机构的延伸和社会管理的一种手段,当然不能以经营效率指标来考核和要求国有企业。但是,在市场经济体系已经基本建立的今天如果继续沿用这一做法去要求竞争性领域的国有企业,这些竞争性领域的国有企业依旧受到政府许多非市场因素目标的干扰和影响,在竞争中经济效益就会明显落后于私有制企业,导致竞争性领域国有企业容易被市场淘汰,最终必然引发社会对国有企业经济效益低下而应该退出的普遍认同。如果在竞争性领域需要国有企业的存在,必须要解决国有企业与私有制企业平等地位和同样身份问题,保证竞争性领域的国有企业能够用同样的市场经济指标来考核和运作。

因此,要区分国有企业所处的不同领域,明确其承担的不同职能,界定政府与国有企业的行为边界,不能混淆公共领域与竞争领域国有企业的不同特点和目标要求。对于公共产品领域的国有企业,要按公共利益的目标来管理,在管理中虽然应该有管理成本的相应考核指标,但是更应该坚持公益性质,细化社会利益服务的指标。要对国有企业进行分类改革和指导,而不是一味地用公有或私有哪一个更好的思维来看待所有权问题。有人认为,区分竞争性领域和公共产品领域,必然导致对公有制的分化,因为公有制在中国经济中的主体地位并不区分这样的领域,是作为国民经济的基础而存在的。但是,不区分这两个领域,就不可能对不同领域的公有制企业进行分类指导,不可能制定不同的考核目标与要求,也难以解决各自面临的不同问题。区分不同领域,不是要否定竞争性领域公有制企业的存在,而是要分析不同领域的不同经营环境和目标,有利于针对不同领域企业制定有效的管理目标与措施。

（二）国有企业经营者与所有者追求的目标不同

在评价公有制效率时还有另一种比较流行的观点,认为国有企业中的管理者是官僚,其目标只是官僚职位升迁和自己经济利益,容易利用公有资源腐败,不会考虑企业的根本利益和长远发展,与企业所有者追求的公有资本保值增值和社会公共利益目标不一致。委托代理理论认为,国有企业存在多重的委托代理关系,在没有直接的外部监督机制和严格的内控机制下,这种多重代理机制必然会导致经营者偏离所有者目标,使企业经营效率低下,而要改变这一状况的唯一出路是通过私有化改善公司治理结构。西方公共选择理论进一步认为,国有企业的经营人员与政府官员一样都是自私的,他们追求的都是在环境约束下自身利益的最大化。

在企业所有者利润目标的考核要求下,公有企业经营者也会追求实现利润目标,这与政府官员追求权力职位是一回事。与私人企业相比,国有企业经营者在内部信息掌控上更自由和全面,可以利用这种权力确定利润目标完成情况并考量自己可以获得的收益。他们可以不通过提高薪金和津贴来达到自己的目标,但完全可以在工作享受、超额津贴、职务消费、人事安排、关联交易等方面腐败,而腐败必然导致国有企业的低效率和对创新等企业长远目标的漠视。

对于中国国有企业资产监管部门来说,长期以来我们混淆国有企业所有者与经营者目标,认为只要国有企业资产姓"公",选任可信赖的经营者就可以实现公有资产保值增值和相关社会目标。但是,国有企业经营者的目标与企业目标,包括所有者的目标存在差异又是现实的。在反腐斗争中揭露的国有企业腐败现象并不比政府机关少,国有企业领导自定自身和企业员工的薪酬水平,在各种关联交易和人事关系处理上利用掌控的公有资源腐败问题十分突出,这些问题说明委托代理理论和公共选择理论揭示的问题在中国国有企业中确实存在。混淆国有企业所有者与经营者目标,不重视对企业经营者激励机制和监督机制的科学设置,最终使责权利不对应,必然导致内部腐败丛生,国有企业的效率与私人企业相比难免处于低位。

不过,企业经营者与所有者目标不一致是企业经营中的普遍问题,只不过相比较私营企业,国有企业在对经营者的绩效考核和激励措施制定时更加困难而已,但并不等于国有企业就一定不能解决这一问题。对国有企业经营者的激励要使经营者的行为目标趋向于所有者的目标,包括短期目标与长远目标。在竞争性领域,国有企业短期的保值增值目标可以用利润率等指标来考核,通过制定与之相对应的薪酬与绩效奖励等激励措施可以实现这一目标。目前社会热议国有企业管理者薪酬过高问题,这是因为长期以来国有企业经营者薪酬更多的是经营者用手中掌握的企业资源向监管者要来的分配权,有市场因素,但更多的是权力因素。因此,薪酬绩效等激励措施不能由经营者自主决定,而是应该根据企业特点和经理人市场薪酬水平来定。国有企业经营者收入水平当然会大大超出同级别的政府官员,而且也会超出本企业职工的平均收入水平,这是企业经营劳动的复杂性和贡献所决定,也是吸引优秀经营者加入国有企业的需要。把国有企业经营者的薪酬水平降低到市场以下,当然可以减少社会对国企高管高收入的不满,但是,必须对经济收入损失从政治上加以补偿,否则,国企高管的激励不足,必然会影响国企高管的积极性,最终影响企业所有者的目标。不过,用官员职位升迁来激励国企经营者,会固化企业经营者的官僚意识,使企业经营者把经营行为更集中在完成上级政府交办的任务,从而忽视市场变化和企业内部管理。在官员职位的激励下,企业经营者可能不在意自身工资收入水平,并会主动配合降薪要求。思想教育可以部分地纠正企业经营者与所有者的目标差异,但是经营者实际需求和市场经营复杂性使官员式的思想教育管理模式的效果非常有限。

当然,如何合理确定竞争性领域国有企业经营者的收入水平是一个十分复杂的问题,归根到底是把企业经营者看作是一个官员还是职业经理人、报酬是市场化还是政府化的问题。不过,在依据市场标准和考核指标来确定竞争性领域国有企业经营者的薪酬水平时,必须要与国有企业经营者订立充分合理的考核指标,要考虑国有企业产权委托经营与民营企业的不同之处。国有企业的经营者往往难以获得企业经营的充分授权,也没有董事会或董事长这样的所有者代表来监督和考核其行为,国有企业的目标又不是单一利润目标,而是多样目标,使其考核标准难以明确。国有企业经营者绩效考核既不能完全市场化也不能直接官员化,而是要根据企业特点和市场情况订立更加全面的考核指标。

同时,不管是什么性质的企业,都要使激励措施让经营者既关注企业当前的经营目标,也要注意企业的长远发展。技术创新的投入是一个减少当期利润而谋求长期收益的风险投资,企业经营者如果不能从长期的经营收益中获得激励,就不会将当期收益投入长期不确定的技术创新中。企业创新来自企业对市场经营的反应,当创新可以节约成本、降低资源消耗,合理促进资源利用,对新的市场的开拓等带来竞争力和收益增加,创新才会得到鼓励和投入。如果企业缺乏经营压力和利润激励,就不会把创新作为经营方向,而缺乏创新的企业则在市场的竞争中难以处于优势地位。股权,尤其是股票期权激励是解决这一眼前与长远、所有与经营权利益的结合的有效措施,这种激励不仅对私营企业有效,对于国有企业一样可以起到长期激励作用。当然,如果对国有企业的考核不是当期利润,而是以获取国家创新项目和资金奖励等方式为目标,或是基于政府机构对企业创新水平的评价指标,那么国有企业在创新上的投入就可能不再谨慎,而是会围绕政府在创新上的指示和指标不断投入。不过,这些创新投入可能更多的是基于政府的喜好而不是企业自身发展的需要,所能产生的创新效果和长远收益值得怀疑。

四、国有企业改革的长期性与艰巨性

虽然我们对国有企业进行了大量改革,但是,必须充分认识国有企业改革的长期性和艰巨性。国有企业改革不仅涉及企业自身问题,还关系到国有企业管理体制中的财税、投资和组织管理等一系列问题。要充分认识国有企业的历史与现实价值,认清社会主义市场经济的运行规律和政府作用,促进国有企业既发挥公有制主体地位,又能够实现保值增值,坚持社会主义经济的主导地位。

(一)充分认识国有企业的历史与现实价值

新中国成立后的很长时期里,国有企业都是作为中国经济建设的主体发挥着不可替代的作用,国有企业是中国工业化的主体,为社会提供了广泛的工资和福利保障,贡献了主要的财政收入,是稳定和促进经济增长的重要手段。国有企业是国家工业化的主体,这是由传统计划体制决定的。新中国成立后经过社会主义改造,已经不存在私人投资的企业,所有国家建设都是通过国家对国有企业的投资来实现的,由此我们建立起一个相对完整的工业生产体系。由于经济资源完全掌握在国家手中,国家投资全部用于国有企业,再加上国家对人才、资源的统一配置,国有企业自然是工业化和整个经济的主体。

改革开放后,民营经济和外资经济的发展使国有企业在国民经济中的比重不断下降,但历史形成的国有主导地位不可能短期内失去。我国渐进式改革虽使国有企业在国民经济中比重有所下降,但国有企业的总体资产价值和经营总量还是随着经济发展而不断增长。在改革的历史演进过程中,一方面大量中小国有企业退出竞争性领域,反映了其竞争效率较低的事实;另一方面,国有企业的合并和经营领域收缩产生了一批巨无霸的大型企业,在相关领域形成了垄断地位,这种垄断既有政府扶持和限制外来竞争的结果,也有企业规模巨大形成的自然垄断。如果用垄断领域的少数国有企业与其他所有制企业进行比较,国有企业在社会贡献度、总量比重和利润率等指标反映的效率并不低。① 但是,目前在市场领域中的国有企业的地位和影响虽然有企业长期经营的结果,也有历史延续和政府长期支持的结果,现实价值是历史价值的延伸。在整体经济较快增长时期生存并占主体地位的国有企业的经济指标不比其他市场主体或发达国家私营企业差,其经济效益与政府作用、整体改革发展紧密相连,不能完全区分是所有制因素还是制度变革带来的整体经济潜力释放的推动。

　　国有企业,尤其是大型央企在整个国民经济中,目前依旧要承担一定的社会和国家责任。当经济出现波动,尤其是经济下滑时期,国家会通过国有企业加大基本建设投资,实现经济稳定增长的宏观目标。国有企业在宏观经济调控中扮演着主要角色的做法是人们对国有企业价值的传统定位和现实地位延续下来的。但是,这样做最终必然导致国有企业依旧缺乏严格的预算约束和明确的利润指标,政府要求国有企业承担社会责任,国有企业也就不会把利润作为经营的考核目标。要国有企业依旧在竞争性领域有存在的价值,只有确保国有企业的竞争效率才是唯一的理由。而国有企业传统承担的社会责任,市场中的所有企业都是整个社会生产与经济组成部分和主体,都可以发挥解决就业、税收和提供产品服务的功能。政府宏观调控经济应该通过货币政策等工具,面向所有市场主体,目标是宏观经济的稳定和市场活力的提升。

　　国有企业的历史价值不能完全证明在市场经济环境中国有企业还能发挥同样的价值,因为社会条件和经济运行模式都发生了巨大变化。随着市场完善和其他所有制经济主体的发展,国有企业面临着更多的竞争和挑战,此时要考查的是国有企业能否适应新环境并更有竞争力问题。因为竞争领域的国有企业只有在新环境下继续产生效益,才能保证国有

---

① 刘元春:《国有企业宏观效率论——理论及其验证》,《中国社会科学》2001 年第 5 期。

企业的持续生存和发展。如果仅仅用历史价值来说明国有企业在当前也存在价值,就把国有企业看作是一个抽象的可以脱离历史制度环境的所有制形式,这背离了马克思历史唯物主义的观点。在当前市场条件下,处在竞争性领域的国有企业如果没有较好的经营效益,只会在竞争中失去市场,最终破产解散。在竞争性领域,企业的价值只能是现实的经营效益和未来发展潜力。如果不用经济指标来衡量国有企业效率,国有企业在效益低下的境况下是维持不了多久的。国有企业的社会贡献,如国有企业员工的高工资和高福利,在现实经营中只是增加了企业的经营成本,降低了企业的竞争力,除非这种工资和福利与企业的生产率和市场竞争力是相对应的,否则这种不计成本的经营只会在竞争中被淘汰。这种结局是经济规律作用的结果,不可能因为企业所有制性质不同而发生变化。如果国有企业难以在市场中生存,就根本谈不上发挥主体地位和作用。除非限制竞争,保证国有企业的垄断地位,才能保证国有企业的经营效益,但这又是以损失社会的整体效率为代价的。

(二)持续推动国有企业管理体制改革

不能否认,改革开放后国有企业在经济效益上普遍出现了问题,不过这些问题并不完全是国有企业自身的问题,也与管理体制有关。如我们在市场经营与竞争方面已经逐渐放开,民营经济和外资企业不断发展,国有企业面临较大的市场竞争,但是,对国有企业的管理改革却没有较大进展,企业经营投资、用工和新产品研发等方面还受制于上级管理机关,这样就很难在竞争领域与其他企业一样进行快速的决策和定位,很容易失去市场机会。而一旦失去了市场机会,再要在竞争中占据优势地位就十分困难。这些外部的制度因素使国有企业的经营出现困难,不能简单地将经营困难问题归咎于国有企业自身。再如,国有企业承担着许多社会责任,如一些国有企业长期以来承办了一些义务教育和职业教育,这些教育成本支出使国有企业整体经营成本过高。在政府不愿意承担这部分社会职能的情况下,国有企业又难以剥离这些社会职能,当然使国有企业面临经营困难。

改革开放以来,我国对国有资产管理体制进行了多轮改革,进一步明确了产权关系和责任划分,从根本上来解决国有企业委托代理经营中层次过多和无人负责的问题,做到职责明确,科学管理。地方国有企业经过改革后多数脱离了国有企业的序列,成为市场独立主体,增强了经济活力。中央企业经过多次整合,大大减少了企业数量,由国资委对其进行直接管理,减少了管理幅度,提高了资本控制力,国有企业总体经营状况有了很大改善,一些国有企业的规模和赢利水平达到了世界水平,跻身世界500强之列。这些都说明,问题的根本不在国有企业的所有制性质,而在于是否针对国有企业的特殊情况对其进行有效的针对性管理,而其关键是要建立科学的管理体制。如果管理机关还是用传统的行政管理手段管理国有企业,面对数量众多、经营领域广泛、内部管理层级复杂的国有企业,管理机关如何能了解企业面临的市场竞争信息并及时给予指导,最终这样的管理又如何能提高国有企业的竞争力?

不过,在明确政府与国有企业之间的权责关系的同时,还要明确国有企业自身的经营管理责任。国有企业不是一"公"就好,私有制企业也不是一"私"就好,都存在管理问题。委托代理理论对企业多层委托管理中的信息传递和责任界定问题的揭示对公有制与私有制企业都是同样存在的,而对于国有企业更是一个必须面对的问题。如果依旧沿用传统行政管理的方法来管理国有企业,政府作为资本人格化的出资人角色没有得到落实,从所有者到企业管理者之间的委托代理关系就会发生扭曲,而这种扭曲会进一步导致企业内部委托代理责任的目标错位。私有企业通过向下一级代理分解出资者的利润目标,各级代理均以利润作为考核目标,信息明确,考核清楚。相较私营企业,国有企业委托代理关系更加复杂,主要是委托代理的责任与权利没有明确划分,需要通过科学的制度设计来解决委托代理中的信息不对称问题。

假设国有企业的外部环境与其他企业的外部环境是一样的,竞争领域的国有企业的市场地位与考核目标要求与其他企业一样,国有企业能否与达到其他企业同样的竞争力呢? 应该看到,在竞争性领域,尤其是门槛较低、竞争性强的领域,国有企业普遍存在着竞争力问题,这里的问题就不是简单的外部制度因素,还与国有企业本身的经营管理文化有一定关系。如果从单纯的理论角度和信息角度看,只要国有企业的管理机构对企业经营信息充分了解,能给予企业经营者足够激励,国有企业也可以与大企业集团下属子公司或分公司一样正常经营甚至得到较好发展。国有企业存在的委托代理问题在大企业集团中也同样存在,大企业集团也是业务广且管理层级复杂,下属企业也是由非股东的专业经理人员在经营。但是,问题在于,大集团下属企业接受的集团考核指标一般是经营指标,而国有企业长期形成的企业经营管理文化并没有把专业化经营作为一种追求。国有企业长期在上级主管部门的约束下生存,往往形成对上负责而不是对市场负责的经营管理文化,大家关注的不是经营利润指标,而是上级主管部门的指示和要求。由于上级主管部门政出多门,目标和要求不统一,国有企业内部就难以形成面向市场的核心竞争力,最终在竞争中失去优势。企业的效率不是一个单纯纵向经营数据对比的指标,而是在竞争中市场占有优势的竞争目标。与同领域的非公企业竞争,如果在市场中不能占有优势和先机,很容易在竞争中被排挤出市场,效率高低是在与同领域的先进企业之间进行比较后才能得出的。

国有企业承担着社会主义公有制的实现形式,国有企业的政治性质就无法消除,政府对国有企业进行的特殊扶持,而国有企业也会要求政府给予特殊的支持。国有企业作为政府投资品,自然会被政府要求按政府的目标做事,这样企业遇到问题也就不会从企业经营中去寻找理由,而是会从政府目标中寻求政府的支持和理解。这些都导致了国有企业不能按照一般企业来考核,一些经营问题和竞争力问题就会在一段时间后出现,而这些问题出现就会进一步证明国有企业与政府之间没有明确界限才会不断出现问题。这说明国有企业存在的问题可能是长期的。而要根本解决这一问题还是要重新认识和定位国有企业在社会中的地位。

因此,在国有企业改革中不仅要关注公有制的产权特点和内部治理结构问题,也对外部制度环境给予分析,公有制企业难以实现高效率是由其面临的社会治理制度环境导致的,公有制的根本问题在于管理体制和机制问题。一些西方经济学家也承认,如果对单个公有制企业进行明确有效的管理,制定充分合理的激励目标,减少企业的非市场目标,公有制企业也可以与私有制企业一样具有效率。也就是说,产权并不是绝对的问题,而只是问题的一种表现。在大型的股份制企业中,股东是分散的,企业的经营也是委托给专业的经理人员经营,此时企业的产权结构也有公有制企业的特征。不过,股份制企业虽然产权是分散的,但是股东对企业经营的目标是明确的,对经营者的考核是严格的,而且面对的是激烈的竞争市场,股权分散并没有影响企业的经营决策。而当国有企业数量众多,分布在不同领域,自身情况复杂,管理机构又如何针对各个企业具体情况和面临的市场变化制定有针对性的管理措施和考核目标? 管理机构不仅要负责经营者的选聘,还会对企业经营中重大问题给予指导,而这些指导和管理与管理机构的相关负责人之间没有直接的利益关系,此种管理体制就很难不出现问题了。

　　国有企业还是政府宏观调控和财政收入的一个重要手段,在这样的目标影响下要认识和加强国有企业改革是十分困难的。国有企业因为自身产权结构特点带来的影响也使其经营活动不同于私营企业。私营企业可以通过管理经验的积累、选聘适合的经理人员等手段来强化经营管理,而国有企业则需要根据各自领域和经营特点来制定各自不同的方针政策,而这些都需要在长期的实践中去协调政府出资人与企业之间的关系。在经济运行中,听命于政府的具有巨大经济能量的国有企业对经济的作用是积极还是消极的,国有企业可能在所在领域的垄断地位对经济是有利的还是不利的,在经济学中依旧有许多争议,都需要在今后的改革实践中不断研究和摸索。

第五节　社会主义市场经济理论的
形成和创新价值

　　中国经济改革以提高人民生活和经济效率为出发点。从农村改革开始,逐步向民营经济、国有企业、价格体系和金融等领域不断深入,最终触及经济体制的根本性问题。中国经济体制改革的最终目标是什么,指导思想又是什么,如何理解政府与市场关系,社会主义能否实行市场经济,这些都成为经济改革无法回避的问题。通过经济体制改革成效,社会越来越认识到市场经济对中国经济发展的重要意义,在理论上不断探索既保证社会主义制度又能促进生产力发展的经济体制,形成了社会主义市场经济理论,实现了马克思主义经济学历史性新跨越。

一、社会主义市场经济理论的形成过程

在经典作家论述中,社会主义实行不同于资本主义经济制度是不言而喻的。经典作家对资本主义经济制度的批判和对社会主义经济制度的设想就是要找到一条比资本主义更适应社会化大生产的经济制度。在生产资料实行国家和集体所有后,整个社会经济运行体制只能实行计划体制,因为公有制企业不是竞争的利益主体,社会经济运行只能由权力机构计划安排。但是,传统社会主义理论把计划体制作为社会主义经济制度的一部分,当社会主义国家由于长期实行计划经济而使经济发展停滞并力求改革这一体制时,面临的不仅是体制障碍,还有巨大的理论障碍。经济体制改革就是不断地释放社会主体对利益的追求,减少政府对经济行为的控制,逐步让市场发挥资源配置作用。这一改革首先就面临着理论上的难题:社会主义与市场或者是市场经济能否相容? 因此,不解决这一理论难题,社会主义市场经济的改革目标就得不到真正实行,社会主义市场经济体制就难以真正建立。社会主义市场经济理论是马克思主义经济学在当代中国发展的最主要成果,是在经济改革中不断探索总结的产物,围绕这一理论进一步阐发社会主义与市场经济关系,可以为社会主义发展提供更多理论支撑。

从党的十一届三中全会到十二届三中全会,中国经济改革在农村和城市都取得了显著成绩,使人们对市场作用有了较深体会。但是,基于传统观念,人们只是把市场作为整个经济体制的补充部分、辅助部分,只在整个经济中占据较弱的地位,不能也不会影响社会主义公有制主体地位和社会主义性质。陈云在 1979 年就提出:"整个社会主义时期必须有两种经济:(1)计划经济部分(有计划按比例的部分);(2)市场调节部分(即不作计划,只根据市场供求的变化进行生产,即带有盲目性调节的部分)。"①他对市场与计划的关系认识具有超前性,说明他对社会主义经济体制采取混合性来适应生产力发展水平具有清醒认识。但是,这是基于他的如此论述,"第一部分是基本的主要的;第二部分是从属的次要的,

―――――――

① 《陈云文选》第三卷,人民出版社 1995 年版,第 245 页。

但又是必需的。既掌握了政权，又有了第一部分经济，就能够建设社会主义。第二部分只能是有益的补充（基本上是无害的）。……问题的关键是，直到现在我们还不是有意识地认识到这两种经济同时并存的必然性和必要性，还没有弄清这两种经济在不同部门应占的不同比例"①。邓小平倡导改革，提出要破除旧的计划体制，就因为计划经济体制"不利于充分发挥国家、地方、企业和劳动者个人四个方面的积极性，也不利于实行现代化的经营管理和提高劳动生产率"②。他希望通过放权来调动社会经济主体积极性，认为这样不会影响整个国家经济制度和社会制度，所作的改革只是用经济手段来调动各方积极性，不会产生资本主义问题。所以，党的十一届六中全会作出的《关于建国以来党的若干历史问题的决议》只是强调，"必须在公有制基础上实行计划经济，同时发挥市场调节的辅助作用"③。党的十二大也只是提出了"计划经济为主、市场调节为辅"④，这样的表述虽然对市场作用有所突出，把市场作为社会主义经济活动的一个组成部分，对传统理论有所突破，但是依旧强调了计划经济的主导作用。"我国在公有制基础上实行计划经济。有计划的生产和流通，是我国国民经济的主体。"⑤

　　随着改革不断深入，理论界也认识到市场和商品经济对社会主义经济理论的巨大挑战，经济理论界延续了社会主义改造时期关于价值规律和商品生产的历史地位等问题的讨论，对市场和商品经济在社会主义经济中的地位和作用作了进一步分析。于光远认为，列宁提出社会主义等于生产资料公有制加按劳分配，"我们在今天能不能把这一公式发展一下写成：社会主义等于公有制加按劳分配再加商品生产"⑥。林力子认为，简单和发达商品经济是商品经济的不同阶段，不同的社会制度都不能

　　① 《陈云文选》第三卷，人民出版社1995年版，第245页。
　　② 《邓小平文选》第二卷，人民出版社1994年版，第145页。
　　③ 中共中央文献研究室编：《十一届三中全会以来重要文献选读》上册，人民出版社1987年版，第347页。
　　④ 中共中央文献研究室编：《十二大以来重要文献选编》（上），人民出版社1986年版，第338页。
　　⑤ 中共中央文献研究室编：《十二大以来重要文献选编》（上），人民出版社1986年版，第22页。
　　⑥ 于光远：《政治经济学社会主义部分探索》（二），人民出版社1981年版，第320页。

跨越商品经济发展阶段,社会主义也要达到商品发达阶段。① 刘国光、赵人伟较早地提出了计划与市场的关系,认为"社会主义经济中计划和市场的关系,既不是相互排斥,也不是由外在的原因所产生的一种形式上的凑合,而是由社会主义经济的本质所决定的一种内在的有机的结合"②。当然,他们在论述中还是强调了计划的主导地位。而蒋学模则进一步把计划与市场都作为经济的调节手段,只是在不同领域和不同层次上作用不同。③ 这些讨论对市场与计划的关系进行了分析,对社会主义经济运行方式和商品经济范围问题在理论上作了探索,为经济体制的改革目标提供了理论基础。

　　1984 年,党的十二届三中全会总结了之前的经济改革成果和经济理论界的研究成果,作出了《中共中央关于经济体制改革的决定》(以下简称《决定》),在中央文件里作出了社会主义经济是"在公有制基础上有计划的商品经济"的提法,把商品经济作为社会主义经济的基本特征。虽然在《决定》中依旧强调了计划,认为社会主义经济应该是计划经济,但这种计划已经是建立在商品经济基础上的计划,而不是产品经济的计划。计划的作用是为了促进商品经济更健康地发展,而不是对商品经济的控制。《决定》没有把计划经济与商品经济对立起来,而是强调要自觉依据和运用价值规律发展社会主义商品经济。邓小平评价说:"这次经济体制改革的文件好,就是解释了什么是社会主义,有些是我们老祖宗没有说过的话,有些新话。我看讲清楚了。过去我们不可能写出这样的文件,没有前几年的实践不可能写出这样的文件。写出来,也很不容易通过,会被看作'异端'。我们用自己的实践回答了新情况下出现的一些新问题。不是说四个坚持吗?这是真正坚持社会主义,否则是'四人帮'的'宁要社会主义的草,不要资本主义的苗'。"④之所以说这个《决定》在之前会作为"异端",就是因为《决定》把社会主义经济形态定义为商品经济,确立了商品生产、交换和分配等在整个经济中的基础地位,这些当然是传统社

---

① 林力子:《社会主义商品经济探讨》,《光明日报》1980 年 8 月 30 日。
② 刘国光、赵人伟:《论社会主义经济中计划与市场的关系》,《经济研究》1979 年第 5 期。
③ 蒋学模:《论计划调节与市场调节的结合》,《经济研究》1979 年第 8 期。
④ 《邓小平文选》第三卷,人民出版社 1993 年版,第 91 页。

会主义经济理论所不能容纳的。

但是,在中国经济改革实践与理论之间的脱节始终存在,主要根源在于对社会主义经济理论的理解。虽然经济发展取得了巨大成就,但是始终有人对市场化改革目标表示怀疑,把市场与资本主义等同,认为这种改革目标会把中国带入资本主义,导致改革目标摇摆不定。虽然具体领域改革不断推进,但是对改革最终目标的理论认识始终实现不了根本性突破。1992年邓小平在南方谈话中再一次强调:"计划多一点还是市场多一点,不是社会主义与资本主义的本质区别。"①这些讲话都为社会主义市场经济理论奠定了政治基础。

经济理论界,尤其是马克思主义经济学家在这一理论形成中更是发挥了积极作用。谷书堂、常修泽就认为,"商品经济植根于社会主义公有制经济内部,说明即使从深层的利益关系来说,公有制与商品经济也并不是格格不入的,而是可以兼容的"②。厉以宁认为,"商品经济与市场经济的含义是相同的。社会主义商品经济就是'社会主义市场经济'"③。薛暮桥认为,"市场机制对于整个国民经济的运行,对于社会资源的合理配置和有效使用,发挥基础性的调节作用,使市场调节成为社会资源配置的基础方式"④。

1992年召开的党的十四大报告中提出:"邓小平同志今年初重要谈话进一步指出,计划经济不等于社会主义,资本主义也有计划;市场经济不等于资本主义,社会主义也有市场。计划和市场都是经济手段。计划多一点还是市场多一点,不是社会主义与资本主义的本质区别。这个精辟论断,从根本上解除了把计划经济和市场经济看作属于社会基本制度范畴的思想束缚,使我们在计划与市场关系问题上的认识有了新的重大突破。"强调:"实践的发展和认识的深化,要求我们明确提出,我国经济体制改革的目标是建立社会主义市场经济体制,以利于进一步解放和发展生产力。"⑤这标志着中国共产党正式提出中国经济体制改革的目标是

---

① 《邓小平文选》第三卷,人民出版社1993年版,第373页。
② 谷书堂、常修泽:《社会主义与商品经济论纲》,《经济研究》1990年第6期。
③ 厉以宁:《第二次调节论》,《财贸经济》1987年第1期。
④ 薛暮桥:《关于社会主义市场经济问题》,《经济研究》1992年第10期。
⑤ 中共中央文献研究室编:《十四大以来重要文献选编》(上),人民出版社1996年版,第18—19页。

建立社会主义市场经济体制。社会主义市场经济体制改革目标的提出，使我们党在马克思主义经济理论上实现了新的历史性跨越。

二、马克思社会发展与制度演变理论的新发展

马克思历史唯物主义提示了人类社会发展的规律和社会形态变化的基本方向。但是，这些规律的揭示不等于已经完全解决了人类社会发展和社会制度演变过程的所有问题。不同历史文化条件、经济发展水平和不同社会结构与矛盾的不同国家，其发展道路完全可以是不同的。历史唯物主义从宏观和总体上对社会发展规律作出一般总结，这有助于把握社会发展总体方向，但是不能把一般规律和总体方向看作是社会发展每一个步骤和发展阶段的目标和标准。一个社会形态不可能从开始到结束都保持一个状态，可能要经过若干年代和世纪才会在生产力发展的推动下失去其存在理由。不能忽视现实过程的丰富性，用最终结果和特征取舍具体现实丰富的过程，把历史发展看作是单纯的机械运动而不是各种力量和因素综合作用的结果，历史发展的丰富性使得同一形态在不同时期、不同国家表现出各种不同具体模式。

每一种制度从其诞生、发展到最终消亡都是不断变化发展的过程，社会主义制度之前的人类社会制度是这样，社会主义制度本身也是这样。不存在所有社会主义国家都只有一种制度形态，而且是始终不变的形态。社会主义制度本身也是一个发展过程，从低级到高级，从不完善到完善。但是，这种低级与高级，不完善与完善，不是由所谓的社会主义特征来衡量的，而是由社会是否发展、制度是否有效解决了社会矛盾、是否提升了人民生产与生活水平等来衡量，这些才是社会主义制度的根本目标和基本追求。

社会主义取代资本主义，这是人类社会制度变革的一场革命，也是社会生产力发展和社会矛盾推动的产物。但是，这一取代过程必然是艰辛复杂的过程，不仅革命斗争存在许多困难，还且经济制度变革更是一个长期过程。通过暴力革命在短期内也许可以获得政权，但是，作为社会制度基础的社会经济实践行为却不会马上彻底变化。经典理论只是强调了社会制度变革的必然性，提出了制度变革中两种制度差异性的一些指标和

要求,希望用这些指标和要求来区分两种制度。但是,我们往往忽视了两种制度存在的联系和相似之处。社会经济条件和历史文化传统不可能马上改变,这就决定了人类经济生活方式也不会一次性改变。我们强调经济规律,就是说经济生活有自身发展规律,有其内在的必然联系,不可能因为政权更替就可以完全改变。哪怕是所有制问题,也不是单纯所有权归属问题,不是剥夺剥夺者就可以实现私有制向公有制的彻底转变。私有制社会中所主张和形成的产权、激励、信息处理和管理等做法,社会主义又如何能够完全舍弃。马克思在《哥达纲领批判》中批判拉萨尔派的所谓完全公平分配时就说,那有完全公平的分配,即便是社会主义的按劳分配也是一定历史生产条件下的产物,而不可能是观念的产物。在生产力还较为落后的社会主义阶段,人们还要为生存而劳动,因此按劳分配就是有资产阶级法权存在的一种劳动权和分享权的体现。这些说明,不仅观念不可能完全变化,就是人们的交往活动也不可能完全摆脱旧有模式。马克思恩格斯提出的社会主义经济模式,是在对资本主义制度超越后所表现的一种差异,但并不是说社会主义经济在所有领域和所有历史阶段都能完全与资本主义对立和区分。

马克思恩格斯曾经设想通过合法途径而不是暴力方式实现资本主义向社会主义的转变,也就是在社会觉醒到资本主义的局限而去主动变革他,这样在社会主动变革中,社会会不断地通过变革来改进资本主义缺点,向社会主义制度逐步迈进。这说明马克思恩格斯从来没有只设想一条道路、一种模式进入社会主义。他们从资本主义内在矛盾和生产力发展角度论证了社会主义的胜利,当然这一过程可以在无产阶级夺取政权下更积极地推动这一进程,但不等于无产阶级有了政权就可以脱离生产力发展规律。制度的建立和完善是一个长期发展演变过程,这是只有在尊重经济现实和规律的基础上不断推进才会出现的结果。

社会主义市场经济在许多方面与资本主义的市场经济有相似之处,这并不用讳言。我们强调社会主义市场经济与资本主义市场经济的不同,但我们也应该承认二者之间的相似之处:资源的市场配置、价格的引导,各个经济主体对利益的追求、资本在生产中的作用等,这些相似之处是社会主义与资本主义共同的经济运行特征。社会主义国家这样做的根源是市场经济被证明是工业化和社会化大生产一定阶段的资源配置有效方式,对于经济发展具有根本性的推动作用。我们使用市场经济,不等于我们就是资本主义,而是说我们学习借鉴了西方经济的运行方式,是把好的有效的生产组织形式加以借鉴运用。这一结果从根本上说是生产力发展的需要,也是生产力发展水平所决定的。

中国的社会主义市场经济体制当然是马克思主义经典作家所未曾设想的,甚至与他们原先设想还有背离之处,但是,这是中国共产党人在中国社会主义建设中不断探索、总结和创新的结果。我们始终坚持了社会主义道路,保证了方向和性质没有变化,在具体社会经济运行上又从中国实际出发。"社会主义走市场经济发展道路根本改变了传统社会主义经济的发展道路,这一道路是社会主义与市场经济相统一的理论创新在发展道路上创新的体现。理论创新解决的是观念、认识和指导思想问题,道路创新解决的是经济发展的模式和效率问题,社会主义市场经济发展道路的创新,构成了中国特色社会主义发展道路的主体内容。"①实践证明,社会主义市场经济模式是符合中国社会主义建设的一条道路,既坚持了社会主义制度,又促进了经济发展,达到了社会主义所追求的目标,是马克思主义经济学的一个伟大创新。

三、社会主义初级阶段理论的新内涵

社会主义市场经济体制说到底是适应社会主义初级阶段的经济体制,社会主义市场经济理论是社会主义初级阶段理论的重要组成部分。中国是一个生产力相对落后的国家,在这样的一个国家建立起来的社会主义必然是处于社会主义相对不发达的阶段,也即社会主义初级阶段。在社会主义初级阶段,我们的主要任务不是使社会主义国家符合经典作家设想的社会主义,不是建设典型的社会主义,而是要根据中国当前的社会主要任务来解决自身问题,而社会主义初级阶段的主要任务是解决生产力落后的问题。不解决生产力落后问题,就不能实现社会主义由初级

---

① 顾钰民:《社会主义市场经济理论、道路、体制的创新与发展》,《思想理论教育》2012 年第 11 期。

向高级的发展,就不可能在资本主义国家环绕并且具有经济强势下立足社会主义并最终战胜资本主义;也不可能实现社会主义的基本目标即实现人民的幸福和人的自由全面发展。社会主义的建立和发展就是要解决资本主义存在的生产力与生产关系的矛盾,解决资本主义制度对生产力的阻碍。

社会主义初级阶段理论为社会主义采取各种方式发展生产力提供了理论依据。因为初级阶段是社会主义的初始阶段,是相对不发达的社会主义,当然不可能要求在这样的阶段去实现社会主义发达阶段应该体现的社会主义特征,而是应该面对现实中的经济落后状况,把发展生产力作为第一要务。在社会主义初级阶段,可以大胆利用发达资本主义国家在经济建设上的经验与做法,积极融入世界经济的发展潮流之中,在与各国经济交往中提升社会主义地位和影响。而不是片面强调自己制度的特殊性,把自己孤立于世界之外。社会主义制度是一项伟大事业,是我们追求美好未来的理想,但不等于是一个一劳永逸的制度福利。社会主义经济发展不可能独立于其他国家,只有在与其他国家的交流中才能实现社会主义的发展。因此,在社会主义初级阶段,应该着力把经济建设作为整个社会的重心,不能过于强调自身制度特性而忽略经济发展中与其他国家之间的共性。经济发展的阶段性和共通性使社会主义初级阶段时期的经济建设在许多方面与发达资本主义国家走过的道路有相似之处,因此,学习和借鉴发达资本主义国家经济建设经验对社会主义发展十分必要。因为只有善于学习,才能使社会主义又好又快地发展。在社会主义经济建设上,不能只依靠经典作家少量的原则性论述,其他社会主义国家提供的可资借鉴的经验也少之又少,必须在学习借鉴西方发达国家市场经济的经验和教训的基础上不断实践探索,走中国特色的社会主义道路。

改革开放以来,随着生产力发展对生产关系调整和改革的要求,全社会尤其是经济学界对传统社会主义模式进行了大量讨论,形成了社会主义初级阶段理论。社会主义初级阶段理论为社会主义阶段实行市场经济,容许不同所有制共同存在和发展提供了理论依据。但是,必须要将这一理论与新民主主义经济理论作一区分,因为不作区分,就会认为现行的社会主义市场经济也不过是一个暂时性阶段,是在经济发展落后情况下采取的一个策略;对于私营经济,只是一种利用,而且是限制性的利用,而不是社会主义整个经济的重要组成部分。如果这样,社会主义市场经济也就成了没有真正理论内涵而只具有政策意义上的实践措施。必须把社会主义市场经济作为社会主义经济的内在要求和基本形式来看待,这样才能突破传统教条,真正符合社会经济发展规律和要求。

社会主义初级阶段理论科学地认清了中国所处的社会主义建设阶段,指出了这一阶段的主要任务。但是,社会主义初级阶段虽然提出了要大力发展生产力,对生产力发展的模式长期以来还缺乏清晰的认识。社会主义市场经济理论深化了社会主义初级阶段理论,使社会主义初级阶段的经济建设有了一个明确的指导思想和发展目标,即这个时期的经济体制是社会主义市场经济,建立完善的社会主义市场经济体制是社会主义初级阶段经济建设的基本任务。只有把社会主义市场经济体制充分建设好,社会主义初级阶段的根本任务才能得以实现,社会主义初级阶段的发展才是切实可行的。社会主义市场经济理论使社会主义初级阶段的经济定位于市场经济,资源配置取决于市场,社会各种主体在市场机制引导下发挥作用,从而形成竞争有序、充满活力的社会主义良好发展局面。

由此可见,没有社会主义市场经济理论,社会主义初级阶段将依旧停留在相对空泛的抽象的理论层面,在经济建设上就缺乏系统的理论指导,依旧只能从感性实践上去总结和体验。而社会主义市场经济理论为社会主义初级阶段经济建设理论提供了基本的框架和实施措施,为完成社会主义初级阶段历史任务提供了坚实基础。

改革开放以来关于社会主义所有制性质及其结构的争议,对劳动价值论和按劳分配理论的讨论、探索和创新,对社会主义市场经济的曲折认识,这些过程都说明了我们目前所进行的经济建设和经济理论的讨论不是一个单纯的理论问题,也不是一个单纯的实践问题,而是理论与实践相融合的一个马克思主义经济学的伟大创新过程。建立市场经济体制引起了社会主义理论上的诸多困境,我们不仅要在实践上探索社会主义市场经济的道路,努力实现社会主义市场经济的目标和追求,而且要在理论上去论证这一理论对于马克思主义、马克思主义经济学和社会主义理论的创新价值与意义。

改革开放的相当长一段时间里,我们是摸着石头过河,对社会主义经济应该如何建设没有明确的方向和目标。在实践中我们不断突破了传统的一些理论,学习和借鉴了西方经济理论,但中国社会主义经济建设的指导思想并不明确。应该说,这几年来,科学发展观和和谐社会思想的提出,不仅在政治上提出了发展目标,也为经济建设提供了理论依据。科学发展观和和谐社会思想的提出,是要超越社会主义经济与资本主义经济的传统理解和简单区分,直面我们共同的经济问题,既吸收了西方资本主义发展的经验与教训,也保留了社会主义的原则和方向。不管是社会主义模式还是资本主义模式,在面临资源短缺和环境污染等问题时都要坚持科学发展。失去了科学发展,社会主义与资本主义都没有赢家。而社会主义更应该摆脱资本逐利性,摆脱资本主义片面追求经济增长而忽视人与自然、人与人和谐的病态发展。社会主义不仅要比资本主义经济发展得更好,而且这种发展在人的全面发展和自由发展以及人与自然、人与人和谐发展方面将取得更大的进步。

四、社会主义经济规律理论的新表达

马克思在《资本论》中对资本主义经济规律作了全面分析和总结,指出了这种生产方式和对应的经济规律在人类社会发展中的历史作用和必然性。不管是什么国家,处于何种发展阶段,只要进入资本主义阶段,都需要遵循其基本经济规律,如剩余价值规律、资本积累和再生产规律、经济危机周期规律等。这些规律并不是人为的设想,而是由资本主义经济运行的内在关系决定的,因此是自然历史的产物。马克思对资本主义经济规律的总结和认识是基于资本主义经济运行的各种经济数据和资料而得出的科学结论,他的结论由资本主义几百年发展历史可以证明其科学性。这说明,只要坚持从客观事物发展的内在关系中探求经济变化规律,是可以发现经济自身变化规律的。马克思用科学态度,面对以英国为代表的资本主义现实经济活动资料,最终得出了资本主义变化发展规律。他没有从主观角度臆想资本主义变化轨迹,而是在坚实的材料和数据基础上分析和总结说明了资本主义演化过程。

对于社会主义经济,马克思恩格斯从对资本主义存在的矛盾和弊端出发,提出了社会经济更高发展的一些设想。在马克思的时代,这些设想总体上还是逻辑与观念上的东西,虽然在某些形式方面已经有所表现。如国家对经济调控,出现了国家创办企业的形式,或者是合作经济和股份经济等。但是,马克思也指出,这些形式总体上属于资本主义生产方式,而并不是社会主义经济内容,只能说在形式上有相同之处,可以为今后社会主义经济提供帮助和借鉴。也就是说,马克思恩格斯都没有实践过社会主义经济,也没有研究过社会主义经济的实际运行可能有何规律或存在何种困难。这就决定了社会主义经济只能是在社会主义实践中不断摸索和总结,而不可能有一个既定结论。

当然,社会主义经济应该也可能与资本主义有不同之处,但不等于说社会主义经济就一定要完全不同于资本主义经济,要遵循完全不同于资本主义经济规律的规律。社会主义经济规律只能是在社会主义实践中不断探索和总结,而不是事先设定某种状态。社会主义是不是要取消商品经济,是不是应该取消货币或者是资本等因素,这些不应该从经典作家的设想中得出,而是应该从实际的经济实践中去总结。我们相信社会制度的变革会给整个社会经济运行带来重大的变化,但这不等于这些变化就一定是完全不同的经济运行方式。社会制度变化当然会对整个社会的经济结构和形态带来变化,但最终决定这些变化能否存在,向何方向发展并不取决于主观设想,而取决于这些变化是如何适应生产力发展需要,是如何促进生产力发展的。社会主义经济规律的客观性来自社会主义制度下人们追求美好生活的经济活动行为形成的人与自然、人与人的关系,这些规律只能是现实人的活动的总结而不是理想化设计强加的。

中国特色的社会主义市场经济是中国从事社会主义建设中不断探索的产物,这一理论在改革开放初期并没有事先设计好,在这一理论形成过程中,甚至有许多人一直否定和怀疑市场经济。从以计划为主、市场为辅到有计划商品经济,最终到市场经济,人们思想观念的变化不是因为有了新的经典著作的出现或新的理解,而是社会实践决定了这一理论的最终形成。市场经济以其强大力量不断推进中国走向现代化。实践用其成果证明了只有这样的道路、这样的理论才能使中国得到发展,才能巩固社会主义事业,才能使中国经济社会得到较快发展。在这一过程中,传统理念对这一理论的形成造成了许多障碍,但最终都被现实发展所推倒。

社会主义市场经济理论是中国社会主义经济建设规律的一个总结。这一理论说明,社会主义必然长期存在商品经济,为了发展经济,还需要进一步推动市场经济发展,让市场决定资源配置。市场经济理论使我们可以借鉴世界上经济发达国家在经济建设上的成就和经验,可以学习世界文明成果包括经济建设成果,可以与世界进行广泛的经济交往,扩大社会主义国家的世界影响力。市场经济没有改变中国的社会主义性质,反而促进了社会主义中国更加强大。

社会主义存在商品经济,既然是商品经济,最终要向发达的商品经济即市场经济发展,这一根本原因是社会主义还存在着生产力不发展的原因。在生产力不发展的情况下,必须要将发展生产力作为根本任务,而不是单纯在生产关系上追求是否像社会主义来约束和限制生产力的发展。社会主义市场经济理论没有否认社会主义制度,而且通过市场经济发展巩固了社会主义制度,这才是实践中得出的经济规律,而不是人为设想的规律。

当然,社会主义市场经济从根本上还是社会主义性质,这基于社会主义制度对市场经济的约束和影响,但是,这种约束和影响不是限制经济建设和发展,而是克服市场经济在资本主义制度下给社会带来的痛苦和问题。社会主义市场经济不能完全克服经济波动,但是,可以减少经济波动幅度,这才是考验和体现社会主义制度优越性的最重要内容。社会主义容许并且鼓励私人资本存在,但是在社会主义制度下能够减少资本逐利给社会带来的危害,通过社会法律制度约束资本与劳动交换上的不公平问题,让劳动者能够得到应有尊重。总之,社会主义市场经济体系就是要发挥市场经济的作用,让市场经济更好地促进社会主义制度完善与发展。

社会主义经济建设在实践过程中还会出现许多新的问题和挑战,但是从目前的经济实践来看,社会主义市场经济体制的建立是社会主义经济发展的必由之路,是符合中国实际的可行之路。未来在社会主义建设中还会遇到这样或那样的问题,只要坚持从实际出发,不断总结实践中的经验教训,始终把整个社会的经济发展和社会和谐作为发展目标,就可以不断发现和总结社会主义经济规律。只要我们在社会主义建设中不首先预想一个模式、一个体制,而是在实践中不断探索和完善,社会主义经济制度就会在改革中不断丰富和完善,社会主义事业也会不断前进。

五、马克思主义社会影响的新提升

社会主义市场经济不是社会主义与市场经济的简单撮合,而是马克思主义经济理论的创新与发展。把市场经济引入社会主义经济理论之中,才能开创社会主义建设的新局面,推动生产力发展,与资本主义实现真正的较量。而要在理论上达到市场经济理论与社会主义理论的融合,必须创新传统理论,使理论与现实更加紧密地结合。只有形成了社会主义市场经济理论,才能说真正形成了中国化的马克思主义经济学,可以在这一基础上进一步推动马克思主义经济学的发展。社会主义市场经济理论是马克思主义经济学,尤其是社会主义政治经济学的核心内容。在这一理论的指导下,社会主义政治经济学才能构建一个完整的体系,做到不仅可以指导革命还可以指导建设有中国特色的现代经济学理论体系。

马克思主义经济学在中国的传播适应了中国革命的需要,在马克思主义经济学的指引下,工农革命者团结起来,为了更加美好的、可以得到全面解放的新社会而奋起革命斗争,马克思主义经济学为工农革命指明了目标和方向。没有马克思主义经济学的指引,中国的工农革命可能还会陷入传统农民起义的轮回之中。

但是,如果中国革命者对待马克思主义经济学是教条的,亦步亦趋的,马克思主义经济学也不可能得到广泛和持久的传播。在中国共产党早期革命斗争中,由于脱离社会环境,提出过一些不切实际的口号和目标,导致了群众对马克思主义的抵制,影响了马克思主义的前途。可以设想,如果我们党始终把工人作为革命主力,始终把城市作为斗争场所,把资本家作为斗争根本对象,中国革命就不可能取得成功。因为这样的斗争只能导致劳资分离、民族资产阶级破败、工人生活窘境加剧。如果共产党在自己执政的区域内完全取消一切非无产阶级,中国共产党必然四面树敌,经济无法持续,物资无法保障,最终坚持不到革命胜利。正是因为中国共产党在新民主主义革命时期没有把经典作家关于社会主义设想的论述作为革命目标,而是根据革命实际制定政策,才取得了革命胜利,推动了马克思主义经济学的传播。

社会主义改造和"大跃进"、人民公社和"文化大革命"的曲折历程从另一角度说明了没有创新必然导致马克思主义经济学得不到认可和传播。教条式地理解马克思主义经济学，以为可以通过生产资料公有化和计划体制等就可以建成社会主义，从而达到超越资本主义阶段的目标，这是漠视经济和社会发展规律的做法。从经济理论来看，马克思恩格斯对社会主义制度作了抽象的概述，指出了社会主义制度在经济上的特征和做法，但这不等于说马克思等经典作家就认为只要把这些抽象的原则具体化就可以实现社会主义经济制度并达到超过资本主义的效果。理论是为了说明这种理论与其他理论的区别，但不等于说理论就是现实。马克思指出的社会主义经济特征不过是一个总体概述，是从对资本主义制度批判的逻辑下延伸出的对社会主义的理解和认识。马克思从来没有说按照这样的原则就可以建立社会主义国家，就可以解决资本主义制度中所存在的各种问题。教条式地理解和照搬马克思主义经济学的结果是改革开放前中国经济面临着传统计划体制共同的困境——短缺经济，这样的结果引起了人们对马克思主义包括马克思主义经济学的怀疑。也许此时国家对马克思主义经济学的宣传并不少，但是在严峻现实面前，马克思主义经济学传播却是大打折扣的。

正是在经济发展的困境面前，中国共产党在以邓小平同志为核心的党的第二代中央领导集体的带领下开始了改革开放。改革开放的理论从根本上来说也不是马克思主义经济学的应有内容。改革开放虽然有继承新民主主义经济理论的一面，即承认中国生产力落后、处于社会主义初级阶段、可以利用国内外资本来发展社会主义的思想，但是改革开放却在这一过程中超越了新民主主义理论。因为这时突破的不是一个半殖民地半封建国家的现代化问题，而是一个社会主义国家如何发展的问题。因为有马克思主义经济学的传统思想，所以在改革开放中的许多做法会不断被提到理论层面上加以分析和批驳。如在私营经济不断发展的过程中，社会主义性质中所有制要求和所有制的结构问题就不断地被提出。这些问题使人们在很长一段时间里对私营经济，尤其是私营资本的性质和获利持批评态度，不断提出限制要求，总有人把私营经济和私人资本看作是洪水猛兽,提防私营资本的发展。在市场的发展中也是一样,害怕市场的变化和波动,担心市场对私人资本的推动从而使国家变质。这些都是受到传统马克思主义经济学理论的影响而产生的对改革开放的阻滞。

但是,另一方面也应该看到,正是由于这些观点的存在,引起了全社会从理论上讨论社会主义性质和建设的根本理论问题,推动了马克思主义经济学的发展和创新。实践一个个证明了所有对市场经济会影响社会主义发展的担心都是毫无道理的,同时这些讨论使社会重新思考马克思主义经济学,对马克思主义经济学的内涵及其对社会主义经济制度的理解需要重新定位,形成了社会主义市场经济理论。多种所有制并存、摆正政府与市场的关系、私营经济是社会主义经济的重要组成部分,市场是资源配置的基础方式、实行多种分配方式并存从而让各种社会财富的创造源泉充分涌流等思想都超越了传统的社会主义经济建设理论,成为当代中国经济发展的指导思想。在社会主义市场经济理论的指导下,中国经济取得了伟大成就,突破了马克思主义经济学传统批判市场的理论格局,实现了马克思主义经济学与西方经济学的竞争与互动。

正是在社会主义市场经济理论的形成过程中,马克思主义经济学得到了社会更广泛的理解、学习与传播,在讨论中深化了对马克思主义经济学的认识和了解。在西方经济学不断引进下,马克思主义经济学的主流地位虽然受到一定挑战,但是在社会主义市场经济理论的推动下,马克思主义经济学发挥了对社会主义经济建设的指导作用,依旧保持着主流的地位。

理论传播和影响的扩大需要理论不断创新,而理论创新才会更深入和全面地推动理论传播。马克思主义经济学在中国的传播正是由于其不断创新的结果,马克思主义经济学中国化推动了其在中国传播,中国化过程就是创新过程,马克思主义经济学在中国传播的动因是不断适应中国革命、建设和改革的需要,与中国革命与建设相结合,紧密联系中国社会与经济的实际,遵行经济发展的规律,这才是马克思主义经济学创新与发展的规律,是科学推动马克思主义经济学中国化的进程的有效方式。中国共产党在学习、研究与传承马克思主义经济学这一理论时能够面对理论与实践的挑战,不断创新和发展这一理论。充分总结马克思主义经济学中国化创新成果的意义和价值,把马克思主义经济学中国化的主要成果融入马克思主义经济学的理论体系中,才能更好地利用和传播这些成果,为马克思主义经济学的发展奠定更加坚实的基础。

结　语

开创中国特色社会主义经济学
新境界和新体系

马克思主义经济学中国化历程揭示,中国革命与社会主义建设是在马克思主义经济学指导下开展的,我们不仅要坚持用马克思主义经济学指导中国革命与建设,还要根据中国革命和建设的需要和中国实际作出新的论断,形成具有中国风格、中国气派和中国思想的政治经济学理论。马克思主义经济学中国化不是要强调中国实际的特殊性而否定马克思主义经济学的普遍指导意义,而是要科学对待和不断发展马克思主义经济学,要从中国实践出发,坚持马克思主义理论的科学指导,坚持中国特色社会主义经济建设之路,从实践中不断研究和总结社会主义经济建设的规律,开创马克思主义经济学新境界,形成有中国特色的社会主义经济理论,成为能为广大群众接受,可以用以指导中国经济建设实践的中国化马克思主义经济学新体系。

一、始终从中国社会主义建设的需要和实际出发

在马克思主义发展史上,经典作家根据发达资本主义国家的国情,提出了无产阶级在经济方面革命的理论、道路和方法。在我国,对马克思主义经济学的传播、学习和实践,曾经犯过教条主义的错误。不论是民主革命时期,还是社会主义革命和建设时期,总有人害怕革命和建设的方向背离经典作家的教导而走向歧路,最终无法实现革命目标。他们习惯于从

经典作家的论述中寻求革命和建设的依据,忽视中国革命和建设所处现实环境的特殊性,把经典作家的论述凌驾于客观实际之上,从而从根本上违背了马克思主义实践第一的观点。

自从确立以毛泽东同志为核心的党的第一代中央领导集体以后,我们纠正了过去的错误,坚持从实际出发,探索符合中国国情的革命和建设之路。民主革命时期,我们就没有按照马克思、恩格斯、列宁的现成教导,一股脑儿地"剥夺剥夺者"、消灭私有制,而是从中国的实际出发,提出了新民主主义的经济纲领,推行了符合中国经济发展水平和革命进程的经济政策。一是区别对待民族资本和官僚资本,允许和鼓励民族资本主义的发展;二是在广大农村进行土地改革,实行"耕者有其田",不马上实行公有制。通过比较稳健的步骤,积累了经济领域的治理和建设经验,为新民主主义革命胜利以及向社会主义顺利过渡打下了坚实基础。

在社会主义建设时期,以邓小平同志为核心的党的第二代中央领导集体,克服了以往片面追求"一大二公"、过于强调指令性计划的教条主义错误,针对中国生产力落后的现状,提出以发展生产力为目标的社会主义市场经济理论,形成了中国特色社会主义经济理论体系,成为新时期马克思主义中国化的主要成果。

不管是新民主主义经济纲领还是社会主义市场经济理论,都是从实践中不断发展和总结而得,而不是照搬马克思主义经济学经典论述中的结果。新民主主义经济纲领,解决了中国民主革命阶段经济如何发展的问题,成为马克思主义经济学中国化在革命时期的代表性思想。社会主义市场经济理论,解决了在社会主义条件下经济如何发展的问题,是马克思主义经济学在中国的第二次飞跃。这些理论和政策措施,在传统马克思主义经济学中找不到,都是在中国革命和社会主义建设中根据实践发展加以总结而形成,为马克思主义经济学发展作出了中国的独特贡献。

中国是一个大国,国内经济社会发展不平衡,封建经济和文化又持续了很长时间。这种文化与社会特点,使得中国发展模式必然具有自己独特的个性和特色。中国人对社会经济结构和发展有着自己的理解,"天下为公"、"大同社会"、"小康国家"是中国传统文化的追求。它重视国家、社会稳定和人民富裕幸福,认同政府在社会中的主导作用,重视理论和政策主张的经世致用,主张辩证、协调、统筹和平衡等等。这些内容,都为探索中国经济领域革命和建设的正确方式提供了独特的思想文化资源,也为我们在革命和建设中避免苏联斯大林模式的影响,提供了巨大的思想帮助。

从毛泽东到邓小平,在运用马克思主义经济学的思想分析和指引中国社会经济变革和经济建设时,都既强调用现代经济观念加以引领,又注重中国社会优秀文化成果的历史传承。他们结合中国的社会经济实际,在实践中既借鉴中国历史文化经验,也注意吸取国内外历史教训,努力寻求中国经济革命和建设的适当方式。

例如,我国对民族资产阶级和平赎买的改造方针,其中既体现了马克思主义经济学"剥夺剥夺者"的根本要求,又包含着中国"和而不同"的优秀文化传统。马克思、恩格斯曾经有过和平赎买的设想,列宁曾试图实施,却得不到资产阶级的响应,在中国为什么能成功?这里不能不考虑到中国文化的影响和作用。毛泽东认为,民主革命时期民族资产阶级就是我们的同盟军,到了社会主义革命时期我们不能"过河拆桥",仍然要团结他们一道进入社会主义;资本的本性是要获取利润,但我们可以通过"四马分肥"的方式实现"劳资两利",并对国家和社会也有贡献;因此,我们可以而且必须实行和平赎买的方针。

邓小平通过"三步走"战略实现小康和现代化目标的思考也是这样。这里既有对古人美好理想追求的肯定和继承,更有对当代中国老百姓迫切要求的关切和回应。面对十年"动乱"造成的经济停滞和极度贫困,邓小平认识到,必须加快发展,贫穷不是社会主义,发展太慢也不是社会主义;但中国这么大,人口这么多,人民的共同富裕又不可能一蹴而就,必须遵循发展规律,让一部分人、一部分地区先富起来,然后通过先富帮助和带动大家共同富裕;要通过"三步走"战略,逐步解决温饱、小康和现代化,带领全体人民走向共同富裕的社会主义。正是循着这样清晰的思路,形成了当今完整的有中国特色的社会主义发展模式。而这些,又都是别国既不可能提出,也不可能完全模仿的。

在国际共产主义运动中,苏联等国家虽然也以马克思主义经济理论指导社会主义经济实践,但是由于没有从本国实际出发,既没有解决好实践中的问题,理论上也缺乏创新,最终未能实现社会主义对资本主义的超越,马克思主义经济理论也没有得到坚持和发展。而中国共产党则从中国实际出发,面对新情况新问题不断探索,在实践中不断变革,不断总结其经验教训并上升为理论,从而推动了马克思主义经济理论的不断创新和发展。

改革开放以来是中国化马克思主义经济学发展最为显著的时期,因为我们的经济理论发展与创新始终与中国社会主义建设和经济体制改革紧密相连。改革开放的实践不断向传统经济理论提出许多难以解决的理论问题,迫使理论进行创新和发展;而理论创新和发展也为经济体制改革和对外开放提供了理论依据和思想支持。早在毛泽东时代,我们就已觉察到从苏联搬来的高度集中的计划经济体制必须改革,经济发展必须实行全方位对外开放。但在当时,由于对我国社会主义社会所处的历史阶段及其主要矛盾认识得不清楚,工作着重点老是游移不定,加之国际形势的严峻,敌对势力的全面包围封锁,致使我们不能集中注意力搞经济建设,错过了多次改革发展的宝贵时机。直到十年"动乱"结束,党的十一届三中全会召开,改革发展才被真正提上议事日程。实践中最大的变革,就是党和国家工作着重点的转移,发展生产力成为首要的根本任务。为了发展生产力,就必须变革一切不适应的生产关系和上层建筑。改革成为中国的第二次革命:从农村"一大二公"的人民公社管理体制,到城市政企不分的国有经济管理体制;从公有制一统天下的所有制结构,到平均主义的单一分配结构;从指令性计划下的生产流通体系,到盲目排外的自我封闭格局;从中央高度集中统一的决策管理,到地方部门各行其是的封锁割据;等等,统统纳入了改革实践之中。于是,关于社会主义本质的理论,关于社会主义初级阶段基本经济制度的理论,关于发展社会主义市场经济、使市场在资源配置中起决定性作用和更好发挥政府作用的理论,关于用好国内国际两个市场、两种资源的理论,关于促进社会公平正义、逐步实现全体人民共同富裕的理论等等,具有中国特色的社会主义经济理论体系应运而生,极大地丰富了马克思主义政治经济学的理论宝库。这些理论,是马克思主义经济学在中国土壤中形成的中国成果,是名副其实的中国化马克思主义经济学。

因此,只有立足于中国国情,深挖中国社会的文化和社会资源,根据中国实践中存在的问题寻求答案,马克思主义理论才有活力和生命力,也才能在现实中能够为更多的人所接受和相信。也只有坚持从实际出发,不断总结新鲜经验并上升为理论,走马克思主义经济学中国化之路,才能推动马克思主义经济学在新时期的坚持、发展和创新。

二、不断探索马克思主义经济学创新发展的新途径和新领域

马克思主义经济学要不断实现创新和发展,使其对中国社会主义建设发挥更大的指导作用,就需要不断探索马克思主义经济学创新发展的途径和领域,促进马克思主义经济学更加符合时代实践的要求。今后马克思主义经济学中国化的新途径和新领域要着力以下三个方面:一是深入研究马克思主义经济学的经典著作和科学方法,为马克思主义经济学中国化奠定坚实的理论基础;二是在运用马克思主义经济学的实践中,把中国经验上升为系统理论,使中国革命和建设"丰富的实际马克思主义化"①;三是在与不同思想的辩论与斗争中进一步创新发展并将其普及和发扬光大,实现真正的中国化。

(一)深入研究马克思主义经济学的经典著作和科学方法,为马克思主义经济学中国化奠定坚实的理论基础

马克思主义经济学中国化历程揭示,马克思主义经典作家的思想是丰富全面的,不能把经典作家在一时一事上的论述看作是马克思主义的根本立场和基本结论。社会主义革命和建设中的问题可以在实践中去摸索规律和总结经验,并对理论进行创新。而这些理论创新在初始时期看来与传统对马克思主义的理论有着很大的差别,但是最终不仅实践证明这些来自实践经验总结的理论是符合发展规律的,而且也可以在马克思主义经典作家的相关论述中得到验证。马克思主义经济学不是一成不变的,而是可以也应该根据实践发展而不断创新发展的。经典作家的论述是历史记录,是经典作家对当时革命斗争的思考和总结,而后来的革命与建设中要运用和理解马克思主义经济学来指导实践,则需要革命家和建

---

① 《毛泽东文集》第二卷,人民出版社 1993 年版,第 374 页。

设者从实际出发来进行取舍和判断,需要进一步研究和学习经典作家的理论逻辑和科学方法。革命斗争和社会主义建设的需要,才是马克思主义经济学得以广泛传播和被社会接受的基础和条件。在革命斗争中,中国无产阶级及其政党需要不断从经典著作中寻求革命的依据,因此推动了马克思主义经济学经典著作的翻译、介绍和研究。中国人学习马克思主义经济理论,信仰与传播这一理论,其根本目的是解决中国向何处去的问题。因此,我们的前辈是从中国的实际需要来理解和接受这一理论的。在接触、了解、学习、翻译、介绍和传播的过程中,不断地从中国的需要角度进行选择,用中国人能够弄懂并接受的语言进行宣传。在传播和接受过程中,他们会越来越了解这一理论的系统性,并在系统框架内努力保持理论观点的一致性,也判断这一理论是否很好地解释了中国社会的实际,能否解决中国发展中存在的问题。

在社会主义建设问题上,我们对待马克思主义经济学的态度既有教训也有经验。在社会主义建设初期,我们主要是通过学习和传播苏联的社会主义建设理论,在对待经典作家的理论上既犯有僵化和教条化错误,也在实践中出现问题时提出过改正的探索。20世纪50年代末的"大跃进"和"人民公社化"运动,严重破坏了我国国民经济,而其理论根源就在于我们教条理解了马克思对社会主义经济体制和共产主义目标的设想,最终导致我们在实践中犯下了严重错误,不得不重新思考和认识客观现实存在的经济问题。为了帮助各级干部更多了解马克思主义基本经济理论,纠正错误认识,毛泽东号召大家学习斯大林的《苏联社会主义经济问题》和苏联编写的《政治经济学(教科书)》社会主义部分,要求中央各部门和各省、市、地委,第一书记亲自挂帅组织读书小组,县委书记也要参加,用批判的方法而不是教条主义的方法进行学习。他以及刘少奇、周恩来等党的领袖,都亲自带领读书小组,花了几个月时间逐章逐节边读边议。通过学习,使人们对社会主义的发展阶段、基本矛盾、经济规律、商品生产等问题,有了较多或加深了认识。这些学习对于摆脱马克思主义经典作家的一些传统观点是有帮助的,使经济建设更加贴近实际,而且我们也反复强调中国不能完全照搬苏联的经济建设模式,强调要重视农业和轻工业等民生领域的发展,应该说对过去错误的反思和总结得出的更加科学的认识,这些认识对于社会主义时期的经济调整和建设起到了一定的作用。但是,我们也应该看到,从苏联教科书而来的社会主义政治经济学理论依旧存在着对经典作家思想的教条化理解,缺乏对商品经济普遍性和市场经济重要性的认识,因而没有从根本上解决社会主义经济建设的体制机制问题。到了改革开放时期,随着改革实践带来的巨大社会经济变化,经济快速发展才使人们认识到传统经典理论存在的局限性和问题,人们才重新去审视和研究马克思主义经典作家的相关论述,看到马克思主义经济学本身对市场经济也有肯定的一面。马克思主义经济学在中国的传播,经历了一个从少数著作到大部分主要著作、从部分观点到系统思想的过程。人们对其了解和研究也是不断深入,理解和掌握的内容才越来越全面。随着革命和建设的发展,马克思主义经济学得到了进一步的实践检验,不断创新和发展使马克思主义经济学对实践的指导作用越来越大,越来越贴近现实经济发展的需要,也才不断扩大了其影响力。这之中,不仅有结论性基本观点,而且有论证的过程和方法。人们更多地希望通过了解和学习,加深对基本理论把握的准确程度。同时,从受众面来看,也从少数人的关注和兴趣,转向群体的接受和普及,从而使马克思主义经济学在社会中的地位从革命时期的非主流意识形态转向社会主义建设时期的作为指导思想的主流意识形态。全面深入地理解和把握马克思主义经济学的基本立场、观点和方法,从实践出发,才能使马克思主义经济学在实践中的作用得到更大的发挥。固守传统马克思主义的部分观点,只能使马克思主义经济学脱离丰富的现实经济生活,无法发挥在群众实践中的指导作用。

(二)在运用与实践中把中国经验上升为系统理论,使其马克思主义化

马克思主义经济学中国化,主要是在运用与实践的过程中实现的。马克思主义经济学作为革命与建设的指导思想,必然要努力解释并帮助解决中国革命和建设中碰到的现实问题。不能幻想通过熟读经典作家的相关结论,就可以顺利解决这些问题。而只能从各国实际出发,在实践中运用马克思主义的立场、观点和方法,去认识问题,摸索总结事物发展规律,学会按客观规律办事,去争取革命和建设的胜利。只有积累了较多的经验,我们才能把它上升为系统的理论,实现马克思主义经济学的中国化。

新民主主义经济思想是马克思主义经济理论在与中国实际相结合过程中成功运用的典范,而社会主义市场经济理论更是我们党在新时期改革探索中的马克思主义经济学理论创新成果。当十年"动乱"结束,中国打开国门时,与世界发达国家一比不禁大吃一惊,列宁所说的比资本主义更能促进生产力发展的社会主义优越性,已经无法显示,人民群众连温饱都未能解决的惨痛现实证明:贫穷不是社会主义,"不发展生产力,不提高人民的生活水平,不能说是符合社会主义要求的"①。邓小平从坚持发展生产力是马克思主义的基本原则出发,果断地带领全党实现了工作着重点的转移,把发展生产力规定为社会主义的首要任务。他运用马克思主义经济学关于生产力与生产关系、经济基础与上层建筑辩证关系的原理,把改革作为解放生产力的锐利武器,对着过去"一大二公"、高度集中的计划经济体制,义无反顾、大刀阔斧地进行改革,开辟了成功运用马克思主义经济学的新时期。

回顾我国农村改革的实践,经历了家庭联产承包责任制的推行、乡镇企业的异军突起、"民工潮"的风起云涌,一直到今天农村经营方式的再次转型和建设社会主义新农村的全面铺开;在城市,从企业经营责任制、租赁制股份制试点到混合所有制,包括外商外资的多种经济成分、市场体系、股票证券和各种经济开发区等的出现,足以让人眼花缭乱。正是这些边改边试、"摸着石头过河"的艰苦探索,把中国从单一计划经济的死胡同中解救出来,生产力空前解放迅速发展,一举从落后国家跃升为世界第二大经济体,人民生活得到极大改善、综合国力显著提升。

事实告诉我们,当代中国共产党人从中国的实际出发,运用马克思主义经济理论,找到了一条既不同于经典作家论述,也不同于西方发达国家的中国特色社会主义的经济发展道路和模式,进而产生出中国特色社会主义经济理论。它是中国经济发展实践规律性成果的提炼和总结,是由中国的成功经验上升而来的系统化经济学说。可以当之无愧地说,是中

---

① 《邓小平文选》第三卷,人民出版社 1993 年版,第 116 页。

国智慧,为马克思主义经济学的创新发展开拓了新的境界,从而实现了它的中国化。

（三）在辩论与斗争中进一步创新发展并普及发扬,实现马克思主义经济学的真正中国化

马克思主义经济学本身就是在斗争中产生,也是在斗争中发展的。它的中国化,也必然会面临内部的不同思想以及外部敌对势力的种种反对。也正是在与不同思想甚至反对意见的辩论和斗争中,马克思主义经济学得到了进一步的创新和发展。而且,马克思主义经济学真正的中国化,还包括它被中国最广大人民群众所接受,并自觉用于指导实践。如果中国化成果不被中国人民所认同,不能实现其大众化,那么其中国化也就有名无实了。一般来说,不同理论观点的辩论与斗争,最能引起人们的关注,也最有利于代表绝大多数人利益的正确观点的传播和普及,让它被最广大群众所接受,从而真正实现马克思主义经济学的中国化。

新民主主义经济思想提出以后,就曾遭到党内外不同意见的反对。特别是党内一些同志甚至高级干部,对其中保护工商业、发展民族资本主义的方针政策很不理解,以致在工作中经常发生剥夺农村富农和城市工商业者的"左"的错误。毛泽东、刘少奇等曾为此在多个场合阐述当时发展资本主义的必要性和进步性,批评一些同志在土改和城市工作中"左"的错误。这样的辩论与斗争,从抗日战争时期一直延续到全国解放后。针对东北解放区土改后,有人急于限制新出现的富农党员,刘少奇说:党员也可以发家致富,有剥削也可以做社会主义者;认为党员就不能有剥削,是一种教条主义。[①] 后来又在引起极大争议的著名的"天津讲话"中,依据马克思《资本论》,充分肯定资本主义剥削在组织、发展生产中的功绩,说过早地消灭资本主义和资产阶级要犯错误,消灭了以后你还要把他请回来。[②] 在三大改造完成之后,毛泽东还曾一度认为:"只要社会需要,地下工厂还可以增加。可以开私营大厂,订个协议,十年、二十年不没收。

---

①　卫兴华、洪银兴:《中国共产党经济思想史论》,江苏人民出版社1994年版,第244—255页。

②　孔陆泉:《对"剥削有功"论的经济学思考》,《现代经济探讨》2002年第9期。

华侨投资的,二十年、一百年不要没收。可以开投资公司,还本付息。可以搞国营,也可以搞私营。可以消灭了资本主义,又搞资本主义。"①正是在这样的辩论和斗争中,马克思主义生产关系一定要适应生产力发展要求的基本原理,在广大干部群众中得到了普及,根据中国实际运用马克思主义经济学理论,推进中国经济领域革命进程,得到了广大人民群众的认同和拥护。

新时期关于市场经济的争论,范围更广、影响更大。世界范围内早就存在着社会主义搞计划经济、资本主义搞市场经济的既定结论,中国承认了公有制基础上有计划商品经济以后,应该继续朝哪个方向走? 有人主张市场经济取向,但市场经济从来就以私有制为基础,与资本主义相联系。中国如果这样搞正中西方下怀,巴不得你马上就私有化,走资本主义道路。于是,有人坚决反对改革的市场取向,说搞市场经济就是资本主义复辟。但邓小平一反传统观念,一而再、再而三地坚持,计划经济不等于社会主义,市场经济不等于资本主义,资本主义有计划,社会主义为什么不能搞公有制基础上的市场经济? 争论从 20 世纪七八十年代一直延续到 90 年代,终于通过邓小平南方谈话而一锤定音,党的十四大确立了社会主义市场经济体制的改革目标。亿万中国人民在争论中不但接受了马克思主义经济理论的普及教育,而且懂得了如何创新和发展,并在其指导下创造了世界范围内的经济奇迹。

三、坚定信念,开创马克思主义经济学新境界

在新的历史条件下,马克思主义经济学所面临的巨大挑战为马克思主义经济学中国化的创新和发展带来了更大的机遇。要不断推进马克思主义经济学中国化进程,从中国社会主义经济建设的实践中总结和提炼社会主义经济建设的规律和方法,开创马克思主义经济学新境界,使马克思主义经济学不仅在社会主义经济建设中发挥更大的指导作用,更可以在中国特色社会主义理论话语体系建设中成为主导和基础性的组成部分。

① 《毛泽东文集》第七卷,人民出版社 1999 年版,第 170 页。

（一）要继续学好用好马克思主义政治经济学，坚定社会主义信念

政治经济学是马克思主义的重要组成部分，作为其核心内容的劳动价值论和剩余价值论，在对资本主义的批判和对社会主义经济制度的论证中发挥了巨大作用。因为价值由劳动创造，所以劳动者尤其是工人阶级才是先进生产力的代表，是生产发展和社会变革进步的主体。在资本主义社会，资本家利用生产资料所有权，无偿占有了工人创造的剩余价值；经济危机是资本家剥削工人的结果，是资本主义生产力与生产关系矛盾的集中表现；社会主义经济制度可以克服资本主义的周期性经济波动，实现比资本主义更高的生产力、更快的经济发展和更加幸福的社会生活。马克思分析资本主义市场经济而揭示的市场经济一般规律，对发展社会主义市场经济，更具有直接指导意义。

历史的经验告诉我们，只有在更多的干部群众中普及马克思主义政治经济学，才能为其中国化奠定基础。我们今天要继续推进其中国化，必须首先学好用好马克思主义政治经济学。而且，马克思主义政治经济学在我国曾一度遭受冷遇并带来严重恶果，使我们更有必要强调，要学好用好马克思主义政治经济学。

改革开放以来我们搞市场经济，必然要引进资本、利润等相关范畴，也必然要借鉴西方经济学合乎市场经济规律的有益理论成果，目的是发展生产力，推动社会发展进步。然而，在一些意志不坚定者看来，马克思主义已经过时，劳动价值论、剩余价值论都不再管用。如果说他们也不是一点不重视经济学理论，那也是"重西轻马"，甚至把马克思主义经济学抛在一边。工作中出现了"重资轻劳"；心目中不再以人民为核心；交往中则是见利忘义，甚至贪得无厌；生活上更是穷奢极欲，直至腐化堕落。从已经揭露的事实来看，一些受党教育多年的高级领导干部也未能幸免。究其原因，说到底是他们忘记了马克思主义政治经济学揭示的基本规律，抛弃了自己的社会主义信念。教训十分沉痛，所以，习近平同志再三要求大家学好用好马克思主义政治经济学，自觉认识和更好遵循经济发展规律，其中就包括对资本主义必然灭亡、社会主义必然胜利基本规律的认识。

（二）要坚持中国特色社会主义政治经济学的重大原则

中国特色社会主义政治经济学，是适应当代中国国情和时代特征的政治经济学，是马克思主义经济学中国化的最新成果。正如有些同志所说：它既坚持了马克思主义政治经济学基本原理，又赋予其丰富的实践特色、理论特色、民族特色、时代特色；不仅有力地指导了我国经济发展实践，而且开拓了马克思主义政治经济学新境界，丰富了人类经济思想宝库；是我们在经济领域树立道路自信、理论自信、制度自信的坚实基础和可靠保障。[①] 我们要继续推进马克思主义经济学的中国化，就必须坚持中国特色社会主义政治经济学的重大原则。

这些重大原则，习近平同志作了很好的概括，即：以人民为中心的发展思想，创新、协调、绿色、开放、共享的发展理念，社会主义基本经济制度，社会主义基本分配制度，对外开放基本国策，社会主义市场经济改革方向。这些都已在我国 40 多年改革发展的成功实践中经受了检验，被证明是引领中国这艘巨轮继续乘风破浪的航标。只有毫不动摇地坚持这些重大原则，才能保证我国改革发展的正确方向，不走老路回头路，更不走邪路断头路，实现"两个一百年"奋斗目标，用更为丰富的中国经验，为中国特色社会主义政治经济学增添新的内容和强大佐证。

（三）要立足我国国情和实践，发展当代中国马克思主义政治经济学

毋庸讳言，中国特色社会主义政治经济学指导我国改革发展，在取得巨大成就的同时，也存在诸多矛盾和不尽完善之处。发展中不平衡、不协调、不可持续问题十分突出，城乡区域发展差距、居民收入差距过大，道德失范、诚信缺失、消极腐败、市场秩序混乱等现象未能从根本上得到解决，等等。这说明，我国改革发展无论是在行动实践方面，还是在理论指导方面都还面临着新的十分复杂的课题，需要我们不断研究新问题、化解新矛盾、总结新经验、提出新理论。马克思主义经济学中国化的任务，永远不会完结。

从另一方面说，中国经济在实践上的探索远快于经济理论本身的发展，经济学理论的研究和学术创新还明显落后于实践和时代的要求。如

---

① 张宇：《发展中国特色社会主义政治经济学》，《人民日报》2016 年 2 月 23 日。

林毅夫等所说,我国经济改革和发展过程中恰恰充满难以用现有理论解释的新现象。① 坚持社会主义基本经济制度和基本分配制度,必然容许私有制经济、雇佣劳动、按要素分配和贫富分化的存在,这与共产党人基本纲领消灭私有制、消灭剥削、消除两极分化发生了矛盾;坚持发展社会主义市场经济,必然容许利益挺在前面,导致社会道德、价值观念混乱和消极腐败现象丛生。因此,中国特色社会主义政治经济学要想得到群众的广泛认可与支持,还需要做许多努力。需要从实践中找到解决问题的办法,归纳、总结出新的更加适合实践需要的理论。创新成为坚持和发展当代马克思主义经济学的必由之路。这需要我们继续立足国情、面向实践,总结中国经验,贡献中国智慧。

（四）要着力构建具有鲜明中国特色、中国风格、中国气派的马克思主义经济学话语体系

历史上的新民主主义经济思想和中国当代社会主义政治经济学,都具有鲜明的中国特色、中国风格和中国气派,因为它们在中国土壤上产生,结合了中国文化和中国社会的特点,形成了为中国老百姓所喜闻乐见、易于接受的经济学话语体系。在继续推进马克思主义经济学中国化的进程中,我们要大力发扬这种好的传统。

但在有些人看来,似乎我们并没有遵循马克思主义经济学理论体系的范式,而只是党的方针政策的汇集。在他们心目中,充满数据图表,运用数学模型进行实证研究分析,才称得上是规范的经济学。这实在是一个极大的误区。我们固然需要借鉴西方经济学的定量分析方法,以补充定性分析的不足。但我们没有理由轻视甚至否定业已形成的中国特色社会主义政治经济学的范式。洪银兴认为,马克思主义政治经济学的范式包括:代表无产阶级根本利益的基本立场;以一定生产力水平基础上的生产关系为研究对象;以阐述经济规律为基本任务;以唯物辩证法和历史唯物主义为研究方法。② 如果以此为对照,我们完全可以充满自信,在中国经济已经进入新常态的历史条件下,把认识新常态,适

---

① 林毅夫等:《中国经济学如何走向世界》,《光明日报》2016 年 3 月 2 日。
② 洪银兴:《政治经济学是中国话语体系重要构成》,《解放日报》2015 年 12 月 29 日。

应新常态,引领新常态,视为当前和今后一个时期经济发展的大逻辑,掌握科学的经济分析方法,认识经济运动过程,把握社会经济发展规律,提高驾驭社会主义市场经济的能力,更好回答我国改革发展中的理论和实践问题,把具有中国特色、中国风格、中国气派的社会主义政治经济学继续推向前进。

参 考 文 献

一、经典著作

[1]《马克思恩格斯全集》,人民出版社各版。

[2]《马克思恩格斯选集》,人民出版社1995、2012年版。

[3]《马克思恩格斯文集》,人民出版社2009年版。

[4]马克思:《资本论》,人民出版社2004年版。

[5]马克思:《资本论》(第1卷法文版),中国社会科学出版社1983年版。

[6]《列宁全集》,人民出版社1987年版。

[7]《斯大林文集》,人民出版社1985年版。

[8]《斯大林选集》,人民出版社1979年版。

[9]《毛泽东选集》,人民出版社1991年版。

[10]《毛泽东文集》,人民出版社1996年版。

[11]《毛泽东年谱(1949—1976)》,中央文献出版社2013年版。

[12]顾龙生编著:《毛泽东经济年谱》,中共中央党校出版社1993年版。

[13]《刘少奇选集》,人民出版社1981年版。

[14]《建国以来刘少奇文稿》,中央文献出版社2005年版。

[15]《周恩来选集》,人民出版社1984年版。

[16]《邓小平文选》,人民出版社1993、1994年版。

[17]《陈云传》,中央文献出版社2005年版。

[18]《陈云文选》,人民出版社1995年版。

[19]《江泽民文选》,人民出版社2006年版。

[20]习近平:《对发展社会主义市场经济的再认识》,《东南学术》2001年第4期。

[21]习近平:《立足我国国情和我国发展实践　发展当代中国马克思主义政治经济学》,《光明日报》2015 年 11 月 25 日。

[22]习近平:《民营经济是浙江活力之所在》,《政策瞭望》2003 年第 3 期。

[23]习近平:《社会主义市场经济和马克思主义经济学的发展与完善》,《经济学动态》1998 年第 7 期。

[24]习近平:《习近平谈治国理政》,外文出版社 2014 年版。

[25]习近平:《在纪念邓小平同志诞辰 110 周年座谈会上的讲话》,人民出版社 2014 年版。

[26]《习近平参加政协民建、工商联界联组会讲话全文》,人民网,http://fj.people.com.cn/n2/2016/0309/c350394-27894100.html。

二、历史文献资料

[1]《国民经济统计报告资料选编》,统计出版社 1958 年版。

[2]中共中央文献研究室编:《建国以来重要文献选编》,中央文献出版社 1998 年版。

[3]中共中央文献研究室编:《十二大以来重要文献选编》,人民出版社 1986 年版。

[4]中共中央文献研究室编:《十六大以来重要文献选编》,中央文献出版社 2005 年版。

[5]中共中央文献研究室编:《十三大以来重要文献选编》,人民出版社 1991 年版。

[6]中共中央文献研究室编:《十四大以来重要文献选编》,人民出版社 1996 年版。

[7]中共中央文献研究室编:《十五大以来重要文献选编》,人民出版社 2000 年版。

[8]中共中央文献研究室编:《十一届三中全会以来重要文献选读》,人民出版社 1987 年版。

[9]《中共中央国务院关于"三农"工作的一号文件汇编(1982—2014)》,人民出版社 2014 年版。

[10]《中共中央文件选集(1949.10—1966.5)》,人民出版社 2013 年版。

[11]《中国共产党第十一届中央委员会第三次全体会议公报》,人民出版社 1978 年版。

[12]《第二次国内革命战争时期土地革命文献选编(一九二七——一九三七)》,中共中央党校出版社 1987 年版。

[13]国家经济体制改革委员会历史经验总结小组编:《我国经济体制改革的历史经验》,人民出版社 1983 年版。

[14]国家统计局编:《伟大的十年》,人民出版社 1959 年版。

[15]西北五省区编纂领导小组、中央档案馆:《陕甘宁边区抗日民主根据地(文献

卷）》,中共党史资料出版社 1990 年版。

[16]许毅:《中央革命根据地财政经济史长编》,人民出版社 1982 年版。

[17]中共中央党史研究室第一研究部编:《共产国际、联共（布）与中国革命文献资料选辑（1917—1925)》,北京图书馆出版社 1997 年版。

[18]中共中央党校党史教研室编:《中共党史参考资料》,人民出版社 1979 年版。

[19]中共中央党校研究室编:《28 位专家学者谈劳动价值论再认识》,中共中央党校出版社 2001 年版。

[20]中共中央文献研究室、中央档案馆编:《建党以来重要文献选编 1921—1949》,中央文献出版社 2011 年版。

[21]中共中央文献研究室、中华全国总工会编:《刘少奇论工人运动》,中央文献出版社 1988 年版。

[22]中共中央文献研究室第二编研部编:《刘少奇自述》,国际文化出版公司 2009 年版。

[23]中共中央文献研究室编:《回忆邓小平》,中央文献出版社 1998 年版。

[24]中国农村经济研究会:《中国农村社会性质论战》,上海新知书店 1936 年版。

[25]中国社会科学院经济研究所中国现代经济史组:《第一、二次国内革命战争时期土地斗争史料选编》,人民出版社 1981 年版。

[26]中华全国总工会编:《中共中央关于工人运动文件选编》,档案出版社 1985 年版。

[27]中华全国总工会中国工人运动史研究室编:《中国工会历次代表大会文献》,工人出版社 1984 年版。

[28]中华全国总工会中国职工运动史研究室编:《中国工会历史文献》,工人出版社 1958 年版。

[29]中央档案馆编:《中共中央文件选集》,中共中央党校出版社 1991 年版。

[30]中央档案馆编:《中国共产党第一次代表大会档案资料》(增订本),人民出版社 1984 年版。

[31]中共中央党史资料征集委员会、中央档案馆编:《八七会议》,中共党史资料出版社 1986 年版。

[32]中共中央党史研究室:《中国共产党历史·第二卷（1949—1978)》,中共党史出版社 2011 年版。

[33]中央文献研究室、南开大学编:《周恩来早期文集》,中央文献出版社、南开大学出版社 1998 年版。

[34]中央文献研究室编:《刘少奇论新中国经济建设》,中央文献出版社 1993 年版。

三、著　作

[1]《蔡元培选集》,浙江教育出版社 1993 年版。

［2］《何干之文集》，北京出版社 1993 年版。

［3］《胡适文存》，上海亚东出版社 1924 年版。

［4］《李大钊文集》，人民出版社 1999 年版。

［5］《马寅初全集》，浙江人民出版社 1999 年版。

［6］《钱俊瑞选集》，山西人民出版社 1986 年版。

［7］《瞿秋白文集》，人民出版社 1995 年版。

［8］《孙中山全集》第二卷，中华书局 1982 年版。

［9］《无政府主义思想资料选》，北京大学出版社 1984 年版。

［10］《朱执信集》，中华书局 1979 年版。

［11］M.C.霍华德、J.E.金：《马克思主义经济学史（1929—1990）》，顾海良、张新等译，中央编译出版社 2003 年版。

［12］［美］R.科斯等：《财产权利与制度变迁》，生活·读书·新知三联 1991 年版。

［13］白暴力：《政治经济学若干重大争论问题研究》，西北大学出版社 2000 年版。

［14］陈公博：《苦笑录》，东方出版社 2004 年版。

［15］陈锡文、赵阳、罗丹：《中国农村改革 30 年回顾与展望》，人民出版社 2008 年版。

［16］陈锡文：《中国农村改革：回顾与展望》，天津人民出版社 1993 年版。

［17］邓中夏：《中国工人运动简史》，人民出版社 1953 年版。

［18］［法］杜阁：《关于财富的形成和分配的考察》，商务印书馆 1961 年版。

［19］费希尔：《利息理论》，商务印书馆 1959 年版。

［20］［英］弗里德里希·奥古斯特·哈耶克：《致命的自负——社会主义的谬误》，冯克利、胡晋华等译，中国社会科学出版社 2000 年版。

［21］［美］米尔顿·弗里得曼：《资本主义与自由》，张瑞玉译，商务印书馆 1986 年版。

［22］傅国涌：《民国商人：1912—1949》，中国友谊出版公司 2016 年版。

［23］胡代光等主编：《评当代西方学者对马克思〈资本论〉的研究》，中国经济出版社 1990 年版。

［24］胡钧、樊建新主编：《深化对劳动和劳动价值论的认识》，经济科学出版社 2001 年版。

［25］黄苇町：《苏共亡党十年祭》，江西高校出版社 1994 年版。

［26］姜义华：《社会主义学说在中国的初期传播》，复旦大学出版社 1984 年版。

［27］蒋大椿主编：《史学探渊——中国近代史学理论文编》，吉林教育出版社 1991 年版。

［28］［美］克拉克：《财富的分配》，商务印书馆 1959 年版。

［29］李琮：《当代资本主义的新发展》，经济科学出版社 1998 年版。

［30］李嘉图：《政治经济学及赋税原理》，商务印书馆 1983 年版。

［31］李培林、张翼:《国有企业社会成本分析》,社会科学文献出版社 2000 年版。

［32］［英］李特尔:《福利经济学评述》,商务印书馆 1966 年版。

［33］李泽厚:《马克思主义在中国》,生活·读书·新知三联书店 1988 年版。

［34］厉以宁、吴易风、李懿:《西方福利经济学述评》,商务印书馆 1984 年版。

［35］梁启超:《新大陆游记》,湖南人民出版社 1981 年版。

［36］梁启超:《饮冰室合集》,中华书局 1936 年版。

［37］刘国光主编:《中国十个五年计划研究报告》,人民出版社 2006 年版。

［38］刘克明、金挥主编:《苏联政治经济体制七十年》,中国社会科学出版社 1990 年版。

［39］刘明逵、唐玉良主编:《中国近代工人阶级和工人运动》,中共中央党校出版社 2002 年版。

［40］刘明逵、唐玉良主编:《中国工人运动史》第二卷,广东人民出版社 1998 年版。

［41］柳欣:《资本理论——价值、分配与增长理论》,陕西人民出版社 1994 年版。

［42］陆米强:《上海革命史研究资料》,生活·读书·新知三联书店 1991 年版。

［43］陆南泉:《苏联经济体制改革史论(从列宁到普京)》,人民出版社 2007 年版。

［44］罗莎·卢森堡:《国民政治经济学入门》,生活·读书·新知三联书店 1962 年版。

［45］［英］马歇尔:《经济学原理》,商务印书馆 1983 年版。

［46］［奥］庞巴维克:《资本实证论》,商务印书馆 1991 年版。

［47］［奥］庞巴维克:《资本与利息》,商务印书馆 1959 年版。

［48］彭明:《五四运动史》(修订本),人民出版社 1998 年版。

［49］任曙编:《中国经济研究绪论》,神州国光社 1932 年版。

［50］［美］萨缪尔森等:《经济学》(第十六版),萧琛等著,华夏出版社 1999 年版。

［51］［法］萨伊:《政治经济学概论》,商务印书馆 1963 年版。

［52］史万里、李玉珠、徐柏园等:《中国农村改革 20 年》,中州古籍出版社 1998 年版。

［53］世界银行编:《中国:推动公平的经济增长》,清华大学出版社 2003 年版。

［54］苏联科学院经济研究所编:《苏联社会主义经济史》(第五卷),生活·读书·新知三联书店 1984 年版。

［55］苏联科学院经济研究所编:《政治经济学教科书》,人民出版社 1960 年版。

［56］孙继红:《马克思主义发展史上的论争》,知识产权出版社 2011 年版。

［57］陶鲁笳:《毛泽东教我们当省委书记》,中央文献出版社 1996 年版。

［58］外国经济学说研究会编:《现代国外经济学论文选》(第 3 辑),商务印书馆 1982 年版。

［59］王璐、柳欣:《马克思经济学与古典一般均衡理论》,人民出版社 2006 年版。

［60］王忍之:《辛亥革命前十年间时论选集》,生活·读书·新知三联书店 1963

年版。

　　[61]王栻主编:《严复集》,中华书局1986年版。

　　[62]王树棣等编:《陈独秀评论选编》,河南人民出版社1982年版。

　　[63]卫兴华、洪银兴:《中国共产党经济思想史论》,江苏人民出版社1994年版。

　　[64]夏衍:《青年运动回忆录——五四运动专集》,中国青年出版社1979年版。

　　[65]薛暮桥:《旧中国的农村经济》,农业出版社1980年版。

　　[66]薛暮桥:《薛暮桥回忆录》,天津人民出版社2006年版。

　　[67][英]亚当·斯密:《国富论》,商务印书馆1972年版。

　　[68]于光远:《政治经济学社会主义部分探索》(二),人民出版社1981年版。

　　[69]于光远:《从"新民主主义社会论"到"社会主义初级阶段论"》,人民出版社1996年版。

　　[70]俞可平:《马列经典在中国六十年》,中央编译出版社2010年版。

　　[71]张卓元:《新中国经济学史纲(1949—2011)》,中国社会科学出版社2012年版。

　　[72]章良:《苏联经济思想史论文选集》,生活·读书·新知三联书店1982年版。

　　[73]朱钟棣:《当代国外马克思主义经济理论研究》,人民出版社2004年版。

　　[74]庄福龄主编:《中国马克思主义哲学传播史》,中国人民大学出版社1988年版。

四、论　文

　　[1]《西方经济学与中国经济学的现代化——杨瑞龙教授访谈》,《国外理论动态》2003年第9期。

　　[2]N.G.皮尔逊:《社会主义共同体的价值问题》,《当代世界社会主义问题》2009年第1期。

　　[3] Shleifer, Andrei and Robert W. Vishny, "Politicians and Firms", *The Quarterly Journal of Economics*, 1994(4).

　　[4]白暴力:《"三要素创造价值说"现代形式的理论缺陷》,《北京师范大学学报(人文社会科学版)》2002年第4期。

　　[5]蔡洪滨:《中国经济学如何进行理论创新》,《人民论坛》2012年第12期。

　　[6]蔡继明:《论马克思经济学的研究方法》,《中共中央党校学报》2001年第1期。

　　[7]陈答才:《周恩来与马克思主义中国化》,《马克思主义研究》2012年第4期。

　　[8]陈文通:《如何科学认识我国现阶段的剥削和阶级(下)——兼论现阶段私有资本和私营经济的性质》,《南方经济》2003年第10期。

　　[9]程恩富、汪桂进:《评析当前剥削理论与现实》,《毛泽东邓小平理论研究》2003年第5期。

　　[10]程恩富:《改革以来六次思想解放与经济学现代化五大态势》,《财经科学》2008

年第 10 期。

[11]程恩富：《重建中国经济学：超越马克思与西方经济学》，《学术月刊》2000 年第 2 期。

[12]程恩富、顾钰民：《新的活劳动价值一元论——劳动价值理论的当代拓展》，《当代经济研究》2001 年第 11 期。

[13]程宏如：《论马克思恩格斯理论体系的构建与"三个组成部分"的划分》，《学术论坛》2015 年第 11 期。

[14]戴金珊：《亚当·斯密与近代中国的经济思想》，《复旦学报（社会科学版）》1990 年第 2 期。

[15]杜光：《从资本扬弃看当代资本主义》，《理论导刊》2003 年第 4 期。

[16]杜辉：《计划体制下经济周期研究的三大学派评介》，《北京大学学报（哲学社会科学版）》1990 年第 2 期。

[17]杜旭宇：《剥削范畴及其功能作用的重新界定》，《科学社会主义》2005 年第 2 期。

[18]樊苗江：《论公有制宏观经济运行中的总量失衡与结构失衡》，《天津社会科学》1993 年第 6 期。

[19]方维规：《"经济"译名溯源考——是"政治"还是"经济"》，《中国社会科学》2003 年第 3 期。

[20]冯文光：《马克思的价值决定理论及其现实意义》，《马克思主义与现实》1997 年第 1 期。

[21]傅耀：《试析经济学方法论演进的四阶段及其内在逻辑》，《当代财经》2002 年第 5 期。

[22]高培勇：《规范政府行为：解决中国当前收入分配问题的关键》，《财贸经济》2002 年第 1 期。

[23]高玉泉：《论资本主义社会基本矛盾在资本主义制度框架内的发展》，《广西社会科学》2003 年第 10 期。

[24]谷书堂、常修泽：《社会主义与商品经济论纲》，《经济研究》1990 年第 6 期。

[25]谷书堂：《从产品分配谈到劳动价值论》，《南开经济研究》2001 年第 5 期。

[26]谷书堂：《经济体制改革的回顾与思考》，《福建论坛（人文社会科学版）》2001 年第 1 期。

[27]顾钰民：《社会主义市场经济理论、道路、体制的创新与发展》，《思想理论教育》2012 年第 11 期。

[28]郭春生：《苏联特权阶层的形成及影响》，《当代世界与社会主义》2003 年第 5 期。

[29]郭振斌：《分配公平是社会和谐的基础》，《中国报道》2007 年第 10 期。

［30］韩云川：《"按需分配"理论再认识》,《科学社会主义》2004 年第 3 期。

［31］何干强：《论唯物史观的经济分析范式》,《中国社会科学》2007 年第 5 期。

［32］何干强：《论唯物史观对经济学价值的基本认识》,《北京社会科学》2002 年第 3 期。

［33］何仁富：《论毛泽东的"新经济政策"思想》,《毛泽东思想研究》2001 年第 5 期。

［34］贺耀敏：《邓小平对中国经济发展战略的积极探索——兼论邓小平"三步走"战略的时代意义》,《教学与研究》2004 年第 9 期。

［35］胡波：《关于公平分配学说的历史综述》,《前沿》2008 年第 1 期。

［36］胡承槐：《马克思、恩格斯是怎样看待分配问题的?——兼论现阶段我国个人收入分配原则》,《红旗文稿》2001 年第 22 期。

［37］胡钧、刘凤义：《论制度分析的整体主义方法与唯物辩证法——老制度经济学与马克思经济学方法论之比较》,《教学与研究》2003 年第 2 期。

［38］胡钧：《社会主义市场经济理论是马克思主义的中国化》,《福建论坛(人文社会科学版)》2008 年第 11 期。

［39］胡乐明、刘刚：《论马克思主义经济学与经济学诸流派的沟通——以演化经济学为例》,《当代经济研究》2012 年第 12 期。

［40］胡敏洁、宋华琳：《美国宪法上的福利权论争——学理与实践》,《政治与法律》2004 年第 3 期。

［41］胡培兆、周元良：《三、四十年代王亚南经济思想概述》,《学术月刊》1982 年第 11 期。

［42］黄立波、朱志瑜：《严复译〈原富〉中经济术语译名的平行语料库考察》,《外语教学》2016 年第 4 期。

［43］黄砺、谭荣：《中国农地产权是有意的制度模糊吗》,《中国农村观察》2014 年第 6 期。

［44］黄少安：《马克思主义经济学与现代西方产权经济学的方法论比较》,《教学与研究》1999 年第 6 期。

［45］黄泰岩：《构建中国经济学话语体系的内涵与途径》,《政治经济学评论》2013 年第 1 期。

［46］黄文华：《论剥削的本质与剥削的基本形式》,《生产力研究》2004 年第 4 期。

［47］黄文忠：《试论社会主义市场经济的个人收入分配方式》,《学术月刊》1998 年第 4 期。

［48］季正矩：《权贵阶层与苏共的腐败及其垮台》,《当代世界社会主义问题》2001 年第 4 期。

［49］贾根良：《演化经济学：第三种经济学体系的综合与创新》,《学术月刊》2011 年第 6 期。

［50］贾后明、伍铁林：《对股份制公有性质的质疑》,《生产力研究》2006 年第 10 期。

［51］贾后明：《论公有制目标与实现形式的矛盾与统一——兼论股份制的公有性》,《江汉论坛》2007 年第 12 期。

［52］贾后明：《论中国分配改革的演进及分配思想创新》,《河北经贸大学学报》2015 年第 1 期。

［53］贾后明：《批判与构建——马克思经济学的两难》,《贵州财经学院学报》2007 年第 3 期。

［54］贾后明：《制度经济学和演化经济学不能代替马克思主义经济学》,《经济纵横》2014 年第 11 期。

［55］姜巍：《关于轻重工业比例关系的初步研究》,《计划经济研究》1983 年第 8 期。

［56］蒋学模：《论计划调节与市场调节的结合》,《经济研究》1979 年第 8 期。

［57］靳卫萍、柳欣：《新古典生产函数的质疑与货币量值的生产函数》,《当代经济科学》2005 年第 4 期。

［58］靖学青：《改革开放前 30 年中国经济宏观布局及评价》,《中国经济史研究》2004 年第 1 期。

［59］孔陆泉：《对"剥削有功"论的经济学思考》,《现代经济探讨》2002 年第 9 期。

［60］李百玲：《马克思主义在中国的早期翻译及传播》,《江苏行政学院学报》2008 年第 5 期。

［61］李成瑞：《十年内乱期间我国经济情况分析——兼论这一期间统计数字的可靠性》,《经济研究》1984 年第 1 期。

［62］李定中：《关于先进技术创造价值的问题——兼与钱伯海同志商榷》,《经济学家》1994 年第 5 期。

［63］李凤章、张玉：《三权分置：农村土地制度的第二次伟大变革》,《国土资源》2016 年第 12 期。

［64］李富春：《关于发展国民经济的第一个五年计划的报告》,《经济研究》1955 年第 3 期。

［65］李惠蓉：《和谐社会构建中的收入分配不公平问题研究》,《经济体制改革》2007 年第 5 期。

［66］李济广：《公有制经济的高效率研究述评》,《马克思主义研究》2006 年第 2 期。

［67］李建平、张华荣、黄茂兴：《马克思主义经济学方法论的理论演进与变革趋向》,《当代经济研究》2007 年第 5 期。

［68］李杰：《解析马克思的公平分配观及促进和谐社会建设的当代价值》,《马克思主义研究》2007 年第 9 期。

［69］李静娟：《资本主义的自我否定对社会主义的价值意义》,《江南大学学报（人文社会科学版）》2002 年第 4 期。

［70］李军林:《论马克思主义在中国早期传播过程中的媒介角色定位》,《社会科学辑刊》2007 年第 3 期。

［71］李鹏程:《马克思的〈1844 年经济学哲学手稿〉与亚当·斯密》,《学习与探索》1982 年第 5 期。

［72］李文:《陈云、马寅初与中国二十世纪五十年代的计划生育——兼谈毛泽东的人口观》,《中共党史研究》2009 年第 5 期。

［73］李义凡:《论毛泽东"抓革命、促生产"治国方略的形成》,《马克思主义与现实》2010 年第 6 期。

［74］李媛、任保平:《改革开放前中国经济社会发展绩效评价》,《经济学家》2015 年第 1 期。

［75］厉以宁:《第二次调节论》,《财贸经济》1987 年第 1 期。

［76］厉以宁:《论新公有制企业》,《经济学动态》2004 年第 1 期。

［77］林岗、张宇:《探索马克思主义经济学的现代形式》,《教学与研究》2000 年第 9 期。

［78］林岗、张宇:《〈资本论〉的方法论意义——马克思主义经济学的五个方法论命题》,《当代经济研究》2000 年第 6 期。

［79］刘斌:《马克思主义公平分配观的形成及其核心思想研究》,《当代经济研究》2005 年第 3 期。

［80］刘芳:《对我国区域经济发展差异的分析》,《湖南商学院学报》2001 年第 2 期。

［81］刘国光、赵人伟:《论社会主义经济中计划与市场的关系》,《经济研究》1979 年第 5 期。

［82］刘国光:《改革开放的中国的经济发展和经济体制》,《中共党史研究》2002 年第 4 期。

［83］刘继同:《个人主义与市场经济:自由主义社会福利理论综合评介》,《福建论坛人文社会科学版》2005 年第 12 期。

［84］刘金田:《邓小平与毛泽东〈论十大关系〉的发表》,《党的文献》2007 年第 3 期。

［85］刘金源、吴庆宏:《多维社会视野中的福利国家》,《国外社会科学》2002 年第 1 期。

［86］刘树成:《新中国经济增长 60 年曲线的回顾与展望——兼论新一轮经济周期》,《经济学动态》2009 年第 10 期。

［87］刘万明:《从古希腊思想家到重商主义者的收入分配与价值思想探源——兼论我国的分配不平等问题》,《甘肃社会科学》2006 年第 6 期。

［88］刘伟:《经济学为什么研究价值理论——兼论马克思劳动价值论面临的历史性挑战》,《经济理论与经济管理》2003 年第 5 期。

［89］刘伟:《在社会主义市场经济伟大实践的基础上树立中国经济理论的自信》,

《政治经济学评论》2013年第1期。

[90]刘元春:《国有企业宏观效率论——理论及其验证》,《中国社会科学》2001年第5期。

[91]刘宗碧:《马克思关于分配问题的理论内核和辩证立场——对劳动价值论及其分配理论的分析》,《黔东南民族师范高等专科学校学报》2005年第5期。

[92]柳欣:《资本理论争论:给定的技术,还是技术变动》,《经济学动态》1996年第12期和1997年第1期。

[93]卢毅:《论20世纪二三十年代的中国社会性质问题论战》,《徐州师范大学学报(哲学社会科学版)》2008年第4期。

[94]陆南泉:《斯大林模式究竟是怎样形成的》,《探索与争鸣》2010年第2期。

[95]陆长平:《收入入分配与相对价格模型——兼论斯拉法资本理论的成功与局限》,《经济评论》2003年第2期。

[96]陆长平:《新古典经济学的"悖论"及其反思》,《南开经济研究》2002年第2期。

[97]马艳:《中国马克思主义经济学的主流地位及其创新》,《上海财经大学学报》2005年第1期。

[98]孟捷:《危机与机遇:再论马克思主义经济学的创造性转化》,《经济学动态》2009年第3期。

[99]潘晓江:《关于簿记、资本、会计的历史考察:资本会计论(续五)——再谈国际金融框架与国际会计准则》,《中国第三产业》2004年第1期。

[100]逄锦聚:《论中国经济学的方向和方法》,《政治经济学评论》2012年第4期。

[101]逄先知、金冲及:《〈论十大关系〉发表前后》,《百年潮》2003年第12期。

[102]彭华:《马寅初年谱简编》,《淮阴师范学院学报(哲学社会科学版)》2005年第1期。

[103]钱伯海、王莉霞:《否定物化劳动创造价值就等于否定马克思的劳动价值论》,《经济评论》1999年第2期。

[104]钱伯海:《企业物化劳动创造价值如何创和创在哪里——对宋则行教授有关质疑的回复》,《当代经济研究》1997年第5期。

[105]权衡:《和谐社会中的收入分配:寻找政府与市场的合理边界》,《财经理论与实践》2007年第5期。

[106]任晓伟:《"马克思主义俄国化"的早期进程及其教训》,《当代世界与社会主义》2009年第3期。

[107]邵伟生:《民营经济30年回顾》,《人民论坛》2008年第2期。

[108]沈志远:《现阶段中国经济之基础》,《新中华》1935年第13期。

[109]苏少之、赵德馨:《毛泽东的新民主主义经济学说的理论地位》,《中国经济史研究》1994年第2期。

［110］苏少之、张继久：《对指导五十年代农业集体化一个理论的反思》，《中共党史研究》1998 年第 3 期。

［111］苏少之：《1949—1978 年中国城市化分析》，《当代中国史研究》1999 年第 2 期。

［112］苏少之：《对新民主主义经济形态的系统反思——读〈中华人民共和国经济史〉第一卷》，《中南财经大学学报》1989 年第 5 期。

［113］苏少之：《改革开放前重点建设内地收效甚微》，《教学与研究》2000 年第 8 期。

［114］苏少之：《论我国农村土地改革后的"两极分化"问题》，《中国经济史研究》1989 年第 3 期。

［115］隋成竹、赵桂荣：《当代资本主义新变化的历史规律性》，《学术探索》2004 年第 8 期。

［116］孙冶方：《把计划和统计放在价值规律的基础上》，《经济研究》1956 年第 6 期。

［117］孙冶方：《经济学界对马寅初同志的一场错误围攻及其教训》，《经济研究》1979 年第 10 期。

［118］孙祖芳：《西方收入分配理论与实践的发展及其启示》，《同济大学学报（社会科学版）》2002 年第 5 期。

［119］孙大权：《中国经济学社研究（1923—1953）》，四川大学博士学位论文，2005 年。

［120］汤国钧：《我国关于"按劳分配"的讨论》，《经济研究》1958 年第 7 期。

［121］唐铁汉：《国外政府公共服务的做法、经验教训与启示》，《国家行政学院学报》2004 年第 5 期。

［122］唐正东：《马克思与"劳动崇拜"——兼评当代西方学界关于马克思劳动概念的两种代表性观点》，《南京社会科学》2005 年第 4 期。

［123］田子渝：《马克思列宁主义在中国早期传播研究综述》，《马克思主义研究》2001 年第 3 期。

［124］涂成林：《世界历史视野中的亚细亚生产方式——从普遍史观到特殊史观的关系问题》，《中国社会科学》2013 年第 6 期。

［125］王成诚：《华国锋与中共工作重点的转移》，《当代世界社会主义问题》2012 年第 3 期。

［126］王成稼：《关于生产资料公有制理论与公有制概念翻译问题》，《当代经济研究》2006 年第 1 期。

［127］王桧林：《五四时期民主思想的演变》，《历史研究》1989 年第 6 期。

［128］王建国：《关于〈中国革命与中国共产党〉的几个问题》，《毛泽东思想研究》2009 年第 2 期。

［129］王健、吕玉莲：《论按贡献分配是社会主义分配的最高理念》，《经济纵横》2007

年第 3 期。

[130]王璐:《"剑桥资本争论"与新古典边际分配论质疑》,《河北经贸大学学报》2004 年第 5 期。

[131]王强:《中国共产党成立初期维护雇工权益的历史考察》,《江汉论坛》2011 年第 6 期。

[132]王顺生:《中国共产党党员队伍社会成分的历史考察》,《中国特色社会主义研究》2002 年第 1 期。

[133]王晓升:《从异化劳动到实践:马克思对于现代性问题的解答——兼评哈贝马斯对马克思的劳动概念的批评》,《哲学研究》2004 年第 2 期。

[134]王亚南:《"政治经济学教科书"的出版是马克思主义政治经济学研究上的一个新纪元》,《厦门大学学报(社会科学版)》1955 年第 2 期。

[135]王越:《恩格斯晚年"革命策略"基本思想研究回眸》,《湖北社会科学》2008 年第 7 期。

[136]王占阳:《从新民主主义国营经济到社会主义国营经济——关于毛泽东新中国国营经济性质思想演变的历史考察》,《史学集刊》2004 年第 3 期。

[137]王智勇:《从劳动异化史观到唯物史观——论马克思历史观的转变及其内在逻辑》,《哈尔滨学院学报》2005 年第 10 期。

[138]卫兴华:《关于社会主义市场经济理论与实践的历史回顾与评析》,《高校理论战线》2000 年第 1 期。

[139]卫兴华:《劳动价值论讨论中的一些观点质疑》,《当代财经》2002 年第 12 期。

[140]魏杰:《中国经济体制改革的历史进程及不同阶段的任务——纪念中国改革开放三十周年》,《社会科学战线》2008 年第 4 期。

[141]魏礼群:《邓小平社会主义市场经济理论的丰富内涵及重大贡献》,《毛泽东邓小平理论研究》2014 年第 7 期。

[142]吴朝震:《简析联合劳动价值论》,《南方经济》2001 年第 2 期。

[143]吴宣恭:《论公有制实现形式及其多样化》,《中国经济问题》1998 年第 2 期。

[144]吴泽:《大革命失败后中国社会性质革命性质及社会史问题论战研究(续)》,《社会科学辑刊》1990 年第 2 期。

[145]肖德武:《从归纳法的兴衰看西方科学哲学的演变》,《山东师范大学学报(人文社会科学版)》2007 年第 3 期。

[146]萧灼基:《推进理论创新指导经济实践——谈谈"关于深化对劳动和劳动价值理论的认识"》,《当代经济研究》2001 年第 5 期。

[147]谢富胜:《西方学者关于马克思"价值转形"理论研究述评》,《教学与研究》2000 年第 10 期。

[148]谢志华:《分配制度变革是经济制度改革的核心问题》,《北京工商大学学报

（社会科学版）》2007 年第 1 期。

[149]徐映梅、张学新:《中国基尼系数警戒线的一个估计》,《统计研究》2011 年第 1 期。

[150]许兴亚:《〈资本论〉第一卷第一章中的若干范畴》,《当代经济研究》2000 年第 9 期。

[151]薛暮桥:《关于社会主义市场经济问题》,《经济研究》1992 年第 10 期。

[152]薛暮桥:《客观经济规律和人的主观能动性》,《前线》1959 年第 5 期。

[153]颜鹏飞、全利平:《中国社会主义市场经济理论新探:来源与发展》,《经济经纬》2003 年第 4 期。

[154]杨承训、张新宁:《列宁对马克思主义政治经济学的发展及其当代价值》,《当代经济研究》2016 年第 10 期。

[155]杨承训:《科学认识分配关系与所有制结构之间的内在联系》,《思想政治教育导刊》2005 年第 11 期。

[156]杨承训:《中国特色社会主义市场经济及其特殊规律》《毛泽东邓小平理论研究》2016 年第 8 期。

[157]杨宏雨、吴昀潇:《建党时期中国共产党人的劳动观——以〈劳动界〉为中心的研究》,《江苏社会科学》2013 年第 2 期。

[158]杨华星:《"富"与"均":中国传统社会分配思想中的两难问题》,《云南大学学报(社会科学版)》2006 年第 1 期。

[159]杨继瑞:《论知识技术在价值形成过程中的功能》,《经济学动态》2001 年第 7 期。

[160]杨文进:《分配的逻辑与决定》,《经济评论》2005 年第 2 期。

[161]杨玉生:《从本质上坚持马克思的劳动价值论》,《当代经济研究》2000 年第 6 期。

[162]姚顺良:《第二国际关于资本主义现代形态理论的当代审视——兼论列宁经典帝国主义理论的贡献和缺陷》,《南京大学学报(哲学人文社会科学版)》2007 年第 1 期。

[163]叶世昌:《经济学译名源流考》,《复旦学报(社会科学版)》1990 年第 5 期。

[164]尹碧波、柳欣:《新古典收入分配理论:总量悖论与实证检验》,《南京社会科学》2008 年第 1 期。

[165]尹沿技:《西方国家国有企业私有化理论初探》,《国际观察》2004 年第 1 期。

[166]于金富、李影:《试论生产要素按贡献参与分配与按劳分配的一致性》,《教学与研究》2004 年第 9 期。

[167]于金富:《构建现代马克思主义经济学范式》,《马克思主义研究》2008 年第 4 期。

[168]于金富:《马克思按劳分配理论与我国现阶段社会主义分配制度》,《当代经济研究》2006年第11期。

[169]于金富:《生产方式理论:马克思主义经济学的科学范式》,《当代经济研究》2008年第4期。

[170]张高荣:《科学哲学与西方经济学方法论》,《理论界》2007年第9期。

[171]张井:《破解"雇工8人"阶级划线之谜》,《江南论坛》2001年第12期。

[172]张俊华:《"大跃进"前后的放权与收权》,中共中央党校博士学位论文,2007年。

[173]张雷声:《从资本主义基本矛盾运动看资本主义历史走向》,《中国人民大学学报》2005年第3期。

[174]张旭东:《国民经济恢复时期对资本主义经济的政策》,《当代中国史研究》2008年第2期。

[175]张燕喜:《中国特色社会主义分配问题初探》,《当代世界与社会主义》2008年第2期。

[176]张宇:《论公有制与市场经济的有机结合》,《经济研究》2016年第6期。

[177]张宇:《论马克思主义经济学的本质和精髓》,《教学与研究》2002年第11期。

[178]张中云、蔡金培:《列宁对第二国际机会主义的斗争》,《党建研究》1990年第Z1期。

[179]张卓元:《中国国有企业改革三十年:重大进展、基本经验和攻坚展望》,《经济与管理研究》2008年第10期。

[180]赵德馨、苏少之:《两种思路的碰撞与历史的沉思——1950~1952年关于农业合作化目标模式的选择》,《中国经济史研究》1992年第4期。

[181]赵家祥:《澄清对马克思一个命题的误解——"一般历史哲学理论"的"最大长处就在于它是超历史的"》,《江汉论坛》2000年第6期。

[182]邹东涛:《劳动价值论:把创新写在自己的旗帜上》,《经济评论》2003年第4期。

五、报纸与网络

[1]洪银兴:《政治经济学是中国话语体系重要构成》,《解放日报》2015年12月29日。

[2]姜英爽:《"傻子"三度被邓小平点名》,《南方都市报》2008年3月24日。

[3]林力子:《社会主义商品经济探讨》,《光明日报》1980年8月30日。

[4]林毅夫等:《中国经济学如何走向世界》,《光明日报》2016年3月2日。

[5]顾海兵:《基尼系数批判》,《宏观经济观察》2002年1月30日。

［6］乔新生：《收入分配制度改革不能单兵突进》，《解放日报》2006 年 7 月 20 日。

［7］卫兴华：《按贡献参与分配的贡献是指什么?》，《人民日报》2003 年 2 月 18 日。

［8］张小也：《"按贡献参与分配"的主体是谁——访国家发改委宏观经济研究院研究员常修泽》，《光明日报》2003 年 5 月 13 日。

［9］张宇：《发展中国特色社会主义政治经济学》，《人民日报》2016 年 2 月 23 日。

［10］《中共中央、国务院关于深化国有企业改革的指导意见》，新华网，http://www.sh.xinhuanet.com/2015—09/14/c_134620921.htm。

［11］《中共中央关于全面深化改革若干重大问题的决定》，http://politics.people.com.cn/n/2013/1115/c1001-23559207-2.html。

［12］《中国共产党第十八届中央委员会第三次全体会议公报》，新华网，http://news.xinhuanet.com/politics/2013-11/12/c_118113455.htm。

后　记

　　我于 2000 年入清华大学人文学院（现社会科学学院）经济学研究所攻读马克思主义理论与思想政治教育专业硕士学位后，始终处在理论与实践矛盾的思想焦虑之中。一方面，我过去主要是在政治理论课上接受经典马克思主义经济学知识，面对改革开放以来中国社会发生的巨大变化和现实经济活动的丰富性明显存在着解释力欠缺问题，迫切需要理论创新和发展；另一方面，经典马克思主义经济学的巨大逻辑与历史影响力依旧占据着我的头脑，每一点思想改变都可能导致对自己对过去信仰与认可的整个理论的否定。我努力站在当代的情境下寻求重新理解和认识马克思主义经济学经典理论的价值与意义，而要做到这一点，就不仅要重新学习和系统把握马克思主义经济学的经典思想，还要把马克思主义经济学与西方经济学进行比较，结合苏联和中国在社会主义革命与建设中的历史经验与教训，探究理论传播、创新和发展的历史、理论与实践逻辑。在清华大学学习期间，导师吴娅茹教授手把手地教我如何进行论文写作，力主从实践出发，学习借鉴西方经济学研究成果，用发展的眼光看待马克思主义经济理论，使我得以摆脱传统思维的束缚，始终立足于现实和历史来思考理论的作用。刘美珣教授讲授中国社会主义建设课程，既坚持马克思主义经济理论的立场和观点，又面对现实问题提出了许多富有启发性的思想和观点，使我充分了解到清华大学老一辈马克思主义理论工作者的守正创新。作为当年经济学研究所的两位领导，老师们还让我担任清华大学公共理论课马克思主义政治经济学课程的助教，协助课件制作、课堂讨论和期终考核,对我关怀有加,让我对清华大学本科生思想政治理论课的教学有了直接的接触和了解,对我后来坚持从事马克思主义理论教学与研究起了很大的促进作用。蔡继明教授的《资本论》研究课程拓宽了我研究《资本论》和马克思主义经济学的视野,今天我做的许多研究主题都来自与蔡老师的讨论与争论。蔡老师诲人不倦,即便学生与他观点不同,他也是一心提携,是我们作为教师这个职业的学习榜样。

我沿着清华大学学习时的思想和研究的兴趣,这些年来一直从事马克思主义经济学中国化这一研究方向。从资本概念、资本收益、马克思主义分配思想到党的雇工权益保障、马克思主义经济学的中国化与当代性、资本论与中国特色社会主义政治经济学说话语体系等研究领域,力图把经典理论与当代实践结合起来,提高马克思主义经济理论的解释力,增强与西方经济学竞争中的话语权。马克思主义中国化理论,研究者众多,但多数集中在马克思主义理论的宏大叙事的整体性概念泛化论述上。而马克思主义经济学中国化的创新与发展理论,成果很多,却未见细致深入地总结和对发展历程的系统梳理研究。2013 年我申报并获批了国家社会科学基金项目《马克思主义经济学中国化历程研究》,研究过程中才发现,把马克思主义经济学的理论逻辑与历史逻辑、实践逻辑相印证,面临着巨大的研究难题。马克思主义经济学在马克思主义中国传播过程中发挥着何种作用? 中国革命中的成功经验与教训中哪些与马克思主义经济学的学习理解有关? 马克思主义经济学观点与马克思主义其他组成部分的观点在革命宣传和实践中能否区分? 党在革命斗争和根据地经济建设中是如何学习和运用马克思主义经济理论的,又有何创新? 新中国成立后马克思主义经济学面临着何种挑战,实践中的矛盾对理论又提出了什么样的难题? 改革开放的伟大实践在推动马克思主义经济学创新中又起到了何种作用? 这些问题历史跨度大,理论难点多,不是个人短时间能够全面梳理好的。当然,作为国家社会科学基金研究项目,我力求从马克思主义经济学传入中国开始研究,把马克思主义经济学中国化的理论逻辑、历史逻辑与实践逻辑相结合,逻辑与历史相统一,全面梳理这一历史进程中马克思主义经济学面临的挑战及中国化过程中的创新和发展。本书即是国家社会科学基金项目的结项成果。当然,在研究中我也深刻感受到,由于历史、理论与实践问题交织在一起,尤其是革命、建设和改革开放中党的经济实践活动的丰富性和曲折变化,要想充分准确地概括这一历史进程还需要学术界共同努力和长期积累。本书是在前人研究的基础上对马克思主义经济学这一特定研究对象的中国化历程进行了总结,由于个人研究水平不足,在理论概括上还不够清晰,在历史梳理上还不够准确,欢迎学界批评指出,本人愿意在今后继续从不同历史阶段深化对马克思主义经济学中国化进程的研究。目前个人正主持 2019 年度国家社科基金后期资助项目《延安时期全党学习政治经济学的历史经验与启示》,聚焦延安时期全党对马克思主义政治经济学的学习与运用,希望通过这一研究进一步推动马克思主义经济学中国化研究的深度。

本书在写作过程中得到了中共江苏省委党校孔陆泉教授的全力支持和帮助。书稿初步出来后,我对新中国成立后党的经济理论与政策、实践中的矛盾等问题的理论概括没有充分把握,请孔老师帮助审阅,本意只是想请他在观点上提些意见,在理论上把把关。但孔老师不仅认真审阅,对书稿文字和观点表述方面提出了许多意见,还对一些章节内容进行了修改甚至是改写,为课题顺利结项作出了很大贡献。今天在校对书稿出版清样时,我又一次拜读孔老师的修改文字,非常感佩孔老师的学识和为人,在此向他表示深深的感谢。

同时,要感谢吉林省社会科学院《经济纵横》杂志社、湖北省社会科学院《江汉论坛》杂志社、《河北经贸大学学报》杂志社等期刊主编和编辑等师友们长期以来对我学术成长的关心和支持,我关于马克思主义经济学的主要研究论文都是通过这几家期刊得以公开发表和社会流传的,是他们给予我潜心学术研究的信心和乐趣。

感谢陕西省一流学科——延安大学马克思主义理论学科给予资助出版。

人的一生,就是在各种关怀下成长的,感谢在我人生成长和学术生涯中给予各种支持和帮助的各位亲友!

责任编辑：吴继平

封面设计：徐　晖

图书在版编目（CIP）数据

马克思主义经济学中国化历程研究/贾后明 著. —北京：人民出版社，2020.4

ISBN 978－7－01－021808－3

Ⅰ.①马…　Ⅱ.①贾…　Ⅲ.①马克思主义政治经济学-发展-研究-中国

Ⅳ.①D61

中国版本图书馆 CIP 数据核字（2020）第 018339 号

马克思三义经济学中国化历程研究

MAKESIZHUYI JINGJIXUE ZHONGGUOHUA LICHENG YANJIU

贾后明　著

人民出版社 出版发行

（100706　北京市东城区隆福寺街 99 号）

环球东方（北京）印务有限公司印刷　新华书店经销

2020 年 4 月第 1 版　2020 年 4 月北京第 1 次印刷

开本：710 毫米×1000 毫米 1/16　印张：25.5

字数：379 千字

ISBN 978－7－01－021808－3　定价：69.80 元

邮购地址 100706　北京市东城区隆福寺街 99 号

人民东方图书销售中心　电话 （010）65250042　65289539